Leipziger Ratgeber Recht

Sachenrechtsbereinigung

Leitfaden für die Praxis

Von Richter am Oberlandesgericht Dr. Hans-Joachim Czub,
z. Z. Bundesjustizministerium, Bonn

D1735636

**VERLAG FÜR
DIE RECHTS- UND
ANWALTSPRAXIS
HERNE/BERLIN**

Die Deutsche Bibliothek – CIP-Einheitsaufnahme
Czub, Hans-Joachim
Sachenrechtsbereinigung : Leitfaden für die Praxis /
von Hans-Joachim Czub. – Herne ; Berlin : Verl. für
die Rechts- und Anwaltspraxis, 1994
  (Leipziger Ratgeber Recht)
  ISBN 3-927935-55-7

ISBN 3-927935-55-7
© Verlag für die Rechts- und Anwaltspraxis GmbH & Co., Herne/Berlin 1994
Alle Rechte vorbehalten.
Dieses Buch und alle in ihm enthaltenen Beiträge und Abbildungen sind urheberrechtlich
geschützt. Mit Ausnahme der gesetzlich zugelassenen Fälle ist eine Verwertung ohne Ein-
willigung des Verlages unzulässig.
Druck: Griebsch & Rochol Druck GmbH, Hamm

Vorwort

Das Sachenrechtsänderungsgesetz (SachenRÄndG) ist nach einer Diskussion von knapp einem dreiviertel Jahr in den parlamentarischen Gremien verabschiedet worden und tritt zum 1. Oktober 1994 in Kraft. Der Gesetzentwurf ist dem Bundestag am 27. Oktober 1993 zugeleitet worden. Der Bundestag hat am 30. Juni 1994 das Gesetz in der Fassung des Vermittlungsergebnisses beschlossen. Der Bundesrat hat dem Gesetz in dieser Fassung am 8. Juli 1994 zugestimmt. Rechnet man die Zeit für die notwendigen rechtstatsächlichen Erhebungen von knapp einem Jahr sowie die für die Ausarbeitung des Entwurfs selbst von etwas über einem Jahr im Bundesministerium der Justiz hinzu, so ist das Gesetz in einer Zeit von rund drei Jahren ausgearbeitet und verabschiedet worden.

Die Sachenrechtsbereinigung für das Beitrittsgebiet nimmt den größten Teil des SachenRÄndG ein. Gegenstand der Sachenrechtsbereinigung sind vor allem die Regelungen der baulichen Nutzung fremder Grundstücke durch den Bau oder den Erwerb von Gebäuden. Das Sachenrechtsbereinigungsgesetz wird in dem Abschnitt A dieses Bandes ausführlich erläutert.

Da mit der Sachenrechtsbereinigung zugleich eine große Zahl von Erbbaurechten und zwar aufgrund gesetzlichen Kontrahierungszwangs bestellt werden wird, war gleichzeitig eine gesetzliche Bestimmung zu finden, die

- dem Erbbauberechtigten eine zinsgünstige erstrangige Beleihung ermöglicht und zugleich

- dem Grundstückseigentümer die Anpassung des Erbbauzinses an veränderte Umstände erleichtert und den Zins auch im Falle einer Versteigerung des Erbbaurechts aus einem erstrangigen Grundpfandrecht sichert.

In das SachenRÄndG ist schließlich noch eine Änderung der Regelung über den zivilrechtlichen Abwehranspruch gegenüber Immissionen (§ 906 BGB) eingefügt worden. Der Zweck der Gesetzesänderung besteht darin, eine Harmonisierung zwischen den öffentlichen-rechtlichen Vorschriften über das Maß hinnehmbarer Immissionen und dem zivilrechtlichen Schutz des Nachbarn herbeizuführen. Ein direkter Zusammenhang zur Sachenrechtsbereinigung im Beitrittsgebiet besteht hier nicht. Es bot sich allerdings an, diese Gesetzesänderung in den Rahmen des Sachenrechtsänderungsgesetzes einzufügen.

Die Änderung in der ErbbauVO und in § 906 BGB werden im Abschnitt C dieses Buches erläutert. Eine längere Zeit für die Ausarbeitung des Entwurfs und dessen parlamentarische Beratung wäre angesichts des Umfangs der zu regelnden Materie zweckmäßig gewesen. Insbesondere beim Sachenrechtsbereinigungsgesetz (Art. 1 des SachenRÄndG) ist neben den in der parlamentarischen Diskussion üblichen Auseinandersetzungen, die auf den von den Fraktionen und Gruppen vertretenen verschiedenen Interessen beruhen, bis zum Schluß an der vollständigen Erfassung der zu regelnden Fallgruppe, an der richtigen Ausgestaltung des notariellen Vermittlungsverfahrens usw. gearbeitet worden. (Diese betrafen viele Einzelfragen, z. B. die richtige Bewertung der Werterhöhung durch Aufwendungen des Nutzers zur Baureifmachung des Grundstücks, die Abgrenzung der Flächen, auf die sich die Ansprüche aus der Sachenrechtsbereinigung beziehen usw. Das Grundprinzip der Sachenrechtsbereinigung, die Teilung der Bodenwerte, war dagegen im parlamentarischen Raum bei den drei im Bundestag vertretenen Fraktionen unstrittig, vgl. BT-Drs. 12/7425, S. 58).

Trotz aller Anstrengungen um möglichst eindeutige gesetzliche Zuordnungen läßt sich absehen, daß auf die rechtsanwendenden Organe eine erhebliche Aufgabe zukommen wird. Manche Streitfrage hätte sich im Gesetz lösen lassen, wenn man sie in der Ausarbeitung und in den Beratungen bereits erkannt hätte, wozu es allerdings mehr Zeit bedurft hätte. Die Notwendigkeit, Rechtssicherheit und Rechtsfrieden durch einen angemessenen Interessenausgleich herstellen zu müssen, gestattete jedoch keine Verschiebung der Sachenrechtsbereinigung in die nächste Legislaturperiode. Das Vorhaben stand – wie fast alle aus der Wiedervereinigung erwachsenen Aufgaben – unter einem erheblichen Zeitdruck.

Am Schluß der Beratungen hat sich schließlich eine breite Zustimmung zu dem Gesetz ergeben. Ob die darin zum Ausdruck kommende Erwartung begründet ist, eine inhaltlich richtige und auch praktikable Regelung gefunden zu haben, wird sich erst in einiger Zeit herausstellen. Dies ist jedenfalls die Hoffnung des Autors dieses Leitfadens, der als Mitarbeiter im Bundesministerium der Justiz das Gesetz mit gestaltet hat.

Bonn, im Juli 1994   Hans-Joachim Czub

Inhaltsverzeichnis

Abkürzungsverzeichnis

a. a. O.	am angegebenen Ort
Abs.	Absatz
AcP	Archiv für die civistische Praxis (Zs.)
BAnZ	Bundesanzeiger
BauGB	Baugesetzbuch
Bd.	Band
BGB	Bürgerliches Gesetzbuch
BGBl.	Bundesgesetzblatt
BGH	Bundesgerichtshof
BGHZ	Entscheidungssammlung des Bundesgerichtshofs in Zivilsachen
BR-Drs.	Bundesrats–Drucksache
BT-Drs.	Bundestags-Drucksache
BVerfG	Bundesverfassungsgericht
BVerfGE	Entscheidungssammlung des Bundesverfassungsgerichts
BVerwG	Bundesverwaltungsgericht
BVerwGE	Entscheidungssammlung des Bundesverwaltungsgerichts
DNotZ	Deutsche Notar-Zeitschrift
DRiZ	Deutsche Richterzeitung
DStR	Deutsches Steuerrecht (Zs.)
DStZ	Deutsche Steuer-Zeitung
DtZ	Deutsch-deutsche Rechts-Zeitschrift
EGBGB	Einführungsgesetz zum Bürgerlichen Gesetzbuch
ErbbauVO	Verordnung über das Erbbaurecht
GBl.	Gesetzblatt (der DDR)
GBO	Grundbuchordnung
GG	Grundgesetz
i. d. F.	in der Fassung
JZ	Juristenzeitung
KG	Kammergericht Berlin, Kommanditgesellschaft
LPG	Landwirtschaftliche Produktionsgenossenschaft
LPG-Gesetz	Gesetz über die landwirtschaftlichen Produktionsgenossenschaften

MDR	Monatsschrift für Deutsches Recht (Zs.)
m. w. N.	mit weiteren Nachweisen
NJ	Neue Justiz (Zs.)
NJW	Neue Juristische Wochenschrift (Zs.)
Nr.	Nummer
OV spezial	Informationsdienst zum Vermögens- und Entschädigungsrecht in den neuen Bundesländern (Zs.)
Rdn./Rn.	Randnummer
Reg.Entwurf	Regierungsentwurf
RGZ	Entscheidungssammlung des Reichsgerichts in Zivilsachen
S.	Seite
SachenRBerG	Gesetz zur Sachenrechtsbereinigung im Beitrittsgebiet
SED	Sozialistische Einheitspartei Deutschlands
usw.	und so weiter
VermG	Vermögensgesetz
VermRÄndG	Vermögensrechtsänderungsgesetz
VG	Verwaltungsgericht
vgl.	vergleiche
VIZ	Zeitschrift für Vermögens- und Investitionsrecht
ZAP	Zeitschrift für die Anwaltspraxis
z. B.	zum Beispiel
ZGB	Zivilgesetzbuch (der DDR)
ZIP	Zeitschrift für Wirtschaftsrecht
ZK	Zentralkomitee
ZOV	Zeitschrift für offene Vermögensfragen
ZRP	Zeitschrift für Rechtspolitik
Zs.	Zeitschrift
ZVG	Zwangsversteigerungsgesetz

Literaturverzeichnis

Eickmann, Grundstücksrecht in den neuen Bundesländern, Köln 1992

Fieberg/Reichenbach. Enteignung und offene Vermögensfragen in der ehemaligen DDR, 2. Aufl., Köln 1992

Gerady, Praxis der Grundstücksbewertung, München 1991

Heuer, Grundzüge des Bodenrechts der DDR 1949—1990, München 1991

Horn, Das Zivil- und Wirtschaftsrecht im neuen Bundesgebiet, Köln 1991

Ingenstau, Erbbauverordnung, 7. Aufl. 1994

Jauering, BGB, 7. Aufl., München 1994

Klumpe/Nastold, Rechtshandbuch Ostimmobilien, 2. Aufl. Heidelberg 1992

Medicus, Schuldrecht I, 7. Aufl., München 1993
ders., Schuldrecht II, 6. Aufl., München 1993

Münchener Kommentar, Ergänzungsband Zivilrecht im Einigungsvertrag, München 1991

Palandt, BGB, 53. Aufl., München 1994

Raiser, Rechtssoziologie, Frankfurt 1987

Reichsgerichtsräte-Kommentar, BGB, Erbbauverordnung, 12. Aufl., Berlin/New York 1986

Röhl, Rechtssoziologie, Köln 1987

Rohde, Bodenrecht, 1989

Scholz/Werling, Behandlung des in der ehemaligen DDR belegenen Grundbesitzes von Berechtigten außerhalb des Gesetzes, in: Schriftenreihe des Bundesamtes zur Regelung offener Vermögensfragen, Heft 1

Schwab/Prütting, Sachenrecht, 24. Aufl., München 1993

Staudinger, Erbbauverordnung, 11. Aufl., Berlin 1956

v. Oefele/Winkler, Handbuch des Erbbaurechts, München 1987

Vogels, Grundstücks- und Gebäudebewertung — marktgerecht, 3. Aufl. Wiesbaden/Berlin 1989

Weirich, Vertragsgestaltungen im Grundstückrecht, 2. Aufl., München 1992

Wilburg, Die Lehre von der ungerechtfertigten Bereicherung, Graz 1934

A. Erläuterungen zum Sachenrechtsbereinigungsgesetz

I. Grundprinzipien

Bei der Gestaltung der Sachenrechtsbereinigung wurde immer wieder 1
die Forderung erhoben, nicht nur den „Willen des Gesetzgebers"[1] im
Gesetzestext selbst so weit und so deutlich wie möglich zum Ausdruck
zu bringen, sondern durch detaillierte Regelungen auch in Einzelfällen
möglichst keine Zweifelsfragen offen zu lassen. Das Begehren, daß der
Gesetzeswortlaut möglichst eindeutig sein solle und insoweit der Raum
möglicher Auslegungen durch den Rechtsanwender, insbesondere
durch die Richter, möglichst eingeengt werden solle, ist an sich etwas
Selbstverständliches. Gesetze sollen klar, eindeutig und möglichst einfach zu handhaben sein. Ebenso ist außer Streit, daß sich dieses Ziel bei
komplexen Rechtsmaterien nicht in der Weise erreichen läßt, daß sich
die Lösung jedes Einzelfalls unmittelbar aus dem Gesetz ablesen läßt.
Dies würde zu einer unüberschaubaren Kasuistik führen. Wenn gleichwohl die in letzter Konsequenz nicht erfüllbare Forderung nach einer
möglichst lückenlosen Erfassung und Regelung aller Sachverhalte bis
ins Detail erhoben wurde, so dürfte darin ein Indiz für ein erhebliches
Mißtrauen in die Rechtsanwendung zu sehen sein.

Das dürfte einmal mit der derzeit noch vielfach vorhandenen Unkenntnis der 2
rechtlichen und tatsächlichen Verhältnisse in dem jeweils anderen Teil Deutschlands zusammenhängen.[2] Entscheidender dürfte indessen noch ein unterschied-
liches Vorverständnis sowohl der Fachleute (Juristen) als auch der Bürger in Ost-
und Westdeutschland sein.[3]

---

1 Die stärkste Bindung der Gesetzesanwendung an den Willen des Gesetzgebers ergibt sich
  dann, wenn wie in § 3 SachenRBerG die Regelungsziele und Regelungsinstrumente im
  Gesetzestext selbst bezeichnet und der Inhalt von Rechtsbegriffen – wie z. B. der Billigung staatlicher Stellen in § 10 SachenRBerG – gesetzlich definiert wird. Eines Rück-
  griffs auf die Normvorstellungen der Ministerialbeamten, die den Entwurf ausgearbeitet,
  und der Abgeordneten, die den Entwurf beschlossen haben (vgl. Larenz, Methodenlehre,
  4. Auflage, S. 329), die immer nur neben anderen Methoden ein Element der Gesetzes-
  auslegung sein können, bedarf es nicht, wenn der Gesetzesinhalt insoweit eindeutig ist.

2 In vielen Eingaben an des Bundesministerium der Justiz wird berichtet, daß es außerordentlich schwer, wenn nicht gar unmöglich sei, in Fragen des Grundstücksrechts im
  Beitrittsgebiet sachgerechte Beratung zu erhalten. Viele Anwälte lehnten in schwierig
  gelagerten Fällen die Übernahme der Mandate ab. Etliche gaben auf. Anwaltswechsel
  würden sehr häufig sein.

3 Gerichtliche Entscheidungen wurden in ersten Jahren nach dem Beitritt in den neuen
  Ländern insoweit weitaus häufiger und emotial aufgeheizter diskutiert als in den alten
  Ländern. In parlamentarischen Anfragen und Eingaben wurde sehr häufig zum Aus-

3   Im Interesse der Handhabbarkeit des Gesetzes ließ sich die Kasuistik
    nicht beliebig erweitern. Die **Grundprinzipien der gesetzlichen Regelun-
    gen** werden jedoch im Sachenrechtsbereinigungsgesetz (im folgenden
    SachenRBerG) ausdrücklich im Gesetzestext benannt, um der Rechts-
    anwendung insoweit klare Auslegungsgrundsätze an die Hand zu geben.
    Im Allgemeinen Teil kommt dies insbesondere in der Bestimmung der
    Regelungsinstrumente und Regelungsziele (§ 3 SachenRBerG), in der
    Begriffsbestimmung zur Billigung staatlicher Stellen (§ 10 SachenR-
    BerG) wie in der Beschreibung der Einwendungen des Grundstücksei-
    gentümers (§§ 29, 30 SachenRBerG) zum Ausdruck.

1. Hinnahme vorgefundener Besitzstände

4   Eines der Grundprinzipien der Sachenrechtsbereinigung ist, daß die in
    der ehemaligen DDR begründeten Besitzrechte und die mit Billigung
    staatlicher Stellen eingeräumten Befugnisse grundsätzlich hingenom-
    men und nicht in Frage gestellt werden. Das SachenRBerG beruht inso-
    weit auf den gleichen Grundlagen wie die Gemeinsame Erklärung der
    Regierungen der Bundesrepublik Deutschland und der Deutschen De-
    mokratischen Republik vom 15. Juni 1990 (Anlage III zum Einigungs-
    vertrag vom 31. August 1990 – BGBl. II S. 889, 1237), das Vermögens-
    gesetz (im folgenden: VermG) und schließlich die Anerkennung der
    Nutzungsrechte und ihre Umwandlung in dingliche Rechte in Art. 233
    § 3 Abs. 1 des Einführungsgesetzes zum Bürgerlichen Gesetzbuche (im
    folgenden: EGBGB). **Redlich erworbene Besitztitel** sowie durch die Be-
    bauung bewirkte **‚faktische' Veränderungen** in der ehemaligen DDR
    werden als vorgefundene Tatbestände akzeptiert. Die Sachenrechtsbe-
    reinigung knüpft an die vorgefundenen Tatbestände an und nimmt
    diese zum Maßstab für den Interessenausgleich.

5   Soweit in der Literatur geltend gemacht wird, daß dieser Ausgangspunkt der
    gesetzlichen Regelung im Hinblick auf das in der ehemaligen DDR insoweit

---

druck gebracht, daß man insbesondere Entscheidungen von den sog. „West-"Richtern
nicht nachvollziehen könne. Eine nähere Analyse der Entscheidung und ihrer Gründe
ergab indessen in den meisten Fällen, daß das so heftig kritisierte Urteil keine metho-
dischen Fehler enthielt und in der Deduktion und im Ergebnis zumindest vertretbar war.

Der Kern der Kritik an den Entscheidungen ließ sich sehr häufig darauf zurückführen,
daß die tatsächlichen, sehr oft nicht nach den rechtlichen Regelungen bestimmten
Lebensverhältnisse der ehemaligen DDR nicht hinreichend berücksichtigt waren. Die
Entscheidung über den Status einer in der ehemaligen DDR begründeten, rechtlich nicht
abgesicherten Befugnis zur Nutzung eines fremden Grundstücks hat ein an das geschriebene Recht gebundener Richter nach den Rechtssätzen und nicht allein nach den faktischen, nicht rechtsstaatlichen Verhältnissen in der ehemaligen DDR zu beurteilen.

begangene Unrecht anrüchig sei,[4] ist dem entgegenzuhalten, daß die Sachenrechtsbereinigung nur einen **Interessenausgleich** zwischen zwei vorgefundenen
Berechtigungen herbeiführen, aber keine Unrechtsbereinigung leisten kann.

Die Bestimmungen des Einigungsvertrages, mit denen der Fortbestand der Nut- 6
zungsrechte als dingliche Rechte am Grundstück anerkannt worden ist (Art. 233
§ 3 Abs. 1 EGBGB) und die Bestimmungen im VermG, wonach der redliche
Erwerb von Nutzungsrechten und tatsächliche Veränderungen die Restitution
ausschließen (§ 4 Abs. 2, § 5 VermG) waren ein Kompromiß zwischen den Bedürfnissen, einerseits den Rechtsfrieden im Beitrittsgebiet wahren und andererseits einen Ausgleich für erlittenes Unrecht herbeiführen zu müssen.

In diesem Zusammenhang war es ausgeschlossen, alle Eingriffe der Behörden der
ehemaligen DDR in fremdes Eigentum, wenn sie nicht mit Zustimmung des
Eigentümers erfolgt oder in einem förmlichen Enteignungsverfahren gegen Entschädigung durchgeführt waren, für null und nichtig zu erklären. Dies führt
jedoch dazu, daß in der Sachenrechtsbereinigung fortbestehende Besitztitel zugrunde gelegt werden müssen.

Ebenso ist es jedoch nicht richtig, wenn man die Bestellung von Nutzungsrechten 7
oder gar die faktischen Überbauungen ohne Nutzungsrechtsbegründung abweichend vom Recht der ehemaligen DDR den Enteignungen gleichstellt.[5] Die
Anerkennung der Nutzungsrechte diente dem Erhalt des Rechtsfriedens, sollte
jedoch nicht darüber hinaus vorangegangene staatliche Zwangsmaßnahmen legi-
timieren. Schon deshalb ist es ausgeschlossen, die Begründung von Nutzungsrechten als eine auch schon rechtlich vollzogene Enteignung zu bewerten. Diese
Überlegungen führen dazu, daß man von einem trotz Nutzungsrechtsbestellung
fortbestehendem Eigentum am Grundstück ausgehen muß.

2. Berücksichtigung der sozialen Wirklichkeit der ehemaligen DDR

Dieses Grundprinzip kommt insbesondere in § 10 SachenRBerG zum
Ausdruck. Der Begriff der Bewilligung staatlicher Stellen wird nach der
sozialen Wirklichkeit in der ehemaligen DDR und nicht nach den seinerzeitigen Rechtsvorschriften bestimmt.

Die Sachenrechtsbereinigung muß Rechtsverhältnisse an Grundstücken 9
regeln, die ein Staat hinterlassen hat, dessen Entscheidungsträger sich in
sehr vielen Fällen nicht an die selbst gesetzten Rechtsnormen gehalten
haben. Die einem feudalistisch, absolutistischen System vergleichbare
Lösung der Partei- und Staatsorgane der ehemaligen DDR von der Bindung an das Gesetz ist ein Element, daß die DDR als Unrechtsstaat

---

4 Strobel, DStR 1993, S. 484.
5 Vgl. Leutheusser-Schnarrenberger, DtZ 1993, S. 37 f.

kennzeichnet, ohne daß es insoweit noch einer Prüfung der (weitgehend nicht befolgten) Norminhalte bedarf.[6]

10   Die von den Organen eines solchen Staats begründeten Befugnisse zur baulichen Nutzung fremder Grundstücke können nicht nur dann in der Sachenrechtsbereinigung anerkannt werden, wenn sie vorschriftenkonform begründet wurden. Dies würde der sozialen Wirklichkeit widersprechen, die Nutzer in weiten Bereichen schutzlos stellen und auf eine Totalrevision der in 40 Jahren DDR begründeten Besitzstände hinauslaufen.[7]

11   Diese Problematik ist bereits bei den Verhandlungen über den Einigungsvertrag erkannt worden und hat zu differenzierten Lösungen geführt. Ein Beispiel hierfür ist die unterschiedliche Regelung des Rechtserwerbs durch natürliche Personen, Religionsgemeinschaften und gemeinnützige Stiftungen einerseits und der Parteien und Massenorganisationen andererseits. Bei den natürlichen Personen, Religionsgemeinschaften und gemeinnützigen Stiftungen wurde der redliche Erwerb anerkannt und schließt die Restitution aus (§ 4 Abs. 2 VermG). Für die Parteien und Massenorganisationen kommt es hingegen nach der Maßgabenregelung zu den fortgeltenden §§ 20a, 20b des Parteiengesetzes der ehemaligen DDR[8] darauf an, ob der Erwerb nach materiell-rechtsstaatlichen Grundsätzen im Sinne des Grundgesetzes erfolgt ist. In dem letztgenannten Fall ist es eindeutig, daß der Erwerb rechtsstaatlichen Kriterien entsprechen muß. Eine solche Differenzierung ist bereits ein Anhaltspunkt dafür, daß die Anerkennung des Rechtserwerbs durch die Nutzer nicht den gleichen scharfen rechtsstaatlichen Beurteilungskriterien unterworfen werden kann, wie der Erwerb durch die Parteien und Massenorganisationen. Für letztere sind wegen ihrer Staatsnähe besondere, nicht an der sozialen Realität, sondern an materiell-rechtsstaatlichen

---

6 Sendler (ZRP 1993, 1, 4) hat m. E. zu Recht den Umstand, daß die Organe von Staat und Partei der ehemaligen DDR, wenn es darauf angekommen sei, „aufs Recht gepfiffen" hätten, als ein wesentliches Merkmal bezeichnet, das die DDR als Unrechtsstaat gekennzeichnet habe.

   Diese Merkmale lassen sich indessen nicht nur auf dem Gebiet des Strafrechts, der Bespitzelung der Bürger durch die Organe der Staatssicherheit, sondern auch auf dem vergleichsweise alltäglichen Gebiet des Zivilrechts nachweisen.

7 Eine Beurteilung des Rechtserwerbs der Nutzer danach, ob der Erwerb vorschriftenkonform erfolgte, wird – für den Bereich der Prüfung des Merkmales der Redlichkeit im VermG z. B. von Märker, DRiZ 1993, 262, 269 gefordert –, dessen Ausführungen allerdings eher den Charakter eines Plädoyers für Alteigentümerinteressen haben.

   Das Bundesverwaltungsgericht hat in den bisher veröffentlichten Entscheidungen die Unredlichkeit nicht danach beurteilt, ob ein Verstoß gegen Rechtsvorschriften vorgelegen habe, sondern ob dem Nutzer eine sittlich anstößige Manipulation vorzuwerfen sei (vgl. BVerwG – Beschluß vom 2. April 1993 – 7 B 22/93 – NJW 1993, 2002).

8 Anlage II Kapitel II Sachgebiet A Abschnitt III Buchstabe a.

Grundsätzen orientierte Entscheidungskriterien begründet worden,[9] die für den Erwerb durch Bürger usw. nicht gelten. Die Sachenrechtsbereinigung folgt auch insoweit den Wertungen, die im Einigungsvertrag festgelegt worden sind.

Die Bestimmung des Begriffs der **Billigung staatlicher Stellen** ist der sozialen Realität entsprechend weit gefaßt worden. In § 10 Abs. 1 Satz 1 SachenRBerG wird ausgeführt, daß die Billigung auch durch nichtstaatliche Stellen (LPG-Vorstände, Parteiorgane) ausgesprochen worden sein kann, die sich ähnliche Befugnisse wie Staatsorgane der ehemaligen DDR anmaßten. Satz 2 bestimmt ausdrücklich, daß eine Billigung auch bei Nichteinhaltung der gesetzlichen Vorschriften vorliegen kann.   **12**

Eine solche Orientierung an sozialen Besitzständen kann die Rechtsprechung nicht ohne gesetzliche Grundlage vornehmen.[10] Aufgrund der rechtsstaatlichen Bindung der Rechtsprechung an das Gesetz fehlt ihr ohne eine entsprechende Regelung die Handhabe, die in einem nicht nach rechtsstaatlichen Grundsätzen handelnden Staat begründeten Besitzstände der sozialen Wirklichkeit entsprechend berücksichtigen zu können.   **13**

§ 10 Abs. 2 des Entwurfs enthält zur **Erleichterung der Beweisführung** für den Nutzer Vermutungen. Die Erteilung einer Baugenehmigung sowie im Anschluß an § 5 Abs. 6 der Verordnung über die Bevölkerungsbauwerke vom 8. November 1984 (GBl. I Nr. 36, S. 43) der fünfjährige Besitz des Bauwerks nach seiner Fertigstellung begründet für den Nutzer eine Vermutung, daß die bauliche Nutzung des Grundstücks mit Billigung staatlicher Stellen erfolgt ist.   **14**

Ziel der Regelung in § 10 ist es, möglichst keine nicht zu bereinigenden „hängenden" Fälle entstehen zu lassen. Solche Fälle können sich dann ergeben, wenn der Nutzer nicht nachzuweisen vermag, daß er mit Billigung staatlicher Stellen gebaut hat, andererseits aber auch keine Unredlichkeit des Nutzers vorliegt. Der Umstand, daß der Nachweis der Erteilung einer Baugenehmigung oder der fünfjährigen Duldung des Bauwerks ohne baubehördliches Einschreiten für die Darlegung einer Billigung staatlicher Stellen ausreichen soll, wird für alle Fälle, in denen kein sog. Schwarzbau vorliegt, eine Absicherung der baulichen Investition durch Erbbaurechtsbestellung oder Grunderwerb durch den Nutzer ermöglichen.   **15**

---

9 Dies führt in den meisten Fällen dazu, daß das von diesen Organisationen in der DDR erworbene Vermögen nicht zurückgegeben werden kann, da der Erwerb nicht diesen Grundsätzen genügt. Dies entsprach der Absicht des Gesetzgebers. Die Altparteien (SED und Blockparteien) sollten keine Vorteile aus solchen, auf ihrer Staatsnähe beruhenden Erwerbsvorgängen in die Bundesrepublik „retten" und sich damit Vorteile in der demokratischen Auseinandersetzung der Parteien in Wahlkämpfen usw. verschaffen können.

10 Vgl. den Hinweis in der Entscheidung des BGH vom 19. Febr. 1993 – V ZR 269/91 (NJW 1993, 1706, 1707) zur Veröffentlichung in der amtlichen Sammlung vorgesehen.

3. Ausschluß unredlichen Erwerbs

16 Das Gesetz schließt die Ansprüche aus der Sachenrechtsbereinigung aus (§ 30 SachenRBerG), wenn der Nutzer unredlich handelte. Die vorgenannten Grundprinzipien der Sachenrechtsbereinigung,

- die Hinnahme der vorgefundenen Besitzstände und
- die Berücksichtigung der sozialen Wirklichkeit der sozialen Wirklichkeit der ehemaligen DDR

bedürfen einer Einschränkung durch den Grundsatz, daß die im Gesetz begründeten Ansprüche im **Falle des unredlichen Erwerbs** ausgeschlossen sind.

17 Die Aufnahme einer diesem Prinzip entsprechenden gesetzlichen Bestimmung war insofern nicht unbedenklich, weil sie voraussichtlich zu zahlreichen Streitigkeiten führen wird. Wenn der Grundstückseigentümer mit Erfolg die **Einrede des unredlichen Erwerbs** geltend machen kann, gibt es keine Ansprüche des Nutzers auf Erbbaurechtsbestellung oder auf Ankauf des Grundstücks und daher auch keine Teilung des Bodenwerts. Für die Beteiligten wird es deshalb in solchen Fällen um „Alles oder Nichts" gehen. Solche Streitigkeiten werden erbittert geführt; Einigungen zwischen den Beteiligten lassen sich nur schwer erzielen.

Die Aufnahme der Einrede war jedoch aus den nachstehenden zwei Gründen unverzichtbar:

18 • Der Nutzer, der selbst unredlich handelte, verdient keinen Schutz. Die in der ehemaligen DDR begründeten Besitzstände wurden anerkannt, um das Vertrauen der Nutzer in die in einer anderen Rechts- und Wirtschaftsordnung begründeten Berechtigungen zu schützen und damit den Rechtsfrieden im Beitrittsgebiet zu wahren. Ein **unredlicher Erwerb verdient** jedoch **keinen Vertrauensschutz**. Das Ziel, den Rechtsfrieden erhalten zu müssen, vermag einen Schutz des unredlichen Erwerbers ebenfalls nicht zu rechtfertigen, wenn die rechtsstaatliche Ordnung nicht vor den geschaffenen Fakten kapitulieren soll.

19 Dieser Grundsatz ist bereits in den Nr. 3 b) und 8 der Gemeinsamen Erklärung der Regierungen der Bundesrepublik Deutschland und der Deutschen Demokratischen Republik zur Regelung offener Vermögensfragen vom 15. Juni 1990 (BGBl. II S. 889, 1237) festgelegt und dann in § 4 Abs. 2 Satz 1 und Abs. 3 VermG kodifiziert worden. Die sachgerechte Bestimmung der Grenzen des Vertrauensschutzes wirft jedoch erhebliche Probleme auf.

Ein **Erwerb**, der **durch Korruption, Ausnutzung einer** persönlichen **Machtstellung** oder Herbeiführung oder Ausnutzen einer **Zwangslage** (§ 4 Abs. 3 Buchstaben b und c VermG) zustande gekommen ist, beruht auf einer sittlich anstößigen Manipulation durch den Erwerber. Insoweit ist es unstrittig, daß ein solcher Erwerb nicht schutzwürdig ist. Probleme bereitet hingegen der Verstoß gegen allgemeine Rechtsvorschriften, Verfahrensgrundsätze und eine ordnungsgemäße Verwaltungspraxis, der nach § 4 Abs. 3 Buchstabe a VermG in der Regel die Unredlichkeit indiziert, wenn der Erwerber von einem solchen Verstoß wußte oder davon hätte wissen müssen.

20

Ein ordnungsgemäßes Verwaltungshandeln hat es in der DDR in weiten Bereichen nicht gegeben. Gesetzesvorschriften wurden vielmehr nach den jeweiligen Vorgaben der Partei ausgelegt und angewendet.[11] Der in § 4 Abs. 3 Buchstabe a VermG bezeichnete Tatbestand dürfte deshalb restriktiv auszulegen sein, da die Bürger der ehemaligen DDR in einem Staat leben mußten, dessen Organe sich über das geschriebene Recht hinwegsetzten, wenn es denn opportun war. Es ist jedoch nichts Unredliches darin zu sehen, wenn ein Bürger bei den zuständigen Behörden um die Zuweisung von Wohnraum oder eines Nutzungsrechts für den Bau eines Eigenheimes bittet. Dies gilt auch dann, wenn ihm bekannt war oder hätte bekannt sein müssen, daß deren Entscheidungen nicht nach rechtsstaatlichen Grundsätzen und in geordneten Verfahren erfolgten. Einen anderen Weg, zu einer Wohnung, zu einem Eigenheim oder zu einem Bauplatz zu kommen, gab es in der Regel nicht. § 4 Abs. 3 Buchstabe a VermG dürfte deshalb in dem Sinne auszulegen sein, daß die Kenntnis oder fahrlässige Unkenntnis des Bürgers von einem Regelverstoß beim Erwerbsvorgang erst dann die Unredlichkeit begründet, wenn der Bürger mit seinen Handlungen solche Regelverstöße veranlaßt oder gefördert hat.[12]

21

● Der Ausschluß der Ansprüche auf Erbbaurechtsbestellung oder Ankauf des Grundstücks war notwendig, um Wertungswidersprüche zwischen SachenRBerG und VermG zu vermeiden. Entscheidend hierfür war die Erwägung, daß man dem Grundstückseigentümer

22

---

11 Ein Beispiel ist der Erlaß des früheren Oberbürgermeisters der Stadt Dresden, Berghofer, vom 2. Mai 1986 zu § 1 Abs. 2 des Gesetzes über den Verkauf volkseigener Eigenheime, Miteigentumsanteile und Gebäude für Erholungszwecke (GBl. I Nr. 59, S. 590). Die gesetzlich vorgesehene Vergabe an Arbeiter- und kinderreiche Familien wurde in eine Vergabe an Persönlichkeiten aus Sport und Kultur, Personen mit Leistungsfunktionen in Staat und Partei sowie an hochgestellte kirchliche Würdenträger uminterpretiert. Solche Verstöße gegen das geschriebene Recht sind selten in so deutlicher Form schriftlich festgehalten worden. Sieht man bereits die fahrlässige Unkenntnis einer gegen Gesetzesrecht verstoßenden Verschaffung von Erwerbsgelegenheiten als einen unredlichen Erwerb an, so wäre fast jeder Erwerb in der DDR als unredlich zu beurteilen, da jeder Bürger mit derartigen Gesetzesverletzungen durch die Verwaltung rechnen mußte (vgl. Eisold, OV spezial 20/93, S. 2).

12 Vgl. auch VG Greifswald – Urt. v. 3. Dez. 1992 – 1 D 146/92 (ZOV 1993, 372, 374), das insoweit ein über die fahrlässige Unkenntnis vom Regelverstoß hinausgehendes Unrecht verlangt hat.

nicht Ansprüche versagen kann, die das VermG dem enteigneten Alteigentümer zugesteht.

23 Was unter einem unredlichen Erwerb zu verstehen ist, wird in § 30 SachenRBerG nicht definiert. Das Gesetz verweist insoweit auf § 4 VermG. § 4 Abs. 3 VermG enthält insoweit Regelbeispiele, wann ein Rechtserwerb als unredlich anzusehen ist. § 4 Abs. 3 Buchstaben b und c VermG beschreiben das Herbeiführen oder Ausnutzen von Korruption, persönlichen Machtstellungen, Zwangslagen oder Täuschungen. Insoweit ist unstrittig, daß Unredlichkeit im Sinne des § 4 Abs. 3 VermG dann vorliegt, wenn dem Nutzer eine Beteiligung an sittlich anstößigen Manipulationen oder eine aktive Mitwirkung an rechtswidrigen Handlungen vorzuwerfen ist.[13]

24 Nach § 4 Abs. 3 Buchstabe a VermG ist auch derjenige Rechtserwerb als unredlich anzusehen, der nicht in Übereinstimmung mit den Rechtsvorschriften, Verfahrensgrundsätzen und einer ordnungsgemäßen Verwaltungspraxis stand und der Erwerber dies wußte oder hätte wissen müssen.

25 Allein der objektive Verstoß gegen Rechtsvorschriften begründet nicht die Einrede aus § 30 SachenRBerG. Dies folgt im übrigen schon aus der Bestimmung des Begriffs der Billigung staatlicher Stellen in § 10 Abs. 1 Satz 2 SachenRBerG, die ausdrücklich auch das nicht den Rechtsvorschriften entsprechende Handeln der Behörden der ehemaligen DDR einbezieht. Wenn der Nutzer Ansprüche nach dem SachenRBerG für eine nicht den Rechtsvorschriften entsprechende Bebauung mit Billigung staatlicher Stellen oder aus einem nicht vollzogenen („hängenden") Kaufvertrag über ein Gebäude geltend macht, muß zu dem **objektiven Verstoß** gegen Rechtsvorschriften ein dem Nutzer **vorwerfbares Verhalten** hinzukommen, um die Einrede unredlichen Erwerbs zu begründen.

26 Es gibt derzeit unterschiedliche Rechtsprechung dazu, welche Anforderungen an dieses subjektive Element zu stellen sind.

---

13 Eine andere Frage ist, ob schon die allgemeine Beteiligung an solchen Maßnahmen als Mitglied eines Organs des Staates oder der Partei oder das allgemeine (nicht auf den konkreten Fall bezogene) Wissen um die Gesetzwidrigkeit des Handelns der Staats- und Parteiorgane der ehemaligen DDR ausreicht, den Rechtserwerb als unredlich bezeichnen zu können (s. dazu das in Fußn. 15 zitierte Urteil des VG Potsdam).

Diese Frage kann sich z. B. dann stellen, wenn in der ehemaligen DDR **Veräu-ßerungen wegen angeblicher Überschuldung** staatlich oder nicht staatlich verwalteten Vermögens von in den alten Bundesbürgern oder in West-Berlin lebenden Bürgern erfolgten,[14] und dem Erwerber diese Manipulationen aufgrund seiner Zugehörigkeit zu den Organen der staatlichen Verwaltung (Rat des Kreises, Rat der Gemeinde usw.) bekannt war.[15] Ein weiteres Problem sind die **Verkäufe nach dem Gesetz über den Verkauf volkseigener Gebäude vom 7. März 1990,** sog. Modrow-Gesetz (GBl. I Nr. 18, S. 157). § 6 Abs. 2 der Durchführungsverordnung zu jenem Gesetz vom 15. März 1990 (GBl. I Nr. 18 S. 158) bestimmte, daß für den Verkauf der Grundstücke die in den Kaufpreisübersichten der Territorien bzw. der örtlichen Räte beschlossenen Baulandpreise gelten. Welche Bedeutung diesen Preisübersichten für Verkäufe nach dem 30. Juni 1990 (Beginn der Wirtschafts- und Währungsunion) und eventuellen Verstößen gegen haushaltsrechtliche Bestimmungen zukommt, wird unterschiedlich beurteilt.[16]

Das SachenRBerG enthält keine Aussagen darüber, wann in derartigen Fällen der Erwerb als unredlich zu beurteilen ist. Es wäre auch der falsche Standort für eine ergänzende Bestimmung der Tatbestandsmerkmale eines unredlichen Erwerbs. Die Nichtanerkennung unredlich erworbener Rechtspositionen ist ein Element der Unrechtsbereinigung. Eine ergänzende Begriffsbestimmung wäre deshalb – falls eine solche Ergänzung erforderlich werden sollte – im VermG oder in einem besonderen Gesetz aufzunehmen. 27

4. Nachzeichnung und Bewertung

Die vorgenannten Grundprinzipien 28

● Hinnahme der vorgefundenen Besitzstände,

● Berücksichtigung der sozialen Wirklichkeit und

● Ausschluß des unredlichen Erwerbs

---

14 Der Beschluß des Ministerrates zur Grundlinie (des Politbüros) vom 23. Sept. 1976 für die Behandlung des in der DDR befindlichen Vermögens von Berechtigten aus kapitalistischen Staaten und Westberlin und die sich daraus ergebenden Maßnahmen (GVS 3/62 – 4/76; abgedruckt in der Materialsammlung von Fieberg/Reichenbach, Ergänzungsband, Nr. 3.24a sowie in Heft 1 der Schriftenreihe des Bundesamtes zur Regelung offener Vermögensfragen, S. 15 ff.) sahen eine Herbeiführung der Überschuldung im Rahmen der gesetzlichen Möglichkeiten und schrittweise Überführung des Vermögens in Volkseigentum vor. In der Praxis gab es hier viele Fälle „vorauseilenden" Gehorsams. Es wurden Überführungen ins Volkseigentum und Verkäufe vorgenommen, obwohl die Voraussetzungen selbst nach dem genannten Erlaß noch nicht vorlagen.

15 Vgl. VG Potsdam – Urt. v. 29. März 1993 – 4 K 32/92 (ZOV 1993, 285, 289 f.); VG Leipzig – Urt. v. 14. Jan. 1993 – I K 453/92 (VIZ 1993, 305, 306).

16 KG – Urt. v. 15. Dez. 1992 – 7 U 1930/92; Bezirksgericht Halle – Beschluß v. 9. Juli 1992 – 1 T 54/91.

waren durch den Einigungsvertrag, das VermG sowie die mit dem Zweiten Vermögensrechtsänderungsgesetz erfolgte „kleine" Sachenrechtsbereinigung vorgegeben. Damit waren zwar wesentliche Eckdaten für die „große" Sachenrechtsbereinigung bestimmt. Mit den vorstehenden Grundprinzipien war jedoch noch nicht festgelegt,

29 ● welche Fallgruppen über die dinglichen Nutzungsrechte hinaus, die insoweit als ein durch den Einigungsvertrag gesicherter Besitzstand anzusehen waren, in die Sachenrechtsbereinigung einbezogen und damit durch Verdinglichung abgesichert werden sollten,

● welche Bedeutung den im Recht der DDR vorgesehenen Nutzungsbeschränkungen sowie der staatlichen Befugnis zum Entzug des Nutzungsrechts bei der Sachenrechtsbereinigung zukommen sollte und

● ob und welches Entgelt in Zukunft für die Nutzung oder den Erwerb fremden Grundeigentums in Zukunft gezahlt werden sollte.

30 Hierzu mußten für die Sachenrechtsbereinigung selbständige Grundprinzipien (gesetzgeberische Leitideen) gefunden werden. Diese waren auf ihre Sachgerechtigkeit und innere Folgerichtigkeit zu überprüfen.

Dabei stellten sich die Grundsätze der Nachzeichnung und der Bewertung des Zuweisungsgehalts der Nutzungsrechte als die die Sachenrechtsbereinigung bestimmenden Grundprinzipien heraus.

31 Der **Grundsatz der Nachzeichnung** besagt, daß neben den Nutzungsrechten und dem selbständigen Gebäudeeigentum nur solche Berechtigungen Gegenstand der Sachenrechtsbereinigung sein können, denen Investitionen zugrunde liegen, die bei korrektem Vorgehen der staatlichen Stellen nach dem Recht der DDR zur Begründung eines Nutzungsrechts und zur Entstehung selbständigen Gebäudeeigentums hätten führen müssen. Dieser Gedanke ist in § 3 Abs. 2 und Abs. 3 SachenRBerG zum Ausdruck gebracht worden.

32 Der **Grundsatz der Bewertung** bestimmt, daß die vorgefundenen Berechtigungen im Hinblick auf ihren wirtschaftlichen Zuweisungsgehalt unter den durch den Beitritt und die Einführung der Marktwirtschaft veränderten Verhältnissen gewürdigt werden müssen. Dieses Grundprinzip hat die Regelung des Gesetzes an vielen Stellen (dem Grundsatz der Bodenwertteilung, den Einreden für den Fall nicht mehr ausgeübter Nutzung) geprägt.

a) Ausgangslage

Die Ausgangspunkte für die Gestaltung der Sachenrechtsbereinigung ergaben sich aus folgenden Erkenntnissen:

● Im Rechtssystem der ehemaligen DDR kam es für die bauliche Inanspruchnahme eines fremden Grundstücks im wesentlichen auf die Entscheidung von Staats-, Parteiorganen und von Vorständen der landwirtschaftlichen Produktionsgenossenschaft an. Die hierfür gewählte Rechtsform sowie die zivilrechtliche Absicherung der Bodennutzung überhaupt waren demgegenüber von untergeordneter Bedeutung.

33

Für die Betroffenen machte es in der Regel keinen Unterschied, ob ihnen ein Nutzungsrecht verliehen oder zugewiesen wurde oder sie das Grundstück aufgrund eines Nutzungsvertrages für bauliche Zwecke in Anspruch nehmen durften. Die Abgrenzungslinien zwischen den Nutzungsrechten und den Verträgen, also zwischen Sachen- und Schuldrecht, wurden zumindest in der Rechtswirklichkeit dadurch weitgehend verwischt,[17] daß die staatliche Entscheidung einen Kontrahierungszwang begründete, die Nutzungsentgelte äußerst gering waren und die Möglichkeiten zur Kündigung der Verträge stark eingeschränkt wurden.

Die Entscheidung staatlicher Stellen wurde für die Betroffenen auch deshalb zur ausschlaggebenden Grundlage für die Nutzung eines fremden Grundstücks, weil die rechtliche Absicherung in der Regel der Bebauung oder Inbesitznahme des Grundstücks nachfolgte und häufig ausblieb. Die Einhaltung der einschlägigen Rechtsvorschriften wurde weithin als lästige, auf einen späteren Zeitpunkt verschiebbare Förmelei angesehen. Dies hat zu den sog. **„hängenden" Fällen"** , den Bebauungen ohne Bestellung eines Nutzungsrechts, den Gebäudekaufverträgen ohne Anlegung eines Gebäudegrundbuchs usw. geführt.

34

Ergebnis dieses Befundes war, daß die Sachenrechtsbereinigung nicht auf eine Anpassung der Nutzungsrechte beschränkt werden konnte, die vielfach nicht vorhanden waren. Es stand auf der anderen Seite außer Diskussion, alle Grundstücksnutzungen (auch die unrechtmäßigen Inbesitznahmen, die Miet- und Nutzungsverträge usw.) zu verdinglichen.

---

17 Vgl. hierzu auch Eickmann, Grundstücksrecht in den neuen Bundesländern, Rn. 110. Eickmann spricht hier jedoch zu Unrecht von einer Verdinglichung der vertraglichen Nutzungsrechte, die es so im Zivilrecht der ehemaligen DDR nicht gab. Hierzu ist auf die Ausführungen unter b) (3) Bezug zu nehmen.

Dies galt insbesondere nach der Entscheidung für eine Sachenrechtsbereinigung unter Halbteilung der durch Einführung der Marktwirtschaft entstandenen Bodenwerte.[18]

Die Suche nach einem Prinzip, das den Anwendungsbereich der Sachenrechtsbereinigung sachgerecht bestimmt und eingrenzt, führte schließlich zum Grundsatz der Nachzeichnung.

35 ● Das **Prinzip der Bewertung** ergab sich aus der Erkenntnis, daß die vorgefundenen Rechtsinstitute Instrumente einer Zivilrechtsordnung waren, die auf sozialistischen Wertvorstellungen beruhte. Das selbständige Gebäudeeigentum auf fremden Grundstücken, die Nutzungsrechte, die Rechtsträgerschaften sowie die mit Billigung staatlicher Stellen erfolgten, jedoch rechtlich nicht abgesicherten Inanspruchnahmen sind in diesem Kontext zu betrachten und zu würdigen.

36 Die vorgefundenen Rechte und faktischen Besitzstände sind im wesentlichen nicht Ergebnisse einer privatautonomen Rechtsgestaltung durch Parteien, sondern Folgen von Entscheidungen staatlicher oder staatsnaher Stellen in einer sozialistischen Planwirtschaft. In der ehemaligen DDR war das Recht ein Instrument zur Erreichung der Ziele der Planwirtschaft (Erhöhung des materiellen und kulturellen Lebensniveaus des Volkes) und zur Erziehung der Bürger (Entwicklung zu allseitig gebildeten sozialistischen Persönlichkeiten). Auch das Zivilrecht wurde ausdrücklich diesen Aufgaben verpflichtet (§ 1 Abs. 1 Satz 2 ZGB). Die in einer von sozialistischen Prinzipien bestimmten Rechtsordnung anerkannten Rechtsinstitute können deshalb nicht denjenigen in einer auf dem Privateigentum beruhenden Rechtsordnung entsprechen.

37 Die in der ehemaligen DDR durch einen Akt staatlicher Stellen begründeten subjektiv-öffentlichen Nutzungsrechte und faktischen Besitzstände müssen in BGB-konforme Rechtsformen überführt werden und treten dabei in Konkurrenz zu den üblicherweise durch Rechtsgeschäft begründeten dinglichen Rechten. Die Anpassung an das Bürgerliche Gesetzbuch und die veränderten Verhältnisse nach Art. 233 § 3 Abs. 2 EGBGB erfolgte in weiten Bereichen (leider) nicht durch eine frei ausgehandelte Vereinbarung. Mit dem SachenRBerG waren daher zumin-

---

18 Die Sachenrechtsbereinigung ist für die Nutzer durch die Verdinglichung ihrer Besitzberechtigung und die Beteiligung am Bodenwert günstig, weshalb viele Nutzer die Einbeziehung auch ihrer „Besitzberechtigung" in die Sachenrechtsbereinigung gefordert haben.

dest Maßstäbe für eine vertragliche Einigung und Ansprüche auf deren Umsetzung zu begründen.

Der Kontrahierungszwang zu gesetzlich vorgegebenen Konditionen **38** muß einen sachgerechten Interessenausgleich herbeiführen. Eine schematische Übernahme aller in der DDR begründeten Rechte mit ihrem bisherigen Inhalt kam deshalb nicht in Betracht. Die gesetzlichen Regelungen, die die Ansprüche der Beteiligten bestimmen, hatten den vorgefundenen Rechten und Besitzständen sowie den veränderten wirtschaftlichen Bedingungen angemessen Rechnung zu tragen.

In diesem Zusammenhang war zu berücksichtigen, daß mit dem Beitritt **39** und der Einführung der Marktwirtschaft sich das wirtschaftliche Umfeld grundlegend geändert hatte. Das Privateigentum an Grundstücken ist nunmehr ein bedeutender Wirtschaftsfaktor und nicht allein als Gebäudestandort von Bedeutung. Dem Grundeigentum wie auch dem Nutzungsrecht können Teile dieses Bodenwerts zuzuordnen sein. Diese Zuordnung bestimmt wesentlich das von Nutzer oder Grundstückseigentümer zu zahlende Entgelt.

Eine Bewertung der vorgefundenen Rechte und Besitzstände in dem veränderten wirtschaftlichen Umfeld erwies sich zur Bestimmung der Bemessungsfaktoren für die Gegenleistung wie auch der weiteren Konditionen von Erbbau- und Ankaufsrecht als unverzichtbar.

b) Das Grundprinzip der Nachzeichnung

Dieses Grundprinzip hat eine ausschlaggebende Bedeutung für die Be- **40** stimmung des Anwendungsbereiches der Sachenrechtsbereinigung. Zur Bestimmung des Anwendungsbereichs der Sachenrechtsbereinigung boten sich folgende Möglichkeiten an:

● Anknüpfung an vorgefundene Rechtsformen,

● Gestaltung nach wirtschaftlichen Gesichtspunkten oder

● Nachzeichnung.

Die erste Lösung knüpft an die vorgefundene Rechtslage an, die zweite **41** Lösung orientiert sich allein an den zu regelnden wirtschaftlichen Verhältnissen, während die dritte Lösung die zu regelnden Sachverhalte unter Vergleich mit den dinglichen Rechten des Bürgerlichen Gesetzbuchs bewertet und – soweit Vollzugsdefizite im behördlichen Handeln in der ehemaligen DDR festzustellen sind – die Regelung wie bei einem rechtmäßigen Vorgehen der Behörden nachzeichnet. Im Gesetz wird der letztgenannte Lösungsweg verfolgt. In § 3 Abs. 2 und 3 wird bei der Bestimmung der Regelungsziele der Sachenrechtsbereinigung das Prinzip zum Ausdruck gebracht.

aa) Gründe für die Entscheidung

42 Die maßgebenden Erwägungen für die Nachzeichnungslösung ergeben sich aus einer Auseinandersetzung mit den beiden anderen Lösungsmöglichkeiten.

(1) Anknüpfung an vorgefundene Rechtsformen

43 Eine Sachenrechtsbereinigung, die an die vorgefundenen Rechtsformen anknüpft, hätte allein die Nutzungsrechte an das Bürgerliche Gesetzbuch anpassen und möglicherweise für das ohne Nutzungsrecht fortbestehende Gebäudeeigentum einen Anspruch auf Bestellung eines dinglichen Rechts am Grundstück begründen können. Eine Regelung der „hängenden" Fälle wäre im Rahmen der Sachenrechtsbereinigung nicht möglich gewesen.

44 Die Gleichbehandlung der sog. „hängenden" Fälle mit den Nutzungsrechten war allerdings nicht selbstverständlich. Grundlage für die **Gleichbehandlung** der mit Billigung staatlicher Stellen geschaffenen **Fakten** mit den nach der Rechtsordnung der DDR begründeten **Rechten** war die durch rechtstatsächliche Erhebung gewonnene Erkenntnis, daß in der ehemaligen DDR die Bestellung von Nutzungsrechten weitgehend von Zufälligkeiten abhing.[19]

Dies wäre für sich allein noch keine hinreichende Rechtfertigung für die Gleichstellung von Faktum und Recht gewesen; es sei denn, man hätte sich auf den Standpunkt gestellt, daß die Fakten bereits deren Legitimität in sich tragen.

---

19 Eine Rechtstatsachenforschung im eigentlichen Sinne hat es insoweit weder durch das Bundesministerium der Justiz noch durch andere Bundes- oder Landesbehörden gegeben. Die Zahl der Nutzungsrechte sowie erst recht die der hängenden Fälle ist auch derzeit noch unbekannt. Systematische Erhebungen, auch nur für einzelne Städte und Gemeinden durch Befragungen usw. sind nicht durchgeführt worden; sie wären aufgrund der noch immer fehlenden Kapazitäten in der Verwaltung außerordentlich schwierig durchzuführen und sehr zeitaufwendig.
Die oben genannte Erkenntnis beruht auf einer Fragebogenaktion, Gesprächen mit Behörden und Bürgern sowie der Auswertung von Eingaben.

Die Regelungen in der vorgefundenen Rechtsordnung der DDR waren ebenfalls nicht so gestaltet, daß sie eine Gleichbehandlung der hängenden Fälle mit den verliehenen oder zugewiesenen Nutzungsrechten geboten hätten. Das geschriebene Recht unterschied sich in dem hier einschlägigen Punkt insoweit nicht von der Rechtsordnung anderer Länder.

Die Eintragung in das Grundbuch war zivilrechtlich notwendige Voraussetzung für den **Erwerb des Eigentums an Grundstücken** – wie in der Regel auch für die Entstehung oder die Übertragung selbständigen Gebäudeeigentums (für das Eigentum am Grundstück § 297 Abs. 2, für das Gebäudeeigentum in Verb. mit § 295 Abs. 2 Satz 2 ZGB). Der Gesetzgeber des Zivilgesetzbuchs hielt insoweit an dem vorgefundenen Grundbuchsystem fest. Der Grundsatz des § 873 Abs. 1 BGB blieb – jedenfalls was den Erwerb persönlichen Eigentums an den Grundstücken und den Gebäuden anging – unverändert. 45

Die **Bestellung der Nutzungsrechte** erfolgte dagegen nach öffentlich-rechtlichen Grundsätzen. Die einschlägigen Rechtsvorschriften sahen die Bestellung des Nutzungsrechts durch Ausstellung von Urkunden vor.[20] Einen dem § 44 Abs. 2 Nr. 2 des Verwaltungsverfahrensgesetzes entsprechenden Rechtssatz gab es in der DDR allerdings nicht. 46

Die Vorschrift in § 44 Abs. 2 Verwaltungsverfahrensgesetz bestimmt, daß ein Verwaltungsakt nichtig ist, wenn er nur durch Aushändigung einer Urkunde erlassen werden kann, aber dieser Form nicht genügt.

Die gesetzlichen Vorschriften der DDR gingen von ihrer Befolgung in der Rechtsanwendung aus. Allgemeine Regelungen für die Fälle, in denen die baubehördliche Zustimmung zum Bau eines Hauses erteilt worden, das Nutzungsrecht jedoch nicht bestellt und das Eigentum am Gebäude deshalb nicht entstanden war, gab es nicht. Insbesondere gab es keinen Rechtssatz des Inhalts, daß bereits faktische Zuweisungen als Rechtsgrundlage für eine bauliche Nutzung eines fremden Grundstücks ausreichen könnten. Die Rechtsvorschriften der DDR deuten vielmehr darauf hin, daß die zuständigen Stellen zur Einhaltung der rechtlichen Voraussetzungen angehalten werden sollten. 47

---

20 § 4 Abs. 2 des Gesetzes über die Verleihung von Nutzungsrechten auf volkseigenen Grundstücken vom 14. Dez. 1970 – GBl. I Nr. 24, S. 372 – im folgenden Nutzungsrechtsgesetz – und § 3 Abs. 1 der Verordnung über die Bereitstellung von genossenschaftlich genutzten Bodenflächen zur Errichtung von Eigenheimen auf dem Lande vom 9. Sept. 1976 – GBl. I Nr. 35, S. 426 – im folgenden: Bereitstellungsverordnung.

48 Die Verordnung über den Neubau, die Modernisierung und Instandsetzung von Eigenheimen vom 31. August 1978 (GBl. I Nr. 40, Seite 425 – im folgenden: **Eigenheimverordnung**), die die Projektierung und den Bau von Eigenheimen regelte, sah in § 4 Abs. 4 Nr. 3 ausdrücklich vor, daß mit der Zustimmung zum Eigenheimbau dem Antragsteller auch die für die Bestellung des Nutzungsrechts erforderlichen Urkunden übergeben werden sollten. – § 22 Abs. 2 des Baulandgesetzes vom 15. Juni 1984 (GBl. I Nr. 17, S. 201) erlaubte eine Regelung nur für solche Neubaumaßnahmen, die vor dem Inkrafttreten des Baulandgesetzes ohne Regelung der Eigentumsverhältnisse an den Grundstücken vorgenommen worden waren.

49 Die Rechtsvorschriften der DDR lassen demnach nur den Schluß zu, daß ohne förmliche Rechtshandlungen ein Recht am Grundstück nicht entstanden war. Es stellt sich daher die Frage, was eigentlich die Gleichbehandlung der „hängenden" Fälle mit den bestehenden Nutzungsrechten in der Sachenrechtsbereinigung rechtfertigt, zumal es auch in den alten Ländern keinen Rechtsschutz gibt, daß bestimmte Fakten (Bebauung, Abschluß des Kaufvertrages) dem Vollzug eines Geschäfts gleichstehen sollen.

Hierzu wurde ausgeführt, daß eine Unterscheidung wegen der Willkürlichkeit und der Zufälligkeit für die Betroffenen nicht zu vermitteln sei.[21]

50 Auf die Nutzer bezogen trifft dies sicherlich zu. Dieses Argument hat auch Aussicht auf Akzeptanz bei den nicht unmittelbar Betroffenen. Daß jemand Nachteile wegen einer seinen Einflußmöglichkeiten weitgehend entzogenen Nachlässigkeit der Verwaltung hat, stößt in der Regel kaum auf Verständnis. Meistens überwiegt das Bedürfnis nach Einzelfallgerechtigkeit vor allen anderen Erwägungen. Daß eine solche Gleichstellung von faktischer Zuweisung und förmlicher Rechtsbegründung die andere Seite, den Grundstückseigentümer, schlechter stellt, wird übersehen oder in Kauf genommen. Der Grundstückseigentümer hätte ja andernfalls – ohne sein Zutun – Glück gehabt, daß es nicht zur förmlicher Verleihung oder Zuweisung eines Nutzungsrechts gekommen ist.

51 Es ist fraglich, ob nur der Hinweis auf die beteiligten Interessen und die größere Akzeptanz die Einbeziehung der „hängenden" Fälle in die Sachenrechtsbereinigung bereits hinreichend legitimiert hätte. Dies dürfte nur dann zu bejahen sein, wenn die Gesetzgebung – insbesondere die eines demokratischen Staates – im Sinne der Überlegungen von Heck[22] allein als Kausalfaktor der beteiligten Interessen verstanden und daraus begründet wird. Als verfassungsrechtliche Begründung für eine Regelung, in der die Hälfte des Bodenwerts nicht dem Grundstückseigentü-

---

21 Vgl. Leutheusser-Schnarrenberger, DtZ 1993, 34, 37.
22 Vgl. P. Heck, AcP 112, 1, 64.

mer, sondern dem Nutzer zugeordnet wird, könnte der Hinweis auf die beteiligten Interessen und die allgemeine Akzeptanz einer Regelung möglicherweise nicht ausreichen. Bei den „hängenden" Fällen liegt im Unterschied zu den anderen im SachenRBerG geregelten Sachverhalten keine Kollision zweier unter dem Schutz des Art. 14 Abs. 1 Satz 1 Grundgesetz stehender Rechte (Eigentum am Grundstück einerseits, Eigentum am Gebäude mit oder ohne Nutzungsrecht andererseits) vor.

Die Sachenrechtsbereinigung muß jedoch davon ausgehen, daß die **52** DDR, auch was die Regelung der Rechtsverhältnisse an den Grundstücken betrifft, ein Unrechtsstaat war,[23] weil sie nicht nach geordneten, rechtsstaatlichen Grundsätzen handelte. Die große Zahl der „hängenden" Fälle ist ein beredtes Zeugnis dafür. Begründung und Rechtfertigung für den Schutz des Nutzers beruhen auf der Erkenntnis der DDR als eines Unrechtsstaates; die Einbeziehung der „hängenden" Fälle in die Sachenrechtsbereinigung ließe sich andernfalls nicht rechtfertigen.

Die Bedeutung der vorgefundenen Rechtszustände relativiert sich entscheidend dadurch, daß diese nicht Ergebnisse eines geordneten staatlichen Handelns sind, sondern auf einem gegenüber dem geltenden Recht mehr oder weniger willkürlichen Vorgehen der staatlichen Stellen beruhen. Die faktische Zuweisung eines Grundstücks oder Gebäudes hatte in der Praxis nahezu dieselbe Bedeutung wie Bestellung eines Nutzungsrechts. Bei der Aufarbeitung der aus solchen Zufälligkeiten und Willkürlichkeiten entstandenen Rechtsverhältnisse kommt dem Grundsatz der Gleichbehandlung ein besonderes Gewicht zu, der eine Differenzierung nach den vorgefundenen, in der Praxis der DDR nicht bedeutenden Rechtsformen verbietet. Eine Neuregelung, die von zufälligen und willkürlichen Ergebnissen einer nicht nach rechtsstaatlichen Grundsätzen handelnden Verwaltung ausginge, wäre ihrerseits nicht gerecht. **53**

---

23 Auf den Umstand, daß die Bindung der Verwaltung an das Gesetz, ein wesentliches Merkmal des Rechtsstaates ist, hat Sendler (ZRP 1993, 1, 4) hingewiesen. Die „hängenden" Fälle sind eine Erscheinung der unzureichenden Befolgung der rechtlichen Bestimmungen durch die Staats- und die Parteiorgane der ehemaligen DDR.

Insoweit soll hier nicht in Abrede gestellt werden, daß einigen dieser Rechtsbrüche durchaus anerkennenswerte Absichten zugrunde gelegen haben mögen. Das Bedürfnis in einer Mangelwirtschaft Wohnraum zu schaffen, mag den Entscheidenden wichtiger gewesen sein, als die vergleichsweise wirtschaftlich bedeutungslose Regelung der Eigentums- und Nutzungsverhältnisse an den Grundstücken.

(2) Gestaltung nach wirtschaftlichen Gesichtspunkten

54 Die extreme Gegenposition zu dem vorstehenden Lösungsansatz bestünde darin, in der Sachenrechtsbereinigung die an den Grundstücken nach dem Recht der DDR vorgefundenen Rechtsverhältnisse zu ignorieren. Es käme dann nur noch darauf an, ob der Nutzer mit Billigung staatlicher Stellen Besitz am Grundstück erlangt hat. Ansprüche auf eine Verdinglichung nach dem SachenRBerG wären dem Nutzer nur dann zu gewähren, wenn er auf dem Grundstück Investitionen vorgenommen hat, die auch unter Berücksichtigung der Interessen des Grundstückseigentümers solche Ansprüche rechtfertigten.

55 Die Aufgabe der Sachenrechtsbereinigung bestünde dann in erster Linie nicht darin, die Kollision zweier Rechtspositionen (des Nutzers und des Grundstückseigentümers) aufzulösen, sondern die mit Billigung staatlicher Stellen geschaffenen baulichen Investitionen vor wertvernichtender Zerstörung zu schützen. Ein solcher Rechtsgedanke liegt im geltenden Recht der Überbauregelung in § 912 BGB zugrunde.[24] In, diese Richtung ist zunächst gedacht worden. Das Eckwertepapier der Bundesregierung zur Sachenrechtsbereinigung[25] stellt unter Nr. 1 den Gedanken des Investitionsschutzes in besonderer Weise heraus.

56 Der **Gedanke des Investitionsschutzes** trägt indessen dort nicht, wo zwar das Nutzungsrecht bestellt wurde, der Nutzer jedoch noch kein Bauwerk errichtet hat oder das Bauwerk zerstört ist. Hier fehlt es an einer Grundlage für den Schutz einer vorhandenen Investition. – Auch läßt sich eine Bodenwertteilung aus dem Gedanken des Investitionsschutzes nicht begründen. §§ 913, 914 BGB sehen für die Überbaurente ebenfalls keine Beteiligung des Nutzers am Bodenwert vor. Die Überbaurente wird vielmehr nach dem vollen Verkehrswert bemessen.[26]

57 Eine solche Konzeption hätte – je nach Sachverhaltsgestaltung – für den Nutzer oder für den Grundstückseigentümer von Vor- oder von Nachteil sein können. Die Rechtsstellung des Grundstückseigentümers wäre im Vergleich zu dem beschlossenen Gesetz überall dort günstiger, wo der Nutzer von seinem Recht bis zum Beitrittstag noch keinen Gebrauch gemacht hatte oder das Gebäude bereits zerstört war. Die Kaufverträge über volkseigene Gebäude hätten ebenfalls nicht in die Sachenrechtsbereinigung einbezogen werden können, da es dort in der Regel an einer einem Neubau vergleichbaren baulichen Investition gefehlt

---

24 Vgl. Motive zum Bürgerlichen Gesetzbuch, Bd. III, S. 283.
25 Abgedruckt in DtZ 1993, 49 f.
26 Vgl. BGH – Urt. v. 4. April 1986 – V ZR 17/85 (NJW 1986, 2639, 2640).

hat. Die Position des Nutzers wäre dort besser, wo er aufgrund eines
Miet- oder Pachtvertrages bauliche Investitionen vorgenommen hatte,
die nach dem Recht der DDR jedoch zur Bestellung eines Nutzungsrechts nicht hätten führen können.

Dieser Lösungsansatz konnte jedoch so nicht weiter verfolgt werden. **58**

Eine Möglichkeit, die Sachenrechtsbereinigung in dieser Weise zu gestalten, bestand nicht mehr. Die vorstehend genannten Ergebnisse hätten dem widersprochen, daß die Nutzungsrechte mit dem Einigungsvertrag anerkannt und in dingliche Rechte am Grundstück umgewandelt worden sind (Art. 233 § 3 Abs. 1 und § 4 EGBGB in der Fassung
durch die Anlage I Kapitel III Sachgebiet B Abschnitt 2 des Einigungsvertrages). Das 2. Vermögensrechtsänderungsgesetz hat den Schutz dieser Nutzungsrechte für die Fälle verstärkt, in denen das Gebäude unter-
gegangen ist (Art. 233 § 4 Abs. 3 EGBGB in der Fassung durch Art. 8
des Zweiten Vermögensrechtsänderungsgesetzes).

Eine Sachenrechtsbereinigung, die die Rechtsordnung der DDR voll- **59**
kommen beiseite geschoben hätte, hätte zu einer völligen Umgestaltung
der bisher bestehenden Rechtslage zwischen Nutzer und Grundstückseigentümer führen können. Sie wäre daher den Beteiligten gegenüber
nur vertretbar gewesen, wenn die im Recht der DDR vorgenommenen
Differenzierungen ebenfalls vollkommen willkürlich und sachlich nicht
zu rechtfertigen gewesen wären. Dies ist jedoch – auch unter wirtschaftlichen Gesichtspunkten – grundsätzlich nicht der Fall. Die gesetzlichen
Regelungen der DDR waren insoweit sachgemäß. Sie sahen eine Absicherung durch Nutzungsrechte und/oder die Begründung selbständigen
Gebäudeeigentums grundsätzlich nur vor für

● den Erwerb oder den Bau von Eigenheimen,

● den Bau von Wohnhäusern durch Wohnungsgenossenschaften,

● den Bau von Wirtschaftsgebäuden durch landwirtschaftliche Produktionsgenossenschaften sowie

● den Bau von Gebäuden auf vertraglich genutzten Grundstücken
durch den Staat oder volkseigene Betriebe.

In diesen Fällen lagen in der Regel erhebliche, den Wert des Grundstücks in der DDR weit übersteigende, bauliche Investitionen vor.
Ebenso war es unter wirtschaftlichen und sozialen Gründen sachgerecht, die Nutzungen zur Erholung grundsätzlich vertraglich zu regeln.

60   Nicht sachlich gerechtfertigt, sondern allein mit ideologischen Gründen zu erklä-
      ren, ist jedoch der Umstand, daß für private Handwerker und Kleingewerbetrei-
      bende vor dem Gesetz vom 7. März 1990 über den Verkauf volkseigener Ge-
      bäude – sog. Modrow-Gesetze – (GBl. I Nr. 18 S. 157), das in § 1 erstmals den
      Erwerb volkseigener Gebäude durch Handwerker und Gewerbetreibende zuließ,
      kein Nutzungsrecht für den Bau oder den Erwerb von Gebäuden bestellt werden
      konnte. – Aus den bereits genannten Gründen wäre es jedoch weder möglich
      noch gerechtfertigt gewesen, hier vom Grundsatz abzurücken, in der Sachen-
      rechtsbereinigung von der grundsätzlichen Anerkennung der DDR – Rechtsord-
      nung auszugehen. In § 7 Abs. 2 Nr. 6 SachenRBerG wird bestimmt, daß die
      Bebauungen ehemals volkseigener Grundstücke durch Handwerker und Gewer-
      betreibende im Hinblick auf die Regelung im Modrow-Gesetz insoweit den Inha-
      ber von Nutzungsrechten gleichstehen sollen. Zu Lasten privater Grundstücks-
      eigentümer konnte eine solche Anspruchsberechtigung jedoch nicht begründet
      werden, da es eine entsprechende Grundlage im Recht der DDR nicht gab.

      Eine Lösung der Sachenrechtsbereinigung allein unter wirtschaftlichen
      Gesichtspunkten schied daher ebenfalls aus.

      (3) Nachzeichnungslösung

61   Die Sachenrechtsbereinigung mußte demnach zwar auf der einen Seite
      an die in der ehemaligen DDR bestehende Rechtslage anknüpfen, hatte
      jedoch auf der anderen Seite Willkürlichkeiten und Zufälligkeiten, die
      u. a. aus Vollzugsdefiziten entstanden waren, auszugleichen.

62   Dies führt zur Nachzeichnungslösung. Die vorgefundenen Sachverhalte
      werden unter Anwendung der bisher geltenden Bestimmungen und
      damit systemimmanent zu Ende gedacht.[27] Es werden nicht die Struk-
      turen der Rechtsordnung der ehemaligen DDR verändert, sondern ge-
      setzeskonformes Vorgehen unterstellt.

63   In der Sachenrechtsbereinigung wird mit der Nachzeichnungslösung ein
      rechtsstaatliches Defizit der ehemaligen DDR aufgefangen. In allen die
      Bestellung von Nutzungsrechten und die Entstehung des selbständigen
      Gebäudeeigentums regelnden Gesetzen der ehemaligen DDR (vom er-
      sten Gesetz über den Verkauf volkseigener Eigenheime und Siedlungs-
      häuser vom 15. September 1954 – GBl. I Nr. 81 S. 784 bis zum Gesetz
      über den Verkauf volkseigener Gebäude vom 7. März 1990 – GBl. I
      Nr. 18 S. 157) ist ausgeführt, daß den Bürgern ein Nutzungsrecht zu
      bestellen ist und die Gebäude deren persönliches Eigentum werden.

      ---

      27 Dasselbe Grundprinzip liegt im übrigen der Feststellung des Berechtigten auf Bodenre-
         formgrundstücken nach Art. 233 § 12 EGBGB zugrunde (zum Nachzeichnungsgedanken
         vgl. die Gesetzesbegründung in BT-Drs. 12/2480, S. 83).

Das Fehlen einer der Bebauung oder einer dem Kaufvertrag entspre- **64** chenden Absicherung liegt außerhalb der Verantwortung der betroffenen Nutzer. Ein klagbarer Anspruch des Bürgers gegen den Staat auf Bestellung eines Nutzungsrechts wurde weder aus einem Gebäudekaufvertrag noch aus einem mit Zustimmung staatlicher Stellen errichteten Neubau begründet. Der einen Rechtsstaat kennzeichnende Satz, daß ein Gesetz, das dem Staat im Interesse eines Bürgers Pflichten auferlegt, damit zugleich auch ein subjektiv-öffentliches, klagbares Recht des Bürgers gegen den Staat begründet, galt für die DDR nicht.[28] Es gab keine Verwaltungsgerichtsbarkeit und keine im Wege einer Verpflichtungsklage verfolgbaren Ansprüche (§ 42 Abs. 1 2. Alt. Verwaltungsgerichtsordnung) gegen den Staat.

Das Nachzeichnungsprinzip, das die „hängenden" Fälle den dem DDR-Recht **65** entsprechend geregelten Fällen gleichstellt, ist auch den betroffenen Grundstückseigentümern gegenüber als ein sachgerechter Interessenausgleich zu bewerten. Bei der Sachenrechtsbereinigung geht es um die Lösung einer vorgefundenen, nicht auf rechtsstaatlichem Vorgehen beruhenden Konfliktlage an einem Vermögensgegenstand. Eine Anknüpfung an die im konkreten Fall vorzufindende Rechtsform der Grundstücksnutzung würde daher – wie bereits ausgeführt – zu willkürlichen Ergebnissen führen.

Der Grundgedanke der Nachzeichnung ist allerdings in der praktischen **66** Umsetzung nicht einfach zu handhaben. Der Anwender des Gesetzes muß die alten Regelungen der DDR kennen und in ihrer rechtlichen und wirtschaftlichen Bedeutung nachvollziehen. Insbesondere die Auslegung des § 3 Abs. 2 Satz 2 in Verb. mit § 5 Abs. 1 Nr. 3 und § 7 Abs. 2 SachenRBerG, der die „hängenden" Fälle aus Bebauungen regelt, wird insoweit wahrscheinlich in Einzelfällen Probleme aufgeben. (§ 3 Abs. 3 SachenRBerG ist demgegenüber in diesem Punkt einfacher zu handhaben, da er den Abschluß eines Gebäudekaufvertrages voraussetzt.) – Die Anwendung des Gesetzes wird auch in den meisten der sog. „hängenden" Fälle dadurch vereinfacht, daß die wichtigsten Fälle in Regelbeispielen in § 5 Abs. 1 und § 7 Abs. 2 SachenRBerG aufgezählt werden. Ein Restbestand an Sachverhalten, deren Zuordnung zur Sachenrechtsbereinigung Probleme aufgibt, wird jedoch übrig bleiben. Dies ist unvermeidlich, wenn im Interesse von mehr Einzelfallgerechtigkeit auf eine die Tatbestände in §§ 5 bis 7 ergänzende Generalklausel nicht verzichtet wird.

---

28 Vgl. dazu BVerwGE 1, 159, 162. Das BVerwG hat bereits in dem ersten Band seiner Entscheidungssammlung dieses Grundprinzip eines Rechtsstaats herausgestellt.

bb) Folgen der Entscheidung für die Nachzeichnung

67 Das Grundprinzip der Nachzeichnung[29] erweitert und begrenzt zugleich den Anwendungsbereich der Sachenrechtsbereinigung für bauliche Nutzungen fremder Grundstücke. Das Prinzip hat Bedeutung in den Fällen, in denen eine mit Billigung staatlicher Stellen erfolgte Bebauung eines Grundstücks mit einem Gebäude nicht zur Begründung selbständigen Gebäudeeigentums geführt hat oder Verträge über den Kauf eines Gebäudes „hängen"geblieben sind.

(1) Vertragliche Nutzungen

a) Ausschlußtatbestände

(aa) Nutzungen zur Erholung

68 Der Ausschluß der vertraglichen Nutzungen zur Erholung nach den §§ 312 ff. ZGB war in den Regelungsvorstellungen des Bundesministeriums der Justiz von Anfang an unumstritten. Bereits der erste Diskussionsentwurf vom Januar 1993[30] enthielt in § 1 Abs. 2 einen entsprechenden Ausschlußtatbestand. Dieselbe Regelung befindet sich in § 2 Abs. 1 Nr. 1 SachenRBerG.

69 In der politischen Diskussion wurde hingegen eine Einbeziehung auch der Nutzungen zur Erholung in die Sachenrechtsbereinigung von den Besitzern der sog. **Datschen** wiederholt gefordert. Dies galt insbesondere nach der Veröffentlichung eines Referenten-Entwurfs für eine Schuldrechtsanpassung auf der Grundlage des Anpassungsvorbehalts in Art. 232 § 4 Abs. 1 EGBGB. Nach der Veröffentlichung dieses Entwurfs war bekannt, daß es insoweit bei der vertraglichen Regelung bleiben sollte. Eine Beteiligung der Nutzer am Bodenwert war nicht vorgesehen. Für eine Übergangszeit wird ein gegenüber dem allgemeinen Miet- und Pachtrecht verstärkter Bestandsschutz durch Kündigungssperrfristen gewährt.

70 Eine Verdinglichung dieser Rechtsverhältnisse hätte dem Nachzeichnungsprinzip widersprochen. In der ehemaligen DDR war eine Bestel-

---

29 Dieses Grundprinzip hat sich erst im Laufe der Beratungen der Entwürfe als eine notwendige Ergänzung herausgestellt, um den Anwendungsbereich des Gesetzes nicht in unvertretbarer Weise ausufern zu lassen. Andernfalls hätten auch allen vertraglich Nutzungsberechtigten (Mietern, Pächtern usw.) Ansprüche auf Erbbaurechtsbestellung oder zum Ankauf des Grundstücks unter Anrechnung einer hälftigen Beteiligung am Bodenwert gewährt werden müssen, wenn sie in erheblichem Umfang bauliche Investitionen vorgenommen hatten. Im Eckwertepapier der Bundesregierung vom Okt. 1992 (abgedruckt in DtZ 1993, 49 f.) ist dieses Grundprinzip noch nicht erwähnt. Eine Abgrenzungsregelung für diese Vertragsverhältnisse ist erstmals im Referentenentwurf vom April 1993 zu finden.

30 Abgedruckt in OV spezial 5/93, S. 4 ff.

lung von Nutzungsrechten für die in § 312 ZGB bezeichneten Zwecke
nicht vorgesehen. Das Zivilgesetzbuch der DDR hielt für diese Fälle an
einer vertraglichen Nutzungsberechtigung fest.

Selbständiges Eigentum an einem Gebäude konnte daher ebenfalls 71
grundsätzlich nicht begründet werden. Nach § 296 Abs. 1 ZGB entstand
insoweit Eigentum an Baulichkeiten, auf das die Vorschriften über das
Recht der beweglichen Sachen entsprechend anzuwenden waren. Die
Bestimmung ging insoweit über die Regelung in § 95 Abs. 1 BGB über
die sog. Scheinbestandteile nicht hinaus. Der Grund hierfür lag nicht
zuletzt darin, daß diesen Nutzungen auch in der DDR eine geringere
Schutzbedürftigkeit zugemessen wurde.[31]

(bb) Miet- und Pachtverträge

Der Ausschluß der Bebauungen aufgrund von Miet- und Pachtverträgen 72
nach § 2 Abs. 1 Nr. 2 SachenRBerG ist erst im Verlauf des Gesetzge-
bungsverfahrens in den Entwurf aufgenommen worden. Dies beruht
nicht zuletzt auf der Entscheidung für das Nachzeichnungsprinzip, das
sich während der Ausarbeitung der Entwürfe und der Diskussion der
regelungsbedürftigen Sachverhalte als das sachgerechte Abgrenzungskriterium herausgestellt hat.

Der Gedanke des Investitionsschutzes hätte hier (weit stärker als bei 73
den Nutzungen zur Erholung) eine Einbeziehung in die Sachenrechtsbereinigung jedenfalls in den Fällen gefordert, in denen der Nutzer ein
neues Gebäudes errichtet oder einem Neubau entsprechende bauliche
Investitionen vorgenommen hatte.

Es kommen noch zwei weitere Gesichtspunkte hinzu. Wegen der unzu- 74
reichenden Ausstattung der staatlichen Wohnungsunternehmen wurden
die Nutzer zu solchen Investitionen geradezu aufgefordert. § 15 der Verordnung zur Lenkung des Wohnraums vom 14. September 1967[32] sowie
der nachfolgenden Verordnung vom 16. Oktober 1985[33] sahen vor, daß
derjenige, der sich nicht mehr zum Wohnen geeignete Räume wieder

---

31 Hejhal-Jahnke, NJ 1981, S. 452.
32 GBl. II Nr. 105 S. 733 – im folgenden: Wohnraumlenkungsverordnung 1967.
33 GBl. I Nr. 27 S. 301 – im folgenden: Wohnraumlenkungsverordnung 1985.

herrichtete, diese als Wohnung zugewiesen bekommen sollte.[34] Im gewerblichen Bereich gab es für die Kleinunternehmer und Handwerker, die ein Betriebsgebäude errichten wollten, bis zum März 1990 nur die Möglichkeit, entspr. § 1 Abs. 3 in Verb. mit § 7 Abs. 1 der Verordnung zur Lenkung des Gewerberaums vom 2. Mai 1986 (GBl. I Nr. 16 S. 249) sich eine Freifläche zuweisen zu lassen und diese aufgrund eines Pachtvertrages zu bebauen.[35]

75   In diesen Fällen führt das Nachzeichnungsprinzip für die Nutzer im Vergleich zu einem allein an wirtschaftlichen Gesichtspunkten ausgerichteten Lösungsansatz zu Nachteilen, wenn diese auf dem Grundstück einen Neubau errichtet oder vergleichbare bauliche Investitionen vorgenommen haben.

76   Die Regelungen im Einigungsvertrag berechtigten den Gesetzgeber allein zu einer Anpassung der vorgefundenen Lagen an das Bürgerliche Gesetzbuch und seine Nebengesetze sowie an die veränderten Verhältnisse (vgl. Art. 233 § 3 Abs. 2 EGBGB a. F.). Die gesetzliche Regelung für diese Fälle kann daher nicht zu einer Neubegründung vorher nicht vorhandener dinglicher Rechte an Grundstücken führen, wenn sich dafür kein Anhaltspunkt in dem anzupassenden DDR-Recht findet. Insofern konnte nicht darüber hinweggegangen werden, daß diese Bebauungen in der DDR auf einer im Vergleich zum Nutzungsrecht schwächeren vertraglichen Grundlage erfolgten und die baulichen Investitionen des Nutzers nicht zur Begründung selbständigen Gebäudeeigentums führen konnten. Die Ausgangslage der Sachenrechtsbereinigung, die Kollision zweier dinglicher Berechtigungen auf einem Grundstück, konnte in solchen Fällen nicht entstehen. Die Einbeziehung dieser Fälle in die Sachenrechtsbereinigung durch Bundesgesetz würde eine solche, im Recht der DDR nicht angelegte Belastung begründen.

---

34 Diese Bestimmung sah vor, daß der Wohnungssuchende, der Wohnraum geschaffen hatte, diesen zugewiesen erhält. Ein Rechtsanspruch des Bürgers gegen den Staat, nach Vornahme solcher Investitionen den Wohnraum zugewiesen zu erhalten, wurde daraus nicht begründet. Eine Klagebefugnis vor einem Verwaltungsgericht gab es nicht. Insoweit wurde der Weg zum Rechtsstaat nicht beschritten.

35 Die Möglichkeit zur Verleihung von Nutzungsrechten auf volkseigenen Grundstücken für diese Zwecke wurde erst durch § 1 des Gesetzes über den Verkauf volkseigener Gebäude vom 7. März 1990 – GBl. I Nr. 18 S. 157 – sog. Modrow-Gesetz – eröffnet. Über die Behandlung dieser Fälle im SachenRBerG – siehe oben.

(b) Fehlerhaft gewählte Rechtsformen

Das Grundprinzip der Nachzeichnung soll die Beteiligten so stellen, wie sie bei gesetzeskonformem Vorgehen der DDR-Behörden gestanden hätten. Von daher wäre es nicht sachgerecht, die Fälle von der Sachenrechtsbereinigung auszuschließen, in denen die Bebauung auf vertraglicher Grundlage nicht dem Recht der DDR entsprach und insofern eine falsche Rechtsform gewählt oder eine vertragliche Nutzung nicht an die Bebauung angepaßt wurde. In diese Kategorie gehören die Zuweisung von Bauland durch die Gemeinden durch Nutzungsverträge sowie der Bau von Eigenheimen aufgrund eines Vertrages zur Nutzung zu Erholungszwecken. | 77

(aa) Bereitstellung von Bauland auf vertraglicher Grundlage

Die Bereitstellung von Bauland für den Eigenheimbau konnte auf volkseigenen Grundstücken nach §§ 2 und 4 Nutzungsrechtsgesetz durch die **Räte der Kreise** und auf genossenschaftlich genutzten Flächen durch die Zuweisung von Nutzungsrechten durch **die Vorstände der landwirtschaftlichen und der gärtnerischen Produktionsgenossenschaften** nach der Bereitstellungsverordnung erfolgen. Eine Bestellung von Nutzungsrechten durch die **Räte der Gemeinden** war nicht vorgesehen, auch wenn diese über als Bauland geeignete Flächen verfügten. | 78

Bauland stand den Gemeinden auf solchen Flächen zur Verfügung, die ihnen von den landwirtschaftlichen Produktionsgenossenschaften zur Nutzung übertragen worden waren. Rechtsgrundlage hierfür war § 18 Abs. 2 Buchstabe h des LPG-Gesetzes vom 2. Juni 1982 (GBl. I Nr. 25 S. 443). Die Bestimmung sah vor, daß die landwirtschaftliche Produktionsgenossenschaft in Ausübung ihres gesetzlichen Bodennutzungsrechts auch Boden staatlichen Organen, sozialistischen Betrieben und Einrichtungen zur Nutzung übertragen konnte. Beschränkungen in bezug auf den Zweck, zu dem das Grundstück von den staatlichen Organen usw. genutzt werden sollte, enthielt das LPG-Gesetz nicht. § 18 Abs. 2 Buchst. h LPG-Gesetz wurde in einigen Gemeinden als ein Instrument für die Bereitstellung von Bauland genutzt, mit dem die strengeren Anforderungen nach dem Baulandgesetz (Überführung in Volkseigentum und Entschädigung des Grundstückseigentümers) umgangen werden konnten. 79

Die **Bebauung mit Eigenheimen** hätte nach § 4 Abs. 4 Nr. 3 Eigenheimverordnung die Aushändigung einer Urkunde über die Zuweisung eines 80

Nutzungsrechts erfordert, die jedoch von der landwirtschaftlichen Produktionsgenossenschaft hätte ausgestellt werden müssen. Hierauf hat man häufig verzichtet. Diese Fälle sind in die Sachenrechtsbereinigung einzubeziehen, da für den mit Billigung staatlicher Stellen erfolgten Eigenheimbau die nach dem Recht der DDR vorgesehene Absicherung in diesem Fall durch Nutzungsrechtszuweisung ausgeblieben ist.

81 § 5 Abs. 2 Nr. 3 Buchstabe d SachenRBerG zieht die sich aus der Nachzeichnungslösung ergebenden Konsequenzen. Die Fälle, in denen landwirtschaftliche Produktionsgenossenschaften Gemeinden oder anderen staatlichen Stellen Land zur dauernden Nutzung überlassen hatten, welches dann an Bürger als Bauland vergeben wurde, werden mit dieser Fallgruppe explizit in die Sachenrechtsbereinigung einbezogen.

(bb) Unechte Datschen

82 In die Sachenrechtsbereinigung einbezogen werden mit § 5 Abs. 2 Nr. 3 Buchstabe e SachenRBerG der mit Billigung staatlicher Stellen erfolgte Neubau von Eigenheimen sowie der Um- und Ausbau einer Datsche zu einem Eigenheim auf solchen Grundstücken, die vom Nutzer aufgrund eines Vertrags zur Nutzung zur Erholung nach §§ 312 bis 315 ZGB überlassen wurden (sog. unechte Datschen).

83 Nach § 1 der Durchführungsbestimmung zur Eigenheimverordnung wurden auch diese Bauten den Eigenheimen zugeordnet. § 1 Abs. 5 bestimmte, daß als Modernisierung und Instandsetzung von Eigenheimen auch diesem Zweck dienende bauliche Maßnahmen an Gebäuden in Kleingartenanlagen gelten, wenn die Gebäude dauernd zu Wohnzwecken genutzt wurden. Folglich hätte zur Rekonstruktion eines solchen Gebäudes entsprechend § 4 Abs. 4 Nr. 3 der Eigenheimverordnung das Grundstück entweder an den Nutzer verkauft oder diesem ein Nutzungsrecht (gegebenenfalls nach Überführung des Grundstücks in Volkseigentum) bestellt werden müssen. In der Praxis ist es dazu nur vereinzelt gekommen; den Bürgern wurden vielmehr in der Regel rechtswidrig Baugenehmigungen und Zustimmungen nach der Eigenheimverordnung zum Bau von Eigenheimen auf unveränderter vertraglicher Grundlage erteilt, die nur eine Nutzung zur Erholung zuließ. Um willkürliche, nur auf rechtswidriger Verwaltungspraxis beruhende Ungleichbehandlungen auszuschließen, ist für die Sachenrechtsbereinigung der Nutzer so zu stellen, wie er bei einem den Rechtsvorschriften entsprechendem Vorgehen gestanden hätte. Der Nutzer, der mit Billi-

gung staatlicher Stellen ein Eigenheim auf einem vertraglich zur Erholung überlassenen Grundstück ein Eigenheim errichtet oder ein Wochenendhaus zu einem Eigenheim umgebaut hat, wird danach dem Inhaber eines Nutzungsrechts gleichgestellt, da bei rechtmäßigem Vorgehen die Bebauung in dieser Weise hätte abgesichert werden müssen.

Probleme bei der Formulierung des Gesetzes bereitete die **Abgrenzung zu den Wohnlauben**, für die nach Art. 232 § 4 Abs. 3 EGBGB in der Fassung durch die Anlage 1 zum Einigungsvertrag das **Bundeskleingartengesetz** (im folgenden BKleingG) anzuwenden ist. Dieses gibt in § 20a Nr. 8 einen Bestandsschutz für diese Wohnlauben. Die vertragliche Grundlage des Nutzungsverhältnisses bleibt unberührt. Zudem werden in § 9 BKleingG Kündigungsmöglichkeiten z. B. wegen

* eigenem Erholungsbedürfnis des Grundstückseigentümers,
* angemessener anderweitiger Verwertung des Grundstücks oder
* Zuführung oder Vorbereitung zu einer im Bebauungsplan vorgesehenen abweichenden Nutzung

eingeräumt.

Nach der Regelung in § 5 Abs. 1 Nr. 3 Buchst. e SachenRBerG müssen folgende Voraussetzungen für die Anwendung des Gesetzes vorliegen:

* der Bau des Eigenheimes oder der Umbau von der Laube zum Eigenheim muß mit Billigung staatlicher Stellen entspr. der Begriffsbestimmung hierzu in § 10 SachenRBerG vorgenommen worden sein,
* das Gebäude muß bis zum Ablauf des 2. Oktober 1990 zu Wohnzwecken genutzt worden sein, d. h. der Nutzer muß dort seinen Lebensmittelpunkt gehabt haben (vgl. § 5 Abs. 3 SachenRBerG) und
* das Gebäude muß zum dauernden Wohnen geeignet sein.

Das letztgenannte Merkmal wird nur anhand der Umstände des Einzelfalles festgestellt werden können. Ein Wohnhaus setzt gewisse Anforderungen an die Bauweise (Massivbau, sanitäre Einrichtungen usw.), das Vorhandensein von Erschließungsanlagen sowie von Ver- und Entsorgungsanlagen entspr. § 127 Abs. 4 BauGB voraus. Diese Anforderungen konnten nicht von vornherein für alle Fälle im Gesetz beschrieben werden. Eine gesetzliche Regelung der baurechtlichen Erfordernisse für den Bau von Eigenheimen gab es in der DDR nicht. Bei der Prüfung, ob diese Merkmale vorliegen, wird auf den in dem Bezirk der DDR üblichen Standard abzustellen sein.

Auch diese Merkmale ergeben sich aus dem Prinzip der Nachzeichnung. Nur wenn ein Gebäude als Eigenheim geeignet war und als solches genutzt wurde, war der Vertrag zu beenden und an seiner Stelle ein Nutzungsrecht zu bestellen. Für **Wohnlauben** und zu Freizeitzwecken dienende **Datschen** bestand hierzu keine Veranlassung. Hierfür reichte das vertragliche Besitzrecht aus.

(2) Hängende Fälle

Die hängenden Fälle zeichnen sich dadurch aus, daß die für die bauliche Inanspruchnahme der Grundstücke vorgesehenen Rechtsvorschriften nicht eingehalten wurden. Eine tatbestandliche Erfassung der verschiedenen Fallgruppen der sog. hängenden Fälle gab es im Recht der ehemaligen DDR nicht.[36]

87   **§ 22 Abs. 2 des Baulandgesetzes** beschreibt allerdings einen typischen Sachverhalt, daß Grundstücke vom Bauauftraggeber ohne Regelung der Eigentumsverhältnisse bebaut wurden. Für diese Fälle sollte das Baulandgesetz entsprechende Anwendung finden.

Der Anwendungsbereich des Gesetzes war ausdrücklich auf die Bebauungen vor dem Inkrafttreten des Baulandgesetzes beschränkt. Die Erläuterungen des Ministeriums für Bauwesen der ehemaligen DDR zum Baulandgesetz vom 18. Januar 1985[37] wiesen unter Nr. 12 darauf hin, daß § 22 Abs. 2 nur auf die vor dem Inkrafttreten des Baulandgesetzes vorgenommenen Bebauungen angewendet werden könne. Ferner wird in Nr. 11 der Erläuterungen betont, daß im Falle der Einlegung einer Beschwerde nach § 20 des Baulandgesetzes der Bauauftraggeber davon in Kenntnis zu setzen sei, daß er noch kein Recht zur Vornahme von Maßnahmen auf dem betroffenen Grundstück habe.

Trotz dieser eindeutigen rechtlichen Vorgaben im Baulandgesetz und in den Erläuterungen des Ministeriums für Bauwesen in der ehemaligen DDR wurden gleichwohl von den Bauauftraggebern (Staatsorgane, Betriebe und Genossenschaften – vgl. die Aufzählung in § 1 des Baulandgesetzes) mit Billigung der örtlichen Entscheidungsträger auch nach dem Inkrafttreten des Baulandgesetzes, selbst nach der Wende Ende 1989, Bebauungen fremder Grundstücke vor einer Regelung der Eigentumsverhältnisse vorgenommen. In einigen Bezirken blieb die Bebauung vor Klärung der Eigentumsverhältnisse an den Grundstücken ein übliches Vorgehen. Insoweit liegt hier ein typisches Beispiel für das Auseinanderfallen von Rechtslage und Rechtswirklichkeit vor.

88   Der Einigungsvertrag enthält keine Regelungen zu den hängenden Fällen. Das Problem war seinerzeit noch nicht erkannt worden.

89   Ein **vorübergehender Besitzschutz** für die sog. hängenden Fälle einschließlich der Nutzungen aufgrund eines Überlassungsvertrags wurde durch das **Moratorium** des 2. Vermögensrechtsänderungsgesetzes (Art. 233 § 2a Abs. 1 EGBGB) eingeführt. Das Moratorium erfaßt unter den Buchstaben a) bis d) vier Fallgruppen:

a)   den mit Baugenehmigung oder sonst entsprechend den Rechtsvorschriften erfolgter Billigung staatlicher oder gesellschaftlicher Organe erfolgten Bau auf fremden Grundstück, wenn der Nutzer das Gebäude oder die Anlage selbst nutzt,

---

36   Eine solche Regelung wäre einem Eingeständnis eines in weiten Bereichen nicht rechtsstaatlichen Vorgehens gleichgekommen.

37   Die Erläuterungen sind abgedruckt in Heft 1 der Schriftenreihe des Bundesamtes zur Regelung offener Vermögensfragen, S. 388 ff.

b) die Nutzung sowie selbständige Bewirtschaftung und Verwaltung solcher Gebäude durch Genossenschaften und ehemals volkseigene Betriebe der Wohnungswirtschaft,

c) die Nutzung eines durch Überlassungsvertrag zur Verfügung gestellten Wohnhauses und

d) die Nutzung eines Gebäudes, das der Nutzer gekauft oder dessen Kauf er beantragt hat.

„Hängende" Fälle sind nur die unter den Buchstaben a, b und d bezeichneten Sachverhalte. Den Überlassungsverträgen nach Buchstabe c liegt eine vertragliche Regelung zugrunde. Die Aufnahme der Überlassungsverträge in das Moratorium wie in Sachenrechtsbereinigung, wenn der Nutzer erhebliche Aus- und Umbauten oder bauliche Investitionen in das übernommene Gebäude vorgenommen hat (§ 12 Abs. 2 SachenRBerG), rechtfertigen sich aus der besonderen Rechtsnatur des Überlassungsvertrages (s. unten Rn. 106 ff.). **90**

Das Moratorium sollte und konnte „nur" einen vorübergehenden Besitzschutz bereitstellen. Eine „abschließende" Regelung über die Bodennutzung, einschließlich eines vom Nutzer zu zahlenden Entgelts, blieb dem SachenRBerG vorbehalten.[38] **91**

Mit der Sachenrechtsbereinigung mußte deshalb entschieden werden, für welche der hängenden Fälle und der Überlassungsverträge eine Verdinglichung unter Halbteilung des Bodenwerts erfolgen sollte.

(a) Eigenheimbau

Beim Eigenheimbau gibt es nicht – wie beim komplexen Wohnungsbau einen typischen „hängenden" Fall, der im komplexen Wohnungsbau durch § 22 Abs. 2 des Baulandgesetzes gesetzlich beschrieben worden ist. – Im SachenRBerG sind zwei Fallgruppen genannt, die „hängende" Fälle im Sinne des § 3 Abs. 2 Satz 2 SachenRBerG sein können. **92**

§ 5 Abs. 1 Nr. 3 Buchstabe b erfaßt die Fälle, in denen vormals sozialistische Genossenschaften, kooperative Einrichtungen der Land-, Forst- und Nahrungsgüterwirtschaft sowie vormals volkseigene Betriebe (§ 2 Abs. 2 der Eigenheimverordnung) mit dem Bau von Eigenheimen für einen noch nicht bekannten Bürger begonnen hatten. Die Übertragung des Eigenheimes erfolgte später in der Regel mit einem Eintritt des Bürgers in die Bau- und Finanzierungsverträge entsprechend § 4 der Durchführungsbestimmung zur Eigenheimverordnung vom 18. August 1987 (GBl. I Nr. 21 S. 215). **93**

---

38 Vgl. die Begründung des Regierungsentwurfs, BT-Drs. 12/2480, S. 77.

94 Wenn die Genossenschaften, die kooperative Einrichtung oder der Betrieb mit dem Bau des Eigenheimes für einen noch unbekannten Bürger begann, konnte diesem nicht vor Baubeginn eine Urkunde über die Bestellung eines Nutzungsrechts ausgehändigt werden, wie es in § 4 Abs. 4 Nr. 3 der Eigenheimverordnung bestimmt war. Bei den Bebauungen auf volkseigenen Grundstücken, die von den Genossenschaften oder den Betrieben als Rechtsträger genutzt wurden, blieb das Haus Bestandteil des Grundstücks. Der Eintritt des Bürgers in die Bauleistungsverträge änderte nichts, da sich daran keine sachenrechtlichen Folgen knüpften. Blieb die vorgesehene Verleihung des Nutzungsrechts aus, so entstand dadurch ein „hängender" Fall, der nach den allgemeinen Grundsätzen in die Sachenrechtsbereinigung einzubeziehen ist.

95 Ein „hängender" Fall im vorgenannten Sinne konnte als Folge der Veräußerung solcher Gebäude durch landwirtschaftliche Produktionsgenossenschaften nicht eintreten. Die landwirtschaftlichen Produktionsgenossenschaften waren allerdings nach § 28 des Gesetzes über die landwirtschaftlichen Produktionsgenossenschaften vom 2. Juli 1982 (GBl. I Nr. 25, S. 443 – im folgenden: LPG-Gesetz) berechtigt, zur Befriedigung der Wohnbedürfnisse der Genossenschaftsbauern und der Arbeiter Wohnhäuser (auch Eigenheime) zu errichten und bereitzustellen.[39] An den von der LPG errichteten Eigenheimen entstand nach § 27 LPG-Gesetz kraft Gesetzes selbständiges Gebäudeeigentum. Schon deshalb liegt in diesen Fällen nach der Aufhebung des gesetzlichen Bodennutzungsrechts der landwirtschaftlichen Produktionsgenossenschaften eine Kollision zweier dinglicher Berechtigungen auf einem Grundstück vor, die im Wege der Sachenrechtsbereinigung aufzulösen ist.

96 Die Eigenheime konnten nach § 28 Abs. 3 des LPG-Gesetzes von der landwirtschaftlichen Produktionsgenossenschaft verkauft werden. In diesem Fall wäre nach § 5 Bereitstellungsverordnung den Bürgern ein Nutzungsrecht zuzuweisen gewesen. Auch wenn es nicht zur Zuweisung des Nutzungsrechts und zur Anlegung eines Gebäudegrundbuchs und zur Eintragung des Erwerbers in das Grundbuch nach § 297 Abs. 2 ZGB gekommen ist, war in diesen Fällen schon nach § 27 LPG-Gesetz 1982 selbständiges Gebäudeeigentum entstanden. In der Sachenrechtsbereinigung war nur noch die Frage zu entscheiden, wer (Veräußerer oder Erwerber) anspruchsberechtigt ist. Das Gesetz hat sich an wirtschaftlichen Kriterien orientiert; anspruchsberechtigt ist hiernach der Käufer als neuer Eigentümer des Gebäudes (§ 9 Abs. 1 Satz 1 Nr. 3 SachenRBerG).

---

39 Die zitierte Regelung spricht von einem Recht, nicht von einer durch Gesetz auferlegten Pflicht der LPG, ihre Genossenschaftsbauern und Arbeiter mit Wohnraum zu versorgen. Die Aufgaben und Kompetenzen zwischen staatlichem und genossenschaftlichem Wohnungsbau bei der Versorgung der Bevölkerung mit Wohnraum sind nicht – was in einer Planwirtschaft erforderlich wäre – klar voneinander abgegrenzt worden. Das Durcheinander verschiedenster Rechtsformen für den Wohnungsbau im ländlichen Raum hat seinen Grund auch in diesem Regelungsdefizit.

Die zweite im SachenRBerG explizit erwähnte Fallgruppe, die einen 97
„hängenden" Fall bezeichnet, ist die allgemeine Auffangklausel in § 5
Abs. 2 Nr. 3 Buchstabe g SachenRBerG. Sie erfaßt all die Fälle, in
denen der **Bau** eines Eigenheims **auf fremden Grundstück** durch einen
Bürger **mit Billigung staatlicher Stellen** erfolgte, die vorgesehene Bestellung eines Nutzungsrechts aber ausgeblieben ist. Solche Fälle sind vornehmlich im ländlichen Raum anzutreffen, wo man sich häufig mit
einer faktischen Zuweisung von Flächen durch die LPG-Vorstände be-
gnügte, es mit der förmlichen Zuweisung eines Nutzungsrechts durch
eine vom Rat der Gemeinde genehmigte Urkunde jedoch nicht so genau
nahm. Dies ist der typische „hängende" Fall, in dem die Begründung
eines nach dem Gesetz vorgesehenen Rechtstitels ausgeblieben ist.

(b) Staatlicher und genossenschaftlicher Wohnungsbau

Als „hängende" Fälle werden die gesetzwidrigen und den ministeriellen 98
Erlassen widersprechenden Bebauungen privater Grundstücke ohne
Klärung der Eigentumsverhältnisse in die Sachenrechtsbereinigung ein-
bezogen (§ 6 Nr. 2 SachenRBerG).

Bei dieser Fallgruppe handelt es sich um einen Ausschnitt aus dem Problem des rückständigen Grunderwerbs für öffentliche oder sozialen
Zwecken dienenden Bauten. Nachdem man sich für eine Zuordnung
des Wohnungsbaus zur Sachenrechtsbereinigung entschieden hatte, so
waren diese Bebauungen den „hängenden" Fällen zuzurechnen.

(c) Andere bauliche Nutzungen

Bei den land-, forstwirtschaftlich, gewerblich (einschließlich industriell) 99
genutzten und öffentlichen Zwecken dienenden Bebauungen nach § 7
Abs. 2 SachenRBerG sind zwei Fallgruppen den „hängenden" Fällen
zuzurechnen.

Eine Fallgruppe sind die **Bebauungen aufgrund Rechtsträgerschaft.** 100
Grundlage für die Einbeziehung dieser Fälle ist die Erkenntnis, daß die
Übertragung einer Rechtsträgerschaft insofern eine fehlerhaft gewählte
Rechtsform war.

In der Verwaltungspraxis der ehemaligen DDR wurde häufig zwischen 101
Rechtsträgerschaftsübertragung und **Nutzungsrechtsverleihung** nicht
unterschieden. Da die sozialistischen Genossenschaften und gesellschaftlichen Organisationen der DDR sowohl nach § 2 Abs. 1 Buchsta-

be c der Anordnung über die Rechtsträgerschaft an volkseigenen Grundstücken vom 7. Juli 1969 (GBl. II Nr. 68 S. 433) Rechtsträger als auch nach § 1 Nutzungsrechtsgesetz Inhaber von Nutzungsrechten sein konnten, schien bei oberflächlicher Betrachtung die Wahl der Rechtsform weitgehend gleichgültig zu sein.

102 Nach den Rechtsvorschriften der DDR hätte allerdings unterschieden werden müssen. Der **Rechtsträgerwechsel** war ein Instrument, den Genossenschaften und gesellschaftlichen Organisationen volkseigene Grundstücke zur Nutzung zur Verfügung zu stellen. Dieses sollte im Zusammenhang mit der Übertragung volkseigener unbeweglicher Grundmittel (= Gebäude und bauliche Anlagen) erfolgen. Die Übertragung von Rechtsträgerschaften war dann geboten, wenn die Grundmittel aus staatlichen Investitionen errichtet waren und nunmehr im Wege der sog. Fondsbeteiligung von den Genossenschaften und gesellschaftlichen Organisationen entspr. § 19 Abs. 3, 1 ZGB im Rahmen der ihnen übertragenen staatlichen Aufgaben genutzt werden sollten.

103 Nach § 2 Abs. 5 Satz 1 der Anordnung für die Übertragung volkseigener unbeweglicher Grundmittel an sozialistische Genossenschaften vom 11. Oktober 1974 (GBl. I Nr. 53 S. 489) sollte die Übertragung volkseigener Grundmittel durch Nutzungsvertrag erfolgen. Die Übertragung der Grundmittel war mit einem Rechtsträgerwechsel an dem Grundstück nach § 2 Abs. 5 Satz 2 jener Anordnung und § 3 Abs. 2 Buchstabe c der Anordnung über den Rechtsträgerwechsel an volkseigenen Grundstücken vom 7. Juli 1969 (GBl. II Nr. 68 S. 433 i. d. F. durch die Anordnung für die Übertragung volkseigener Grundmittel an sozialistische Genossenschaften) zu verbinden.

104 Die **Verleihung eines Nutzungsrechts** war dagegen dann das richtige Instrument, wenn die Genossenschaft oder die gesellschaftliche Organisation aus ihren Mitteln das volkseigene Grundstück bebauen wollte.[40]

Die **Verleihung einer Rechtsträgerschaft** war hiernach dann kein adäquates Instrument, wenn die Genossenschaft oder gesellschaftliche Organisationen mit ihren Mitteln (Beiträgen ihrer Mitglieder) bauliche Investitionen auf volkseigenen Grundstücken vornehmen wollte.

Bebauungen durch die Genossenschaften und Vereinigungen, soweit dies keine Parteien oder Massenorganisationen sind, waren deshalb

---

40 Vgl. § 1 Satz 1 Nutzungsrechtsgesetz und auch § 7 Abs. 4 der Verordnung über die Arbeiterwohnungsbaugenossenschaften vom 21. Nov. 1963 i. d. Neufassung vom 23. Febr. 1973, GBl. I Nr. 12 S. 109.

nach dem Nachzeichnungsprinzip im Gegensatz zu den vertraglichen Nutzungen vormals volkseigener Grundmittel in die Sachenrechtsbereinigung einzubeziehen (vgl. § 7 Abs. 2 Nr. 2 und 3 SachenRBerG).

Die zweite Fallgruppe der „hängenden" Fälle sind die in § 7 Abs. 2 Nr. 7   105
SachenRBerG genannten Bebauungen privater Grundstücke ohne Klärung der Eigentumsverhältnisse durch staatliche Stellen (wenn die Gebäude oder die baulichen Anlagen nicht unmittelbar Verwaltungszwekken dienen oder in einem nach einer einheitlichen Babauungskonzeption überbauten Gebiet belegen sind),[41] vormals volkseigene Betriebe und Genossenschaften. Hier hätte wie im komplexen Wohnungsbau eine Überführung in Volkseigentum durch Vertrag oder Enteignung nach § 1 Abs. 1 des Baulandgesetzes erfolgen müssen. Diese Fälle sind in der Sachenrechtsbereinigung wie der komplexe Wohnungsbau zu behandeln.

(d) Hängende Kaufverträge

Die „hängenden" Gebäudekaufverträge haben erst aufgrund der Stel-   106
lungnahme des Bundesrates zum Regierungsentwurf mit der Gegenäußerung der Bundesregierung eine eingehendere Regelung im SachenR-BerG erfahren (zur politischen Kontroverse um diese Fälle: s. unten Rn. 606 ff.).

Bei der Konzeption der vorgenannten Bestimmungen stellten sich drei Fallgruppen als regelungsbedürftig heraus. Dies waren einmal zwei Fälle, in denen nach dem Kaufvertrag bestehendes oder vermeintliches bestehendes Gebäudeeigentum übertragen werden soll (derivativer Erwerb) und zum anderen der Fall, in dem mit der Erfüllung des Kaufvertrages erst selbständiges Gebäudeeigentum an einem Grundstücksbestandteil begründet werden soll (orginärer Erwerb).

Erste Fallgruppe: Kaufvertrag über bestehendes Gebäudeeigentum   107

Zur ersten Fallgruppe gehören die Sachverhalte, in denen aufgrund Nutzungsrechts (§ 287 Abs. 1 in Verb. mit § 288 Abs. 4 ZGB sowie § 291 in Verb. mit § 292 Abs. 3 ZGB) oder kraft Gesetzes (§ 27 LPG-Gesetz und § 459 Abs. 1 Satz 1 ZGB) selbständiges Gebäudeeigentum entstan-

---

41 Die Verwendung von Grundstücken für Zwecke des Verwaltungsgebrauchs ist nach den Beratungen in den Ausschüssen des Deutschen Bundestages insgesamt aus dem Anwendungsbereich der Sachenrechtsbereinigung herausgenommen worden (s. dazu unten Rn. 267 bis 270).

den war, der Vollzug des Gebäudekaufvertrages aber hängengeblieben ist. Die Erfüllung kann z. B. dadurch hängengeblieben sein, daß die staatliche Entscheidung über die Genehmigung des Kaufvertrags weder erteilt noch versagt worden ist.

108 Die Verträge über den Kauf eines Eigenheimes bedurften nach § 2 Abs. 1a und § 23 der Grundstücksverkehrsverordnung vom 15. Dezember 1977 (GBl. I 1978 – Nr. 5 S. 73 in Verb. mit § 285, § 295 Abs. 2 Satz 2 ZGB) staatlicher Genehmigung. Diese Genehmigungsverfahren waren oft langwierig. In vielen Fällen ist die Genehmigung auch ausgeblieben. – Die Genehmigung des Vertrages war nach § 10 Abs. 2 der Grundbuchverfahrensordnung vom 30. Dezember 1975 (GBl. I 1976 Nr. 3 S. 42) Voraussetzung für die Eintragung des Eigentumswechsels in das Grundbuch.

109 In diesen Fällen kann der Kaufvertrag über das Gebäude (auf die Besonderheiten bei den restitutionsbelasteten Grundstücken wird sogleich eingegangen) noch erfüllt werden, da das selbständige Gebäudeeigentum fortbesteht. Soweit der Vertrag nicht unwirksam ist und der Veräußerer keine Einwendungen oder Einreden erheben kann, ist er dem Käufer gegenüber zur Erfüllung dieses Vertrages verpflichtet.

110 Im Verhältnis zum Grundstückseigentümer weist dieser Fall keine Besonderheiten auf. Anspruchsberechtigter Nutzer ist bis zur Erfüllung des Kaufvertrages noch der Verkäufer als Eigentümer des Gebäudes (vgl. § 9 Abs. 1 Satz 1 Nr. 3 und § 14 Abs. 1 SachenRBerG). Der Nutzer kann das Grundstück zum halben Verkehrswert erwerben (= komplettieren) oder die Bestellung eines Erbbaurechts mit dem halben Zinssatz verlangen.

111 Bei den **restitutionsbelasteten Grundstücken** oder Gebäuden ist zu unterscheiden, ob der Rückübertragungsanspruch nach § 3 Abs. 1 Satz 1 VermG durchgreift oder nicht.

Ist für den Veräußerer bereits ein Nutzungsrecht bestellt und von diesem das Eigentum am Gebäude in redlicher Weise erworben worden, so ist die Restitution nach § 4 Abs. 2 Satz 1 VermG ausgeschlossen. Gleiches gilt, wenn die in § 5 Abs. 1 VermG bezeichneten Voraussetzungen vorliegen. Der Verkäufer kann nach einer Zurückweisung des Rückübertragungsanspruchs verfügen. Für den Hinzuerwerb des Grundstücks oder die Erbbaurechtsbestellung gelten dann die allgemeinen Bestimmungen des SachenRBerG.

112 Greift die Restitution dagegen nicht durch, weil der Verkäufer nicht zu dem durch § 4 Abs. 2 Satz 1 VermG geschützten Personenkreis gehört, so stehen sich nunmehr der Alteigentümer, der Verkäufer als Gebäudeeigentümer und der Käufer gegenüber. Die Lösung für diese Fälle ergibt

sich aus § 3 Abs. 1 Satz 1, § 4 Abs. 2 Satz 1 VermG einerseits und § 3 Abs. 3 SachenRBerG andererseits.

Der Verkäufer (frühere LPG, vormals volkseigener Betrieb) hat in die-   113
sem Fall gegenüber dem Alteigentümer keine Rechte am Grundstück,
der Alteigentümer wird mit Entscheidung des Amtes zur Regelung offener Vermögensfragen wieder in seine Rechte restituiert. – Das selbständige Gebäudeeigentum bleibt jedoch bestehen. Der Verkäufer bleibt
dem Käufer gegenüber zur Erfüllung des Kaufvertrages verpflichtet. –
Der Käufer wird jedoch in dem aufgrund des Kaufvertrags erlangten
Besitz geschützt. Er wird im Verhältnis zum Alteigentümer so behandelt, als ob der Kaufvertrag erfüllt worden wäre. Der Käufer kann nach
§ 3 Abs. 3 SachenRBerG vom Grundstückseigentümer den Kauf des
Grundstücks zum halben Verkehrswert oder die Bestellung eines Erbbaurechts zum halben Zinssatz verlangen. Das Eigentum am Gebäude
sollte hier nicht aufgrund des Kaufvertrages entstehen; es ist zudem
nicht dem zurückzuübertragenen Vermögen des Alteigentümers zuzuordnen. § 121 SachenRBerG ist deshalb auf diese Fälle nicht anwendbar
(siehe unten Rdn. 606 ff.).

Zweite Fallgruppe: Kauf vermeintlich bestehenden selbständigen Ge-   114
bäudeeigentums

Diese Fallgruppe dürfte voraussichtlich in der Praxis eher selten anzu-   115
treffen sein. Die Voraussetzungen, unter denen in der ehemaligen DDR
selbständiges Gebäudeeigentum entstehen konnte, waren zwar in vielen
Einzelgesetzen bestimmt und für die Bürger oft nicht durchschaubar.
Der Zwang zur notariellen Beurkundung nach § 297 Abs. 1 Satz 2 ZGB
hat jedoch in der Regel den Abschluß von Gebäudekaufverträgen zwischen Bürgern verhindert, wenn kein Gebäudeeigentum entstanden
und im Grundbuch dokumentiert war. Das Staatliche Notariat war
gehalten, das Grundbuch einzusehen, wenn ein Grundbuchauszug, der
den neuesten Stand der Eintragung enthielt, nicht vorgelegt wurde.[42]
Zwischen Bürgern wurden daher in der Regel keine Gebäudekaufverträge abgeschlossen, solange selbständiges Gebäudeeigentum nicht im
Grundbuch eingetragen und damit entstanden war.

Ein Kaufvertrag über damals (noch) nicht bestehendes Gebäudeeigen-   116
tum könnte jetzt nicht mehr erfüllt werden, da selbständiges Gebäudeeigentum nicht mehr entstehen kann. Der Wegfall der Leistungspflich-

---

42 Vgl. Rohde (Hrsg.)/Knodel, Bodenrecht, 1989, S. 252.

ten allein wegen einer nach Vertragsschluß infolge Rechtsänderung eingetretenen Unmöglichkeit gemäß § 275 Abs. 1 BGB wäre jedoch im Verhältnis der Parteien zueinander eine unangemessene Rechtsfolge, weil es auch insoweit allein vom Zufall abhing, wann das Nutzungsrecht bestellt und das Eigentum am Gebäude entstand. Nach Bestellung des Nutzungsrechts in der ehemaligen DDR wäre das Erfüllungshindernis behoben gewesen und der Vertrag hätte erfüllt werden müssen. Die Lösung im SachenRBerG beruht auf dem in der Rechtsprechung zum Ausdruck gebrachten Grundsatz, wonach die Vertragsparteien aus dem allgemeinen Grundsatz von Treu und Glauben (§ 242 BGB) gehalten sind, den Vertrag in anderer Weise zu erfüllen, wenn der Vertragszweck so erreicht werden kann und sich daraus keine wesentliche Veränderung des Leistungsgegenstandes ergibt.[43]

117 Diese Voraussetzungen sind dadurch geschaffen, daß nach § 3 Abs. 3 und § 9 Abs. 2 SachenRBerG der Käufer gegenüber dem Grundstückseigentümer anspruchsberechtigt ist. Der Käufer wird auch hier so gestellt, als ob das Nutzungsrecht bestellt worden wäre. Der hängende Kaufvertrag wird in diesen Fällen also in der Weise erfüllt, daß statt des Eigentums an dem Gebäude die aus der baulichen Investition folgenden Ansprüche nach dem SachenRBerG auf den Käufer übergehen.

118 Ist das Grundstück restitutionsbelastet, so wird in diesem Fall der Rückübertragungsanspruch aus § 3 Abs. 1 Satz 1 VermG nicht ausgeschlossen, da der Ausschlußtatbestand des § 4 Abs. 2 Satz 1 VermG den Erwerb eines Nutzungsrechts voraussetzt. Die Rechtsfolge ergibt sich in diesem Fall aus § 3 Abs. 3 SachenRBerG. Der Nutzer wird auch insoweit in seinem Besitzrecht geschützt und so gestellt, als ob gemäß den DDR-Gesetzen das Nutzungsrecht verliehen und selbständiges Gebäudeeigentum entstanden wäre. Er soll auch hier die Möglichkeit erhalten, nach seiner Wahl entweder die Bestellung eines Erbbaurechts oder den Ankauf des Grundstücks zu verlangen. § 121 SachenRBerG dürfte auch auf diese Fälle, in denen eine nach der Enteignung des Alteigentümers erfolgte Fremdbebauung vorliegt, nicht anzuwenden sein (s. unten Rdn. 636).

119 Dritte Fallgruppe: Kauf eines Gebäudes, das noch Bestandteil des Grundstücks ist und an dem durch Nutzungsbestellung rechtlich selbständiges Eigentum entstehen sollte

---

43 BGHZ 38, 146, 149; 67, 34, 36.

Hier sind die „hängenden" Fälle wesentlich häufiger anzutreffen. Eine 120
Bremse gegenüber ungeklärten Eigentumsverhältnissen durch die notarielle Beurkundung konnte nicht eintreten. In den Fällen des orginären
Eigentumserwerbs an einem erst entstehenden Gebäudeeigentum hatte
die Beurkundung eines Kaufvertrages entweder der Nutzungsrechtsbestellung vorauszugehen oder sie war entbehrlich, da der Erwerber als
Errichter des Gebäudes anzusehen war.

In die erste Kategorie gehören die nach den Gesetzen über den Verkauf 121
volkseigener Gebäude vom
- 15. Sept. 1954 (GBl. I Nr. I S. 784),
- 19. Dez. 1973 (GBl. I Nr. 58 S. 578) und
- 7. März 1990 (GBl. I Nr. 18 S. 157)

abgeschlossenen Gebäudekaufverträge. Der Abschluß dieser Kaufverträge bedurfte der Beurkundung durch einen Notar oder den
Liegenschaftsdienst.[44] Die Nutzungsrechtsverleihung erfolgte mit der
Genehmigung des Kaufvertrages (vgl. § 7 der vorgenannten Durchführungsbestimmung). In der Praxis ergaben sich erhebliche Verzögerungen und Defizite im Verwaltungsvollzug, was zu den „hängenden" Gebäudekaufverträgen geführt hat.

Die **zweite Kategorie** der „hängenden" Fälle in diesem Bereich ergibt 122
sich aus dem Bau von Eigenheimen durch vormals volkseigene Betriebe, kooperative Einrichtungen und sozialistische Genossenschaften
für zum Zeitpunkt des Baubeginns noch nicht bekannte Betriebsangehörige nach § 2 Abs. 2 der Eigenheimverordnung. Den Antrag auf die
erforderliche Zustimmung zum Eigenheimbau stellte in diesem Fall der
Betrieb (vgl. § 3 Abs. 2 Eigenheimverordnung). Solange der Bürger als
späterer Eigentümer des Gebäudes noch nicht bekannt war, konnte diesem kein Nutzungsrecht verliehen werden. Soweit die vorgenannten
Betriebe – wie in der Regel – Rechtsträger der Grundstücke waren, entstand durch den Bau der Gebäude kein selbständiges Eigentum.

Sobald der Bürger gefunden war, sollte dieser in die Bauleistungs- und
Finanzierungsverträge eintreten, für die die Konditionen des individu-
ellen Eigenheimbaus gelten sollten.[45] Welche Rechtsgrundlage die Ver-

---

44 Vgl. § 3 Abs. 2 der Durchführungsbestimmung zum Gesetz über den Verkauf volkseigener Eigenheime, Miteigentumsanteile und Gebäude für Erholungszwecke vom 19. Dez.
1973 (GBl. I Nr. 59 S. 590).
45 Vgl. § 4 der Durchführungsbestimmung zur Eigenheimverordnung vom 18. Aug. 1987 –
GBl. I Nr. 21 S. 215.

einbarung über die Schuldübernahme hatte, blieb in der Literatur der ehemaligen DDR offen.[46]

123   Die weitere Durchführung dieser Bebauungen durch Betriebe für noch nicht bekannte Eigentümer sollte dann so erfolgen, daß das Grundstück durch Rechtsträgerwechsel in die Rechtsträgerschaft des Rates des Kreises übernommen werden und dieser dem Bürger das Nutzungsrecht verleihen sollte.[47] Eine solche Übertragung der Rechtsträgerschaft von den Betrieben auf die Räte der Kreise blieb allerdings öfters aus.

124   In diesen Fällen bestehen für den „Käufer" die Verpflichtungen aus den übernommenen Bau- und Finanzierungsverträgen fort. Grundstückseigentümer ist

      ● entweder der Staat nach Art. 22 Abs. 1 Satz 1 Einigungsvertrag (wenn das Einfamilienhaus von einer Genossenschaft errichtet worden ist) oder

      ● die aus dem vormals volkseigenen Betrieb durch Umwandlung entstandene Kapitalgesellschaft oder deren Rechtsnachfolger nach § 11 Abs. 2 Satz 2 TreuhandG (wenn das Eigenheim von einem vormals volkseigenen Betrieb gebaut worden ist).

      Die Lösung für diese Fallgruppe ergibt sich auch hier aus dem Grundgedanken des Nachzeichnungsprinzips, den Nutzer so zu stellen, wie er bei gesetzeskonformem Vorgehen gestanden hätte.

125   Für die Gebäudekaufverträge nach den Verkaufsgesetzen wird in § 3 Abs. 3 SachenRBerG bestimmt, daß diese Fälle entsprechend zu bereinigen sind. Der Nutzer hat hiernach gegenüber dem Grundstückseigentümer die Ansprüche auf Erbbaurechtsbestellung und zum Ankauf des Grundstücks. Der Kaufvertrag wird in anderer Weise dadurch erfüllt, daß diese Ansprüche auf den Käufer übergehen, der nach § 9 Abs. 2 Nr. 1 SachenRBerG anspruchsberechtigt ist.

126   Im Falle des Eintritts des Nutzers in die Finanzierungs- und Bauleistungsverträge aus den von den Genossenschaften und den Betrieben

---

46 Rohde, Bodenrecht, 1989, S. 91 bezeichnet diesen Vorgang als Veräußerung. Worin die Gegenleistung des Betriebes bestehen soll, bleibt offen. Der Betrieb konnte dem Bürger kein Eigentum am Gebäude verschaffen. Letztlich konnte der Betrieb dem Bürger nur den Besitz und eine rechtlich nicht gesicherte Aussicht verschaffen, ein Nutzungsrecht verliehen zu bekommen und damit Eigentum am Gebäude erwerben zu können.
47 Vgl. Rohde, a. a. O. (Fn. 42), S. 92.

errichteten Eigenheimen ist der Nutzer nach § 5 Abs. 1 Nr. 3 Buchstabe b und § 9 Abs. 2 Nr. 1 SachenRBerG anspruchsberechtigt.

Für die **restitutionsbelasteten Grundstücke** bedurfte es einer besonderen 127
Regelung für die Fälle, in denen das verkaufte Gebäude vom Alteigentümer errichtet worden ist. Hier kann keine Nachzeichnung des Kaufvertrages gegenüber dem Alteigentümer in der Weise erfolgen, daß dieser in den Vertrag eintritt. Der Alteigentümer ist an den Kaufvertrag nicht gebunden. Das Grundstück ist vielmehr nach § 1 Abs. 1 Buchstabe c VermG zurückzuübertragen. Die Bestimmung wäre inhaltsleer, wenn als Alteigentümer sogleich aus dem Kaufvertrag wieder zur Übereignung an den Nutzer zu den Konditionen des Kaufvertrages gezwungen wäre.

Die Nachzeichnung für den „hängenden" Fall ergibt sich jedoch auch 128
hier aus dem Gedanken, daß es nicht Zweck der Rückübertragung sein kann, den restitutionsberechtigten Alteigentümer im Vergleich zu den Eigentümern besserzustellen, auf deren Grundstücken Gebäude ohne Absicherung durch Nutzungsrecht errichtet wurden.

Die **Preisbestimmung** wird deshalb in § 121 a Abs. 4 SachenRBerG so 129
vorgenommen, daß der Bodenwert – wie im Falle der Bestellung eines Nutzungsrechts – geteilt wird, der Nutzer jedoch zusätzlich den Restwert des Gebäudes an den Alteigentümer zu zahlen oder zu verzinsen hat, soweit dieser ihm noch zuzurechnen ist. Falls der Nutzer vor Umschreibung für das Gebäude den Kaufpreis bereits entrichtet hat, ist dieser von der Gebietskörperschaft, die den Kaufpreis erhalten hat, gemäß § 121 Abs. 6 SachenRBerG nach den Vorschriften über die ungerechtfertigte Bereicherung zurückzuzahlen. Wegen der Erweiterung der Regelung für die hängenden Kaufverträge im Vermittlungsverfahren s. unten Rn. 606 ff.

(3) Besondere Fallgruppen
(a) Überlassungsverträge
(aa) Regelungsgegenstand und Entwicklung

Überlassungsverträge sind gemäß der Legaldefinition in Art. 232 § 1a 130
EGBGB die **Verträge über staatlich verwaltete Grundstücke**, die von staatlichen Verwaltern mit den Nutzern abgeschlossen wurden und die eine **zeitlich befristete Übertragung der Nutzung** gegen Zahlung eines Geldbetrags für das Grundstück sowie für ein etwa aufstehendes Gebäude und die Übernahme der Lasten des Grundstücks für die Vertragszeit zum Inhalt hatten.

131 **Rechtsgrundlage** für diese Verträge war § 6 der Verordnung zur Sicherung von Vermögenswerten vom 17. Juli 1952 (GBl. Nr. 100 S. 615), durch die das in der ehemaligen DDR befindliche Vermögen in den alten Ländern und in West-Berlin lebender Bürger unter „den Schutz und die vorläufige Verwaltung" der Organe der DDR genommen wurde. Diese Anordnung wurde durch Verordnung vom 11. Juni 1953 (GBl. I S. 805) mit Wirkung vom gleichen Tage aufgehoben. Die bestehenden staatlichen Verwaltungen blieben jedoch hiervon unberührt.

132 Die Verwaltung des Grundvermögens wurde für die Verwaltung der DDR zu einer Belastung. Im Ministerium der Finanzen der ehemaligen DDR wurde deshalb versucht, die staatlich verwalteten Grundstücke langfristig in der ehemaligen DDR lebenden Bürgern zur Nutzung zu überlassen. Hierzu wurden Mustervertragstexte und Hinweise erarbeitet.[48]

Die Verträge, auf deren Inhalt noch im einzelnen einzugehen sein wird, sahen keine Enteignung dieser Grundstücke und ihre Überführung ins Volkseigentum und auch keinen zwangsweisen Verkauf gegen den Willen des Grundstückseigentümers an die Nutzer vor.

133 Eine andere Zielvorgabe wurde im Beschluß des Politbüros vom 27. Januar 1976 und dem sich daran anschließenden Beschluß des Ministerrates vom 23. Dezember 1976, nebst der beigefügten Grundlinie für die weitere Behandlung des in der DDR befindlichen Vermögens von Berechtigten aus kapitalistischen Staaten, ausgesprochen.[49] Die staatliche Verwaltung wurde nun explizit angewiesen, die verwalteten Vermögenswerte schrittweise in die **Überschuldung** zu führen und nach deren Eintritt eine **Überführung der Grundstücke in das Volkseigentum** herbeizuführen. Die Überführung in das Volkseigentum war nach den Vorschriften der Verordnung über die Vollstreckung in Grundstücke und Gebäude vom 18. Dez. 1975 (GBl. I 1976 Nr. 1 S. 1) sowie der Verordnung über die Vollstreckung wegen Geldforderungen der Staatsor-

---

48 Diese sind u. a. abgedruckt in der Dokumentation von Fieberg/Reichenbach, Enteignung und offene Vermögensfragen in der ehemaligen DDR, Ergänzungsband, Nr. 3.5.11 und 3.5.12.

49 Der Ministerratsbeschluß ist abgedruckt in Scholz/Werling, Behandlung des in der ehemaligen DDR belegenen Grundbesitzes von Berechtigten außerhalb dieses Gebietes, Schriftenreihe des Bundesamtes zur Regelung offener Vermögensfragen, Heft 1, S. 1 ff. und in der Dokumentation von Fieberg/Reichenbach, Enteignung und offene Vermögensfragen in der ehemaligen DDR, Band 2 Nr. 3.24a.

gane und staatlichen Einrichtungen vom 6. Dez. 1968 (GBl. II Nr. 6) vorzunehmen.[50]

Die letzte **Verschärfung** wurde schließlich durch den Politbürobeschluß des ZK der SED vom 2. Juli 1985 herbeigeführt, der durch Übernahme durch den Ministerrat am 3. Juli 1985 und die Richtlinie der Ministerien der Finanzen, für Bauwesen, des Innern und des Chefs der Volkspolizei sowie des Leiters des Amtes für den Rechtsschutz des Vermögens der DDR und des Präsidenten der Staatsbank der DDR vom 1. Okt. 1985 umgesetzt wurde.[51] Nunmehr wurde durch Ratsbeschluß eine Überführung in Volkseigentum zur Verwirklichung von Wohnungsbauprogrammen, zur schöneren Gestaltung der Städte und Gemeinden und zur Befriedigung der Freizeit- und Erholungsbedürfnisse der Bürger zugelassen, auch wenn eine Überschuldung nicht vorliege und auch in Zukunft nicht zu erwarten sei.

34

Die zuletzt genannten Vorgaben für die Administration führten dazu, daß auch viele der aufgrund von Überlassungsverträgen genutzten Grundstücke in den siebziger und achtziger Jahren in Volkseigentum überführt und den Nutzern an den Grundstücken Nutzungsrechte verliehen wurden.[52]

135

(bb) Grundsätze

Von einigen Verbänden ist in den Anhörungen um die Sachenrechtsbereinigung gefordert worden, alle Überlassungsverträge in die Sachenrechtsbereinigung einzubeziehen.[53] Dies wurde u. a. damit begründet,

136

---

50 Siehe dazu die Arbeitshinweise des Ministeriums der Finanzen, der Staatsbank der DDR und des Leiters des Amtes für den Rechtsschutz des Vermögens der DDR v. 28. Okt. 1977, abgedruckt in Scholz/Werling, Behandlung des in der ehemaligen DDR belegenen Grundbesitzes von Berechtigten außerhalb dieses Gebietes, Schriftenreihe des Bundesamtes zur Regelung offener Vermögensfragen, Heft 1, S. 220.

51 Beide sind abgedruckt in Scholz/Werling, Behandlung des in der ehemaligen DDR belegenen Grundbesitzes von Berechtigten außerhalb dieses Gebietes, Schriftenreihe des Bundesamtes zur Regelung offener Vermögensfragen, Heft 1, S. 431 ff. und 436 ff.

52 Die statistischen Unterlagen der DDR (vgl. Scholz/Werling, Behandlung des in der ehemaligen DDR belegenen Grundbesitzes von Berechtigten außerhalb dieses Gebietes, Schriftenreihe des Bundesamtes zur Regelung offener Vermögensfragen, Heft 1, S. 504) geben nur einen groben Aufschluß über die Gesamtzahl der Überführungen staatlich verwalteter Grundstücke ins Volkseigentum, jedoch keinen Aufschluß über die Zahl der Überlassungsverträge sowie deren Beendigung durch Enteignung und Nutzungsrechtsverleihung.

53 Darüber hinaus wurde gefordert, die Überlassungsverträge als Kaufverträge zu behandeln und die Hinterlegungssumme als Kaufpreis auszukehren.

daß es nach den o. g. Beschlüssen von Politbüro und Ministerrat der
ehemaligen DDR schließlich vom Zufall abhängig gewesen sei, wann
das Grundstück enteignet und ein Nutzungsrecht bestellt worden sei.

137   „Insider", die die vorgenannten, geheimen Beschlüsse gekannt hätten, hätten in
der Regel auch eine Überführung ins Volkseigentum entweder im Wege eines
gerichtlichen Zwangsverkaufs nach Eintritt einer herbeigeführten Überschuldung oder im Wege der Bereitstellung von Bauland durch Enteignung und die
anschließende Verleihung von Nutzungsrechten veranlassen können. Andere
Nutzer dürften deshalb nicht schlechter gestellt werden als diejenigen, denen
diese Interna der DDR bekannt gewesen seien.

138   Im parlamentarischen Raum ist ein solcher Antrag nicht gestellt
worden.[54] Das Grundprinzip der Nachzeichnung hat sich an der
Rechtslage in der ehemaligen DDR zu orientieren. Es konnte nicht im
Sinne nacheilenden Gehorsams von Beschlüssen des Politbüros und des
Ministerrates der ehemaligen DDR ausgelegt werden. Dies hätte zu
einer Fortsetzung des die in den alten Ländern lebenden Grundstückseigentümer diskriminierenden Verwaltungshandelns durch die Gesetzgebung der Bundesrepublik geführt.

Alle Regelungsmodelle gingen davon aus, daß das Eigentum fortbesteht
und der Überlassungsvertrag den Eigentümer nicht zum Verkauf zu
dem seinerzeit hinterlegten Geldbetrag verpflichtet. Auch die Anträge
der Gruppen Bündnis 90/die Grünen[55] sowie der PDS/Linke Liste[56]
sahen insoweit allein gesetzliche Ansprüche auf Bestellung von Erbbaurechten für die Nutzer vor.

(cc) Lösung

139   Ansatzpunkt für den in der Sachenrechtsbereinigung anzustrebenden
Interessenausgleich konnte deshalb nur der mit dem Beitritt vorgefundene Zustand sein.

---

54 Zu einem ähnlichen Ergebnis hätte jedoch die Umsetzung des Antrags Brandenburgs
geführt, den Wert des Gebäudes nach der im Überlassungsvertrag angegebenen Hinterlegungssumme zu bestimmen. Für den Nutzer sollte demnach entspr. § 12 Abs. 2 SachenRBerG ein Ankaufsrecht bereits dann begründet werden, wenn der Nutzer Aufwendungen für bauliche Investitionen vorgenommen hat, die die Hälfte dieses Wertes überschritten haben.
    Die diskriminierenden, auf Verbesserung der Konditionen für den Nutzer beim Ab-
schluß des Überlassungsvertrages und nach 1986 auf eine Herbeiführung der Überschuldung zielenden Bewertungen wären dann zum Maßstab der Sachenrechtsbereinigung
geworden.
55 Entwurf eines Ersten Gesetzes zur Herstellung des Rechtsfriedens im Bereich des Wohn-
eigentums in den neuen Bundesländern, BT-Drs. 12/2073.
56 Entwurf eines Gesetzes zur Änderung des VermG (BT-Drs. 12/2228).

Nach den Vertragsmustern[57] handelte es sich um eine schuldrechtliche
Überlassung des Gebrauchs und der Nutzung des Grundstücks, durch
den die Eigentümerbefugnisse allerdings für die Vertragszeit insgesamt
aufgehoben wurden (vgl. § 15 des Mustervertrages). Der Nutzer hatte
jedoch abweichend von einem gewöhnlichen Miet- oder Pachtvertrag
einen Betrag in Höhe des damaligen Werts des Grundstücks zu hinter-
legen und ihm wurde die Möglichkeit eines Ankaufs im Vertrag als
unverbindliche Alternative zur Rückgabe gegen Ersatz seiner Verwendungen in Aussicht gestellt (§§ 5, 14 des Mustervertrages). Der Nutzer
hatte während der Vertragszeit alle Eigentümerbefugnisse, einschließlich des Rechts zur Umgestaltung des Grundstücks durch Bebauung (§ 2
des Mustervertrages).

Dieser besonderen **Rechtsform eines schuldrechtlichen Vertrages** mit 140
der Begründung **eigentümerähnliche Befugnisse** war in der Sachenrechtsbereinigung in besonderer Weise Rechnung zu tragen. Die nach
langem Ringen gefundene Lösung besteht darin, daß der Nutzer immer
dann den Inhabern von Nutzungsrechten gleichgestellt werden soll,
wenn er das Grundstück neu bebaut oder bauliche Investitionen in ein
Gebäude vorgenommen hat, die die Hälfte des Sachwerts des Gebäudes
bei Vornahme der Investitionen übersteigen (§ 11 Abs. 2 SachenR-
BerG). Dies beruht auf einem **Investitionsschutz,** der sich aus einem an
die besondere Ausgestaltung dieser Verträge anknüpfenden Vertrauensschutz rechtfertigt.

Zugunsten des Nutzers wird allerdings vermutet, daß er zusätzlich zu
den nachweisbaren Aufwendungen in den ersten fünf Jahren nach Vertragsabschluß Verwendungen von zwei von Hundert jährlich jeweils
bezogen auf den Gebäuderestwert vorgenommen hat. Mit dieser im
Vermittlungsverfahren gefundenen Regelung (§ 12 Abs. 2 Satz 1
2. Halbs. SachRBerG) sollte den Umständen Rechung getragen werden,
daß

● die überlassenen Gebäude zum Zeitpunkt des Vertragsabschlusses in
  der Regel bereits in hohem Umfang renovierungsbedürftig waren.

● viele Verwendungen auf das Gebäude in Eigenleistung erfolgten und
  daher schlecht nachweisbar sind.

---

57 Vgl. Fn. 64.

Da man die in den Überlassungsverträgen genannten Bewertungen wegen ihrer unterschiedlichen Basis (Wiederbeschaffungswert, Entschädigungswert) und ihres zum Teil diskriminierenden Charakters nicht berücksichtigen konnte, sollte auf der anderen Seite der Beweisnot der Nutzer hinsichtlich ihrer Aufwendungen Rechnung getragen werden.

141 Die in § 11 Abs. 2 SachenRBerG bezeichneten baulichen Investitionen gehen über diejenigen eines Mieters weit hinaus und entsprechen in etwa denjenigen, für die in der DDR auch Nutzungsrechte bestellt wurden. Die Überlassungsverträge waren auf eine **fortdauernde Nutzung** und durch das **In-Aussicht-Stellen eines Ankaufs** schließlich auf einen Eigentumswettbewerb durch den Nutzer angelegt.[58] Investitionen der Nutzer, die einen solchen Umfang hatten, wurden daher in der Regel auf den Fortbestand der Nutzung und in der Erwartung eines späteren Erwerbs vorgenommen. In diesen Fällen war es geboten, zum Schutz der baulichen Investition eine über den Vertragsinhalt hinausgehende Absicherung für die Nutzer vorzusehen. Die Sachenrechtsbereinigung löst sich insoweit aus den vorstehenden Erwägungen zum Investitions- und Vertrauensschutz von der „nur" schuldrechtlichen Ausgestaltung des Nutzungsverhältnisses, zumal sowohl der Inhalt dieser Verträge als auch die Frage, ob und wann eine Überführung ins Volkseigentum erfolgte, von Entscheidungen staatlicher Stellen abhing, die allein auf politischer Opportunität unter Mißachtung rechtsstaatlicher Grundsätze beruhten.

142 Eine weitergehende Abweichung von den vorgefundenen Vertragsinhalten wäre nicht zu rechtfertigen gewesen und hätte allein zu einer Benachteiligung des Grundstückseigentümers geführt. Der Nutzer, der keine baulichen Investitionen in dem genannten Umfang vorgenommen hat, hat das Grundstück auch „nur" wie ein Mieter oder Pächter genutzt. Es bestand daher kein sachlicher Grund, ihm abweichend vom Vertrag Ansprüche auf den Kauf des Grundstücks oder zur Bestellung eines Erbbaurechts unter Teilung des Bodenwerts zu gewähren.

---

58 Die Überlassungsverträge waren eben eine vom Ministerium der Finanzen vorgegebene Regelung für die sog. West-Grundstücke, die von einer fortdauernden Teilung Deutschlands ausging. Die Verträge wurden dementsprechend ausgestaltet.

(b) Nutzungsverträge nach der Anordnung für die Übertragung unbeweglicher Grundmittel an sozialistische Genossenschaften

Es wurde bereits ausgeführt, daß die sog. sozialistischen **Genossenschaf-** 143
ten sowohl Rechtsträger von Grundstücken als auch Inhaber dinglicher Nutzungsrechte sein konnten. Für die Übernahme der Rechtsträgerschaft am Grundstück im Wege der Ersteinsetzung oder des Rechtsträgerwechsels war von der Genossenschaft kein Entgelt zu entrichten.

Für die **aufstehenden Bauten** war nach der Anordnung über das Verfah- 144
ren bei Veränderungen in der Rechtsträgerschaft an volkseigenen Grundstücken vom 21. Aug. 1956 (GBl. I Nr. 79, S. 702) von der Genossenschaft (nutznießender Rechtsträger) ebenfalls kein Entgelt zu zahlen; § 18 Abs. 1 dieser Anordnung sah allein die Übernahme aller im Zusammenhang mit dem Vermögenswert stehenden Verbindlichkeiten vor. Im Falle des Wechsels auf einen anderen Rechtsträger waren den Genossenschaften nach § 19 der Anordnung ihre wertsteigernden Aufwendungen zu erstatten.

Die Entgeltlichkeit für die Übertragung der Gebäude wurde erst mit § 5 145
der Anordnung für die Übertragung volkseigener unbeweglicher Grundmittel an sozialistische Genossenschaften vom 11. Okt. 1974 herbeigeführt. Diese Übertragung erfolgte nach § 4 jener Anordnung in Form eines Nutzungsvertrages. Das Gebäude blieb als sog. Grundmittel Bestandteil des Grundstücks. Den Weg zu einer rechtlichen Verselbständigung als Gebäudeeigentum nach Begründung eines Nutzungsrechts wie nach den Gesetzen über den Verkauf volkseigener Eigenheime ist man nicht gegangen.

Nach dem Nachzeichnungsprinzip schied deshalb eine Gleichstellung 146
mit den Sachverhalten aus, in denen selbständiges Gebäudeeigentum zu begründen war. Solche Grundprinzipien sind Leitidee für die Gestaltung der gesetzlichen Regelung; sie sind jedoch für jede Fallgruppe auf ihre sachliche Richtigkeit zu überprüfen. (Dies gilt insbesondere dann, wenn – wie hier – von den betroffenen Verbänden die Forderung nach einer Gleichbehandlung mit den Nutzungsrechten erhoben wurde, weil es sich bei den Nutzungsverträgen wirtschaftlich um einen Kauf dieser Grundmittel gehandelt habe.)

(aa) Bedeutung und Funktion des Eigentums der sozialistischen Genossenschaften

Die sozialistischen Genossenschaften waren in der ehemaligen DDR in 147
die Planwirtschaft integriert. Das Oberste Gericht der DDR hatte in

dem Plenarbeschluß vom 22. Sept. 1960[59] ausgesprochen, daß die Genossenschaften nicht wie in der kapitalistischen Wirtschaft auf Maßnahmen zur Förderung ihrer Mitglieder beschränkt, sondern auf die
Durchsetzung der Wirtschaftspolitik der Partei der Arbeiterklasse und
der Regierung verpflichtet seien. Daher seien die Bestimmungen des
Genossenschaftsgesetzes auch auf diese Genossenschaften unanwend-
bar; allein die Festsetzungen in den Musterstatuten seien für die Rechtsverhältnisse der Genossenschaften bestimmend.

148   Die Verpflichtungen aus den Volkswirtschaftsplänen hatten die zur
       Konsumgenossenschaft gehörenden Betriebe wahrzunehmen. Diese
       wurden, wie die volkseigenen Betriebe in bezug auf das Volkseigentum,
       rechtlich selbständige Funktionsträger in bezug auf das Eigentum der
       sozialistischen Genossenschaften.[60] Das Eigentum der sozialistischen
       Genossenschaften wurde – da es zwar in die staatliche Planwirtschaft
       eingebunden, jedoch noch der Genossenschaft gehörend – als gesell-
       schaftliches **Eigentum niederer Stufe** bezeichnet.[61]

149   Die Einbeziehung der Genossenschaften in die staatliche Planwirt-
       schaft verwischte die Grenzen zwischen **Volkseigentum** und dem **genos-
       senschaftlichen Eigentum** und ermöglichte zugleich, den Genossen-
       schaften auch Rechtsträgerschaften an volkseigenen Grundstücken zu
       übertragen. Die Nutzung des genossenschaftlichen Eigentums wurde
       mithin durch wirtschaftsverwaltungsrechtliche Vorschriften überlagert,
       die der Regelung über die Nutzung des Volkseigentums entnommen
       waren.[62] Eigentumsrechtlich blieb jedoch der Unterschied zwischen
       dem genossenschaftlichen Eigentum und dem Volkseigentum
       bestehen.[63] Auch das ZGB hielt an dieser Unterscheidung fest, indem es
       in § 18 Abs. 3 Satz 2 anordnete, daß die Rechte an dem genossenschaft-
       lichen Eigentum der Genossenschaft zustehen.

150   Aus diesem Grunde ist der Forderung Habscheids entgegenzutreten, die von den
       Genossenschaften in Rechtsträgerschaft genutzten volkseigenen Grundstücke
       diesen unentgeltlich den Konsumgenossenschaften zuzuordnen, wie es in § 11
       Abs. 2 Satz 2 Treuhandgesetz für die Betriebe der vormals volkseigenen Wirt-

---

59 NJ 1960, 771.
60 Vgl. Lemke, NJ 1952, 568, 570.
61 Vgl. OG, Beschluß v. 5. Dez. 1952 – NJ 1953, 114 und Artzt, NJ 1952, 570, 571.
62 Vgl. Brunner, VIZ 1993, 285, 288.
63 Vgl. dazu Artzt, NJ 1952, 570, 571.

schaft bestimmt worden ist.[64] Es liegt weder eine Enteignung noch eine ungerechtfertigte Ungleichbehandlung im Vergleich zu volkseigenen Betrieben vor.

Eine (unentgeltliche) Zuordnung der vormals volkseigenen Grundstücke wäre   151
nicht gerechtfertigt. Die Genossenschaften waren zwar bei der Nutzung des
ihnen in als Rechtsträgern anvertrauten volkseigenen Grundvermögens den
volkseigenen Betrieben gleichgestellt (§ 19 Abs. 3 ZGB). Die Konsumgenossenschaften hatten dadurch allerdings ebensowenig wie die volkseigenen Betriebe
privatnütziges Eigentum am Volkseigentum erlangt. Die Nutzung des volkseigenen Vermögens blieb eine übertragene öffentliche Aufgabe. Die Rechtsträgerschaft ist schon deshalb keine dem privatnützigen Eigentum im Sinne des Art. 14
GG gleichwertige Rechtsposition.[65] Die Aufhebung der Rechtsträgerschaft, die
mit der Entlassung der Konsumgenossenschaften aus den planwirtschaftlichen
Bindungen einherging, läßt sich deshalb nicht als Enteignung qualifizieren.

Die ehemalige DDR hat zu Recht die **Konsumgenossenschaften** nicht in die   152
Regelungen im Treuhandgesetz einbezogen; es besteht keine Veranlassung, eine
gleichartige Bestimmung wie in § 11 Abs. 2 Treuhandgesetz für die Konsumgenossenschaften vorzusehen. § 11 Abs. 2 des Treuhandgesetzes führt zu einer Ver-
mögensverschiebung innerhalb des Vermögens der öffentlichen Hand. Eine Pri-
vatisierung tritt erst mit einem Verkauf des Unternehmens oder der Anteile an
der Kapitalgesellschaft ein. Ein Verkauf des Unternehmens ohne das Betriebsgrundstück oder eine abgesicherte Nutzung wäre jedoch kaum durchführbar. Der
Erwerber hat beim Kauf auch einen Preis für das nun zum Unternehmen gehörende Grundstück zu zahlen.

(bb) Der Nutzungsvertrag

Der Nutzungsvertrag war ein Instrument zur Übertragung einer Inve-   153
stition des Staates an die Genossenschaft auf unbestimmte Zeit. Für die
Eigeninvestition in Form der Bebauung war ein Nutzungsrecht zu
verleihen.[66]

Im komplexen **Wohnungsbau** wurde jedoch zunehmend die einheitliche   154
Bebauung unter Leitung eines staatlichen Hauptauftraggebers[67] üblich,
der zunächst als Rechtsträger eingesetzt wurde. Die einzelnen Gebäude,
Straßen, Plätze usw. in dem von dem Hauptauftraggeber errichtete
Wohngebiet wurden dann regelmäßig aufgrund einer Vereinbarung

---

64 Habscheid, VIZ 1993, 198, 200.
65 So m. E. zutreffend Brunner, VIZ 1993, 285, 290, der diesen Schluß selbst auf das Eigentum der sozialistischen Genossenschaften nach § 18 Abs. 3 erstreckt.
66 S. oben Rn. 104 sowie Rohde, Bodenrecht, 1989, S. 89.
67 Dessen Stellung und Aufgaben wurden in der Anordnung über die Aufgaben und die
   Arbeitsweise der Hauptauftraggeber komplexer Wohnungsbau vom 19. Sept. 1973 (GBl.
   I Nr. 28 S. 269) festgelegt. Der Hauptauftraggeber war eine staatliche Einrichtung und
   Haushaltsorganisation und als juristische Person rechtsfähig.

nach § 3 Abs. 4 der Anordnung über die Rechtsträgerschaft an volkseigenen Grundstücken vom 7. Juli 1969 (GBl. II Nr. 68 S. 433) an die einzelnen Investitionsauftraggeber aufgeteilt, wobei diesen die Rechtsträgerschaft an dem Grundstück übertragen wurde.

Letzteres ist jedoch auch häufig nicht erfolgt, so daß auch jetzt lange nach Fertigstellung des Vorhabens noch der staatliche Hauptauftraggeber als Rechtsträger des volkseigenen Grundstücks eingetragen ist.[68]

155   Die von den staatlichen Hauptauftraggebern errichteten Gebäude blieben Bestandteil des Grundstücks und waren durch einen Nutzungsvertrag gemäß §§ 4 und 5 der Anordnung für die Übertragung volkseigener Grundmittel auf die Genossenschaft vom 11. Okt. 1974 (GBl. I Nr. 53 S. 489) zu übertragen. Dieser Vertrag war insofern kaufähnlich ausgestaltet, als das Entgelt gem. § 5 Abs. 2 dieser Anordnung nach dem Wert des Grundmittels zur Zeit der Überlassung zu bestimmen war. Auf der anderen Seite war in § 6 Abs. 2 auch eine Verpflichtung zur Rückübertragung des Grundmittels vorgesehen, wenn diese für staatliche Aufgaben dringend benötigt wurden oder von der Genossenschaft nicht mehr effektiv genutzt werden konnten.

156   Zusammenfassend ergab sich bei der Würdigung dieser Nutzungsverträge mithin folgendes Bild:

● Die Grundstücksnutzung beruhte auf einem Vertrag.

● Eine Verdinglichung durch Verleihung eines Nutzungsrechts und Begründung selbständigen Gebäudeeigentums war nicht vorgesehen. Eine Kollision zwischen Gebäude- und Grundstückseigentum konnte nicht entstehen.

● Auf der anderen Seite enthielt der Nutzungsvertrag vor allem bezüglich der Bemessung des Entgelts auch Merkmale, wie sie für einen Kaufvertrag typisch sind.

157   Für eine **Verdinglichung** mit einer Teilung des Bodenwerts unter Durchbrechung des Nachzeichnungsgrundsatzes ergab sich hier kein hinreichender Grund, wenn man von einem Fortbestand eines nach dem Bürgerlichen Gesetzbuch (§ 567 Satz 1 BGB) frühestens nach Ablauf von 30 Jahren nach dem Beitritt kündbaren Vertragsverhältnisses ausgeht. In dieser Zeit ergibt sich in der Regel eine hinreichende Amortisation der baulichen Investition. Zudem hat die Genossenschaft zum Zeit-

---

68 Vgl. Frauendorf/Schneider, NJ 1983, 282, 283, wo ausdrücklich solche Vollzugsdefizite bemängelt werden.

punkt der Beendigung des Vertragsverhältnisses Anspruch auf eine Entschädigung des dann noch bestehenden Restwerts ihrer Investition.

Aus den vorgenannten Gründen ist von einer Erweiterung des § 7 Abs. 2
Nr. 2 SachenRBerG unter Einbeziehung der Nutzungsverträge Abstand
genommen worden.

c) Der Grundsatz der Bewertung

Dieser Grundsatz besagt, daß die in der ehemaligen DDR begründeten ⟨158⟩
Rechtspositionen und Besitzstände einerseits und das fortbestehende
Eigentum an den Grundstücken andererseits nach ihrem rechtlichen
Inhalt und ihrer wirtschaftlichen Bedeutung unter den veränderten Ver-
hältnissen bewertet werden müssen. Das Ergebnis dieser Bewertung ist
Grundlage für die **Eckwerte zur Sachenrechtsbereinigung,** aus der dann
die Bestimmungen des Gesetzes entwickelt worden sind.

aa) Gründe für die Entscheidung

Auch dieses Prinzip war nicht unumstritten. Die Alternativen bestan-   159
den darin,

- die Rechte an Grundstücken – ohne Rücksicht auf die vorgefundenen, in der Regel ohne oder gegen den Willen der Grundstückseigentümer begründeten Rechtsverhältnisse – so zu bestimmen, daß der
  Grundstückseigentümer durch Herausgabe oder Entschädigung wieder in seine Rechte eingesetzt wird und alsbald BGB-konforme
  Rechtszustände herbeigeführt werden oder

- die vorgefundenen Rechte und Besitzstände zugunsten der Nutzer
  möglichst unverändert zu belassen.

(1) Sachenrechtsbereinigung durch Wiederherstellung des vorherigen Zustands oder durch Zahlung von Wertersatz

Dieses Grundprinzip zielt auf einen vollständigen Ausgleich der durch   160
die Eingriffe in fremdes Eigentum eingetretenen Folgen. Dazu wurden
zwei Grundkonzeptionen vertreten:

- Die eine ging dahin, den Eigentümer in Natur durch Rückgabe oder
  durch vollständige Entschädigung so zu stellen, wie er ohne den Eingriff in sein Eigentum gestanden hätte.

- Die andere bestand darin, dem Grundstückseigentümer vollständigen Wertersatz für den fortbestehenden Eingriff in sein Recht zu leisten.

Eine Sachenrechtsbereinigung nach diesem Grundprinzip ist in der Diskussion um die Eckwerte der Sachenrechtsbereinigung vor allem von den Grundeigentümerverbänden vertreten worden.

(a) Sachenrechtsbereinigung durch Rückgabe oder Entschädigung

161   Bei diesem Ansatz wäre die Sachenrechtsbereinigung Teil der Unrechtsbereinigung. Sie würde die im VermG getroffenen Bestimmungen vor allem für die Fälle des nicht teilungsbedingten Unrechts ergänzen.

Es wäre jeder Rechtserwerb in der ehemaligen DDR darauf zu überprüfen, ob rechtsstaatliche Mindeststandards eingehalten worden sind. Ist dies nicht der Fall, was unter anderem für

● entschädigungslose Enteignungen,

● Zwangskollektivierungen,

● Bau auf fremden Grundstücken ohne Klärung der Eigentumsverhältnisse

zu bejahen wäre, so sollen auch die sich daran anschließenden Rechtsakte (Bestellung von Nutzungsrechten, Einsetzung eines Rechtsträgers und Bebauung usw.) keinen Bestandsschutz genießen. Die Bereinigung der Rechtsverhältnisse an den Grundstücken wäre dann durch Begründung zivilrechtlicher Rückgabeansprüche erfolgt.

162   Dieses Modell führt dann zu keiner Lösung des eigentlichen Problems der Sachenrechtsbereinigung, die darin begründet ist, daß Grund- und Gebäudeeigentum auseinanderfallen, wenn der Bestellung eines Nutzungsrechts kein Unrechtsakt vorausgegangen ist. Die Fälle, in denen z. B. der Grundstückseigentümer ohne staatlichen Zwang und in Kenntnis der sich daran anschließenden Rechtsfolgen in eine landwirtschaftliche Produktionsgenossenschaft eingetreten ist oder in denen er die Überbauung seines Grundstücks schon vor einer bevorstehenden, aber dann nicht durchgeführten Übereignung gestattet hatte, lassen sich nicht nach den Grundsätzen für eine Unrechtsbereinigung lösen.

163   Dieses Lösungskonzept stand indessen auch aus anderen Gründen nie ernsthaft zur Diskussion. Es konnte schon aus den im Einigungsvertrag getroffenen Entscheidungen nicht verfolgt werden.

164   Eine solche Grundkonzeption liegt allein der Überprüfung des Rechtserwerbs der Parteien und der Massenorganisationen in der ehemaligen DDR nach §§ 20a, 20b des Parteiengesetzes der DDR in Verbindung mit der Maßgaberegelung zum Einigungsvertrag in der Anlage II Kapitel II Sachgebiet A Abschnitt III Nr. 1

Buchstabe b zugrunde. Der Grund für diese strenge Behandlung liegt darin, daß diese Organisationen in einer besonderen Nähe und Verbindung zum Staat standen. Die in jenen Organisationen getroffenen Entscheidungen bestimmten das öffentliche Leben in der ehemaligen DDR, sie hatten wesentlichen Einfluß auf die Maßnahmen der staatlichen Stellen oder ersetzten diese. Diese Fallgruppe wird deshalb in § 2 Abs. 2 Nr. 1 SachenRBerG aus dem Anwendungsbereich der Sachenrechtsbereinigung herausgenommen.

Der Rechtserwerb durch natürliche Personen, Religionsgemeinschaften **165** oder gemeinnützige Stiftungen wurde dagegen im Einigungsvertrag nicht nach diesen Kriterien behandelt. Vielmehr wurde hier im Interesse der Bürger im Beitrittsgebiet dem **Gedanken des Vertrauensschutzes** besonderes Gewicht zugemessen. Dies zeigt sich insbesondere in dem Ausschluß der Restitution durch redlichen Erwerb nach § 4 Abs. 2 Satz 1 VermG. Für die Sachenrechtsbereinigung ergab sich aus der Anerkennung des selbständigen Gebäudeeigentums in Art. 231 § 5 Abs. 1 EGBGB und der Nutzungsrechte in Art. 233 § 3 Abs. 1 EGBGB, daß eine rückwirkende Überprüfung jeden Rechtserwerbs nach materiell-rechtsstaatlichen Grundsätzen nicht durchgeführt werden sollte. Andernfalls hätte auch für diese Fälle ein Ausschluß des Rückgabeanspruches des Alteigentümers im VermG nicht aufgenommen werden dürfen und für den Grundstückseigentümer (z. B. für ein früheres LPG-Mitglied) ein Recht auf Aufhebung des Nutzungsrechts mit der Folge des Erlöschens des Gebäudeeigentums in den Überleitungsvorschriften im EGBGB begründet oder zumindest vorbehalten werden müssen.

Der Ansatz, jeden Rechtserwerb in der ehemaligen DDR im Nachhinein nach materiell-rechtsstaatlichen Grundsätzen zu überprüfen, schied schon wegen dieser Festlegungen im Einigungsvertrag aus.

Eine derartige Lösung hätte zudem in der Praxis zu einem erheblichen Konflikt- **166** potential und zu einem Aufwand für Behörden und Gerichte geführt, gegen den der Streit um das Prinzip „Rückgabe vor Entschädigung" im VermG und die daraus entstandenen Belastungen der Ämter zur Regelung offener Vermögensfragen von vergleichsweise bescheidener Dimension sind. Es hätte im Grundsatz jeder Erwerb eines Rechts in der ehemaligen DDR (und voraussichtlich auch schon in der Besatzungszeit) zumindest auf Antrag noch einmal auf seine Vereinbarkeit mit materiell-rechtsstaatlichen Grundsätzen überprüft werden müssen.

(b) Sachenrechtsbereinigung durch vollständigen Wertausgleich

Die Konzeption einer Sachenrechtsbereinigung durch Wertausgleich **167** war, anders als die Vorstellung einer Sachenrechtsbereinigung durch

Rückgabe oder Entschädigung ein Lösungsmodell, das nicht sogleich als unschlüssig zu verwerfen war.

Diese Konzeption beruht auf dem Gedanken, daß das Eigentum am Grundstück dem Rechtsinhaber grundsätzlich alle Nutzungsvorteile wie auch den Bodenwert zuweise. Im übrigen gab es unterschiedliche Begründungen für den Standpunkt, daß dem Grundstückseigentümer ein voller Wertausgleich zuzuweisen sei.

168 Eine Auffassung versteht die Sachenrechtsbereinigung noch als eine besondere Form der Unrechtsbereinigung. Das unmittelbar vom Staat verliehene oder mittelbar durch eine landwirtschaftliche Produktionsgenossenschaft mit staatlicher Genehmigung zugewiesene Nutzungsrecht habe zwar dem Eigentümer einen wesentlichen Teil seiner Befugnisse entzogen. Da dies ohne oder auch gegen den Willen des Grundstückseigentümers erfolgt sei, sei das Nutzungsrecht ein Instrument der eigentumsfeindlichen Politik des sozialistischen Staates gewesen und als solches zu bewerten. Das Nutzungsrecht sei ein wesentliches Element der Vergesellschaftung des Bodens unter einer von der SED bestimmten Bodenpolitik gewesen.[69]

169 Die fortbestehenden Nutzungsrechte seien in einer auf privatnützigem Eigentum beruhenden marktwirtschaftlichen Ordnung ein Überbleibsel der eigentumsfeindlichen Politik des sozialistischen Staates. Gehe man vom Zuweisungsgehalt des Eigentums nach § 903 Satz 1 BGB aus, so könnten die Nutzungsrechte nur als eine Verletzung des Zuweisungsgehalts des Eigentums am Grundstück bewertet werden. Ein solcher Eingriff in den Zuweisungsgehalt eines Rechts sei – da die Nutzungsvorteile nicht herausgegeben werden könnten – in der Weise auszugleichen, daß voller Wertersatz zu leisten sei. Erbbauzins und Ankaufspreis müssen bei diesem Ausgangspunkt nach dem vollen Verkehrswert bestimmt werden.

170 Diese Grundkonzeption geht nicht davon aus, daß die Nutzungsrechte in der Regel als Unrechtsakte aufzuheben seien. Es werden vielmehr die vorgefundenen Rechtspositionen bewertet und dessen Ergebnis zur Grundlage von Ausgleichsansprüchen bestimmt. Die Konzeption läßt jedoch unberücksichtigt, daß

---

69 Zum Inhalt der Vergesellschaftung der Bodennutzung und den Grundsätzen der sozialistischen Bodenpolitik vgl. Rohde, Bodenrecht, S. 25 bis 28.

• es in der ehemaligen DDR für den Bau eines Gebäudes nicht des Erwerbs des Eigentums am Grundstück bedurfte und

• die Nutzungsrechte Grundlage für die Entstehung selbständigen Eigentums am Gebäude waren.

Das Gebäudeeigentum, das in der ehemaligen DDR dem Eigentum am   171
Grundstück weitgehend gleichgestellt war, muß insoweit bei der Beurteilung des Zuweisungsgehalts der Rechte der Beteiligten berücksichtigt und auf dieser Grundlage die Rechte der Beteiligten gegeneinander abgewogen werden. Dieser Gesichtspunkt bleibt bei dieser Grundkonzeption unberücksichtigt.

Ein anderer Ansatz, der in der Kritik zu den Eckwerten der Bundesre-   172
gierung zur Sachenrechtsbereinigung vorgetragen wurde, knüpft an die Grundsätze des BGH für die Bestimmung des Erbbaurechts im Falle des Ankaufs des Grundstücks durch den Erbbauberechtigten an. Der BGH hat entschieden, daß im Falle einer vertraglich vereinbarten Ankaufsverpflichtung zum Verkehrswert der Erbbauberechtigte den Preis zu zahlen habe, wie wenn das Grundstück unbelastet wäre. Die bei einer Weiterveräußerung an einen Dritten sich durch das Erbbaurecht ergebende Minderung des Verkehrswerts könne im Falle eines Ankaufs durch den Erbbauberechtigten nicht zur Anwendung kommen, weil die wertmindernde Belastung hierdurch wegfalle.[70] Hieraus ist für die Sachenrechtsbereinigung gefolgert worden, daß der Nutzer den vollen Verkehrswert des Grundstücks zu zahlen habe, da die durch die Bebauung eingetretene Wertminderung nicht derjenige zu seinen Gunsten geltend machen könne, der im eigenen wirtschaftlichen Interesse gebaut habe.[71] Dieser Ansatz geht von der Notwendigkeit einer Bewertung der vorgefundenen Rechtspositionen aus. Er kommt jedoch zu dem Ergebnis, daß eine Teilung nicht sachgerecht, sondern eine unzulässige enteignende Maßnahme sei, die die Grundstückseigentümer, deren Grundstücke in der DDR bebaut worden seien, ohne hinreichende Rechtfertigung im Vergleich zu allen anderen Grundstückseigentümern schlechterstelle.[72]

---

70 BGH-Urteil v. 14. Okt. 1989 – V ZR 175/87 – NJW 1989, 2129, 2130.
71 Vgl. Schulz-Schaeffer, MDR 1993, 921, 922.
72 Vgl. Schulz-Schaeffer, a. a. O. (Fn. 71).

(2) Unveränderte Beibehaltung der vorgefundenen Besitzstände

173   Dieser Lösungssatz geht davon aus, die Rechtsverhältnisse weitgehend so zu belassen, wie sie am Beitrittstag vorgefunden worden sind. Der Grundsatz, die in der ehemaligen DDR begründeten Rechte – soweit möglich – formell und inhaltlich unverändert zu übernehmen, stellte in der rechtspolitischen Diskussion um die Sachenrechtsbereinigung die extreme Gegenposition zu dem vorgenannten Modell einer Sachenrechtsbereinigung zur Wiederherstellung des vorherigen Zustands in Natur oder im Vermögen des Grundstückseigentümers durch vollständigen Wertausgleich dar.

174   Dieses Grundprinzip hätte zu den nachstehenden Rechtsfolgen geführt: Die Nutzungsrechte würden als unbefristete und meist unentgeltliche dingliche Rechte fortbestehen. Die Nutzungsrechte sind im Verkehr mit den Grundstücken nicht verkehrsfähig und in der Regel auch nicht beleihbar. Um die Verkehrsfähigkeit herbeizuführen, müßte das Nutzungsrecht zu einer im Grundbuch eingetragenen, erstrangigen dinglichen Belastung des Grundstücks werden, da der Bestand des Nutzungsrechts nur dann gegen die Rechtsfolgen eines gutgläubigen Erwerbs des Eigentums am Grundstück und gegen ein Erlöschen im Falle der Zwangsversteigerung des Grundstücks aus einem vorrangigen Grundpfandrecht gesichert wäre. Die Anpassung der Nutzungsrechte an das Bürgerliche Gesetzbuch und seine Nebengesetze wäre daher so zu vollziehen gewesen, daß die Nutzungsrechte formell in erstrangige Erbbaurechte am Grundstück umgewandelt würden.

175   Bei diesem Ansatz wird das subjektiv-öffentliche Recht – unbeschadet seines Entstehungsgrundes und seiner Rechtsnatur – in ein möglichst identisches dingliches Recht umgewandelt. Auf dieser Grundlage ist allerdings die Frage unlösbar, was aus den öffentlich-rechtlichen Bindungen und der Befugnis zur Entziehung des Nutzungsrechts (§ 3 Abs. 1 Satz 1 und § 6 Nutzungsrechtsgesetz sowie § 288 Abs. 1 und § 290 Abs. 1 sowie § 292 Abs. 1 und § 294 Abs. 1 ZGB) wird. Eine Befugnis zur Entziehung des Nutzungsrechts wegen nicht bestimmungsgemäßer Nutzung paßt nicht auf ein Erbbaurecht; ein vergleichbar weites Heimfallrecht des Grundstückseigentümers würde diesem den staatlichen Stellen der ehemaligen DDR vergleichbare Befugnisse geben und dadurch erhebliche Rechtsunsicherheit begründen. Mit der Neufassung des Art. 233 § 3 Abs. 1 EGBGB ist daher die Unanwendbarkeit dieser Bestimmungen klargestellt worden. Dies beruht letztlich auf der Erkenntnis, daß diese Rechte nicht mit dem bisherigen Inhalt in ein gleichartiges Erbbaurecht umgewandelt werden können.

176   Für die Überlassungsverträge und die hängenden Fälle stellt dieser Grundsatz dagegen keine oder nur die aus den schon erwähnten Grün-

den (s. oben Rn. 43–53) nicht tragbare Lösung bereit, es bei dem vorgefundenen Zustand zu belassen.

Diese Grundkonzeption hat als Modell der sog. faktischen Enteignung **177**
in der Diskussion eine große Rolle gespielt. Die Begründung zum
Regierungsentwurf[73] setzt sich in ihrem allgemeinen Teil mit dieser
Konzeption eingehend auseinander.

Die Konzeption führt zu einer **Entschädigungspflicht** für das fortbestehende und in ein dingliches Recht am Grundstück umgewandelte Nutzungsrecht. Der Fortbestand des Nutzungsrechts führt dazu, daß die
Folgen enteignender Maßnahmen der ehemaligen DDR nicht nur nicht
rückgängig gemacht, sondern durch die Umwandlung in unbefristete,
unentgeltliche Erbbaurechte noch verfestigt werden.

Diese Regelung ist von den Vereinigungen und den Verbänden, die Nutzerinter- **178**
essen vertreten haben, in der Diskussion gefordert worden. Dabei wurde jedoch
übersehen, daß eine solche Regelung nach dem Recht der Bundesrepublik
Deutschland für die Nutzer weniger attraktiv gewesen wäre, als dies von den
Vertretern der Nutzer meist angenommen wurde. Diese Regelung hätte nämlich
– anders als in der DDR, wo die Enteignung zur Bereitstellung von Bauland
keine Pflicht zu einem finanziellen Ausgleich für den dadurch Begünstigten her-
beiführte – die Verpflichtung zur Zahlung der der öffentlichen Hand dadurch
entstehenden Aufwendungen durch die Nutzer begründet. Zur Zahlung der Entschädigung verpflichtet ist nämlich nicht die Gebietskörperschaft, deren Behörde über die Enteignung beschließt, sondern der Enteignungsbegünstigte (vgl.
§ 94 Abs. 2 Satz 1 BauGB).[74]

Es wäre auch nicht möglich gewesen, die Entschädigung nach den in der ehemaligen DDR geltenden Preisen zu bestimmen. Eine solche Orientierung war allerdings in § 3 Abs. 1 des Regierungsentwurfs für ein Gesetz zur Regelung von Ent-
schädigungs- und Ausgleichsleistungen (BR-Drs. 244/93, S. 7) vorgesehen. Diese
vom Verkehrswert des Grundstücks abweichende Entschädigung konnte damit
begründet werden, daß

● es sich um eine Ausgleichsleistung des Staates für einen Totalverlust der
  Rechte am Grundstück handele, der in einem anderen Staat und unter einer
  anderen Rechtsordnung vorgenommen worden sei, und

73 BR-Drs. 550/93 u. BT-Drs. 12/5992, S. 93 f.
74 Der die Enteignung aussprechende Hoheitsträger ist nicht einmal neben dem Enteig-
nungsbegünstigten Subjekt der Entschädigungspflicht (vgl. BGH – Urt. v. 28. Sept. 1953
– III ZR 352/51 – NJW 1954, 753 = BGHZ 11, 248).

● die Bundesrepublik wegen des Staatsbankrotts der ehemaligen DDR nicht zu einer vollen Entschädigung verpflichtet sei.[75]

Beides träfe auf eine gesetzliche Umwandlung der Nutzungsrechte in erstrangige, unbefristete und unentgeltliche Erbbaurechte nicht zu. Die enteignende Wirkung wäre erst durch diese Umwandlung eingetreten. Der Nutzer, dem dadurch erhebliche Werte zugeflossen wären, könnte sich bei der Bemessung der Entschädigung auch kaum auf den Staatsbankrott der ehemaligen DDR berufen. In seinem Bereich ist als Folge der Wiedervereinigung keine Überschuldung, sondern ein Gewinn durch die Wertsteigerung des Bodens eingetreten.

179 Entscheidend gegen diese Grundkonzeption sprach die Erwägung, daß eine ihr folgende gesetzliche Regelung

● ein dingliches Recht begründen müßte, das dem Grundstückseigentümer auf Dauer alle Rechte am Grundstück entzieht, und

● dem Nutzer damit den Bodenwert übertragen müßte.

Ein solches Gesetz wäre über den vorgefundenen Rechtszustand hinausgegangen. Die **Umwandlung der Nutzungsrechte in** unbefristete, unentgeltliche **Erbbaurechte** hätte zwar zu einer nur unwesentlichen Veränderung ihrer Rechtsform, aber zu einer völligen Veränderung ihres wirtschaftlichen Inhalts geführt. Der Nutzer hätte dadurch nicht nur die Gebrauchsvorteile, sondern auch den Substanzwert erhalten. Der Bodenwert sollte dem Nutzer mit der Bestellung des Nutzungsrechts jedoch gerade nicht zugewiesen worden sein. Die Perpetuierung unentgeltlicher, unbefristeter Nutzungsrechte hätte unter den veränderten Bedingungen zu einer bei der Bestellung der Nutzungsrechte nicht beabsichtigten Übertragung von Werten geführt. Die schlichte Umwandlung vorgefundener Rechtsformen war mithin kein geeignetes Grundprinzip für die Festlegung der Eckwerte der Sachenrechtsbereinigung. Die im Interesse der Nutzer gebotene Aufrechterhaltung der Nutzungsrechte rechtfertigt keinen weiteren Eingriff mit dem Inhalt, dadurch auch das Eigentum am Grundstück selbst dann als entzogen anzusehen, wenn der Grundstückseigentümer nicht enteignet worden ist und noch im Grundbuch steht.

180 Eine solche Regelung hätte nicht zuletzt zu einem wesentlich erhöhten Verwaltungsaufwand und zu zahlreichen Streitfragen um die **Finanzierung der Entschädigungsleistungen** geführt. Das Gesetz hätte eine Regelung für die Entschädigungszahlung der Nutzer vorsehen müssen. Wenn man von den Grundsätzen

---

75 Vgl. dazu die Ausführungen von Rövekamp und mir in OV spezial 14/93, S. 4 ff., wo insoweit auf die Begründung im Urteil des BVerfG v. 23. April 1991 – 1 BvR 1170, 1174, 1175/90 – BVerfGE 84, 90 Bezug genommen wird.

über die Zahlung einer Enteignungsentschädigung ausgeht, hätten die Zahlungen vom Staat überwacht und als Ausgleich für die Umwandlung des Nutzungsrechts geleistet oder gar wie die nach § 9 Abs. 3 VermG zu zahlenden Entschädigungen über einen staatlichen Fonds abgewickelt werden müssen, in den die Nutzer entsprechende Beträge hätten einzahlen müssen. Der Bezug zwischen dem Vorteil der Begründung dinglicher Rechte und den daraus entstehenden Entschädigungslasten geht dadurch jedoch verloren. Die Bestimmungen zur Finanzierung des Fonds gehören nicht zuletzt deshalb zu den schwierigsten und umstrittensten Fragen eines Gesetzes zur Regelung von Entschädigungs- und Ausgleichsleistungen.

(3) Umgestaltung oder Begründung von Rechten unter Bewertung der vorgefundenen Besitzstände

Die vorstehenden Grundprinzipien hätten zu Alles-oder-Nichts- 181
Lösungen geführt. In der zuerst genannten Alternative wäre dem Eigentum am Grundstück noch der uneingeschränkte wirtschaftliche Zuweisungsgehalt zuerkannt worden, in der zuletzt genannten Alternative wäre der Grundstückseigentümer wie enteignet und der Nutzer wie ein Eigentümer behandelt worden.

Wenn man sich – wie es bei der Konzeption einer gesetzlichen Regelung 182
erforderlich ist[76] – von den gegensätzlichen Interessen der Beteiligten freimacht, ließen sich auf erste Sicht für beide Positionen gute Gründe anführen. Die richtige Lösung für die Regelung der Rechtsverhältnisse an den Grundstücken nach dem Übergang vom Sozialismus zur Planwirtschaft lag mithin nicht in dem Sinne „auf der Hand", daß es auf erste Sicht einen breiten Konsens in der Öffentlichkeit und in den an der Gesetzgebung beteiligten Gremien für eine bestimmte Grundkonzeption gegeben hätte.

Der richtige Zugang zu einer sachgerechten Lösung der Sachenrechts- 183
bereinigung konnte allein dadurch gefunden werden, daß die zu lösenden Aufgaben nach Gegenstand, Inhalt und Form in ihren Einzelheiten beschrieben und bewertet wurden. Die Bestandsaufnahme und eine möglichst umfassende Betrachtung der zu lösenden Aufgaben in allen Schattierungen war wegen der widerstreitenden Interessen der Beteiligten, der in der Umbruchsituation unterschiedlichen Wertmaßstäbe in bezug auf Besitz- und Eigentumsrechte sowohl bei den Beteiligten wie auch in der Gesellschaft des wiedervereinigten Deutschlands insgesamt

---

76 Rechtssetzung in einem Rechtsstaat kann nicht der Maxime folgen, daß Recht das ist, was einem nützt.

unverzichtbare Voraussetzung für eine erfolgreiche Suche nach dem Grundprinzip, das den wirtschaftlichen Gehalt der Sachenrechtsbereinigung entscheidend prägt.

184   Für den Gesetzgeber ging es bei der Sachenrechtsbereinigung zunächst darum, **BGB-konforme Rechtsverhältnisse** herbeizuführen. Als Instrumente kamen die Anpassung bestehender Rechte sowie die Begründung neuer Rechte in Frage.

Der alte Rechtszustand konnte nicht beibehalten werden. Die Begründung BGB-konformer Rechtsverhältnisse war aus mehreren Gründen erforderlich:

Der Gewinn für alle liegt darin, daß mit der dadurch wiedergewonnenen Rechtseinheit sich auch ein Mehr an Rechtssicherheit ergeben wird.[77] Die Herbeiführung BGB-konformer Rechtsverhältnisse war zudem deshalb geboten, weil die vorgefundenen Rechtsgestaltungen (Nutzungsbeschränkungen, Entzug des Nutzungsrechts durch staatliche Entscheidung usw.) zwar der sozialistischen Planwirtschaft mit den auf ihr beruhenden Befugnissen entsprachen, unter den veränderten Verhältnissen jedoch keinen Sinn mehr ergaben und schließlich die vorgefundenen Rechtsverhältnisse wegen der ungewissen Konditionen der Grundstücksnutzung nicht verkehrsfähig und beleihbar waren.[78]

Die Suche nach der richtigen Gestaltung der Sachenrechtsbereinigung betraf jedoch nicht allein eine rechtstechnische Aufgabe, die gelöst werden mußte, um Rechtseinheit und Rechtssicherheit herbeizuführen, Grundstücke und Gebäude verkehrsfähig zu machen und damit Investitionshindernisse abzubauen. Im rechtspolitischen Kern geht es um die Aufarbeitung eines Restbestands an Bodennutzung aus einem anderen Rechts- und Gesellschaftssystem.

185   Im einschlägigen Schrifttum wurde das Ziel des Bodenrechts – wie folgt – beschrieben:[79]

---

77 Für die unmittelbar Betroffenen, die die derzeit bestehenden Rechtsverhältnisse an den Grundstücken kennen, wird dieser Aspekt dagegen in der Regel von untergeordneter Bedeutung sein. Sie können sich eher auf diese besonderen Verhältnisse einrichten als unbeteiligte Dritte, die mit dem Vorhandensein solcher atypischer Altberechtigungen nicht rechnen. Dieser Aspekt wird um so bedeutender, je mehr Zeit seit dem Ende der ehemaligen DDR verstrichen sein wird.

78 Die Notwendigkeit, BGB-konforme Rechtsverhältnisse herstellen zu müssen, ist auf den Seiten 59 und 60 der allgemeinen Begründung zum SachenRBerG (BT-Drs. 12/5992 und BR-Drs. 515/93) dargelegt. Die Beseitigung der sich aus gegenstandslos gewordenen Regelungen ergebenden Rechtsunsicherheit sowie die Herbeiführung marktgängiger Zustände liegen in gleicher Weise im Interesse der Betroffenen wie der Allgemeinheit.

79 Die nachfolgenden Passagen sind den Ausführungen von Rohde, Bodenrecht 1989, S. 27 f., entnommen.

Das **Bodenrecht der DDR** sei Teil der Politik von Partei und Staat zur Gestaltung der entwickelten sozialistischen Gesellschaft. Ihre Grundsätze würden von den von der SED beschlossenen Aufgaben und Anforderungen bestimmt. Das persönliche Eigentum an Bodenflächen, Gebäuden und Baulichkeiten sei Inhalt der Sozialpolitik des sozialistischen Staates und deren Hauptaufgabe. Die Verantwortung der Eigentümer der Grundstücke, der Gebäude und der Baulichkeiten sei so auszugestalten, daß mit der Ausübung der Nutzung wichtige gesellschaftliche Bedürfnisse und in den Volkswirtschaftsplänen festgelegte Aufgaben erfüllt werden könnten.

Die vorgefundenen Rechte sind Ergebnisse eines Bodenrechts, das die Rechtsgarantien funktionalisiert und nur im Rahmen der gesellschaftlichen Bedürfnisse respektiert hat. Dies gilt für das selbständige Eigentum an Gebäuden, das Nutzungsrecht, aber auch für das Eigentum am Grundstück, soweit dieses als Rechtstitel bestehen blieb, in gleicher Weise.

Es bedarf keiner weiteren Ausführungen, daß eine solche Vorstellung 186 nicht dem Inhalt des Eigentums nach dem **Grundgesetz** entspricht. Das Eigentum ist danach in seinem rechtlichen Gehalt durch **Privatnützigkeit** und grundsätzliche **Verfügungsbefugnis** gekennzeichnet.[80] Seine Nutzung soll dem Eigentümer ermöglichen, ein Leben nach eigenen, selbstverantwortlich entwickelten Vorstellungen zu gestalten.[81] Die grundrechtliche Eigentumsverbürgung enthält damit Elemente der allgemeinen Handlungsfreiheit sowie des allgemeinen Persönlichkeitsrechts.[82]

Die Herstellung BGB-konformer Rechtsverhältnisse in der Sachen- 187 rechtsbereinigung, die sich bei oberflächlicher Betrachtung als eine im wesentlichen **rechtstechnische Aufgabe** darstellt, muß einen rechtlichen und gesellschaftlichen Umbruch bewältigen. Eine angemessene Anpassung an das Bürgerliche Gesetzbuch und seine Nebengesetze muß daher sowohl die Bedeutung und Funktion des Eigentums an Grundstücken und Gebäuden sowie der Nutzungsrechte in der DDR berücksichtigen, die den vorgefundenen Lagen zugrunde liegt, und zugleich unter **Berücksichtigung der Wertordnung des Grundgesetzes**, insbesondere der

---

80 BVerfGE 52, 1, 30.
81 BVerfGE 46, 325, 334.
82 BVerfG, Urt. v. 14. Febr. 1989 – I BvR 308/88 – NJW 1989, 970, 971 = BVerfGE 79, 292.

Bedeutung der Eigentumsgarantie, eine Neuregelung herbeiführen. Dies machte bei der Abfassung des Gesetzes ein Abwägen und Bewerten bei fast allen Fragen erforderlich, denen eine wirtschaftliche Bedeutung für die Beteiligten zukommt (z. B. bei der Höhe des Erbbauzinses oder des Preises, bei der Frage nach der Dauer des Erbbaurechts, bei der Beurteilung von Nutzungsänderungen und Veräußerungen usw.).

188   Für die Betroffenen war mit der Sachenrechtsbereinigung ein **Interessenausgleich** herbeizuführen. Nutzer und Grundstückseigentümer erhoben entgegengesetzte Forderungen über den zu zahlenden Zins oder Preis, die wiederum auf konträren Grundvorstellungen beruhten. Auch insoweit war eine Bewertung der unterschiedlichen Positionen unverzichtbar.

189   Der Interessengegensatz zwischen den Betroffenen enthält, wenn man ihn rechtssoziologisch zu beschreiben versucht, sowohl einen Interessenkonflikt als auch einen Wertkonflikt.[83] Ein **geldwerter Interessenkonflikt** liegt insoweit vor, als die Nutzer das Grundstück besonders günstig hinzuerwerben (komplettieren) wollen und die Grundstückseigentümer – wenn überhaupt – zu den heutigen, hohen Marktpreisen verkaufen wollen. Kern des Streits ist hier eine Auseinandersetzung um den richtigen Preis.[84] Ein **Wertkonflikt** wird dadurch begründet, daß die Nutzer einen ungeschmälerten Bestand der in der DDR begründeten Rechte auch unter veränderten Verhältnissen aufgrund redlichen Erwerbs für sich in Anspruch nehmen, während die Grundstückseigentümer eine möglichst weitgehende Aufhebung der durch staatlichen Zwang begründeten Eigentumsbeschränkungen verlangen.

190   Mit dem **Teilungsmodell** werden Nutzer und Grundstückseigentümer an dem durch die Wiedervereinigung entstandenen Wertzuwachs beteiligt. Im Ergebnis findet damit eine Verlagerung einer an Werten orientierten Auseinandersetzung, die prinzipiell nur Gewinner oder Verlierer kennt,[85] auf den zugrundeliegenden Interessenkonflikt um den richtigen Preis statt. Eine solche Kompromißregelung war jedoch nur gerechtfertigt, nachdem eine Bewertung der Berechtigungen der Beteiligten ergab, daß man mit gleichem Recht den Bodenwert sowohl dem Nutzungsrecht als auch dem Grundstückseigentum hätte zuordnen können.

---

83 Zu diesen Begriffen: vgl. Th. Raiser, Rechtssoziologie, S. 294 f.; Klaus F. Röhl, Rechtssoziologie, S. 460.

84 Eine marktwirtschaftliche Lösung, wie sie für solche Konflikte üblich ist, scheitert – insbesondere bei hohen Grundstückswerten – u. a. daran, daß der Nutzer sich nicht anderweitig eindecken und der Grundstückseigentümer wegen der vorgefundenen Belastung nicht anderweitig verkaufen kann.

85 Vgl. Klaus F. Röhl, a. a. O. (Fn. 83), S. 463.

bb) Folgen der Entscheidung

Mit der Entscheidung, daß die vorgefundenen Rechte beider Seiten 191
nach ihrem Inhalt, ihrem Entstehungsgrund sowie nach den veränderten Verhältnissen neu bewertet werden mußten, war eine Basis für die Bestimmung der Eckwerte gefunden, jedoch noch nicht deren Inhalt selbst festgelegt worden.

Insoweit war insbesondere zu entscheiden,

- wie das **Entgelt** unter Bewertung der vorgefundenen Berechtigungen für die Nutzung oder den Ankauf des Grundstücks bemessen werden (1),

- ob ein bestehendes, aber noch nicht oder nicht mehr ausgeübtes **Nutzungsrecht** zu einer **Verdinglichung** unter Teilung des Bodenwerts berechtigen sollte (2) und

- ob die in der ehemaligen DDR bestehenden Nutzungsbeschränkungen unter den veränderten Verhältnissen fortbestehen sollten oder der Nutzer auch zu **Änderungen der Nutzungsart** berechtigt sein sollte (3).

Über diese, für den Inhalt der gesetzlichen Regelung wesentlichen Punkte konnten „nur" die wesentlichen Argumente zur Vorbereitung der Entscheidung aufgezeigt werden. Am Schluß der Abwägung mußte hier die politische Entscheidung stehen. Das Ergebnis der Bewertung vorgefundener Rechte läßt sich hier nicht mit den Methoden der Sachlogik, juristischen Hermeneutik usw. in einem bestimmten Sinne festlegen.[86]

(1) Teilungsgrundsatz

Über die wirtschaftlich bedeutendste Frage des gesamten Gesetzge- 192
bungsvorhabens, wie unter der unverzichtbaren Berücksichtigung der

---

86 Es würde den Rahmen der Einführung in die Grundprinzipien des SachenRBerG bei weitem sprengen, an dieser Stelle auf das Verhältnis zwischen rechtsphilosophischen Grundüberlegungen zur Gerechtigkeit und konkreten politischen Entscheidungen einzugehen. – Die nicht zuletzt durch die Mitwirkung an diesem Gesetzgebungsvorhaben gewonnene Auffassung des Autors dieser Einführung geht dahin, daß die Aussicht auf Zustimmung oder zumindest auf Akzeptanz der schließlich getroffenen Entscheidungen umso größer wird, je breiter und tiefergehender die Grundlagen für die anstehende Entscheidung sowie die in Frage kommenden Alternativen aufgezeigt und abgewogen werden. Inwieweit ein so angelegter Diskurs im politischen Raum zum Abbau des Wertrelativismus beiträgt oder gar zur Erkenntnis der Wahrheit in der Entscheidung führt, soll hier dahingestellt bleiben.

vorgefundenen Rechtspositionen **der vom Nutzer** für die Nutzung oder den Erwerb des Grundstücks **zu zahlende Preis** zu bestimmen war, mußte politisch entschieden werden.

193   Die **Bestimmungen zur Preisbemessung** lassen sich als politisch wertende Rechtsschöpfung[87] oder auch als eine Rechtskreation mit politischer Grundlage[88] beschreiben. Der politische Kern dieser Entscheidung war und ist unumstritten. Die schließlich gewählte Lösung war danach zu prüfen, ob sie

(a) unter den vorgefundenen Umständen eine plausible und unter den in Betracht kommenden Alternativen die angemessene Lösung war, die die gegenläufigen Interessen der Betroffenen am besten zum Ausgleich zu bringen vermag,

(b) in sich und im Vergleich zu anderen Rechtsnormen stimmig ist und

(c) im Rahmen der verfassungsrechtlich vorgegebenen Gestaltungsmöglichkeiten für den Übergang von einem sozialistischen zu einem marktwirtschaftlich bestimmten Bodenrecht bleibt.

194   **zu (a):** Die Entscheidung fiel schließlich für das **Teilungsmodell** als die unter Abwägung aller Möglichkeiten relativ beste Lösung. Im Gesetz ist das Prinzip der **Teilung des Bodenwerts** in den Bestimmungen über den regelmäßigen Erbbauzins (§ 43 Abs. 1 Satz 1 SachenRBerG) und den regelmäßigen Preis (§ 69 Abs. 1 Satz 1 SachenRBerG) gesetzlich zum Ausdruck gebracht worden.

Die **hälftige Teilung des Bodenwerts** hat insofern Vergleichscharakter, als Grundstückseigentümer und Nutzer an den durch den Übergang zur Marktwirtschaft entstandenen Bodenwerten in gleicher Weise teilhaben und hierdurch nicht allein eine Seite begünstigt wird. Ein für die Herbeiführung von Rechtsfrieden zwischen den Beteiligten wesentlicher Vorteil des Teilungsmodells gegenüber allen anderen Konzeptionen besteht darin, daß es keine Alles-oder-Nichts-Lösung herbeiführt.

195   Um „Alles oder Nichts" geht es z. B. für die Betroffenen bei der Entscheidung darüber, ob die **Restitution** nach § 3 Abs. 1 Satz 1 VermG durchgreift oder gemäß § 4 Abs. 2 VermG wegen redlichen Erwerbs ausgeschlossen ist. Der Nutzer, der als vormaliger Mieter ein Gebäude oder nach § 4 Abs. 2 des Gesetzes über den Verkauf volkseigener Gebäude vom 7. März 1990 (GBl. I Nr. 18 S. 129) das

---

87 Schulz-Schaeffer, MDR 1993, 921.
88 Strobel, DStR 1993, 479, 484.

Grundstück erworben hatte, wird schon aus wirtschaftlichen Gründen[89] mit allen Mitteln versuchen, vor dem Amt zur Regelung offener Vermögensfragen eine Zurückweisung des Rückübertragungsanspruchs zu erreichen. Andernfalls hat er aus dem Geschäft nichts erlangt. Auf der anderen Seite ist der Alteigentümer unter wirtschaftlichen Aspekten gehalten, seinen Rückgewähranspruch zu verfolgen, wenn die Entschädigung auch nicht annähernd dem Verkehrswert des Grundstücks entspricht. Das Wahlrecht nach § 8 VermG, statt Rückgewähr Entschädigung wählen zu können, bleibt in der Praxis bedeutungslos. Bei dieser Ausgangslage sind die Bemühungen um eine gütliche Einigung, auf die das Amt zur Regelung offener Vermögensfragen nach § 31 Abs. 5 VermG in jedem Stadium des Verfahrens hinzuwirken hat, meist aussichtslos.[90]

Neben dem Vorteil, gütliche Einigungen zwischen den Beteiligten zu fördern und keine Seite als alleinigen Gewinner oder Verlierer der Wiedervereinigung zurückzulassen, kam hinzu, daß ein privater Ausgleich auf der Basis eines Teilungsmodells behördliche Mammutverfahren und finanzielle Belastungen der Allgemeinheit wegen privater Grundstücksangelegenheiten vermeiden kann. Es wäre zudem weder sachgerecht noch im politischen Raum zu vermitteln gewesen, den Erwerb von Grundstücken und Gebäuden durch (im Vergleich zur Gesamtbevölkerung) wenige Nutzer durch von der Allgemeinheit aufzubringende Steuermittel zu finanzieren. Auch unter dem Gesichtspunkt, dem Grundstückseigentümer einen Ausgleich gewähren zu müssen, war eine Zahlung des Nutzers, der durch die Bestellung des Erbbaurechts oder den Ankauf auch einen rechtlichen Vorteil erlangt, günstiger, als den Eigentümer im Interesse des Nutzers zu enteignen und zu entschädigen.[91] **196**

Eine solche Teilung wäre jedoch nicht überzeugend, wenn sie nicht auf weitere materielle Erwägungen gestützt werden könnte.

Die gesetzliche Regelung fand auf der einen Seite das Nutzungsrecht **197** oder eine ihr gleichzustellende Nutzungsberechtigung und auf der anderen Seite das Eigentum am Grundstück vor. (Soweit dieses kollektiv bewirtschaftet wurde, waren die daraus begründeten Beschränkungen

---

89 Die Nachteile, die sich aus der Restitution ergeben, liegen für den Nutzer in der Regel allein auf wirtschaftlichem Gebiet, indem ihm die Vorteile aus dem Geschäft entgehen. Die Restitution führt dagegen in der Regel nicht zu einer Vertreibung des Nutzers, auch wenn dies oft behauptet wird. Die Rückübertragung führt nach § 17 Satz 3 VermG dazu, daß alle infolge Eigentumsübertragung erloschenen Besitzrechte wieder aufleben.

90 Aus der Praxis wird allerdings auch die für die o. g. Fälle immer häufiger von privaten Ausgleichen außerhalb der Verfahren vor den Ämtern für offene Vermögensfragen berichtet. Die Beteiligten handeln oft in der Weise, daß der Nutzer eine Abfindung für den Verzicht auf den Rückgewähranspruch zahlt oder gar – was zumindest der ratio des Gesetzes widersprechen dürfte – vom Nutzer ein Entgelt dafür gezahlt wird und der Alteigentümer nach § 8 VermG Entschädigung wählt und insoweit Ansprüche gegen den staatlichen Entschädigungsfonds geltend macht.

91 Diese Folge gehörte auch zu den Punkten, aus denen von den Koalitionsfraktionen die von der SPD-Fraktion beantragte Änderung des § 4 Abs. 2 Satz 1 VermG abgelehnt worden ist (vgl. BT-Drs. 12/7425, S. 94 und 96).

grundsätzlich aufgehoben worden.) Der Wert dieser Rechtspositionen war anhand ihres Zuweisungsgehalts unter den veränderten rechtlichen und wirtschaftlichen Bedingungen festzustellen.[92] Für die Teilung sprach, daß einerseits mit der Bestellung eines Nutzungsrechts im sozialistischen Staat keine Zuweisung des Bodenwerts auf den Nutzer beabsichtigt war, andererseits die Begründung eines unbefristeten und in der Regel unentgeltlichen Nutzungsrechts den wirtschaftlichen Wert des Eigentums faktisch aushöhlt.[93]

198   Bei einer wirtschaftlichen Betrachtung sind die jetzt vorhandenen Bodenwerte nahezu ausschließlich Folge des Übergangs von der Plan- zur Marktwirtschaft. Eine wirtschaftliche Leistung des Grundstückseigentümers oder des Nutzers liegt diesen Bodenwertsteigerungen nicht zugrunde. Auch insofern wäre es nicht gerechtfertigt gewesen, die Sachenrechtsbereinigung so zu gestalten, daß dieser **Vorteil aus dem Systemwechsel** von der Plan- zur Marktwirtschaft nur dem Nutzer oder dem Grundstückseigentümer zugefallen wäre.

199   Auf den Anteil, der den Kosten für die Erschließung oder die Vermessung zuzurechnen ist, trifft dies grundsätzlich nicht zu, weshalb § 19 Abs. 2 Satz 3 Nr. 1 und Abs. 3 SachenRBerG insoweit einen pauschalen Abzug vorsieht. Soweit der Nutzer diese Leistungen selbst erbracht hat, ist der darauf entfallende Bodenwertanteil seiner Leistung zuzurechnen. Hat – wie in der DDR üblich – die Gemeinde diese Leistungen ohne Erhebung eines Beitrags erbracht, so sind diese Aufwendungen dennoch dem Bauvorhaben des Nutzers zuzurechnen, weshalb auch insofern ein Abzug von der Preisbemessungsgrundlage gerechtfertigt ist.

200   **Zu (b):** In der rechtspolitischen Diskussion um die Grundlagen für die Preisbestimmung in der Sachenrechtsbereinigung ist oft gerügt worden, daß es insoweit an einer Übereinstimmung zum **Gesetzentwurf über**

---

92 Die Entscheidung über Ansprüche nach dem Zuweisungsgehalt von Rechten ist in der Rechtsanwendung bei der Entscheidung über die sog. Eingriffskondition (§ 812 Abs. 1 Satz 1 2. Alt. BGB) ein anerkanntes Auslegungsprinzip (vgl. BGHZ 68, 90, 98; 81, 75, 80; 107, 117, 120 sowie grundlegend in der Literatur: Wilburg, Die Lehre von der ungerechtfertigten Bereicherung [1934], 28 ff., 34 und v. Caemmerer, Festschrift für E. Rabel [1954], 333, 353).

Soweit es in der Sachenrechtsbereinigung um die Verteilung von durch die Wiedervereinigung entstandenen Vermögenswerten zwischen zwei Berechtigten ging, war bereits für die Gesetzgebung darüber zu befinden, welcher Zuweisungsgehalt den vorgefundenen Berechtigungen zukam.

93 Vgl. dazu Leutheusser-Schnarrenberger, DtZ 1993, 34, 37 f.

Entschädigungs- und Ausgleichsleistungen fehle.[94] Hierzu ist vorgetragen worden, daß es in der ehemaligen DDR von zufälligen, vom Grundstückseigentümer nicht beeinflußbaren Umständen abhängig gewesen sei, ob und wann er enteignet worden sei. Insoweit sei es nicht angemessen, bei der Bemessung der Leistung, die der Grundstückseigentümer erhalte, insoweit zu differenzieren. Nach dem VermG und dem (Entwurf eines) Entschädigungs- und Ausgleichsleistungsgesetzes werde die Abfindung des Alteigentümers als eine öffentliche Aufgabe angesehen. Es sei daher ein Systembruch, in der Sachenrechtsbereinigung eine privatrechtliche Lösung vorzusehen und die Abfindung des Eigentümers dem Nutzer aufzuerlegen.

Zu diesen Einwendungen gegen die Stimmigkeit der Sachenrechtsbereinigung im Vergleich zum Entwurf eines Gesetzes über Entschädigungs- und Ausgleichsleistungen ist bereits in anderem Zusammenhang Stellung genommen worden.[95] Daher soll hier eine kurze Darstellung genügen.   **201**

Das Argument, daß es doch nur vom Zufall abhängig gewesen sei, ob und wann der Eigentümer schließlich enteignet worden sei, trifft für die meisten der in der Sachenrechtsbereinigung zu regelnden Fälle nicht zu.

Soweit Bauten aufgrund des früheren gesetzlichen genossenschaftlichen Bodennutzungsrechts der landwirtschaftlichen Produktionsgenossenschaften und der von diesen Bürgern zugewiesenen Nutzungsrechte errichtet worden sind, war eine Enteignung nicht vorgesehen. Diese Nutzungen beruhten auf der mit der Kollektivierung herbeigeführten Abspaltung sämtlicher Gebrauchs- und Nutzungsbefugnisse vom Eigentum am Grundstück. – Bei dem staatlich verwalteten Grundvermögen war nach den gesetzlichen Regelungen ebenfalls keine Enteignung vorgesehen. Soweit in den Beschlüssen des Ministerrates beim sog. West-Vermögen ein allmählicher Abbau angeordnet wurde, widersprach die dadurch begründete Praxis dem geschriebenen Recht. Bei der Darstellung der Überlassungsverträge (s. oben Rn. 130 ff.) wurde bereits ausgeführt, daß die Sachenrechtsbereinigung nicht an diese, die Eigentümer diskriminierende Praxis anknüpfen und zum Maßstab des Interessenausgleichs zwischen Eigentümer und Nutzer machen kann. – Allein bei den Inanspruchnahmen ohne vorherige Klärung der Eigentumsverhältnisse für Zwecke des komplexen Wohnungsbaus sowie der gewerblichen einschließlich industriellen Nutzungen durch volkseigene Betriebe und sozialistische Genossenschaften war entsprechend § 1 Abs. 1 des Baulandgesetzes ein Eigentumsentzug durch Vertrag oder Enteignung grundsätzlich   **202**

---

94 Strobel, DStZ 1991, 479, 484 und (allerdings in der Kritik am Entwurf des SachenR-BerG wesentlich zurückhaltender) Stürner, JZ 1993, 1074, 1080 f.
95 Czub/Rövekamp, Zum Entwurf des Sachenrechtsänderungsgesetzes, OV spezial 14/93, S. 1, 4 f.

vorgesehen. Ein gesetzeskonformer Verwaltungsvollzug hätte irgendwann zum Eigentumsverlust am Grundstück geführt. Eine Bestimmung der Ankaufspreise nach dem Modell der sog. faktischen Enteignung durch Überbauung hätte auch hier den tatsächlichen Verhältnissen nicht entsprochen und die Eigentümer oft schlechter behandelt als sie in der ehemaligen DDR gestanden hätten. Da die Ankaufsverhandlungen und die Enteignungsverfahren sich oft in die Länge zogen, waren in der Verwaltungspraxis der DDR entgeltliche Nutzungsverträge bis zu einer endgültigen Neuregelung der Eigentumsverhältnisse zwischen den sog. Investitionsauftraggebern und den Grundstückseigentümern häufig. § 17 des Baulandgesetzes, der Vereinbarungen über Mitbenutzungen für die Vorbereitung von Baumaßnahmen vorsah, wurde in der Praxis über seinen Wortlaut hinaus extensiv angewendet. Die vertragliche Regelung beruht darauf, daß insoweit das fremde Privateigentum am Grundstück beachtet und ein geldwerter Ausgleich für die Nutzung des Grundstücks vereinbart wurde. Eine Gleichstellung mit den vollzogenen Enteignungen und die Bestimmung eines Ausgleichs nach den Sätzen des Entschädigungsgesetzes würde diesen Abreden Gewalt antun.

203   Eine Einbeziehung der Sachenrechtsbereinigung in den Entwurf eines Entschädigungs- und Ausgleichsleistungsgesetzes oder wenigstens eine Gleichstellung der Ausgleichszahlungen hätte dem Umstand widersprochen, daß es sich um zwei in ihrem Gegenstand völlig unterschiedliche Regelungsmaterien handelt.

Die **Ausgleichs- und Entschädigungspflicht** beruht darauf, daß bestimmte Enteignungen (§§ 1 Abs. 8, 4 Abs. 2 und 5 VermG) nicht rückgängig gemacht werden können. Für die beim Beitritt vorgefundenen, den Organen eines anderen Staates zuzurechnenden Enteignungen ist dann, wenn sie entschädigungslos erfolgt oder aus anderen Gründen unter rechtsstaatlichen Gründen nicht hinnehmbar sind, den Betroffenen ein angemessener Ausgleich aus rechts- und sozialstaatlichen Gründen zu gewähren.[96] Die Wiedergutmachung für das von den Organen eines anderen Staates angerichtete Unrecht muß nicht stets durch Rückgabe und auch nicht durch einen vollständigen Ausgleich für das konfiszierte Wirtschaftsgut erfolgen.[97]

204   Die Sachenrechtsbereinigung hat vorgefundene Rechte an Grundstükken so neu zu regeln, daß marktgängige und verkehrsfähige Rechtspositionen entstehen. Dies setzt eine Rechtsänderung voraus. Das Eigentum am Grundstück muß durch ein für den Nutzer zu bestellendes Erbbaurecht belastet oder auf den Nutzer übertragen werden. Rechts-

---

96 Vgl. BVerfG – Urt. v. 23. April 1991 – 1 BvR 1170, 1174, 1175/90 = BVerfGE 84, 90.
97 BVerfG, a. a. O. (Fn. 96).

änderungen, die heute vorgenommen und in Zukunft vollzogen werden, können nicht nach denselben Grundsätzen behandelt werden, die für eine Entschädigung des in einer anderen Rechts- und Wirtschaftsordnung begangenen Unrechts gelten.

Soweit die Bestellung der Erbbaurechte und der Ankauf des Grund-   205
stücks allein im privaten Interesse der Beteiligten liegt[98], ist es auch sachgerecht, die Bereinigung der Rechtsverhältnisse an den Grundstükken in die Hand der unmittelbar betroffenen Nutzer und Grundstückseigentümer zu legen. Schließlich wäre es unangemessen gewesen, die Bestellung eines Erbbaurechts für den Nutzer oder seinen Erwerb durch die Allgemeinheit zu finanzieren.

Zu (c): Bei den Überlegungen zur **verfassungsrechtlichen Zulässigkeit**   206
des Teilungsmodells war davon auszugehen, daß die Sachenrechtsbereinigung eine Ausgleichsregelung für die Anpassung an die durch den Systemwechsel veränderten Verhältnisse bereitzustellen hat. Die vorgefundenen Rechte am Grundstück, Gebäudeeigentum und Nutzungsrecht einerseits und das Eigentum am Grundstück andererseits, beruhen in ihrer jetzigen Ausgestaltung noch auf dem Bodenrecht des sozialistischen Staates bzw. den Handlungen seiner Behörden. Das Gebäudeeigentum wie das mit dem Einigungsvertrag in ein dingliches Recht umgewandelte Nutzungsrecht stehen zwar ebenso unter dem Schutz des Art. 14 Abs. 1 Satz 1 GG wie das Eigentum am Grundstück, können jedoch in einer Rechtsordnung, die auf der privatnützigen Verwendung des Privateigentums an Grund und Boden beruht, nicht miteinander harmonieren.

Jede Neuregelung macht einen mehr oder weniger großen Eingriff in die   207
derzeit bestehenden Rechtspositionen erforderlich. Der vorgefundene Zustand konnte andererseits aus den schon erwähnten Gründen nicht unverändert fortbestehen. Die Gestaltung der Regelungen zur Herstellung BGB-konformer Rechtsverhältnisse und zur Anpassung an marktwirtschaftliche Verhältnisse erforderte insoweit notwendigerweise einen weiten rechtspolitischen Spielraum. Das Teilungsmodell liegt daher im Rahmen zulässiger rechtlicher Gestaltungen.

---

98 Dies ist i. d. R. der Fall. Anders ist es, wo die Rechtsverhältnisse in einem überbauten Gebiet neu zu regeln sind. Hier kann und muß eine Neuregelung durch Bodenneuordnung bzw. Bodensonderung erfolgen. Diese Verfahren haben nach § 29 SachenRBerG grundsätzlich Vorrang vor einer vertraglichen Bereinigung nach dem SachenRBerG.

(2) Nicht ausgeübte Nutzungsrechte

208   In der DDR war das **Nutzungsrecht** ein Element sozialistischer Woh-
nungspolitik und wurde für einen genau festgelegten Zweck verliehen
oder zugewiesen.[99] Aus dem Nutzungsrecht entsprang daher die **Verpflichtung zu bestimmungsgemäßer Nutzung**, deren Verletzung die Entziehung des Nutzungsrechts zur Folge hatte.[100]

209   Derjenige (Bürger oder Genossenschaft), dem das Nutzungsrecht bestellt worden war, konnte über dieses nicht verfügen. Das Nutzungsrecht war **dem zivilrechtlichen Rechtsverkehr entzogen**. Allein das aufgrund Nutzungsrechts errichtete Gebäude war Gegenstand rechtsge-
schäftlicher Verfügungen. Der Übergang des Nutzungsrechts lag hingegen außerhalb der Disposition der Vertragsparteien. Hierüber wurde bei
den verliehenen Nutzungsrechten mit der Erteilung der Grundstücks-
verkehrsgenehmigung (§ 289 Abs. 2 ZGB) und bei den zugewiesenen
Nutzungsrechten durch Zustimmung der landwirtschaftlichen Produktionsgenossenschaft (§ 293 Abs. 1 Satz 2 ZGB) entschieden.

210   Mit dem Einigungsvertrag wurden die subjektiv-öffentlichen Nutzungsbefugnisse in dingliche Rechte umgewandelt. In der Begründung wurde auf die entsprechende Regelung in Art. 184 EGBGB verwiesen,[101] die jedoch nur die bei
Inkrafttreten des Bürgerlichen Gesetzbuchs bestehenden dinglichen Rechte und
nicht öffentlich-rechtliche Nutzungsbefugnisse betraf. Die Nutzungsrechte wurden insoweit als den Erbbaurechten weitgehend entsprechende Rechte angesehen, wobei man allerdings erkannte, daß die oben genannten Nutzungsbeschränkungen sowie die Regelung über den Übergang des Nutzungsrechts auf einen
Rechtsnachfolger als Folge des Kaufvertrages über ein Gebäude hiermit nicht
zusammenpaßten. Aus diesem Grunde wurde das Nutzungsrecht in Art. 231
§ 5 Abs. 2 Satz 1 EGBGB dem Gebäude als Bestandteil zugeordnet und bei den
Nutzungsrechten eine Anpassung vorbehalten.[102]

---

99 Vgl. Rohde, Bodenrecht, 1989, S. 90.
100 Vgl. Rohde, a. a. O., S. 94.
101 BT-Drs. 11/7817, S. 41.
102 BT-Drs. 11/7817, S. 37 und 41.
    Die Abweichung von § 12 ErbbauVO, nach dem das Gebäude Bestandteil des Erbbau-
    rechts ist, ist von Eickmann, Grundstücksrecht in den neuen Bundesländern, Rdn 111
    und 115, als verfehlte Lösung bezeichnet worden, die kaum systemgerecht zu lösen sei.
    Letzteres entspricht der vorgefundenen Rechtslage, wonach nur das Gebäude persön-
    liches (oder genossenschaftliches) Eigentum war. Die baulichen Investitionen des Bür-
    gers oder der Genossenschaft konnten nicht dem vom Staat verliehenen (und von die-
    sem auch wieder entziehbaren) Nutzungsrecht zugeordnet werden.
    Ein Recht des Gebäudeeigentümers am Grundstück, dem das Gebäude dann als Be-
    standteil zugeschrieben werden kann, setzt eine Rechtsänderung voraus, die erst durch

Nach dem Art. 233 § 3 Abs. 1 EGBGB bestehen die vorgefundenen   **211**
Nutzungsrechte mit ihrem bisherigen Inhalt fort.

Die Nutzungsrechte können jedoch unter den veränderten rechtlichen
und wirtschaftlichen Verhältnissen schon deshalb nicht mehr denselben
Inhalt haben, den sie in der DDR hatten, da es eine staatlich gelenkte
Planwirtschaft nicht mehr gibt.

Das zweckgebundene Nutzungsrecht kann auch nicht als eine dingliche   **212**
Belastung des Grundstücks fortgeführt werden, die zu beliebigen Zwek-
ken – auch zur Veräußerung als unbebautes Grundstück – ausgeübt werden kann.

Dem steht schon entgegen, daß das Nutzungsrecht mit dem Beitritt mit
seinem bisherigen Inhalt übernommen und in ein dingliches Recht
umgewandelt worden ist. Infolge der Anknüpfung an seinen bisherigen
Inhalt war das Nutzungsrecht auch im Verhältnis des Nutzers zum
Grundstückseigentümer als eine Berechtigung des Bürgers zum Eigenheimbau (oder falls es einer Genossenschaft verliehen worden war, zur
Errichtung und Unterhaltung eines Wirtschaftsgebäudes) zu verstehen.

In die gleiche Richtung weist der Gedanke, daß das Nutzungsrecht   **213**
Grundlage für die Entstehung selbständigen Gebäudeeigentums und
damit für den Investitionsschutz des Bürgers oder der Genossenschaft
war. Für ein bei Inkrafttreten des SachenRBerG noch nicht ausgeübtes
Nutzungsrecht ergab sich daraus, daß zwar dem Nutzer eine noch mög-

---

die Sachenrechtsbereinigung, die dem Eigentümer des Grundstücks einen Ausgleich
gewährt, herbeigeführt werden kann.

Die Zuordnung des Gebäudes als Bestandteil des Nutzungsrechts hätte dazu geführt,
daß das Gebäude Bestandteil eines nachrangigen dinglichen Rechts geworden wäre und
somit im Falle einer Zwangsversteigerung in das Grundstück aus einem dem Nutzungsrecht vorrangigen Grundpfandrecht, das es auf LPG genutzten, nicht volkseigenen
Grundstücken geben kann, entspr. § 52 Abs. 1 Satz 2 ZVG mit dem Zuschlag hätte
erlöschen können. Es war seinerzeit schon aus diesem Grunde geboten, insoweit am
vorgefundenen Rechtszustand festzuhalten.

Eine Zuordnung des persönlichen Eigentums am Gebäude zu einem in ein dingliches
Recht umgewandelten früheren subjektiv-öffentlichen Recht hätte den tatsächlichen
und rechtlichen Verhältnissen in der ehemaligen DDR Gewalt angetan, einen wesentlichen Teil der Sachenrechtsbereinigung ohne die erforderliche Bewertung der vorgefundenen Rechte vorweggenommen und den Raum für spätere Regelungen zur Anpassung an das System des Bürgerlichen Gesetzbuchs und seine Nebengesetze unnötig
reduziert.

liche künftige Bebauung nicht untersagt werden kann,[103] aber eine Gewinnerzielung durch Veräußerung eines unbebauten Bauplatzes ausgeschlossen werden mußte. Die Verpflichtung zur bestimmungsgemäßen
Nutzung war insoweit bei der Sachenrechtsbereinigung wie ein dem
Nutzungsrecht immanentes Heimfallrecht zu berücksichtigen.

214   In den Fällen, in denen das Nutzungsrecht nicht ausgeübt worden ist,
      muß dem Grundstückseigentümer daher eine Einrede gegen die Ansprüche auf Bestellung eines Erbbaurechts oder den Ankauf des Grundstücks zustehen, wenn durch den Nutzer keine Bebauung, sondern
      allenfalls eine Verwertung durch Ankauf zum halben Verkehrswert und
      anschließende Weiterveräußerung zu erwarten ist (§ 29 Abs. 2 SachenR
      BerG). Die Voraussetzungen dieser Einrede werden allerdings kaum
      gegenüber einem Bürger, sondern in den meisten Fällen nur gegenüber
      in Liquidation oder im Konkurs befindlichen Gesellschaften dargetan
      werden können.

215   Hat der Nutzer das aufgrund des Nutzungsrechts einzutragende Gebäudeeigentum als Rechtstitel (§ 144 Abs. 1 Nr. 4 Satz 5 GBO) nach dem
      20. Juli 1993[104] veräußert, ohne ein nicht mehr nutzbares Gebäude wiederhergestellt oder das Grundstück bebaut zu haben, so kann der
      Grundstückseigentümer die Einrede auch gegenüber dem Rechtsnachfolger erheben (§ 29 Abs. 3 SachenRBerG). Die Veräußerung kann in
      solchen Fällen nicht zur Verbesserung der Rechtsposition des Erwerbers
      führen. Dieser in § 404 BGB bestimmte Grundsatz war auch hier anzuwenden.

216   Dies hätte grundsätzlich auch dann gelten müssen, wenn der Erwerber
      das Gebäude wiederhergestellt oder das Grundstück neu bebaut hat.
      Dies hätte jedoch zu einem Anspruch des Grundstückseigentümers auf
      Räumung und für den Erwerber damit zum Verlust seiner baulichen
      Investition geführt. Die erworbenen Rechtstitel wären für den Erwerber
      deshalb nichts wert, weil der Rechtsvorgänger von ihnen nicht bestim-

---

103 Insoweit war mit Art. 233 § 4 Abs. 3 Satz 2 EGBGB in der Fassung durch das
     2. VermRÄndG bereits eine in diese Richtung weisende gesetzliche Regelung erfolgt.
     Das Nutzungsrecht berechtigt insoweit auch zur Neuerrichtung eines Gebäudes.
104 Dies ist der Tag des Beschlusses des Kabinetts über das Sachenrechtsbereinigungsgesetz. Die Einrede konnte nicht rückwirkend auf vor der Beschlußfassung liegende Veräußerungsfälle erstreckt werden. Die Erwerber des Gebäudeeigentums als Rechtstitel
     ohne bauliche Investition konnten zuvor davon ausgehen, anderen Gebäudeeigentümern auch in bezug auf den Erwerb von Rechten am Grundstück gleichgestellt zu werden.

mungsgemäß Gebrauch gemacht hatte und in seiner Person die Voraussetzungen für die Einrede nicht mehr vorliegen. Die gefundene Lösung besteht in einem Kompromiß zwischen dem Interesse des Erwerbers auf wirtschaftlichen Erhalt und rechtliche Absicherung seiner Investition und dem Interesse des Grundstückseigentümers keinen unberechtigten Bodenwertteilungen aufgrund spekulativer Veräußerungen ausgesetzt zu sein. Der Erwerber soll die Absicherung seiner baulichen Investition, die er aufgrund des erworbenen Rechtstitels vorgenommen hat, verlangen können; der Erbbauzins bestimmt sich jedoch nach dem für die Nutzung üblichen Zinssatz, der Kaufpreis ist nach dem ungeteilten Bodenwert zu bemessen (§ 48 Abs. 4, § 70 Abs. 4 SachenRBerG).[105] 217

Ist das Erbbaurecht jedoch erst einmal bestellt worden oder das Grundstück vom Nutzer angekauft worden, sind Heimfall-, Vorkaufs- oder Rückkaufsrechte verkehrsfeindlich und behindern im übrigen die Weiterveräußerung auch nach einer Bebauung des Grundstücks. Das Gesetz trifft für solche Fälle Vorsorge durch Zinsanpassungen und Nachzahlungsklauseln (§ 48 Abs. 1 und § 71 Abs. 1 Nr. 1 SachenRBerG). Durch die Abschöpfung der Gewinne wird dem Nutzer der Anreiz genommen, ein Erbbaurecht zu bestellen oder das Grundstück anzukaufen, wenn er dieses nicht bebauen will, und für den Grundstückseigentümer ein finanzieller Ausgleich gewährt, wenn es zu einer dem Zweck des Nutzungsrechts widersprechenden Weiterveräußerung des Grundstücks in unbebautem Zustand kommt. 218

(3) Nutzungsänderungen

In der ehemaligen DDR war das Nutzungsrecht zu einem bestimmten Zweck verliehen; Änderungen in der Art der Nutzung durch den Nutzungsberechtigten waren grundsätzlich nicht zulässig. 219

Bei den für den **Eigenheimbau** verliehenen Nutzungsrechten stand die Sicherung des konsumtiven Charakters (Nutzung für Wohnzwecke) im Vordergrund.[106] Eine Nutzung zum Zwecke der Vermietung war 220

---

105 Die einschlägigen Bestimmungen sind aufgrund der Beratungen in den Ausschlüssen in das Gesetz aufgenommen worden. Die bauliche Investition soll danach wie ein Überbau geschützt werden; Bodenwertanteile können durch die Veräußerung von substanzlosem Gebäudeeigentum oder von einem nicht ausgeübten Nutzungsrecht nicht auf den Erwerber übertragen werden (BT-Drs. 12/7425, S. 76).
106 K. Heuer, Grundzüge des Bodenrechts der DDR, 1949–1990, Rdn 52.

ausgeschlossen.[107] Hinsichtlich der Nutzung eines Eigenheimes (auch) für **kleingewerbliche, handwerkliche oder freiberufliche Zwecke** wurde in den Erlassen des Ministeriums der Finanzen der ehemaligen DDR eine immer weitergehende Öffnung vorgesehen, wobei jedoch die Nutzung als Eigenheim im Vordergrund stehen mußte. Die Möglichkeit, Nutzungsrechte für solche Gebäude zu bestellen, die ausschließlich zu den vorgenannten Zwecken genutzt wurden, wurde erst mit §§ 1, 4 Abs. 2 Satz 1 des Verkaufsgesetzes vom 7. März 1990 (GBl. I Nr. 18 S. 157) geschaffen.

221 Die **Nutzung volkseigenen Bodens** durch Bürger war nach § 288 Abs. 3 Satz 1 ZGB und § 3 Abs. 4 Satz 1 Nutzungsrechtsgesetz grundsätzlich entgeltlich. (Der Staat konnte und sollte insoweit eine Verzinsung des Bodenwerts verlangen können.) – Für die Bürger, die nach § 12 Abs. 2 der Eigenheimverordnung Arbeiter, Angestellte, Angehörige der bewaffneten Organe, Mitglieder sozialistischer Genossenschaften oder kinderreich waren, war nach § 11 Abs. 5 der Durchführungsbestimmung zur Eigenheimverordnung ein Nutzungsentgelt nicht zu erheben.[108]

222 Bei den **Genossenschaften** und **gesellschaftlichen Organisationen** war die Nutzung des Bodens grundsätzlich unentgeltlich. § 3 Abs. 4 Satz 1 Nutzungsrechtsgesetz verweist allein auf die Nutzung durch Bürger (§ 2 des o. g. Gesetzes) und nicht auf die Nutzung durch Genossenschaften und gesellschaftliche Organisationen (§ 1 des o. g. Gesetzes).

Der Grund für diese Regelung bestand darin, daß die Genossenschaften wie die volkseigenen Betriebe in die staatliche Planwirtschaft einbezogen waren (vgl. § 18 Abs. 3 ZGB) und die genossenschaftlichen Organisationen für den Staat politische, soziale, wissenschaftliche, kulturelle oder sonstige Aufgaben (§ 18 Abs. 4 ZGB) wahrzunehmen hatten. Aus diesem Grunde konnte den Genossenschaften und gesellschaftlichen Organisationen Volkseigentum im Wege der Übertragung einer Rechtsträgerschaft oder durch Bestellung eines Nutzungsrechts anvertraut werden.

---

107 Vgl. § 1 Abs. 3 der Durchführungsbestimmung zur Eigenheimverordnung vom 18. Aug. 1987 – GBl. I Nr. 21 S. 215.

108 Damit entfiel für nahezu den gesamten Eigenheimbau die Verpflichtung zur Zahlung eines Bodennutzungsentgelts. Als einzige Gruppe, von denen ein solches Entgelt zu erheben war, blieben die nicht kinderreichen Gewerbetreibenden, Freiberufler und Selbständigen übrig.

Um eine rationelle Bodenverwendung zu gewährleisten, wurde auch den o. g.   **223**
juristischen Personen eine **Bodennutzungsgebühr** auferlegt, die sie an den Staatshaushalt abzuführen hatten, wenn sie für ihre Vorhaben vormals landwirtschaftlich genutzten Boden in Anspruch nahmen (§ 2 und § 9 Abs. 3 der Verordnung über Bodennutzungsgebühr vom 26. Februar 1981 – GBl. I Nr. 10 S. 116). Der Grund für diese Gebühr lag in der ordnungspolitischen Zielsetzung, die Investitionsauftraggeber zu einer sparsamen Verwendung von Bodenflächen zu veranlassen.[109] Die Bodennutzungsgebühr sollte nicht den Charakter eines Nutzungsentgelts haben. Die Gebühr durfte nicht kalkuliert und über Preise, Mieten usw. weitergegeben werden. Auch im Falle der Übertragung der Rechtsträgerschaft oder dem Entzug des Nutzungsrechts war keine Weitergabe oder Rückzahlung der Bodennutzungsgebühr vorgesehen.

Folge dieser Regelungen, die eine Vermietung oder Verpachtung oder einen Verkauf volkseigener Bodenflächen und selbst die Überwälzung der Bodennutzungsgebühr nicht zuließen, soll eine Hortung und unwirtschaftliche Nutzung der Bodenflächen bei den jeweiligen Rechtsträgern und Nutzungsberechtigten gewesen sein. Insoweit wird von Klaus Heuer kritisiert, daß diese administrativen Maßnahmen die fehlende Ökonomisierung nur unvollkommen hätten kompensieren können.[110] – Dies ist das Eingeständnis des Versagens administrativer Regelungen auf einer vorgegebenen ideologischen Grundlage. Der von K. Heuer beschriebene Mißstand wäre nur durch den Übergang zu einer marktwirtschaftlichen Verzinsung des Bodenwerts und damit unter Aufgabe eines sozialistischen Grundprinzips möglich gewesen.

Die in der DDR bestehenden Nutzungsbeschränkungen ergaben unter   **224**
den veränderten Verhältnissen keinen Sinn. Das Eigenheim ist nicht mehr als Ersatz für eine staatliche Wohnungsbaumaßnahme anzusehen, dessen konsumtive Verwendung deshalb gesichert werden müßte. Die Genossenschaften und ehemaligen gesellschaftlichen Organisationen verfolgen nicht mehr staatliche Aufgaben, sondern eigene Zwecke. Schließlich muß der Eigentümer eines Gebäudes in einer Marktwirtschaft grundsätzlich frei, aber auch eigenverantwortlich entscheiden können, ob und wie er sein Eigentum künftig nutzen will. Diese Erwägungen sprächen dafür, Nutzungsänderungen jeder Art als unbeachtlich anzusehen.

Bei der vorstehenden Erörterung zu den nicht ausgeübten Nutzungen   **225**
wurde bereits ausgeführt, daß die vorgefundene Belastung des Grundeigentums auf einer in der DDR begründeten Nutzungsbefugnis beruhte, die dort einen ganz bestimmten Inhalt hatte. Diese Belastung ist Grundlage für die Teilung des Bodenwerts. Weicht die jetzt ausgeübte Nut-

---

109 Vgl. Rohde, Bodenrecht 1989, S. 177 ff.
110 K. Heuer, Grundzüge des Bodenrechts der DDR, 1949–1990, Rdn 10 a. E.

zung von der in der DDR begründeten Nutzungsbefugnis wesentlich ab, so fehlt der innere Bezug zur vorgefundenen Belastung. Bei den Nutzungsänderungen war deshalb die Frage aufgeworfen worden, ob und bis zu welcher Grenze noch eine Teilung des Bodenwerts aus der vorgefundenen Belastung berechtigt ist.

226   Unter marktwirtschaftlichen Rahmenbedingungen kommt hinzu, daß der durch Verpachtung oder Bestellung eines Erbbaurechts zu erzielende Zins von der Art der auf dem Grundstück zulässigen Nutzung bestimmt wird.[111] Insoweit ist bei Nutzungsänderungen auch sogleich die Frage nach dem bei der Bestellung eines Erbbaurechts in Ansatz zu bringenden Zinssatz aufgeworfen.

227   In bezug auf die Bindung an den mit der Bestellung des Nutzungsrechts verfolgten Zweck wäre es nicht sachgerecht gewesen, nunmehr statt einer staatlichen Stelle den Grundstückseigentümer zum Hüter der Vorgaben der früheren Planwirtschaft zu machen. Der Grundstückseigentümer hat in der Regel[112] kein schützenswertes Interesse daran, daß auf dem Grundstück genau die Nutzung ausgeübt wird, zu der das Nutzungsrecht bestellt oder die Bebauung gestattet wurde. Es kommt hinzu, daß der Nutzer – von den Ausnahmefällen abgesehen, in denen bereits in der DDR ein Entgelt für die Nutzung des Bodens zu entrichten war – künftig ein Entgelt für die Nutzung des Grundstücks zahlen soll. Die Begründung einer Verpflichtung zur Zahlung eines Entgelts gegenüber dem Grundstückseigentümer war auf der anderen Seite dem Nutzer nur zumutbar, wenn damit gewisse Lockerungen verbunden waren, die unter den mit Einführung der Marktwirtschaft veränderten Bedingungen auch in Zukunft eine zweckmäßige Nutzung seines Gebäudes ermöglichen.

228   Falls die Nutzung wesentlich verändert worden ist und keinen Bezug mehr zu der in der DDR begründeten Nutzungsbefugnis bestand, war eine darauf gestützte Teilung des Bodenwerts nicht mehr zu rechtfertigen. In diesen Fällen war der Zins bei der Bestellung eines Erbbaurechts nach dem üblichen Zinssatz für die jetzt ausgeübte Nutzung und der Preis bei einem Ankauf nach dem vollen Bodenwert zu bestimmen.

---

111 Vgl. die Aufstellung über die üblichen Liegenschaftszinsen bei Vogels, Grundstücks- und Gebäudebewertung – marktgerecht, S. 263.

112 Eine Ausnahme ist der Fall, daß eine öffentlich-rechtliche Körperschaft oder eine Stiftung Ausgeberin des Erbbaurechts wird und hierbei wohnungspolitische Zwecke zu verfolgen hat. Dem wird durch die Begründung eines besonderen Heimfallrechts in § 56 SachenRBerG Rechnung getragen.

Die Ansprüche aus der Sachenrechtsbereinigung auf Erbbaurechtsbestellung 229
oder Ankauf des Grundstücks waren jedoch, anders als bei den nicht mehr ausgeübten Nutzungen, nicht grundsätzlich zu versagen. Die bauliche Investition
des Nutzers war in der DDR aufgrund Nutzungsrechts oder in rechtlich anzu-
erkennender Weise mit Billigung staatlicher Stellen vorgenommen worden und
ist deshalb zu schützen. Die Versagung der Ansprüche, welche die Investitionen
wertlos machen würde, wäre eine wirtschaftlich unangemessene Lösung gewesen.
Dem Umstand, daß das Gebäude nunmehr in einer völlig veränderten Weise
genutzt wird, ist allerdings bei der Zins- und Preisbemessung Rechnung zu tragen, indem wie bei einem entschuldigten Überbau vom Nutzer zur Sicherung
seiner Investition das übliche (volle) Entgelt zu zahlen ist.

Die für Nutzungsänderungen entscheidende Frage ist mithin die, wann 230
die Nutzungsänderung als wesentlich angesehen werden muß, weil sie
nicht mehr der in der ehemaligen DDR begründeten Nutzungsbefugnis
entspricht. Nach § 54 Abs. 4 und § 70 Abs. 1 SachenRBerG ist der
Wechsel der Nutzungsart (z. B. Nutzung zu gewerblichen statt zu Wohnzwecken) grundsätzlich als wesentliche Nutzungsänderung anzusehen.
Dies rechtfertigt sich dadurch, daß hier eine andere Qualität der Nutzung vorliegt, die nicht der ehemaligen Nutzungsbefugnis entspricht
und zudem in einer Marktwirtschaft zu einer anderen Verzinsung führt.

Eine weitergehende Öffnung enthalten die § 54 Abs. 2 und § 70 Abs. 2 231
SachenRBerG für die **Eigenheime**. Das Eigenheim darf nunmehr auch
zur Ausübung freiberuflicher, handwerklicher oder gewerblicher Tätigkeit genutzt werden, ohne daß dies Auswirkungen für den zu zahlenden
Zins oder den Ankaufspreis haben soll. Die Regelungen tragen dem
Rechnung, daß die Verleihung von Nutzungsrechten nur für das Nutzen
zu Wohnzwecken ideologisch motiviert war, viele Eigenheime infolge
der strukturellen Veränderungen nunmehr auch für die beruflichen
Zwecke des Eigenheimers genutzt werden müssen und solche Veränderungen in der Nutzung eines Eigenheimes nicht in gleicher Weise wie
bei den anderen Bauten auf den Liegenschaftszins durchschlagen.

Die Grenze wird auch hier dort überschritten, wo das Gebäude durch 232
Aus- oder Umbauten wesentlich verändert und dadurch die bauliche
Ausnutzung des Grundstücks wesentlich umgestaltet worden ist. In derartigen Fällen wird das Grundstück sowohl in der Nutzungsart als in
seiner baulichen Ausnutzung wesentlich anders als in der DDR in
Anspruch genommen. Eine solche bauliche Veränderung ist wie ein den
veränderten Zwecken dienender Neubau zu bewerten. Dies gebietet
eine entsprechende Anpassung beim Zins und beim Preis vorzunehmen.

II. Aufbau und Struktur des Gesetzes

1. Eigenes Stammgesetz

233   Das SachenRBerG ist ein eigenes Stammgesetz. Die Neuregelung der Rechtsverhältnisse an den Grundstücken wurde nicht im EGBGB geregelt. Von einer Aufnahme der Bestimmungen zur Sachenrechtsbereinigung in das EGBGB wurde wegen der Unterschiedlichkeit der Regelungsgegenstände und des Umfangs der zu treffenden Regelungen Abstand genommen.

a) Anpassung des vorgefundenen Gebäudeeigentums und Begründung von Rechten an Grundstücken

234   Das Bodenrecht der DDR unterschied sich vom Immobiliarsachenrecht des BGB darin, daß

● das volkseigene Grundstück (bis zum März 1990) weder erworben werden noch belastet werden konnte und das genossenschaftlich genutzte, für den Bau eines Hauses verwendete Grundstück dadurch nicht durch ein dingliches Recht belastet werden sollte und

● der daraus folgenden Trennung von Grundstücks- und Gebäudeeigentum.[113]

235   Bei der **Neuregelung** der vorgefundenen Rechtsverhältnisse hat der Gesetzgeber gleichzeitig zwei Lösungswege beschritten:

236   ● Das **Eigentum am Gebäude**, das persönliches Eigentum der Bürger oder Eigentum der Genossenschaften war, blieb nach dem Einigungsvertrag als ein nicht BGB-konformes Recht bestehen (Art. 231 § 5 Abs. 1 EGBGB). Verkehrsfähigkeit und Beleihbarkeit des Eigentums waren jedoch deshalb nicht gegeben, weil das Verhältnis zwischen dem Eigentum am Gebäude als Rechtstitel und des physischen Bestands des Bauwerks im Recht der DDR nicht geregelt war, Vorschriften über die Anlegung der Gebäudegrundbücher und ihre Verzahnung mit dem Grundbuch über das Grundstück fehlten. Die hierfür erforderlichen Regelungen hat der Gesetzgeber im Zweiten Vermögensrechtsänderungsgesetz und im Registerverfahrenbe-

---

113 Zur Entstehung des Rechtsinstituts des selbständigen Gebäudeeigentums vgl. Leutheusser-Schnarrenberger, DtZ 1993, 34.

schleunigungsgesetz geschaffen. Dies erfolgte im Wege einer **Rechts-anpassung**, wobei die einschlägigen Regelungen im EGBGB erheblich erweitert und die Vorschriften der Grundbuchordnung (im folgenden: GBO) mit dem Registerverfahrenbeschleunigungsgesetz ergänzt wurden.

- Für die Regelung der **Rechtsverhältnisse am Grundstück** erwies sich der Weg über eine Anpassung der vorgefundenen Rechte dagegen als nicht gangbar. Hier bedarf es der **Begründung** BGB-konformer Rechte.   237

Die subjektiv-öffentlichen **Nutzungsrechte** wurden zwar mit dem Einigungsvertrag in dingliche Belastungen mit ihrem bisherigen Inhalt und Rang umgewandelt (Art. 233 § 3 Abs. 1 Satz 1 EGBGB). Die durch Verwaltungsakt des Staates begründeten Rechte sind jedoch sowohl in ihrem Inhalt von den dinglichen Rechten verschieden und passen auch nicht in das zwischen den Rechten am Grundstück bestehende Rangverhältnis.[114]   238

Eine **Umwandlung** der Nutzungsrechte mit ihrem bisherigen Inhalt in **Erbbaurechte** hätte entgegen dem wirtschaftlichen Zuweisungsgehalt des Nutzungsrechts auch den Bodenwert auf den Nutzer übertragen (s. oben Rn. 159 ff.). Zudem wären auch dort Erbbaurechte entstanden, wo keine bauliche Investition des Nutzers zu schützen ist oder der Nutzer bei der Bestellung des Nutzungsrechtes unredlich gewesen ist.[115] Schließlich ist das Interesse der meisten Nutzer (und auch der   239

---

114 Der Einigungsvertrag ging von dem Ziel einer Besitzstandswahrung aus (BT-Drs. 11/7817, S. 41). Den sich aus der Rechtsnatur der Nutzungsrechte als subjektiv-öffentliche Rechte ergebenden Unterschieden zu den dinglichen Rechten an Grundstücken (wie Erbbaurechten, Nießbrauch usw.) wurde dabei nicht Rechnung getragen.
  Der Gesetzgeber hat dies mit dem Zweiten Vermögensrechtsänderungsgesetz mit der Herausnahme der Nutzungsrechte aus dem Rangsystem (Art. 233 § 4 Abs. 6 [vorher Abs. 5] EGBGB) sowie mit dem Registerverfahrenbeschleunigungsgesetz und dem Sachenrechtsänderungsgesetz durch die Aufhebung der Regelungen über die Beschränkungen im Erbfalle und über die Entziehung des Nutzungsrechts (Art. 233 § 3 Abs. 1 Sätze 2 und 3 EGBGB) schrittweise korrigiert.
115 Alle Gründe, die zur Anspruchslösung führten, sprachen zugleich gegen eine Anpassung der Nutzungsrechte durch Umwandlung in Erbbaurechte im EGBGB. Eine solche Umwandlung wurde nicht verfolgt, weil
  – ein Verkehrswert abhängiger Erbbauzins nicht im Gesetz festgelegt werden kann,
  – Unsicherheiten über die Höhe des zu zahlenden Erbbauzinses die Beleihbarkeit des Grundstücks gefährden,
  – ein gesetzlich festgelegter Erbbauzins keine flexible Anpassung an Nutzungsänderungen zuließe,

Grundstückseigentümer, die sogleich einen am Wert des Grundstücks orientierten Geldbetrag und nicht nur eine niedrige Verzinsung erhalten wollen) auf Abschluß eines Grundstückskaufvertrages gerichtet. Ein Kaufvertragsabschluß kann nicht im Wege einer gesetzlichen Umwandlung eines Nutzungsrechts herbeigeführt werden.

240 Die Sachenrechtsbereinigung konnte zudem nicht auf eine Anpassung vorgefundener Nutzungsrechte beschränkt werden, da es in sehr vielen Fällen zur Bestellung von Nutzungsrechten nicht gekommen ist. Diese Sachverhalte sind im Moratorium nach Art. 233 § 2a Abs. 1 EGBGB einer vorläufigen Regelung zugeführt worden. Die bauliche Investition des Nutzers oder der durch Kauf erlangte Besitz am Gebäude bedarf auch in diesen Fällen einer Regelung. Nach den zum Nachzeichnungsprinzip ausgeführten Gründen (s. oben Rn. 61 ff.) sind diese Fälle in die Sachenrechtsbereinigung aufzunehmen, wenn nach der Art der Bebauung oder des Kaufvertrages ein Nutzungsrecht zu bestellen war, dies jedoch aus Mängeln im Verwaltungsvollzug nicht erfolgt ist. In den sog. hängenden Fällen kam eine Sachenrechtsbereinigung durch Anpassung vorgefundener Rechte nicht in Betracht.

b) Inhalt der Regelungen

241 Die Sachenrechtsbereinigung paßt auch vom Inhalt ihrer Regelungen nicht in das EGBGB, das im wesentlichen die Bestimmungen über den Fortbestand und die inhaltliche Anpassung vorgefundener Rechte enthält.

242 Das SachenRBerG begründet in den §§ 32, 61 und 81 Abs. 1 einen gesetzlichen Zwang zu einem Vertragsschluß über ein Grundstücksgeschäft.[116]

– eine gesetzliche Umwandlung auch dort zur Entstehung eines BGB-konformen Rechts führte, wo dies wegen Unredlichkeit des Erwerbs des Nutzungsrechts oder Aufgabe der Nutzung nicht gerechtfertigt wäre, und
– schließlich die Begründung solcher Nutzungsrechte kraft Gesetzes auf unvermessenen Flächen nicht im Grundbuch dokumentiert werden könnte (vgl. BT-Drs. 12/5992, S. 68 f.).

116 Das SachenRBerG ist somit neben dem Gesetz gegen Wettbewerbsbeschränkungen (GWB) und dem allgemeinen Kontrahierungszwang, der sich aus dem Verbot sittenwidriger Schadenszufügung nach § 826 BGB ergeben kann (vgl. zu diesen Fällen, Medicus, Schuldrecht AT, 7. Auflage, § 11 III, S. 42 ff.), eine weitere Fallgruppe einer gesetzlich angeordneten Verpflichtung zu einem Vertragsabschluß.

Die Art des abzuschließenden Vertrages hängt grundsätzlich von einer Wahl des Nutzers ab, es sei denn, daß bestimmte Umstände vorliegen, die das Wahlrecht des Nutzers ausschließen (§ 14 SachenRBerG).

Ein gesetzlicher **Kontrahierungszwang** war zu begründen, weil einerseits der Nutzer eine Absicherung seiner Investition durch Erbbaurechtsbestellung oder Grunderwerb verlangen kann, andererseits der Grundstückseigentümer nicht auf unbeschränkte Zeit eine unentgeltliche Nutzung seines Grundstücks aufgrund Entscheidung einer staatlichen Stelle der DDR hinnehmen muß.

Die Herstellung BGB-konformer Rechtsverhältnisse ist hingegen erst in zweiter Linie Ziel der Sachenrechtsbereinigung. Das Gesetz zwingt die Beteiligten nicht zur Rechtsänderung; nur wenn sie erfolgt, muß die Regelung in einer dem Sachenrecht des BGB entsprechenden Weise geschehen.

- Das SachenRBerG gibt weiter den **Inhalt der abzuschließenden Verträge** vor, wobei diese Regelungen allerdings dispositiv sind. Das Gesetz regelt den Inhalt 243

    – eines Erbbaurechtsvertrages (§§ 42 bis 58 SachenRBerG),

    – eines Grundstückskaufvertrages (§§ 65 bis 74 SachenRBerG) sowie

    – eines Gebäudekaufvertrages oder eines kaufähnlichen Vertrages über die Ablösung der Rechte des Nutzers aus der baulichen Investition (§ 81 Abs. 2 bis 5 SachenRBerG).

- Schließlich enthält das Gesetz noch die für das Zustandekommen dieser Verträge erforderlichen verfahrensrechtlichen Regelungen (§§ 85 bis 108 SachenRBerG). Hierfür wird ein neues notarielles Vermittlungsverfahren begründet und im gerichtlichen Verfahren eine neue Klageart zur Feststellung der Rechte und Pflichten der Beteiligten geschaffen. 244

2. Gegenstände der Sachenrechtsbereinigung (§ 1 SachenRBerG)

§ 1 Abs. 1 SachenRBerG beschreibt die Gegenstände der Sachenrechtsbereinigung und legt damit den Anwendungsbereich des Gesetzes fest. 245

a) Nutzung fremder Grundstücke durch den Bau, den Erwerb von Gebäuden und hängende Vertragsverhältnisse (§ 1 Abs. 1 Nr. 1 SachenRBerG)

§ 1 Abs. 1 Nr. 1 SachenRBerG beschreibt unter rechtlichen Gesichtspunkten die Fallgruppen der Nutzung fremder Grundstücke durch den 246

Bau oder den Erwerb von Gebäuden. Die weiteren gesetzlichen Regelungen zur Absicherung der Investitionen der Nutzer, zur Herbeiführung eines Interessenausgleichs und zur Begründung BGB-konformer
Rechtsverhältnisse an den Grundstücken befinden sich in Kapitel 2 des
Gesetzes.

247 Die Bestimmungen über die Nutzung fremder Grundstücke unterscheiden sich
von den anderen in § 1 Abs. 1 Nr. 2 bis 4 SachenRBerG genannten Gegenstän-
den in den angeordneten Rechtsfolgen. Ansprüche auf Erbbaurechtsbestellung
oder Ankauf des Grundstücks durch den Nutzer oder unter bestimmten Voraussetzungen auch Ankaufsrechte für den Grundstückseigentümer gibt es nur dort,
wo selbständiges Gebäudeeigentum entstanden ist oder Investitionen der Nutzer
vorliegen, die nach den Rechtsvorschriften der DDR zur Begründung selbständigen Gebäudeeigentums oder bei Bauten des Staates oder der volkseigenen
Betriebe zu einer vergleichbaren rechtlichen Absicherung durch Überführung
des Grundstücks in Volkseigentum und Einsetzung als Rechtsträger hätten führen müssen.

aa) Verliehene oder zugewiesene Nutzungsrechte
(§ 1 Abs. 1 Nr. 1 Buchstabe a SachenRBerG)

248 Das Gesetz nennt an erster Stelle die Nutzungsrechte. Dies sind die
nach dem Nutzungsrechtsgesetz auf volkseigenen Grundstücken verliehenen oder nach der Bereitstellungsverordnung auf solchen Flächen
von den LPG-Vorständen mit Zustimmung des Rates der Gemeinde
zugewiesenen Nutzungsrechte. Diese Rechte waren durch Verwaltungsakt begründete subjektiv-öffentliche Rechte, die Grundlage für den Bau
oder den Erwerb eines Gebäudes waren.

bb) Selbständiges Gebäudeeigentum
(§ 1 Abs. 1 Nr. 1 Buchstabe b SachenRBerG)

249 Der zweite Gegenstand der Bestimmungen des SachenRBerG über die
bauliche Nutzung von Grundstücken ist das selbständige Eigentum am
Gebäude. Selbständiges Gebäudeeigentum konnte entstehen

● durch den Bau oder den Kauf eines Gebäudes aufgrund eines auf
  volkseigenem Grundstück verliehenen Nutzungsrechts,

● durch den Bau eines Eigenheims aufgrund eines zugewiesenen Nutzungsrechts auf genossenschaftlich genutzten Grundstücken,

● durch den Bau oder die Übertragung eines Hauswirtschaftsgebäudes
  aufgrund Zuweisung einer Fläche nach den Musterstatuten der landwirtschaftlichen Produktionsgenossenschaften (z. B. das Statut für
  den LPG-Typ III vom 9. April 1959 – GBl. I Nr. 26 S. 350),

- durch die Errichtung eines Gebäudes durch eine landwirtschaftliche Produktionsgenossenschaft oder eine der in § 46 LPG-Gesetz 1982 bezeichneten Genossenschaften nach § 27 LPG-Gesetz 1982,[117]

- durch den Bau eines Gebäudes auf vertraglich genutzten, in Privateigentum stehenden Grundstücken durch einen volkseigenen Betrieb, ein staatliches Organ oder eine Einrichtung nach § 459 Abs. 1 Satz 1 ZGB.

In den in § 459 Abs. 1 Satz 1 ZGB bezeichneten Fällen entstand vom Eigentum am Grundstück getrenntes Volkseigentum am Gebäude. In allen anderen Fällen war das Gebäude persönliches Eigentum des Bürgers (oder Eigentum der Genossenschaft), das im Grundstücksverkehr dem persönlichen Eigentum am Grundstück gleichstand (§ 295 Abs. 2 Satz 2 ZGB), über das verfügt und das vererbt werden konnte (§ 289 Abs. 1 ZGB und § 293 Abs. 1 und Abs. 2 ZGB). **250**

Das Fortbestehen selbständigen Eigentums am Gebäude nach dem Einigungsvertrag (Art. 231 § 5 Abs. 1 EGBGB) führt dazu, daß nun zwei unter den Schutzbereich des Artikels 14 des Grundgesetzes fallende Rechtspositionen (Eigentum am Gebäude und Eigentum am Grundstück) an einem Standort anzutreffen sind. **251**

Hier kollidieren die Gebrauchs- und Nutzungsbefugnisse aus dem Gebäude und die aus dem Grundstück. Das Eigentum am Gebäude kann nicht verwirklicht werden, wenn der Eigentümer am Grundstück, wie in § 903 BGB beschrieben, das Eigentum nach seinem Belieben nutzen könnte. Umgekehrt gilt dasselbe. Eine diese Kollision regelnde oder ausschließende staatliche Lenkung der Bodennutzung gibt es nicht mehr.

cc) Bebauungen ohne Nutzungsrecht (§ 1 Abs. 1 Nr. 1 Buchstabe c SachenRBerG)

Die nächste Fallgruppe, die in der Sachenrechtsbereinigung geregelt werden muß, sind die mit Billigung staatlicher Stellen erfolgten Inanspruchnahmen fremder Grundstücke für bauliche Zwecke, die nicht durch eine der in § 3 Abs. 2 Satz 1 Nr. 1 bis 3 SachenRBerG genannten Rechtspositionen abgesichert worden sind. § 1 Abs. 1 Nr. 1 Buchstabe c SachenRBerG beschreibt bei den sog. hängenden Fällen nur den **252**

---

117 Zuvor nach § 13 des Gesetzes über die landwirtschaftlichen Produktionsgenossenschaften vom 3. Juni 1959 – GBl. I Nr. 36, S. 577 – im folgenden: LPG-Gesetz 1959.

Grundsatz. Liegt ein solcher Fall vor, so ist weiter zu prüfen, ob der Sachverhalt in einem der in den §§ 5 bis 7 genannten Regelbeispiele genannt ist oder ob nach dem Recht der DDR die Bebauung durch Bestellung eines Nutzungsrechts hätte abgesichert werden müssen, was zum Entstehen selbständigen Eigentums am Gebäude geführt hätte.

253   Die Erforderlichkeit einer Regelung für die hängenden Fälle ergibt sich unter anderem daraus, daß selbständiges Gebäudeeigentum nach dem Recht der DDR nur dort entstehen konnte, wo dies gesetzlich bestimmt war (§ 295 Abs. 2 Satz 1 ZGB). Eine allgemeine Bestimmung zum Schutz baulicher Investitionen etwa des Inhalts, daß ein mit staatlicher Bauzustimmung errichtetes Gebäude unabhängig vom Eigentum am Boden Eigentum des Investors wird, gab es nicht. Tatsächlich wurde in der DDR jedoch oft nach dieser Devise gehandelt, und es entstand bei vielen Betroffenen (Bürgern, aber auch staatlichen Stellen) die Überzeugung, daß es einen solchen Rechtssatz gäbe. Eine Absicherung der baulichen Investition durch Nutzungsrecht wurde deshalb oft nicht nur als lästig, sondern auch als unnötig angesehen. Hieraus sind viele der sog. hängenden Fälle entstanden.

dd) Hängende Gebäudekaufverträge
(§ 1 Abs. 1 Nr. 1 Buchstabe d SachenRBerG)

254   Die Nummer 1 ist nach den Beratungen in den Ausschüssen des Bundestages um die im Buchstaben d benannte Fallgruppe ergänzt worden, der die Kaufverträge über Gebäude einbezieht, bei denen nach dem Vertrag selbständiges Eigentum am Gebäude oder einer baulichen Anlage entstehen sollte, wenn die Erfüllung des Vertrages hängengeblieben ist.

255   Im Regierungsentwurf waren nur die Bebauungen mit Billigung staatlicher Stellen genannt (§ 1 Abs. 1 Nr. 1 Buchstabe c SachenRBerG).

Diese Beschränkung der Bestimmungen über den Anwendungsbereich des Gesetzes erklärt sich daraus, daß man bei der Konzeption des Gesetzes zunächst davon ausging, daß die Regelung der Rechtsverhältnisse aus der baulichen Investition des Nutzers die wichtigste Aufgabe der Sachenrechtsbereinigung sei.[118] Die hängenden Gebäudekaufverträge wurden bei diesem Lösungsansatz als eine regelungsbedürftige Fallgruppe nicht erkannt. Der Erwerb selbständigen Eigentums war nach dem Wortlaut der Regelungen im Entwurf allerdings bereits erfaßt.

---

118 Vgl. das in DtZ 1993, 49 f. abgedruckte Eckwertepapier der Bundesregierung zur Sachenrechtsbereinigung.

Bei der in den Ausschußberatungen eingefügten Ergänzung handelt es sich um **256** eine Klarstellung der Bestimmung über den Anwendungsbereich des Gesetzes. Die Bundesregierung hatte in der Gegenäußerung zur Stellungnahme des Bundesrates bereits eine Erweiterung der Bestimmungen über die Nutzung fremder Grundstücke durch eine Regelung für die hängenden Gebäudekaufverträge (§ 3 Abs. 3 SachenRBerG) vorgeschlagen.[119] Wenn die nachstehende Vorschrift auch die hängenden Gebäudekaufverträge in die Sachenrechtsbereinigung einbezieht, ist dies bereits bei der Bestimmung über den Anwendungsbereich klarzustellen.

Der Erfüllung dieser Verträge stehen infolge Rechtsänderung zwei Hin- **257** dernisse entgegen. Die für die Begründung selbständigen Eigentums notwendigen Nutzungsrechte können nicht mehr bestellt werden; eine Eintragung selbständigen Gebäudeeigentums kann nicht mehr erfolgen, da am Tage des Beitritts noch kein Antrag auf Eintragung selbständigen Gebäudeeigentums in das Grundbuch gestellt worden ist.[120]

b) Andere Regelungsgegenstände der Sachenrechtsbereinigung (§ 1 Abs. 1 Nr. 2 bis 4 SachenRBerG

Weitere Regelungsmaterien der Sachenrechtsbereinigung sind **258**

- die Erbbaurechte, deren vertragsmäßiger Inhalt durch das Einführungsgesetz zum Zivilgesetzbuch verändert worden ist (§ 1 Abs. 1 Nr. 2 SachenRBerG),

- die Berichtigung des Grundbuchs wegen der aus Erweiterungs- und Erhaltungsmaßnahmen an nicht volkseigenen Grundstücken nach § 459 Abs. 1 Satz 2 und Abs. 4 ZGB entstandenen Miteigentumsanteile, die in der Regel nicht eingetragen worden sind (§ 1 Abs. 1 Nr. 3 SachenRBerG) und

- schließlich die Sicherung der Mitbenutzung anderer Grundstücke für Erschließungs-, Entsorgungs- und Versorgungsanlagen (§ 1 Abs. 1 Nr. 4 SachenRBerG).[121]

---

119 Vgl. BT-Drs. 12/5992, S. 204.
120 In diesem Fall wäre ein Rechtserwerb noch nach Art. 233 § 7 EGBGB möglich. Die Anträge auf Eintragung des Gebäudes wurden jedoch erst nach Erteilung der Genehmigung nach der Grundstücksverkehrsverordnung und Nutzungsrechtsverleihung gestellt.
121 Die Leitungsrechte öffentlicher Versorgungsunternehmen sind aus dem Anwendungsbereich der Sachenrechtsbereinigung in den Ausschußberatungen wieder herausgenommen worden. Die einschlägigen Bestimmungen im Regierungsentwurf (§ 116 Satz 2 und § 117 Abs. 3 SachenRBerG) sind gestrichen worden. Dies beruht auf der Muster-

3. Ausschlußtatbestände
(§ 1 Abs. 2 und Abs. 3, § 2 SachenRBerG)

a) Andere Eigentumszuordnung
(§ 1 Abs. 2 und Abs. 3 SachenRBerG)

259   Kein Fall der Sachenrechtsbereinigung liegt dort vor, wo das Eigentum am Grundstück auf den Nutzer kraft bersonderer Vorschriften zuzuweisen oder zu übertragen ist (§ 1 Abs. 2 SachenRBerG). Eigentumsübertragungen kraft Gesetzes (insbesondere im Wege der Vermögenszuordnung) schließen die Möglichkeit für eine Anwendung der Vorschriften über die Sachenrechtsbereinigung aus. Ein im Wege der Sachenrechtsbereinigung zu regelndes Rechtsverhältnis zwischen einem aufgrund staatlicher Entscheidung der DDR Nutzungsberechtigten und dem Eigentümer des Grundstücks besteht dann nicht mehr.[122]

b) Enteignungen (§ 1 Abs. 3 SachenRBerG)

260   Die Enteignung erfolgte auch nach dem Recht der DDR durch Beschluß, die nachfolgende Berichtigung des Grundbuchs hatte nur deklaratorische Bedeutung. Die Vorschrift soll insoweit Irritationen entgegenwirken, die bei den Behörden in den neuen Ländern insoweit entstanden sind[123, 124]

---

regelung in § 8 Grundbuchbereinigungsgesetz i. d. F. durch das Registerverfahrenbeschleunigungsgesetz. Hiernach sind für die Energieversorgungsunternehmen kraft Gesetzes Dienstbarkeiten an den Grundstücken begründet worden, auf denen solche Energiefortleitungsanlagen stehen. Die Regelung kann durch Rechtsverordnung auf andere Versorgungs- und Entsorgungsanlagen erweitert werden.

Die Regelungen über die Begründung von Ansprüchen auf die Bestellung von Dienstbarkeiten nach dem SachenRBerG unter Halbierung des für die Bestellung einer solchen Dienstbarkeit üblichen Entgelts (§ 118 Abs. 1 Satz 2 SachenRBerG) wäre mit einer Bestellung von Dienstbarkeiten durch Gesetz unter Ansatz des üblichen, allerdings zur Hälfte für eine längere Zeit zinslos gestundeten Entgelts unvereinbar gewesen. Die Regelungen in §§ 116 bis 119 SachenRBerG betreffen im wesentlichen noch nachbarrechtliche Erschließungen, wenn bereits in der DDR eine rechtlich nicht abgesicherte Nutzung des benachbarten Grundstücks erfolgt ist. Für diese nachbarrechtlichen Erschließungen sind die Anspruchslösung und die Halbierung des Entgelts wegen einer Vorbelastung eine angemessene, den allgemeinen Grundprinzipien der Sachenrechtsbereinigung entsprechende Lösung.

122 Vgl. BT-Drs. 12/5992, S. 98.

123 Vgl. BT-Drs. 12/7425, S. 59.

124 Probleme bereitet allerdings die Feststellung, wann eine Überführung in das Volkseigentum erfolgt ist, bei den Inanspruchnahmeentscheidungen nach § 14 des Aufbaugesetzes. Eine Bestimmung wie in § 13 des Baulandgesetzes, daß mit dem in der staatlichen Entscheidung festgesetzten Zeitpunkt über den Entzug des Eigentumsrechts Volkseigentum entsteht, enthält das Aufbaugesetz nicht.

c) Nicht einbezogene Rechtsverhältnisse (§ 2 SachenRBerG)

§ 2 erfaßt solche Sachverhalte, bei denen Grundstückseigentümer und   261
Nutzer verschiedene Personen sind, die jedoch aus anderen Gründen
nicht in die Sachenrechtsbereinigung gehören.

aa) Nutzungen zur Erholung (§ 2 Abs. 1 Nr. 1 SachenRBerG)

Nicht Gegenstand der Sachenrechtsbereinigung sind – unabhängig von   262
der dem Nutzungsverhältnis zugrunde liegenden rechtlichen Grundlage
– die **Nutzungen** von Grundstücken durch Bürger **zur Erholung, Frei-**
zeitgestaltung oder kleingärtnerischen Bewirtschaftung. Diese Rechtsverhältnisse sollen im Wege der Schuldrechtsanpassung geregelt werden, das am 1. Januar 1995 in Kraft tritt.[125] Die Gründe für die Herausnahme dieser Nutzungsverhältnisse aus der Sachenrechtsberein-
gung liegen in der vertraglichen Regelung und in der im Vergleich zum
Bau eines Eigenheimes oder eines Wirtschaftsgebäudes geringeren
Schutzbedürftigkeit dieser Rechtsverhältnisse (s. oben Rn. 68 bis 71).

bb) Miet-, Pacht- und andere Nutzungsverträge (§ 2 Abs. 1 Nr. 2 SachenRBerG)

Die Nutzungen auf der Grundlage von Miet-, Pacht- und anderen Nut-   263
zungsverträgen werden grundsätzlich aus dem Anwendungsbereich der
Sachenrechtsbereinigung herausgenommen. Der Nutzer hat keinen Anspruch auf Bestellung eines Erbbaurechts oder Ankauf des Grundstücks

---

Diese Inanspruchnahme hatte auch zunächst formell „nur" die Wirkung einer (allerdings umfassenden) Eigentumsbeschränkung. Aufgrund der Entscheidungen über die
Inanspruchnahme sind bis zum Inkrafttreten des Entschädigungsgesetzes der DDR
vom 25. April 1960 die Eintragungen der Eigentümer im Grundbuch auch nicht geändert, sondern nur Vormerkungen in Abteilung II des Grundbuchs eingetragen worden.
Eine rechtliche Klarstellung der Wirkungen der Inanspruchnahmeentscheidungen ist
allerdings durch § 16 Abs. 2 Satz 1 des Entschädigungsgesetzes der DDR vom 25. April
1960 (GBl. I Nr. 26 S. 257) erfolgt. Die Inanspruchnahme galt nunmehr als entschädi-
gungspflichtiger Entzug des Eigentumsrechts.
Der Anwendungsbereich des § 1 Abs. 3 SachenRBerG beschränkt sich auf die Grundstücke, die aufgrund einer solchen Entscheidung über die Inanspruchnahme für den
staatlichen oder genossenschaftlichen Wohnungsbau verwendet worden sind. – Ob die
gleichen Wirkungen auch einer solchen Entscheidung beizulegen sind, wenn das
Grundstück nicht dem Zweck der Inanspruchnahme entsprechend verwendet und auch
keine Entschädigung gezahlt worden ist, war für die Sachenrechtsbereinigung nicht zu
entscheiden. Der Wortlaut des § 16 Abs. 2 des Entschädigungsgesetzes ist jedenfalls
insoweit nicht eindeutig.
125 BT-Drs. 12/7135.

unter Teilung des Bodenwertes. Dies gilt grundsätzlich auch dann, wenn der Nutzer das Grundstück mit Billigung staatlicher Stellen bebaut hat.

264 Dieser Ausschluß wird aber für die Fälle durchbrochen, in denen zur Absicherung der Bebauung das Grundstück hätte als Bauland bereitgestellt und dem Nutzer ein Nutzungsrecht hätte bestellt werden müssen. Die wichtigsten Sachverhalte werden in den Regelbeispielen in §§ 5 und 7 ausdrücklich benannt.

Der einschlägige Ausschlußtatbestand ist nach den Beratungen in den Ausschüssen neu gefaßt worden, um den Regelungsgedanken deutlicher zum Ausdruck zu bringen.[126]

265 Die Regelung beruht auf dem Nachzeichnungsgrundsatz. Eine Verdinglichung vertraglicher Rechte ist dort nicht begründbar, wo nach den Rechtsvorschriften der DDR dem Nutzer kein Nutzungsrecht zu verleihen oder zuzuweisen war und selbständiges Eigentum am Gebäude auch nicht entstehen konnte. In solchen Fällen kann keine vorgefundene Belastung unterstellt werden, die Grundlage für die Bodenwertteilung ist (s. oben Rn. 72 bis 76).

cc) Anlagen zur Bodenverbesserung (§ 2 Abs. 1 Nr. 3 SachenRBerG)

266 Die Regelung der Meliorationsanlagen erfolgt in einem besonderen Gesetz (Meliorationsanlagengesetz – Art. 4 des Schuldrechtsänderungsgesetzes). Diese Anlagen dienen der Bodenbewirtschaftung. Nach Auflösung des genossenschaftlichen Bodennutzungsrechts der landwirtschaftlichen Produktionsgenossenschaften war hier eine Regelung für das Anlageneigentum zu treffen. Die allgemeinen Rechtsfolgen der Sachenrechtsbereinigung (Erbbaurecht und Ankaufsrecht) passen nicht. Hierdurch würden die Folgen der Aufhebung des gesetzlichen Nutzungsrechts überall dort unterlaufen, wo solche Anlagen bestehen.[127]

dd) Verwendung für öffentliche Zwecke (§ 2 Abs. 1 Nr. 4 SachenRBerG)

267 Die Regelung der Rechtsverhältnisse an den für öffentliche Zwecke verwendeten Grundstücken ist aus dem Anwendungsbereich der Sachenrechtsbereinigung herausgenommen, es sei denn, daß die Grundstücke in einem nach einer einheitlichen Bebauungskonzeption überbauten

---

126 Vgl. die Begründung im Bericht des Rechtsausschusses, BT-Drs. 12/7425, S. 59 f.
127 Vgl. die Begründung zum Meliorationsanlagengesetz (BT-Drs. 12/7135, S. 74).

Gebiet liegen, wobei der komplexe Wohnungsbau und der Siedlungsbau als Hauptanwendungsfälle dieser Ausnahme besonders erwähnt werden.

Der Grund für die Ausnahme besteht darin, daß in solchen Gebieten die Rechtsverhältnisse an den Grundstücken nach den tatsächlichen Nutzungsverhältnissen neu geordnet werden müssen. Dies wird in der Regel im Wege einer ergänzenden oder komplexen Bodenneuordnung nach § 1 Nr. 3 und Nr. 4 BoSoG geschehen müssen. Diese Verfahren entsprechen einer städtebaulichen Umlegung nach Bebauung. Ohne eine Einbeziehung der für öffentliche Zwecke verwendeten Grundstücke wäre dieses Verfahren nicht durchführbar. **268**

Die Eigentümer in diesen Gebieten sollen eine von der zufälligen Bebauung ihres Grundstücks unabhängige **einheitliche Entschädigung** erhalten. Die Sachenrechtsbereinigung hat auch für diese Verfahren die Maßstäbe für die Entschädigung anzugeben. Die Rechtsverhältnisse in solchen Gebieten können jedoch – vor Einleitung solcher Verfahren – auch vertraglich bereinigt werden. Dabei dürfen sich der nach dem SachenRBerG zu zahlende Preis und die Entschädigung nach § 15 BoSoG grundsätzlich nicht unterscheiden.

Ein Ausschluß einer vertraglichen Regelung nach dem SachenRBerG hätte jedoch dort keinen Sinn ergeben, sondern nur zu unnötigen Verzögerungen geführt, wo in einem Bodenneuordnungsverfahren für die Beteiligten dasselbe herauskommen müßte.

Die Entscheidung für die **Herausnahme der für öffentliche Zwecke verwendeten Grundstücke**, die nach dem Beschluß des Rechtsausschusses auch auf die für den Bau öffentlicher Gebäude verwendeten Grundstücke erstreckt worden ist, ergibt sich aus folgenden, mehr pragmatischen Erwägungen: **269**

● Bei den für Gebäude im Verwaltungsgebrauch oder für Zwecke des Gemeingebrauchs verwendeten Grundstücken erfolgt der Erwerb zu dem Zweck, der öffentlichen Nutzung (Widmung) entsprechende Eigentumsverhältnisse herbeizuführen. Dies ist typischerweise **Gegenstand des Enteignungsrechts**. Bei einem aus Gründen des öffentlichen Wohls gebotenen Grunderwerb kann es z. B. keine Abwägung des Inhalts geben, ob der Grundeigentümer oder der Nutzer der bessere Investor ist. (§ 81 Abs. 1 Satz 1 Nr. 4 SachenRBerG sieht eine solche Abwägung bei der Errichtung von Wirtschaftsgebäuden des Nutzers auf Betriebsgrundstücken des Grundstückseigentümers vor.)

● Das Grundprinzip der Sachenrechtsbereinigung besteht darin, einen Interessenausgleich durch Teilung des nach dem Verkehrswert bemessenen Bodenwerts herbeizuführen. Dieses paßt nicht auf die für öffentliche Zwecke verwendeten Grundstücke, die infolge der Widmung dem Markt entzogen sind und keinen Verkehrswert haben.

Hier muß grundsätzlich ein Entschädigungswert gefunden werden.
Dieser kann jedoch so lange nicht festgelegt werden, wie die Grundsätze für eine Entschädigung nach dem Entschädigungsgesetz noch
im Streit sind.

270 Die durch Widmung begründete öffentliche Sachherrschaft an diesen
Grundstücken besteht fort. Ausgeschlossen sind jedoch derzeit noch
Übernahmeansprüche des Grundstückseigentümers. Bis zum Inkrafttreten einer zivilrechtlichen oder öffentlich-rechtlichen Regelung für
den Eigentumsübergang an diesen Grundstücken wird für den Grundstückseigentümer ein Entgelt für die Nutzung seines Grundstücks für
öffentliche Zwecke sowie ein Anspruch auf Freistellung von den Lasten
des Grundstücks begründet (Art. 233 § 2a Abs. 9 EGBGB).

ee) Fortbestehende öffentlich-rechtliche Nutzungsrechte (§ 2 Abs. 1 Nr. 5 SachenRBerG)

271 Die besonderen Rechtsverhältnisse für die Energiefortleitungsanlagen
sind nicht Gegenstand der Sachenrechtsbereinigung. Die bisherigen
Mitbenutzungsrechte bestehen nach dem Einigungsvertrag bis zum
31. 12. 2010 fort.
Eine einheitliche Regelung durch die Begründung von Dienstbarkeiten
wird durch § 8 Grundbuchbereinigungsgesetz herbeigeführt.[128]

ff) Parteivermögen, Kommerzielle Koordinierung (§ 2 Abs. 2 Nr. 1 und Nr. 2 SachenRBerG)

272 Die zu diesem Bereich gehörenden Vermögensgegenstände sind nicht in
die Sachenrechtsbereinigung einbezogen worden, weil hierfür andere
Regelungen gelten, die eine Anwendung der Grundsätze der Sachenrechtsbereinigung ausschließen.

273 Das **Vermögen der Parteien und Massenorganisationen der DDR** ist
durch den Einigungsvertrag einer besonderen Maßgaberegelung unterstellt worden und an diese nur zurückzugeben, wenn es nachweislich
nach materiell-rechtsstaatlichen Grundsätzen im Sinne des Grundgesetzes erworben wurde[129]. Zuwendungen des Staates an Parteien und

---

128 S. Fn. 120.
129 Anlage II Kapitel II Sachgebiet A Abschnitt III Nr. 1 Buchstabe d) zum Einigungsvertrag.

Massenorganisationen der DDR, die in der Regel aufgrund der engen Verbindung oder im Falle der SED der Einheit von Staat und Partei erfolgten, liegen außerhalb einer nach dem Grundgesetz zulässigen Parteienfinanzierung.[130] Alle diese Zuwendungen sind im Interesse der **Herstellung von Chancengleichheit** zwischen der SED, den ehemaligen Blockparteien und den neu gegründeten Parteien, die z. T. in der DDR politisch verfolgt wurden, grundsätzlich zurückzugeben. Insoweit sind auch die Zuwendungen von Nutzungsrechten und Eigentum an Gebäuden im Sinne des Grundgesetzes auf der Nähe der Parteien und Massenorganisationen zum Staat beruhende unberechtigte Vorteilsgewährungen. Ein Ankaufsrecht unter Teilung des Bodenwertes kann hieraus nicht begründet werden.

Alle Unternehmen, die bis zum 31. März 1990 zum Bereich „Kommerzielle Koordinierung" gehört haben, sollen aufgelöst werden.[131] Eine Fortführung der bisherigen Nutzung durch Erbbaurechtsbestellung oder Ankauf von Betriebsgrundstücken ist insoweit gerade nicht beabsichtigt und würde dem Ziel der Auflösung widersprechen. **274**

gg) Regelungen über Mitgliedschaftsrechte (§ 2 Abs. 3 SachenRBerG)

Die Bestimmungen über das Ausscheiden von Mitgliedern aus einer landwirtschaftlichen Produktionsgenossenschaft nach dem 6. Abschnitt des LwAnpG folgen genossenschaftlichen Prinzipien. Das Teilungsprinzip der Sachenrechtsbereinigung ist hiermit unvereinbar. Das Mitglied hat zwar den Boden zur genossenschaftlichen Nutzung eingebracht, aber keinen Bodenwert auf die landwirtschaftliche Produktionsgenossenschaft übertragen.[132] Im Falle der Rückforderung seines Inventarbeitrages oder eines eingebrachten Wirtschaftsgebäudes stehen der landwirtschaftlichen Produktionsgenossenschaft insoweit auch keine Bodenwertanteile zu. Die Bestimmungen des SachenRBerG können insoweit keine Anwendung finden. **275**

---

130 Vgl. BT-Drs. 12/5992, S. 101.
131 Der Grund soll in der mit rechtsstaatlichen Grundsätzen unvereinbaren Geschäftstätigkeit dieser Unternehmen (Waffenhandel, Verkauf angeeigneter Kunstgegenstände und Antiquitäten, Erwirtschaftung von Zwangsvertreterprovisionen, Beschaffung von Embargowerten) liegen – vgl. BT-Drs. 12/5992, S. 101.
132 Vgl. Czub/Rövekamp, OV spezial 14/93, S. 6.

III. Anwendungsbereich der Regelungen über die Bebauung fremder Grundstücke

276　Die in § 1 Abs. 1 Nr. 1 SachenRBerG bezeichneten Rechtsverhältnisse werden in den §§ 4 bis 7 **SachenRBerG** nach der Art der baulichen Nutzung, also nach tatsächlichen Merkmalen, näher beschrieben. Das SachenRBerG regelt danach

- den Eigenheimbau und -erwerb (§ 5 SachenRBerG),

- den staatlichen oder genossenschaftlichen Wohnungsbau auf in Privateigentum befindlichen Grundstücken (§ 6 SachenRBerG) und

- andere bauliche Nutzungen (§ 7 E-SachenRBerG).

277　Der § 7 SachenRBerG erfaßt

- den Wohnungsbau der landwirtschaftlichen Produktionsgenossenschaften,

- den Bau von Wirtschaftsgebäuden durch diese und andere Genossenschaften (z. B. die Konsumgenossenschaften),

- den Bau von Gebäuden durch Vereinigungen und

- schließlich den Bau durch volkseigene Betriebe sowie den Staat – soweit die Gebäude oder baulichen Anlagen nicht zum Verwaltungsvermögen gehören – auf in Privateigentum befindlichen Grundstücken ohne Klärung der Eigentumsverhältnisse.

278　Die wichtigsten **Anwendungsfälle der Sachenrechtsbereinigung** werden in § 5 und in § 7 in Regelbeispielen benannt. Ihr Zweck besteht darin, die Anwendung des Gesetzes zu vereinfachen. Liegt ein solches Regelbeispiel vor, so bedarf es einer Prüfung am allgemeinen Grundprinzip des § 3 Abs. 2 Satz 2 SachenRBerG nicht mehr.

279　In den anderen Fällen einer Bebauung mit Billigung staatlicher Stellen ist im Einzelfall entsprechend dem Grundgedanken der Nachzeichnung zu prüfen, ob nach der Art der Bebauung das Grundstück als Bauland hätte bereitgestellt werden und dem Nutzer ein Nutzungsrecht hätte verliehen oder – in den Fällen der Bebauung durch den Staat – eine Rechtsträgerschaft hätte begründet werden müssen. Diese Entscheidung kann im Einzelfall erhebliche Schwierigkeiten bereiten. Die richtige Lösung setzt beim Rechtsanwender eine profunde Kenntnis des DDR-Rechts voraus. Dieser Nachteil ist der Nachzeichnungslösung immanent. Er muß jedoch in Kauf genommen werden, wenn man nicht über das DDR-Recht hinaus dingliche Belastungen an Grundstücken begründen will.

1. Erwerb und Bau von Eigenheimen (§ 5 SachenRBerG)

§ 5 Abs. 1 Satz 1 SachenRBerG beschreibt die Fallgruppen des Erwerbs und des Baus von Eigenheimen auf fremden Grundstücken.   280

Die Nummern 1 und 2 betreffen die „Normalfälle", in denen eine den Gesetzen der DDR entsprechende Absicherung des Erwerbs oder des Baus des Eigenheimes erfolgt ist. Die Nummer 1 bezeichnet die vollzogenen Gebäudekaufverträge, aus denen selbständiges Eigentum am Gebäude entstanden ist. Die Nummer 2 erfaßt die verliehenen oder zugewiesenen Nutzungsrechte.

In der Nummer 3 werden unter den Buchstaben a bis g atypische – nicht den Regelungen in §§ 287 ff. und §§ 291 ff. ZGB entsprechende – Fallgruppen[133] des Eigenheimbaus in Form gesetzlicher Regelbeispiele für eine Bebauung mit Billigung staatlicher Stellen aufgelistet.   281

● Unter dem Buchstaben a wird der **Bau eines Hauswirtschaftsgebäudes** nach den Musterstatuten der landwirtschaftlichen Produktionsgenossenschaften genannt. Aufgrund der Regelungen in den Musterstatuten, denen Gesetzeskraft zukam und die dementsprechend auch   282

---

133 Die Regelung des ZGB über die Formen der Nutzung durch Bürger (§ 286 Abs. 1) ist nicht vollständig. Die Bestellung von Nutzungsrechten zum Erwerb eines Gebäudes wird nicht erwähnt, obwohl diese Gruppe eine ebenso große Bedeutung hatte, wie die für den Bau eines Gebäudes verliehenen Nutzungsrechte.

Boden- und eigentumsrechtliche Bedeutung hatten zudem die Regelungen in den Musterstatuten für die landwirtschaftlichen Produktionsgenossenschaften über die Errichtung von Hauswirtschaftsgebäuden.

Das ZGB kann daher nicht als eine Kodifikation verstanden werden, die eine umfassende Regelung der zivilrechtlichen Rechtsverhältnisse an den Grundstücken enthält. Das Bodenrecht der DDR wurde entscheidend von öffentlich-rechtlichen Bestimmungen über den Verkauf volkseigener Gebäude, die Verleihung von Nutzungsrechten sowie über die genossenschaftliche Bodennutzung geprägt. Die einschlägigen Bestimmungen waren in Einzelgesetzen verstreut (vgl. dazu auch die Bestandsaufnahme von Brunner, Einleitung zur Textsammlung des Zivilrechts der DDR, München 1977, S. 14 f.).

Die Folge war eine Zersplitterung des Bodenrechts in Einzelgesetze, Verordnungen, Ministerratsbeschlüsse, Rundschreiben der Ministerien an die Räte der Bezirke und der Kreise und anderen Rechtsquellen.

Eine Sachenrechtsbereinigung, die den Beteiligten die Möglichkeit zur Herbeiführung BGB-konformer Rechtsgestaltung eröffnen will, muß auch diese Formen der Bodennutzung berücksichtigen.

im Gesetzblatt veröffentlicht wurden, entstand an den Gebäuden selbständiges Eigentum.[134] Die Fälle, in denen aufgrund des Statuts einer landwirtschaftlichen Produktionsgenossenschaft vom Eigentum am Grundstück getrenntes Eigentum an einem Gebäude entstanden ist, sind in die Sachenrechtsbereinigung einzubeziehen, um die künftige Nutzung fremden Bodens durch Erbbaurechtsbestellung abzusichern oder dem Nutzer einen Erwerb des Grundstücks zu ermöglichen.

283 • Buchstabe b bezeichnet einen hängenden Fall. Hierdurch werden die in § 2 Abs. 2 der **Eigenheimverordnung** und in § 4 der Durchführungsbestimmung zur Eigenheimverordnung genannten Sachverhalte erfaßt. Dieses Beispiel hat für die Sachverhalte Bedeutung, in denen beim Vertragseintritt des Bürgers in die Kredit- und Bauleistungsverträge die Bestellung eines Nutzungsrechts ausgeblieben ist (s. oben Rn. 93).

284 • Buchstabe c erfaßt die **Überlassungsverträge** im Sinne der Begriffsbestimmung in Art. 232 § 1a EGBGB, wenn der Nutzer bauliche Investitionen in dem in § 11 Abs. 1 oder Abs. 2 SachenRBerG bezeichneten Umfang vorgenommen hat (wegen der weiteren Einzelheiten s. oben Rn. 130 bis 142).

285 • Buchstabe d zieht die Bereitstellung von Flächen für den Eigenheimbau auf vertraglicher Grundlage, die Gemeinden von den landwirtschaftlichen Produktionsgenossenschaften als Bauland übertragen worden sind, in die Sachenrechtsbereinigung ein (s. oben Rn. 78 bis 81).

286 • Buchstabe e erfaßt **die zu Wohnzwecken dienenden Gebäude**, die auf der Grundlage eines Nutzungsvertrages zur Erholung nach §§ 312 ff. ZGB errichtet worden sind (s. dazu oben Rn. 82 bis 85). Die Gebäude müssen nach ihrer Bausubstanz und ihrer Erschließung zum dauernden Wohnen geeignet sein und vor dem Beitritt auch zu diesem Zweck genutzt worden sein.

287 Ist der Nutzer erst nach dem Beitritt in eine bis dahin als Ferien- oder Wochenendhaus oder zur kleingärtnerischen Bewirtschaftung genutzte Baulichkeit eingezogen, so liegt kein Eigenheimbau in der DDR vor, der allein

---

134 Nr. 69 des Musterstatutes für landwirtschaftliche Produktionsgenossenschaften – Typ III – v. 9. April 1959 (GBl. I Nr. 26 S. 350).

Gegenstand der Sachenrechtsbereinigung ist.[135] Die Nutzung zu Wohnzwekken beruht dann nicht auf einer in der DDR mit Billigung staatlicher Stellen begründeten Befugnis, diese Baulichkeit fortan als Eigenheim zu Wohnzwekken zu nutzen.

In der DDR hätte eine solche mit einer Baugenehmigung erfolgte Umwidmung die staatlichen Stellen nach den Bestimmungen der Eigenheimverordnung dazu veranlassen müssen, nunmehr die rechtlichen Grundlagen der Nutzung des Bodens so anzupassen, daß ein Nutzungsrecht bestellt und Gebäudeeigentum am Eigenheim des Nutzers entstehen kann.

Eine staatlich gelenkte Bodennutzung gibt es nach dem Beitritt nicht mehr. Eine Gleichbehandlung mit den in der DDR errichteten Eigenheimen wäre deshalb nicht gerechtfertigt. Die Bodenwertteilung beruht darauf, daß aufgrund der Art der Bebauung und ihrer Nutzung (eventuell nach Überführung des Grundstücks in das Volkseigentum) ein Nutzungsrecht hätte verliehen werden müssen. Dies war, wenn die Nutzungsänderung erst nach dem Beitritt erfolgt ist, nicht mehr möglich. Die Rechte der Beteiligten (Grundstückseigentümer und Nutzer) werden nunmehr allein durch den Vertrag bestimmt, der eine solche Nutzung verbietet. Die Umwidmung einer solchen Baulichkeit zu Wohnzwecken ist daher eine vertragswidrige Nutzung. Diese ist allein aus sozial- und wohnungspolitischen Gründen unter bestimmten Voraussetzungen zu schützen.[136]

● Buchstabe f betrifft den Bau von Eigenheimen auf der Grundlage sog. **Bodennutzungsscheine** auf kohlehaltigen Bodenflächen. Diese Fallgruppe ist erst in den Beratungen der Ausschüsse des Deutschen Bundestages in den Gesetzentwurf aufgenommen worden. Bei diesen Bodenbenutzungsscheinen handelt es sich um eine Sonderform eines Nutzungsrechts auf im staatlichen Bodenfonds verbliebenen Grundstücken.[137]   **288**

● Buchstabe g enthält den allgemeinen **Auffangtatbestand** für die hängenden Fälle. Die Bestimmung ist nach dem Ergebnis der Beratungen in den Ausschüssen des Bundestages ergänzt worden. Die Vorschrift erfaßt nur diejenigen mit Billigung staatlicher Stellen errichteten Eigenheime, für die nach den Rechtsvorschriften der DDR ein Nut-   **289**

---

135 Die Gruppe PDS/Linke Liste hatte im Rechtsausschuß den Antrag gestellt, auch die Fälle in die Sachenrechtsbereinigung einzubeziehen, in denen das Gebäude in angemessener Zeit zu einem Dauerwohnsitz umgebaut und ausgestattet werden kann (vgl. BT-Drs. 12/7425, S. 62). Der Antrag wurde von den Fraktionen der Regierungskoalition und der SPD abgelehnt.

136 Das Schuldrechtsanpassungsgesetz enthält für diese Fälle in § 24 eine auf § 556a BGB verweisende Härteklausel, die dem Nutzer die Möglichkeit eröffnet, in dem Wochenendhaus so lange wohnen zu können, bis Ersatzwohnraum beschafft werden kann (vgl. BT-Drs. 8038).

137 Vgl. BT-Drs. 12/7425, S. 62.

zungsrecht hätte bestellt werden müssen. Die Ergänzung bringt das Grundprinzip der Nachzeichnung der rechtlichen Bestimmungen der DDR besonders zum Ausdruck.[137]

● Die vertraglichen **Nutzungen** von Gebäuden **aufgrund eines Miet- oder Pachtvertrages** aufgrund einer Zuweisung nach der **Wohnraumlenkungsverordnung** sind danach kein Gegenstand der Sachenrechtsbereinigung, und zwar auch dann nicht, wenn der Mieter oder Pächter die Bewohnbarkeit des Gebäudes vor dem Bezug erst herstellen oder ein bisher nicht zu Wohnzwecken dienendes Gebäude in ein Wohnhaus umbauen mußte.[137]

290   § 5 Abs. 2 SachenRBerG enthält eine **Begriffsbestimmung für die Eigenheime.** Nach § 1 Abs. 2 der Durchführungsbestimmung zur Eigenheimverordnung waren in der DDR auch Zweifamilienhäuser Eigenheime. Der Begriff des Eigenheimes war in der DDR insoweit weiter gefaßt als in den alten Ländern, wo nach § 9 Abs. 1 des Zweiten Wohnungsbaugesetzes unter Eigenheimen nur Einfamilienhäuser zu verstehen sind.

2. Staatlicher und genossenschaftlicher Wohnungsbau (§ 6 SachenRBerG)

291   Nach dem Recht der DDR waren die für diese Zwecke verwendeten Grundstücke in der Regel durch Kauf oder Enteignung in das Volkseigentum – ausnahmsweise nach § 13 Abs. 2 Baulandgesetz auch in das Eigentum von Genossenschaften oder gesellschaftlichen Organisationen – zu überführen. Soweit dies erfolgt ist, ist das SachenRBerG nicht anzuwenden, was in § 1 Abs. 3 SachenRBerG klargestellt worden ist. Gegenstand der Sachenrechtsbereinigung sind insoweit nur die Bebauungen in Privateigentum verbliebener Grundstücke, die aufgrund Nutzungsvertrag oder nur aufgrund staatlicher Investitionsentscheidungen ohne Regelung der Eigentumsverhältnisse an Grund und Boden erfolgt sind. Diese Fallgruppen werden in § 6 Nr. 1 und Nr. 2 SachenRBerG benannt.

---

137 Vgl. BT-Drs. 12/7425, S. 62.

3. Andere bauliche Nutzungen (§ 7 SachenRBerG)

Die dem Recht der DDR entsprechenden „Normalfälle" werden in Absatz 2 Nr. 1, Nr. 3 1. Alt., Nr. 4 und Nr. 5 genannt. Dies sind bauliche Nutzungen 292

● aufgrund eines an eine Genossenschaft oder eine Vereinigung als gesellschaftliche Organisation nach § 1 des Nutzungsrechtsgesetzes verliehenen Nutzungsrechts,

● in Privateigentum stehende Grundstücke aufgrund Vertrags durch vormals im Register der volkseigenen Wirtschaft eingetragene Betriebe oder staatliche Stellen,[138] die nach § 459 Abs. 1 Satz 1 ZGB zur Entstehung selbständigen Volkseigentums am Gebäude oder der baulichen Anlage führten, oder

● aufgrund des gesetzlichen Bodennutzungsrechts durch die landwirtschaftlichen Produktionsgenossenschaften, die nach § 27 LPG-Gesetz 1982 (zuvor: § 13 LPG-Gesetz 1959) zur Entstehung selbständigen genossenschaftlichen Eigentums am Gebäude oder der baulichen Anlage führten.

Mit den in den Nummern 2, 3 2. Alt., 6 und 7 genannten Fallgruppen werden im wesentlichen „hängende" Fälle erfaßt. Dies sind die Bebauungen 293

● mit anschließender Übertragung einer Rechtsträgerschaft auf eine Genossenschaft oder eine Vereinigung, wenn der Bau des Gebäudes ganz oder überwiegend mit eigenen Mitteln der Genossenschaft oder der Vereinigung finanziert worden ist (s. oben Rn. 99 bis 104),

● volkseigener Grundstücke durch private Handwerker und Gewerbetreibende (s. oben Rn. 60 und 74),

● durch staatliche Stellen, wenn die Gebäude nicht unmittelbar Verwaltungsaufgaben dienen oder in einem nach einer einheitlichen Bebauungskonzeption überbauten Gebiet belegen sind, durch vormals volkseigene Betriebe oder Genossenschaften (s. oben Rn. 105).

---

138 Das SachenRBerG erfaßt nur die Gebäude, die nicht unmittelbar Verwaltungsaufgaben dienen oder in einem nach einer einheitlichen Bebauungskonzeption überbauten Gebiet gelegen sind, andernfalls ist das SachenRBerG aufgrund des in § 2 Abs. 1 Nr. 4 bestimmten Ausschlusses nicht anwendbar.

IV. Die Ermittlung des Bodenwertes (§§ 19, 20 SachenRBerG)

294   Die Regelungen über die Ermittlung des Bodenwertes gehören zu den zentralen Bestimmungen des Gesetzes. Das Teilungsprinzip beruht auf dem Gedanken, daß die Bodenwerte, die durch Einführung der Marktwirtschaft entstanden sind, je zur Hälfte dem Nutzer und dem Grundstückseigentümer gebühren. Dieses Prinzip setzt voraus, daß der Verkehrswert als Bemessungsgrundlage von Erbbauzins und Ankaufspreis bestimmt wird. Die Wertsteigerung wird nur dann erfaßt, wenn der Zeitpunkt der Wertermittlung auf den Abschluß des Geschäfts zwischen den Beteiligten bezogen wird.

Die erste Aufgabe der gesetzlichen Regelungen zur Bodenwertermittlung besteht mithin darin, diesen Wert möglichst zutreffend zu erfassen.

295   Eine **Wertermittlung durch Gutachten** kann zu einer erheblichen Belastung für die Betroffenen führen. Diese Belastungen sollen jedoch möglichst gering gehalten werden. Die Sachenrechtsbereinigung betrifft zudem mehrere Hunderttausend Gebäude, für die in relativ kurzer Zeit eine Bereinigung der Rechtsverhältnisse an den betroffenen Grundstücken erfolgen muß. Die Zahl der Sachverständigen für Grundstücksbewertungen in den neuen Ländern ist begrenzt.

296   Die zweite Aufgabe der gesetzlichen Regelungen liegt daher in der **Vereinfachung der Wertermittlung**, die entweder ohne Gutachten auskommt oder die Erstellung der Gutachten erleichtert. Hierfür sind pauschalierende Regelungen unvermeidlich; der Verlust an Einzelfallgerechtigkeit beim Vorliegen atypischer Verhältnisse muß dafür hingenommen werden.

297   Schließlich ist der so gefundene **Wert zu bereinigen:**

- einerseits wegen der Wertsteigerungen, die durch Aufwendungen eingetreten sind, die der Nutzer erbracht hat oder ihm zugerechnet werden müssen,

- andererseits wegen der Wertminderung des Grundstücks, die auf wertlos gewordenen baulichen Investitionen des Nutzers beruhen, soweit ihm diese zugerechnet werden müssen.

Die dritte Aufgabe der Regelungen über die Wertermittlung besteht daher in der sachgerechten Bereinigung des Verkehrswertes.

1. Grundsätze (§ 19 SachenRBerG)   ▷ *Kethehurvat*

a) Bodenwert und Wertermittlungszeitpunkt (§ 19 Abs. 1 SachenRBerG)

§ 19 Abs. 1 SachenRBerG bestimmt zunächst, daß der Bodenwert Bemessungsgrundlage ist. Das Teilungsprinzip ist nur auf den Bodenwert anzuwenden, da nur dort eine Beteiligung beider Seiten (durch Nutzungsrecht oder eine vergleichbare Berechtigung und durch das Eigentum am Grundstück) an den durch den Beitritt und die Einführung der Marktwirtschaft entstandenen Werten begründet werden kann.

298

Der Wert des vom Nutzer errichteten Gebäudes beruht auf der baulichen Investition; eine der Belastung des Grundstücks vergleichbare Belastung am Gebäude besteht nicht. Eine Teilung der Wertveränderungen am Gebäude kann es insoweit nicht geben. Gleiches muß auch dann gelten, wenn dem Nutzer ein vom Grundstückseigentümer errichtetes Gebäude zur Nutzung überlassen worden ist. Bei den Überlassungsverträgen ist deshalb eine volle Verzinsung des Gebäuderestwertes (§ 45 Abs. 1 SachenRBerG) oder eine Kaufpreisbemessung unter Hinzurechnung des (ungeteilten) Restwertes des Gebäudes (§ 74 Abs. 1 SachenRBerG) vorzunehmen.

299

Der Wertermittlungsstichtag ist auf den Zeitpunkt der Abgabe eines Vertragsangebotes festzulegen.

300

Der Zweck der Regelung besteht darin, einerseits den Zeitpunkt möglichst nah an den Zeitpunkt des Leistungsaustausches zu legen, andererseits den Beteiligten auch keinen Anreiz zu Manipulationen durch Verzögerung des Vertragsabschlusses zu geben.[139]

b) Verkehrswert, Baulandqualität (§ 19 Abs. 2 Sätze 1 und 2 sowie Abs. 5 SachenRBerG)

Der Bodenwert ist nach dem Verkehrswert zu bestimmen. Das ist nach der Begriffsbestimmung in § 194 des Baugesetzbuchs (im folgenden: BauGB), auf die das Gesetz Bezug nimmt, der Preis, der nach den rechtlichen Gegebenheiten und den tatsächlichen Eigenschaften, der sonstigen Beschaffenheit und Lage des Grundstücks ohne Rücksicht auf ungewöhnliche oder persönliche Verhältnisse zu erzielen wäre. Die Anbindung der Bemessungsgrundlage für Erbbauzins und Ankaufspreis an

301

---

139 Vgl. BT-Drs. 12/5992, S. 118.

den Marktpreis stellt sicher, daß zwischen Nutzer und Grundstückseigentümer der tatsächlich entstandene Wert geteilt wird.

302   Der Bodenwertbestimmung wird grundsätzlich der **Wert eines unbebauten, baureifen Grundstücks** zugrunde gelegt.

Baulandqualität nach § 4 Abs. 4 der Wertermittlungsverordnung ist der Bewertung deshalb zugrunde zu legen, weil der Nutzer das Grundstück zur Bebauung zugewiesen bekommen und mit Billigung staatlicher Stellen bebaut hat.[140] Die Bewertung hat deshalb von nach öffentlich-rechtlichen Bestimmungen baulich nutzbarem baureifem Land auszugehen.

303   Der **Bodenwert** eines vergleichbaren unbebauten Grundstücks ist der Bewertung grundsätzlich deshalb zugrunde zu legen, weil Gegenstand der Teilung nur der Wert von Grund und Boden ist, der in der Regel von der Art und der Qualität der aufstehenden Bebauung unabhängig ist. Dies gilt jedenfalls dann, wenn keine öffentlich-rechtlichen Nutzungsbeschränkungen bestehen und der Bodenwert auch nicht durch Kosten eines Abrisses, der zur wirtschaftlichen Nutzung des Grundstücks überhaupt oder zur Herbeiführung einer höherwertigen Nutzung erforderlich ist, gemindert wird.[141]

304   Der Bodenwert ist nach § 19 Abs. 5 SachenRBerG zum Zwecke der Verfahrensvereinfachung grundsätzlich nach den Bodenrichtwerten zu bestimmen. **Bodenrichtwerte** sind durchschnittliche Lagewerte für den Boden, die nach § 196 Abs. 1 Satz 1 BauGB für jedes Gemeindegebiet aufgrund der von den Gutachterausschüssen zu führenden Kaufpreissammlungen aufzustellen sind. Eine hiervon abweichende Wertermittlung durch Gutachten kann verlangt werden, wenn Anhaltspunkte dafür vorliegen, daß die Bodenrichtwerte nicht (mehr) den tatsächlichen Marktverhältnissen entsprechen oder aufgrund atypischer Lage oder

---

140   Wenn im Einzelfall nachgewiesen werden kann, daß die Bebauung ohne Bauzustimmung oder gar gegen den Widerspruch staatlicher Stellen errichtet worden ist, liegt eine Billigung staatlicher Stellen nicht vor, die grundsätzlich Anspruchsvoraussetzung ist.

141   Die Frage, inwieweit die Ertragslage des aufstehenden Gebäudes in den genannten Fällen überhaupt eine Minderung des Bodenwertes herbeiführen kann, ist strittig. Die Wertermittlung nach dem SachenRBerG sollte hiervon – soweit möglich – losgelöst werden, zumal die Ertragslage des aufstehenden Gebäudes dem Grundstückseigentümer nicht zugerechnet werden kann. Diese Erwägungen waren u. a. Anlaß für die Änderung des § 20 Abs. 2 und Abs. 3 SachenRBerG in den Beratungen im Bau- und im Rechtsausschuß des Bundestages, der die Bewertung der für den staatlichen oder genossenschaftlichen Wohnungsbau verwendeten Grundstücke betrifft.

Beschaffenheit des Grundstücks für die Ermittlung des Wertes ungeeignet sind.

c) Abzug für Aufwendungen zur Baureifmachung (§ 19 Abs. 2 Satz 3 Nr. 1, Abs. 3 SachenRBerG)

Erhöhungen des Bodenwerts, die der Nutzer durch eigene Investitionen oder Arbeit herbeigeführt hat, sind ihm zu belassen. Sie können nicht Gegenstand der Teilung zwischen ihm und dem Grundstückseigentümer sein.

305

Die Werterhöhung, die infolge der Bebauung durch den Nutzer und die damit verbundene notwendige Erschließung des Grundstücks eingetreten ist, ist ebenfalls von dem Wert des baureifen Grundstücks abzuziehen. Ein Erschließungsbeitragsrecht gab es in der DDR allerdings nicht. Die Erschließung, die in der Regel nicht die in den alten Ländern übliche Qualität hat, wurde vom Staat meist kostenlos erbracht. Diese Maßnahmen zur **Erschließung des Grundstücks** stehen jedoch mit der Bebauung durch den Nutzer in einem unmittelbaren Zusammenhang, was ihre Zuordnung zu dem Bauvorhaben des Nutzers und damit den Abzug der erschließungsbedingten Werterhöhung vom Bodenwert rechtfertigt.[142] Eine Trennung zwischen der auf staatlichen Erschließungsmaßnahmen und der auf Eigenleistungen des Nutzers bedingten Werterhöhung hätte zudem in der Wertermittlungspraxis erhebliche Schwierigkeiten bereitet, da sich die jeweiligen Leistungen wie die dadurch bedingten Werterhöhungen nur schwer voneinander abgrenzen und in ihrer Höhe bewerten lassen.

306

Die durch diese Maßnahme eingetretene Werterhöhung ist mit **pauschalen**, nach Gemeindegrößenklassen bemessenen **Abzügen** zu berücksichtigen (§ 19 Abs. 3 SachenRBerG).

307

Diese Regelung ist nach den Beratungen in den Ausschüssen des Bundestages in das Gesetz aufgenommen worden. Der Regierungsentwurf sah noch eine auf den Einzelfall bezogene Ermittlung des anteiligen Vermessungs- und Erschließungsaufwands vor, wobei Vorschriften zur Ermittlung dieses Aufwands in einer vom Bundesministerium für Raumordnung, Bauwesen und Städtebau mit Zustimmung des Bundesrates zu erlassenden Rechtsverordnung ausgegeben werden sollten (§ 20 Nr. 2 Reg.Entwurf-BT-Drs. 12/5992, S. 21).

---

142 Vgl. BT-Drs. 12/5992, S. 119.

d) Abzug für Wertminderung durch die Belastung mit Abbruchkosten (§ 19 Abs. 2 Satz 3 Nr. 2 und Abs. 4 SachenRBerG)

308   Die gesetzliche Regelung beruht auf dem Grundgedanken, daß der Nutzer das Gebäude oder die bauliche Anlage rechtmäßig errichtet hat und deshalb gegenüber dem Grundstückseigentümer grundsätzlich zur Beseitigung nicht verpflichtet ist. Eine durch die Bebauung eingetretene Minderung des Bodenwertes ist grundsätzlich nicht vom Nutzer auszugleichen. Dies gilt auch dann, wenn das Gebäude oder die bauliche Anlage wegen der infolge des Beitritts eingetretenen wirtschaftlichen Veränderungen nicht mehr genutzt werden kann und der Abbruch deshalb zur ordnungsgemäßen Bewirtschaftung des Grundstücks erforderlich ist.[143]

309   Eine durch die **Belastung mit Abbruchkosten** eingetretene Minderung des Werts des Grundstücks ist allerdings ein Faktor, der die Wertentwicklung des Grundstücks negativ beeinflußt. Bliebe die aus der Belastung des Grundstücks mit Abbruchkosten eingetretene Wertminderung unberücksichtigt, so käme man zu einem Bodenwert, der dem Marktwert des Grundstücks nicht entspräche. Eine Preisbemessung nach diesem Wert würde dem Grundsatz der Teilung der tatsächlich vorhandenen Bodenwerte widersprechen.[144]

310   Der Abzug darf jedoch nur bis zum Doppelten desjenigen vorgenommen werden, was der Grundstückseigentümer als Entschädigung nach dem noch zu erlassenden Entschädigungsgesetz erhielte (§ 19 Abs. 4 Satz 1 in Verb. mit § 82 Abs. 5 SachenRBerG). Durch den Teilungsgrundsatz erhält der Grundstückseigentümer danach mindestens einen (hälftigen) Erbbauzins nach dem verdoppelten Entschädigungswert[145] oder einen Kaufpreis in Höhe des Entschädigungswerts. Der Zweck der Regelung besteht darin, dem Grundstückseigentümer mindestens einen Anspruch auf diesen Betrag zu erhalten. Der Grundstückseigentümer soll nicht schlechter gestellt werden, als er im Falle entschädigungsloser Enteignung stehen würde. Dieser Betrag ist der Mindeststandard, der

143 Vgl. BT-Drs. 12/5992, S. 162.
144 Vgl. BT-Drs. 12/5992, S. 119.
145 Die Verzinsung extrem geringer, bis auf den doppelten Entschädigungswert verminderter Bodenwerte kann allerdings auch in diesen Fällen nicht eintreten. Die Bestellung eines Erbbaurechts kann der Nutzer auch dann nur verlangen, wenn die Bemessungsgrundlage für die Verzinsung die in § 14 Abs. 2 SachenRBerG genannten Beträge übersteigt.

auch für den Interessenausgleich zwischen Grundstückseigentümer und Nutzer als Untergrenze festgesetzt werden soll.[146]

Ein Abzug wegen einer Minderung des Bodenwertes durch die Bela-   311
stung mit den Kosten, die durch Abbruch des Gebäudes oder der baulichen Anlage entstehen werden, ist dagegen nicht vorzunehmen, wenn die Notwendigkeit des alsbaldigen Abbruchs auf unterlassener Gebäudeinstandhaltung beruht oder der Nutzer sich vertraglich zum Abbruch verpflichtet hatte (§ 19 Abs. 4 Satz 2 SachenRBerG). Der Abzug soll für die Beteiligten zufällige Wertminderungen ausgleichen (z. B. weil ein Gebäude infolge des durch den Beitritt bewirkten Strukturwandels nicht mehr wirtschaftlich sinnvoll genutzt werden kann), jedoch keine Entlastung bei Verstößen gegen eigene Belange oder gar bei Vertragsverletzungen bewirken.

Der Nutzer, der das Gebäude durch unsachgemäße Behandlung (z. B. durch Unterlassen der Beseitigung von Bauschäden usw.) hat verfallen lassen, soll sich daraus keinen Vorteil bei der Bestellung eines Erbbaurechts oder dem Ankauf des Grundstücks verschaffen können. Der Verstoß gegen solche Obliegenheiten soll bei der Zins- oder Kaufpreisbemessung nicht zu einem Nachteil für den Grundstückseigentümer führen.

2. Wertermittlung in besonderen Fällen (§ 20 SachenRBerG)

a) Für den Wohnungsbau verwendete Grundstücke (§ 20 Abs. 2 SachenRBerG)

Nach § 20 Abs. 2 SachenRBerG ist für die Bestimmung des Bodenwerts   312
eines im staatlichen oder genossenschaftlichen Wohnungsbau verwendeten Grundstücks nicht die für das Gebiet baulich zulässige Nutzung, sondern die vorhandene Bebauung und Nutzung maßgeblich. Da eine andere Nutzung des Grundstücks aufgrund öffentlich-rechtlicher Bestimmungen über die Zweckentfremdung von Wohnraum in der Regel nicht in Betracht kommt, ist bei der Wertermittlung zu prüfen, ob die vorhandene Wohnbebauung nicht zu einer Minderung des Bodenwerts führt. Es wird danach zu prüfen sein, ob sich der für ein unbebautes

---

146 Vgl. BT-Drs. 12/7425, S. 79.

Grundstück ermittelte Bodenwert ermäßigen würde, wenn auf dem Grundstück nur die vorhandene Wohnbebauung zulässig wäre.[147]

b) Im komplexen Wohnungsbau oder im Siedlungsbau verwendete Grundstücke (§ 20 Abs. 3 SachenRBerG)

313   Nach § 20 Abs. 3 SachenRBerG gilt für Grundstücke, die im komplexen Wohnungsbau oder Siedlungsbau bebaut und für

- den staatlichen oder genossenschaftlichen Wohnungsbau,

- den Bau von Gebäuden und Anlagen, die öffentlichen Zwecken gewidmet sind und unmittelbar Verwaltungsaufgaben dienen, sowie

- die Errichtung der im Gebiet belegenen Maßnahmen der Infrastruktur verwendet worden sind,

zur Ermittlung des Bodenwertes eine von den allgemeinen Grundsätzen abweichende Regelung. Es wird der Wert eines im Gebiet belegenen, unbebauten baureifen Grundstücks ermittelt und hiervon eine **Pauschale von einem Drittel** abgezogen (§ 19 Abs. 3 Satz 2 SachenRBerG). Die Pauschale soll verschiedene, rechnerisch schwer erfaßbare Faktoren berücksichtigen. Der Abzug soll vor allem die durch die Maßnahmen

---

147 Eine Berücksichtigung anderer Umstände soll es bei der Ermittlung des Bodenwerts nicht geben. Der Regierungsentwurf sah eine Wertermittlung unter Berücksichtigung der Bauweise und des baulichen Zustands des Gebäudes sowie der eingeschränkten Ertragsfähigkeit des Grundstücks vor. Das Konzept ist in den Beratungen des Ausschusses für Raumordnung, Bauwesen und Städtebau abgelehnt worden. Das hätte die Wertermittlung mit unsicheren Prognosen über die künftige Mietenentwicklung belastet. Bei einer längeren Restnutzungsdauer des Gebäudes führt eine befristete Begrenzung der Mieteinnahmen zu keiner wesentlichen Beeinträchtigung des Ertragswertes. Bei einer kurzen Restnutzungsdauer führt eine solche Mietzinsbegrenzung zwar zu einer erheblichen Beeinträchtigung des Ertragswertes des Gebäudes. Diese schlägt meist jedoch nicht auf den Bodenwert durch, wenn mit einer baldigen Freilegung des Grundstücks für eine höherwertige Nutzung zu rechnen ist.

Auch die Frage, wie sich ein hoher Instandhaltungsaufwand für das Gebäude auf den Bodenwert auswirkt, wäre nur schwer festzustellen gewesen und hätte in der Praxis voraussichtlich zu zahlreichen Streitigkeiten geführt. Das Ergebnis der Beratungen im Ausschuß für Raumordnung, Bauwesen und Städtebau bestand darin, auf eine solch unsichere Bewertung zu verzichten (vgl. BT-Drs. 12/7425, S. 67 ff.). Das Ergebnis der Beratungen ist die Regelung in § 20 Abs. 2 und 3 SachenRBerG.

Eine Bestimmung des Bodenwertes für den Wohnungsbau nach DDR-Entschädigungswerten – wie sie von Verbänden der Wohnungswirtschaft gefordert worden ist – ist im übrigen von keiner Fraktion oder Gruppe beantragt worden. Dies hätte letztlich zu einer nachträglichen Privilegierung auch nach dem DDR-Recht unzulässiger baulicher Inanspruchnahmen fremder Grundstücke geführt.

der Infrastruktur, die Bebauung des Gebiets und durch die Bodenneuordnung herbeigeführten Bodenwertsteigerungen ausgleichen.[148]
Die gebietsbezogene Bebauung hat die bisherigen Verhältnisse in dem betroffenen Gebiet grundlegend umgestaltet. Die Eigentumsverhältnisse an diesen
Grundstücken müssen nach den tatsächlichen Nutzungsverhältnissen neu geordnet werden, die durch die gebietsbezogene Überbauung eingetreten sind. Dies
macht in der Regel eine **Bodensonderung** erforderlich. Die Grundstücke erfahren
hierdurch in der Regel wie in einem Umlegungsverfahren eine Wertsteigerung.
Diese soll mit dem Abzug pauschal ausgeglichen werden.

Mit dem Abzug sollen zugleich Beeinträchtigungen im Wert der für die genannten Zwecke verwendeten Grundstücke ausgeglichen werden.[149]

c) Bewertungsvorschriften für die Bodenneuordnung nach dem BoSoG (§ 20 Abs. 4 bis 6 SachenRBerG)

Die Regelungen in § 20 Abs. 4 bis 6 SachenRBerG ergänzen die Bestimmung über die Bemessung der Entschädigungs- und Ausgleichsleistungen in § 15 BoSoG.

314

§ 20 Abs. 4 Satz 1 SachenRBerG schreibt eine einheitliche Bemessung
der Entschädigung für alle Grundstückseigentümer, die im Verfahren
einen Rechtsverlust erleiden, nach dem durchschnittlichen Bodenwert
aller im Plangebiet belegenen Grundstücke vor. Die Verweisung in § 20

---

148 Vgl. BT-Drs. 12/7425, S. 68.
149 Dieser Gesichtspunkt dürfte aus den zu § 20 Abs. 2 SachenRBerG ausgeführten Gründen allerdings für sich allein kaum tragfähig sein. Die Berechtigung eines Abzugs von
einem Drittel für die im staatlichen oder genossenschaftlichen Wohnungsbau verwendeten Grundstücke läßt sich rechnerisch nicht darstellen. Bei den für öffentliche
Zwecke verwendeten Grundstücken stehen die Grundlagen für die Bewertung dieser
Grundstücke nicht fest. Eine Bestimmung des Bodenwertes nach Entschädigungswerten – wie sie in § 19 Abs. 3 des Regierungsentwurfs vorgesehen war – ist nicht Gesetz
geworden.
Die Pauschalierung und eine möglichst einheitliche Bewertung sind jedoch aus einem
anderen Grunde geboten. Sie schafft erst die Voraussetzungen für eine einheitliche
Bemessung der Entschädigungen für den Rechtsverlust in den Bodensonderungsver-
fahren. In den Verfahren nach § 1 Nr. 3 und Nr. 4 BoSoG soll es eine einheitliche Entschädigung nach dem durchschnittlichen Bodenwert der im Plangebiet belegenen
Grundstücke für diejenigen Grundstückseigentümer geben, die infolge der Durchfüh-
rung des Verfahrens einen Rechtsverlust erleiden (§ 15 Abs. 1 BoSoG, § 20 Abs. 4
SachenRBerG). Eine solche einheitliche Entschädigung gleicht für die betroffenen
Grundstückseigentümer zufällige Unterschiede nach der Art der Bebauung ihrer
Grundstücke aus. Eine solche Bemessung der Entschädigungsleistungen wird jedoch
nur dann vertretbar, wenn die Entschädigung für den jeweils betroffenen Grundstücks-
eigentümer nicht zu oft und zu weit von dem Entgelt abweicht, das dieser im Falle des
Ankaufs seines Grundstücks durch den Nutzer nach dem SachenRBerG erhielte, wo
grundsätzlich jedes Grundstück einzeln bewertet werden muß.

Abs. 3 Satz 2 SachenRBerG auf § 68 SachenRBerG stellt klar, daß die Entschädigung nach der Hälfte dieses durchschnittlichen Bodenwerts zu bemessen ist.

315 § 20 Abs. 5 SachenRBerG betrifft die im Gebiet belegenen nicht bebauten und selbständig baulich nutzbaren Grundstücke. Diese sind nicht in die Ermittlung des durchschnittlichen Bodenwerts einzubeziehen. Soweit der Eigentümer im Verfahren einen Rechtsverlust erleidet, bestimmt sich seine Entschädigung nach den Regelungen des Baugesetzbuchs über die Umlegung (§ 20 Abs. 5 Satz 2 SachenRBerG, § 15 Abs. 2 BoSoG, § 59 Abs. 5 BauGB).

316 Die **Entschädigungsleistungen** sind nach § 15 Abs. 5 BoSoG anteilig auf die (neuen) Eigentümer der im Gebiet belegenen Grundstücke umzulegen (Ausgleichspflichten). Die Zahlungspflicht bestimmt sich nach dem Verhältnis der dem Grundstückseigentümer gehörenden Fläche zu der Fläche des Gebietes des Sonderungsplanes. Dieses führt zu einer einheitlichen Bemessung der Ausgleichspflichten nach den durchschnittlichen Bodenwerten. Bei dieser Bemessung der Ausgleichspflichten bleibt unberücksichtigt, daß der Bodenwert der Grundstücke trotz der in § 20 Abs. 3 SachenRBerG vorgesehenen Pauschalierung unterschiedlich sein kann.[150] § 20 Abs. 5 SachenRBerG begründet für den Träger der Sonderungsbehörde die Verpflichtung, eine Ausgleichsabgabe von denjenigen zu erheben, die durch die einheitlich bemessene Aufbringung der Mittel für die Entschädigungsleistungen Vorteile erlangt haben. Die Einnahmen aus den Ausgleichsleistungen sind an diejenigen auszukehren, die hierdurch Nachteile erlangt haben. Über die Ausgleichsabgaben kann außerhalb des Sonderungsverfahrens entschieden werden. Sie sind jedoch spätestens ein Jahr nach der Bestandskraft des Sonderungsbescheids festzusetzen.

---

150 Die in einem solchen Gebiet belegenen Grundstücke sind nicht nach § 20 Abs. 3 SachenRBerG, sondern nach § 19 SachenRBerG zu bewerten, wenn sie zum Bau von Wirtschaftsgebäuden oder von Eigenheimen verwendet worden sind. Bei diesen Nutzern wäre ein pauschaler Abzug von einem Drittel des Bodenwertes aus den in § 20 Abs. 3 Satz 2 SachenRBerG genannten Erwägungen nicht gerechtfertigt.

Die auf die Erschließung eines ganzen Gebiets bezogenen Maßnahmen des Staates können nicht allein den Nutzern zugerechnet und durch einen Pauschalabzug von einem Drittel berücksichtigt werden. Die Nutzung der Fläche zu diesen Zwecken mindert zudem in der Regel auch nicht den Bodenwert des Grundstücks, das dem Nutzer im Wege der Bodensonderung als Eigentum zugeteilt wird.

V. Rechtsinstitute der Sachenrechtsbereinigung

1. Die Entscheidung für das duale System aus Erbbaurecht und Ankaufsrecht

a) Das duale System (§§ 13 bis 15 SachenRBerG)

aa) Inhalt des dualen Systems

Die Sachenrechtsbereinigung kann durch Bestellung eines Erbbaurechts oder durch den Ankauf des Grundstücks erfolgen. Das Wahlrecht hat grundsätzlich der Nutzer (§ 15 Abs. 1 SachenRBerG). | 317

Der durch administrative **Zuweisung einer Nutzungsbefugnis** entstandene Interessengegensatz zwischen dem Nutzer und dem Grundstückseigentümer soll in der Weise aufgelöst werden, daß entweder jeder Beteiligte seine Rechte am Grundstück behält, die künftige Nutzung jedoch in den Formen des Bürgerlichen Rechts nach marktwirtschaftlichen Grundsätzen erfolgt oder ein Beteiligter durch Verkauf seine Rechte am Grundstück oder am Gebäude verliert, dafür jedoch ein Entgelt in Höhe der Hälfte des nach dem Verkehrswert zu bemessenden Bodenwerts erhält.

- Im Falle der **Bestellung eines Erbbaurechts** bleibt es insoweit bei dem vorgefundenen Zustand, als auch nach der Sachenrechtsbereinigung zwei Rechte an einem Grundstück fortbestehen: Das zugunsten des Nutzers bestellte Erbbaurecht und das Eigentum am Grundstück. Die durch staatliche Verleihung oder Zuweisung eines Nutzungsrechts entstandenen Rechtsverhältnisse am Grundstück werden durch das Erbbaurecht ersetzt, wobei den veränderten Verhältnissen durch ein Nutzungsentgelt Rechnung getragen wird. | 318

- Das **Ankaufsrecht** löst dagegen den vorgefundenen Gegensatz der am Grundstück bestehenden Rechte auf. Eine Seite (in der Regel der Grundstückseigentümer, unter den in § 81 Abs. 1 Satz 1 Nr. 1 bis 4 SachenRBerG beschriebenen Voraussetzungen der Nutzer) verliert ihr Recht und erhält „nur" einen geldwerten Ausgleich. | 319

Für eine solche Kombination aus Erbbaurecht und Ankaufsrecht spricht vor allem die Zweckmäßigkeit des dualen Systems. Beide Rechtsinstitute haben spezifische Vorteile. Das Erbbaurecht führt zu geringeren finanziellen Belastungen für den Nutzer; das Ankaufsrecht | 320 zu einem meist unkomplizierten und schnelleren Interessenausgleich, der dem Grundstückseigentümer zudem sogleich einen nennenswerten Geldbetrag verschafft.[151]

bb) Rechtspolitische Gründe für das duale System und das vorrangige Wahlrecht des Nutzers

321 In rechtspolitischer Hinsicht waren bei der Festlegung auf ein duales System zwei Fragen zu entscheiden:

- Warum ist ein duales System aus Erbbaurecht und Ankaufsrecht überhaupt erforderlich; würde nicht ein Erbbaurecht oder ein Ankaufsrecht ausreichen?

- Welcher Grund rechtfertigt es, grundsätzlich dem Nutzer das Wahlrecht zu geben, ob er das Grundstück ankaufen oder die Bestellung eines Erbbaurechts verlangen will?

(1) Gründe für das duale System

322 Das BGB enthält nur für die **grenzüberschreitende Bebauung** (Überbau) eine gesetzliche Regelung, die den Bau auf fremdem Boden zum Gegenstand hat.[152] Nach den §§ 912 Abs. 2, 913 BGB ist der Nachbar für den **Überbau** durch eine Geldrente zu entschädigen. Nach § 915 BGB kann der Nachbar allerdings vom rentenpflichtigen Eigentümer auch die Übernahme der überbauten Fläche gegen Entschädigung ihres Werts verlangen; das Verlangen führt zu einem kaufähnlichen Vertrag, in dessen Vollzug mit der Auflassung das Eigentum auf den überbaut habenden, rentenpflichtigen Eigentümer übergeht.

Das geltende Recht unterscheidet sich damit von dem Rechtszustand, wie er vor Inkrafttreten des BGB gegolten hat. Zum Teil wurde ein gesetzlicher Anspruch auf Eigentumsverschaffung oder -übernahme der überbauten Fläche gegen richterliche Schätzung des Werts dieser Fläche, zum Teil ein gesetzlicher Eigentumsübergang gegen eine Verpflichtung zur Entschädigung des Nachbarn begründet.[153]

323 Die Entscheidung für die Rentenlösung statt eines gesetzlichen Ankaufsrechts des Eigentümers oder Übernahmeanspruchs wurde daraus

---

151 Im einzelnen s. unten Rn. 340 bis 345
152 Eine ausführliche Regelung dieser Problematik enthielt allerdings I 9 §§ 327 bis 333 des preuß. ALR von 1794 – dazu Fn. 159.
153 Diese Rechtsfolgen aus einem entschuldigten Überbau waren z. T. im Zivilrecht und z. T. in den Bauordnungen der Länder geregelt – vgl. Motive zum BGB III S. 283.

begründet, daß der Nachbar den Anspruch nicht ohne weiteres erfüllen könne, wenn sein Grundstück belastet sei. Ein Anspruch auf Übereignung müsse deshalb auch gegenüber den Inhabern dinglicher Rechte greifen. Die Begründung einer Duldungspflicht gegen Zahlung einer gesetzlich begründeten Rente sei demgegenüber der einfachere Weg.[154] Soweit der Nachbar allerdings zur Übertragung der überbauten Fläche in der Lage sei, müsse ihm allerdings der Weg zur Übereignung gegen angemessene Entschädigung eröffnet werden.[155]

Diesem Rückgriff auf die Erwägungen, die der Konzeption der Über- **324** bauregelung in §§ 912 bis 915 BGB zugrunde gelegen haben, kann entnommen werden, daß auch der historische Gesetzgeber die Rente nach § 913 BGB und den Wertersatz nach § 915 BGB als wirtschaftlich gleichwertig angesehen hat. Die Gründe, die für die Rentenlösung angeführt wurden, waren in erster Linie pragmatischer Natur. Die Rentenlösung wurde gewählt, weil sie die einfachere Lösung zur Gewährleistung des Bestands des Bauwerks und für die Entschädigung des Grundstückseigentümers war.

Dieselbe Lösung konnte freilich in der Sachenrechtsbereinigung nicht gewählt **325** werden. Die Sachenrechtsbereinigung hat es im wesentlichen mit Sachverhalten zu tun, in denen nicht vom eigenen Grundstück auf das Grundstück des Nachbarn überbaut wurde, sondern das Gebäude insgesamt unter staatlich gebilligter Inanspruchnahme des fremden Grundstücks errichtet wurde. Eine hinreichende Absicherung der baulichen Investition, welche dem Nutzer den Gebrauchsnutzen erhält und das Bauwerk beleihbar und verkehrsfähig macht, kann hier nicht durch einen in das Grundbuch nicht eintragungsfähigen Rentenanspruch, sondern nur durch Bestellung eines Erbbaurechts für den Nutzer oder durch den Ankauf des Grundstücks erfolgen. Ist das überbaute Grundstück jedoch mit dinglichen Rechten belastet, so werfen die Bestellung eines Erbbaurechts oder der Ankauf eines Grundstücks gleichartige Probleme auf.[156]

Die Betrachtung der Regelung für den Überbau und der ihr zugrunde **326** liegenden Erwägungen läßt jedoch den Schluß zu, daß auch für den Interessenausgleich zwischen Grundstückseigentümer und Nutzer in der Sachenrechtsbereinigung ein Ausgleich durch den Erbbauzins oder durch den Ankaufspreis als grundsätzlich gleichwertig angesehen und die Entscheidung für die Rechtsinstitute auch nach vornehmlich prag-

---

154 Prot. I S. 3842; abgedruckt bei Jakobs/Schubert, die Beratung des BGB, zu §§ 912–916, S. 482.
155 Prot. I S. 3844, a. a. O.
156 Die §§ 33 bis 37 und die §§ 63 bis 65 E-SachenRBerG gehen insoweit für das Erbbaurecht und für das Ankaufsrecht von denselben Grundprinzipien aus.

matischen Gesichtspunkten getroffen werden kann. Eine Entscheidung für ein duales System war deshalb angezeigt, wenn sowohl für das Erbbaurecht als auch für das Ankaufsrecht gewichtige rechtspolitische Gründe sprechen und dem jeweiligen Rechtsinstitut in seiner konkreten Ausgestaltung keine verfassungsrechtlichen Gründe entgegenstehen.

(2) Gründe für das Wahlrecht des Nutzers

327 Die Entscheidung im Entwurf, die grundsätzlich dem Nutzer das Wahlrecht auf Absicherung seiner baulichen Investition durch Erbbaurechtsbestellung oder zum Ankauf des Grundstücks gibt (§ 15 Abs. 1 SachenRBerG) und nur in Ausnahmefällen dem Grundstückseigentümer einen das Wahlrecht ausschließenden Anspruch auf Erwerb des Gebäudes gewährt, (§ 15 Abs. 4, § 81 Abs. 1 SachenRBerG) beruht darauf, daß der Entwurf dem durch das Nutzungsrecht und der baulichen Investition vorgefundenen Bestand grundsätzlich Vorrang vor dem Interesse des Grundstückseigentümers einräumt, das Grundstück wieder nach seinen Intentionen nutzen zu können.[157] Dies war schon aufgrund der besonderen Anerkennung der Nutzungsrechte im Einigungsvertrag und im übrigen daraus geboten, daß derjenige, der mit Billigung staatlicher Stellen ein Gebäude errichtete, nach dem seinerzeitigen Verständnis nicht gegen Befugnisse des Grundstückseigentümers verstieß.[158,159]

---

157 Dies steht bereits in Ziffer 1 des Eckwertepapiers der Bundesregierung zur Sachenrechtsbereinigung, abgedruckt u. a. in DtZ 1993, 49.

158 Vgl. Leutheusser-Schnarrenberger, DtZ 1993, 34, 37.

159 Eine allgemeine Regelung für den Bau auf fremden Grundstücken enthielt I 9 §§ 327–333 preuß. ALR. Hiernach hatte der Grundstückseigentümer ein dreifaches Wahlrecht. Er konnte vom Bauenden den Abriß des Gebäudes, die Übereignung des Gebäudes zum Schätzwert oder die Übernahme des Grundstücks gegen Erstattung des Wertes des Bodens und Ersatz weiteren Schadens verlangen (§§ 327 bis 331). Diese für den Bauenden harte Regelung wurde durch § 332 wesentlich eingeschränkt. Wußte der Grundstückseigentümer jedoch von der Bebauung seines Grundstücks und hatte er der Bebauung nicht widersprochen, so konnte er nur Entschädigung für Grund und Boden verlangen (§ 332).

Die zitierten Regelungen sind im wesentlichen nur noch unter rechtshistorischen Gesichtspunkten interessant. Der Interessenausgleich für den Fall, daß die Bebauung des fremden Grundstücks mit Billigung eines das wirtschaftliche Leben insgesamt lenkenden und kontrollierenden Staates erfolgte, ist dort nicht geregelt.

b) Rechtspolitische Gründe für das Erbbaurecht und verfassungsrechtliche Zulässigkeit

aa) Schutz des Gebäudeeigentums oder der im Gebäude steckenden Investitionen des Nutzers als wichtigste Aufgabe der Sachenrechtsbereinigung

Auf erste Sicht scheint eine Sachenrechtsbereinigung durch Umwandlung der Nutzungsrechte in Erbbaurecht selbstverständlich zu sein. 328 Dafür spricht zunächst, daß Nutzungsrecht und Erbbaurecht in ihrem wesentlichen Inhalt gleichartig sind. Der Inhaber des Rechts ist berechtigt, das ihm nicht gehörende Grundstück zu bebauen (vgl. § 2 Abs. 1 und § 3 Abs. 1 des Nutzungsrechtsgesetzes sowie § 1 der Bereitstellungsverordnung einerseits und § 1 Abs. 1 ErbbauVO andererseits). Die Nutzungsrechte begründeten gegenüber ihrem Ausgeber eine Verpflichtung zur bestimmungsgemäßen Nutzung. Eine solche Pflicht ist nicht gesetzlicher Inhalt des Erbbaurechts, kann und wird jedoch in den Verträgen i. d. R. als sog. vertragsmäßiger Inhalt des Erbbaurechts vereinbart.[160]

Wesentliche Unterschiede zeigen sich jedoch dann, wenn man Entstehungsgrund und die Rechtsnatur der Nutzungsrechte und der Erbbaurechte miteinander vergleicht. 329

Die **Nutzungsrechte** sind vom Staat oder mit staatlicher Genehmigung von den landwirtschaftlichen Produktionsgenossenschaften, die wiederum ein kraft Gesetzes begründetes Nutzungsrecht an den von ihnen bewirtschafteten Flächen hatten, bestellte **subjektiv-öffentliche Rechte**. Daß es sich bei den Nutzungsrechten nicht um eine Belastung des Grundstücks handelt, ergibt sich für die volkseigenen Grundstücke schon aus § 20 Abs. 3 Satz 2 ZGB, der grundsätzlich jede Belastung des Volkseigentums verbot. Die Nutzungsrechte beruhten auf der Vergesellschaftung des Bodens, die im Interesse der Lenkung der Bodennutzung durch den sozialistischen Staat erfolgte. Die Bestellung der Nutzungsrechte und ihre Ausübung durfte daher nur in Übereinstimmung mit den gesellschaftlichen Interessen erfolgen;[161] war diese Übereinstimmung nicht mehr gegeben, mußten die Nutzungsrechte wieder entzogen werden.

Das **Erbbaurecht** ist ein durch Rechtsgeschäft bestelltes Recht am Grundstück. 330 Dieses Recht wird im Rechtsverkehr den Vorschriften über das Eigentum am Grundstück unterstellt (§ 11 Abs. 1 ErbbauVO). Das Eigentum am Gebäude wird dem Erbbaurecht als Bestandteil zugeordnet (§ 12 Abs. 1 ErbbauVO); insoweit

---

160 Vgl. statt aller: Ingenstau, ErbbauVO, 7. Aufl., § 1, Rn. 7.
161 Vgl. Eggers-Lorenz, NJ 1953, 704, 705; Strohbach, NJ 1954, 689, 692 und allgemein zu den Unterschieden zwischen den Nutzungsrechten und den dinglichen Rechten des Bürgerlichen Gesetzbuchs, Leutheusser-Schnarrenberger, DtZ 1993, 34, 35.

wird das Erbbaurecht wie das Grundstück als Sache behandelt.[162] Insoweit besitzt das Erbbaurecht einen dem Eigentum am Grundstück ähnlichen Charakter.[163]

331   Von den vorgefundenen Rechten, Nutzungsrecht und Gebäudeeigentum, entspricht das **Gebäudeeigentum** weit mehr als das Nutzungsrecht dem Erbbaurecht als einem bürgerlich-rechtlichen Rechtsinstitut. Das Gebäude war persönliches Eigentum des Bürgers (oder der Genossenschaft), das im Grundstücksverkehr dem persönlichen Eigentum am Grundstück gleichstand (§ 295 Abs. 2 Satz 2 ZGB), über das verfügt und das vererbt werden konnte (§ 289 Abs. 1 ZGB, § 293 Abs. 1, Abs. 2 ZGB).

332   Bei einer Betrachtung unter **wirtschaftlichen Gesichtspunkten** verkörpert das Gebäude auf seiten des Nutzers den wesentlichen Wert. Dem Nutzer waren die Gebrauchsvorteile seiner Investition zu erhalten. Bei diesem Ansatz besteht die Aufgabe der Sachenrechtsbereinigung in erster Linie in der Lösung des Konflikts zwischen Grund- und Gebäudeeigentum oder der im Gebäude verkörperten Investition des Nutzers und weniger in der Konservierung eines auf planwirtschaftlichen Prinzipien beruhenden Nutzungsrechts.[164]

333   Aus den vorstehenden Erwägungen bedarf der Anspruch des Nutzers auf Bestellung eines Erbbaurechts besonderer Begründung. Es muß rechtspolitisch und verfassungsrechtlich gerechtfertigt sein, daß der Grundstückseigentümer eine vertragliche Bindung auf sehr lange Zeit bei einer verhältnismäßig geringen Verzinsung hinnehmen muß.

334   Ausschlaggebend hierfür war, daß der mit dem Erbbaurecht verfolgte **soziale Zweck**, auch solchen Bevölkerungskreisen den Bau eines Hauses zu ermöglichen, die sich den Ankauf des Grundstücks nicht leisten können,[165] auf das Beitrittsgebiet in besonderer Weise zutrifft.

Die ehemalige DDR hatte die **Bodenpreise** durch einen allgemeinen Preisstopp auf Vorkriegsniveau eingefroren. Mit der Einführung der Marktwirtschaft und der Aufhebung der Preisbindung sind die Bodenpreise binnen zwei Jahren explodiert. Dem Anstieg der Bodenwerte steht oft keine entsprechende Liquidität der Nutzer gegenüber. Wegen der Anpassungsprobleme der Wirtschaft im Beitrittsgebiet leben viele Nutzer derzeit in finanziell beengten Verhältnissen.

---

162 Vgl. Ingenstau, ErbbauVO, 7. Aufl., § 12, Rn. 1.
163 Vgl. BGHZ 62, 179.
164 Bei der Bestimmung der Eckwerte für die Lösung des Interessengegensatzes zwischen dem Grundstückseigentümer und dem Nutzer mußte allerdings die fortbestehende Nutzungsbefugnis berücksichtigt und gewichtet werden (vgl. oben Rn. 197).
165 Vgl. Götz, DNotZ 1980, 1, 3 m. w. N.

Mit dem Erbbaurecht steht ein Instrument zur Verfügung, durch das die finanziellen Belastungen für den Nutzer in weiten Bereichen in einem erträglichen Rahmen gehalten werden können.

bb) Notwendigkeit und Rechtfertigung des Erbbaurechts aus sozial- und wohnungspolitischen Gründen

In verfassungsrechtlicher Hinsicht war zu prüfen, ob es nicht einer   335
Regelung bedarf, nach der der Grundstückseigentümer vom Erbbauberechtigten auch den Ankauf des Grundstücks verlangen kann. Ein solches Recht würde es dem Grundstückseigentümer ermöglichen, sich aus
einer langfristigen und finanziell wenig lukrativen Bindung zu lösen. Er
könnte sofort die Hälfte des Verkehrswerts verlangen und erhielte
damit einen nennenswerten Geldbetrag zu seiner Disposition.

Ein solches **Recht zur Übertragung des Eigentums** ist für die Fälle des   336
Überbaus in § 915 BGB enthalten. In Erbbaurechtsverträgen gehört
eine solche Verpflichtung zwar nicht zum gesetzlichen Inhalt des Erbbaurechts, sie kann jedoch als dessen vertragsmäßiger Inhalt vereinbart
werden. Solche **Kaufzwangklauseln** widersprechen indessen dem
Grundprinzip des Erbbaurechts, das dem Berechtigten eine Bebauung
des Grundstücks ermöglichen soll, ohne dieses ankaufen zu müssen. Sie
können deshalb in ihrer konkreten Ausgestaltung eine sittenwidrige
Belastung des Erbbauberechtigten herbeiführen.[166]

Der BGH hat dies für den Fall angenommen, daß das Recht des Grund-   337
stückseigentümers, vom Erbbauberechtigten den Ankauf des Grundstücks verlangen zu können, in einem zur Errichtung eines Wohngebäu-
des abgeschlossenen Erbbaurechtsvertrag aufgenommen wird und
schon kurze Zeit nach Vertragsschluß ausgeübt werden kann, wenn der
Erbbauberechtigte seine Geldmittel und Finanzierungsmöglichkeiten
bereits durch den Bau des Eigenheimes weitgehend ausgeschöpft hat.[167]
Aus diesen Erwägungen ergab sich auch die Leitlinie für die Grenzen
des Anspruchs des Nutzers, die Bestellung eines Erbbaurechts auch
gegen den Willen des Grundstückseigentümers durchsetzen zu können.

Das Nutzungsrecht gewährte dem Nutzer die Befugnis, das Grundstück   338
unentgeltlich oder gegen ein vergleichsweise geringes Entgelt nutzen zu
können. Ein Kaufzwang legt dem Nutzer wegen der durch den Über-

---

166 Vgl. BGHZ 68, 1, 3.
167 Vgl. Fn. 15.

gang zur Marktwirtschaft entstandenen Bodenwerte eine im Vergleich
zum Erbbaurecht hohe **finanzielle Belastung** auf. Dies würde dazu führen, daß die Nutzer oft die mit einem Erwerb des Grundstücks verbundenen Belastungen nicht tragen könnten und das Gebäude sowie den
durch in den Ansprüchen aus der Sachenrechtsbereinigung begründeten
Bodenwertanteil veräußern müßten. Eine solche Belastung der Nutzer
durch eine Ankaufsverpflichtung, die selbst im Falle vertraglicher Vereinbarung in einem Erbbaurechtsvertrag eine bedenkliche, möglicherweise wegen Verstoßes gegen die guten Sitten unwirksame Belastung
begründet, kam für die Anpassung der Bebauungen aufgrund Nutzungsrechts oder faktischer Zuweisung schlechthin nicht in Betracht. Die
Berücksichtigung der Eigentümerrechte konnte nicht so weit gehen, daß
den Nutzern durch eine Ankaufsverpflichtung untragbare Belastungen
auferlegt werden. Solche Belastungen sind ausgeschlossen, wenn der
Nutzer nach seiner Wahl entweder die Bestellung eines Erbbaurechts
oder den Ankauf des Grundstücks verlangen kann.

339   Aus den vorstehenden Überlegungen ergeben sich auch die Grenzen für
das Wahlrecht. Wenn der Ankauf für den Nutzer zu vergleichsweise
geringen finanziellen Belastungen, für den Grundstückseigentümer zu
einer langen Vorenthaltung seines Grundstücks ohne eine nennenswerte
Verzinsung und einem hohen Verwaltungsaufwand führt, ist ein Ausschluß des Wahlrechts und eine Konzentration auf das Ankaufsrecht
geboten. Aus diesen Erwägungen ist in **§ 15 Abs. 2 SachenRBerG** bei
Grundstückswerten unter 30.000 DM im Eigenheimbau und unter
100.000 DM in allen anderen Fällen das Wahlrecht ausgeschlossen worden. Für die Nutzer, die im gegenwärtigen Zeitpunkt die für den Ankauf
erforderlichen Mittel nicht aufbringen können, ist in § 123 SachenR-
BerG eine Härteklausel aufgenommen worden, nach der der Nutzer für
längstens sechs Jahre nach dem Inkrafttreten des Sachenrechtsbereinigungsgesetzes das Grundstück aufgrund eines Nutzungsvertrages gegen
Zahlung eines dem Erbbauzins entsprechenden Entgelts nutzen kann.

c) Rechtspolitische Gründe für das Ankaufsrecht und dessen verfassungsrechtliche Zulässigkeit

aa) Rechtspolitische Gründe für das Ankaufsrecht

340   Ziel des Ankaufs ist die Übereignung des Grundstücks auf den Nutzer.
Das Ankaufsrecht hat im Vergleich zum Erbbaurecht den Vorteil, daß es

zu einer schnelleren Bereinigung und klareren Rechtsverhältnissen am Grundstück führt, ohne die Beteiligten über Jahre hinweg aneinanderzuketten. Der Eigentümer erhält sogleich einen namhaften Geldbetrag, über den er disponieren kann. Der Nutzer wird Eigentümer des Grundstücks mit allen sich daraus ergebenden Rechten und Pflichten.[168]

In komplexen Lagen wird die Sachenrechtsbereinigung nur in der Weise durchzuführen sein, daß entsprechend der Bebauung Grundstücke neu gebildet, das Eigentum an den überbauten Grundstücken auf die Nutzer übertragen wird und der Eigentümer des Grundstücks eine Entschädigung für den Rechtsverlust erhält.   **341**

Solche Sachverhalte werden überall dort angetroffen, wo eine Nutzung der Grundstücke ohne Rücksicht auf Grundstücksgrenzen zulässig war oder eine bauliche Inanspruchnahme der Grundstücke vor einer Bereitstellung als Bauland erfolgt ist. Für die **komplexen Überbauungen** bestehen bereits gesetzliche Regelungen, die allerdings im wesentlichen verfahrensrechtliche Bestimmungen enthalten. Die Vorschriften sehen einen Eigentumsübergang durch behördliche Entscheidung gegen eine – in der Regel oder ausschließlich – finanzielle Abfindung des Grundstückseigentümers vor.   **342**

● Das **gesetzliche Bodennutzungsrecht nach § 18 LPG-Gesetz** von 1982 (vorher § 10 LPG-Gesetz 1959) sollte die landwirtschaftlichen Produktionsgenossenschaften in ihren Nutzungsbefugnissen von der Bindung an die fortbestehenden Eigentumsrechte freistellen. Dementsprechend konnten sie die Grundstücke ohne Rücksicht auf die Eigentumsgrenzen bebauen. Die Zuweisung von Nutzungsrechten für den Eigenheimbau nach der Bereitstellungsverordnung erfolgte demnach für eine Bodenfläche und nicht für bestimmte Grundstücke. Die Folge ist, daß die Gebäude nunmehr oft quer über die Grundstücksgrenzen hinweg sich auf mehreren Grundstücken befinden.   **343**

§ 64 des LwAnpG sieht für diese Fälle eine Neuordnung des Eigentums an den Flächen durch ein Bodenordnungsverfahren vor, in dem derjenige, der das Eigentum am Grundstück verliert, durch Land oder durch Geld abzufinden ist (§ 58 LwAnpG).

● Ein weiterer Bereich ist die **Bebauung** vor förmlicher Inanspruchnahme der Grundstücke **nach § 14 Aufbaugesetz** und vom 1. Januar 1985 an durch Bereitstellung nach §§ 12, 13 Baulandgesetz. Die Bebauung erfolgt insoweit nach den Entscheidungen staatlicher oder genossenschaftlicher Investitionsauftraggeber und den planerischen Vorgaben in Generalbebauungsplänen, Leitplanungen und Ortsgestaltungskonzeptionen.   **344**

---

168 Aus dem letztgenannten Gesichtspunkt haben die neuen Länder das Ankaufsrecht als notwendigen Bestandteil der Sachenrechtsbereinigung gefordert. Bei den meisten Nutzern besteht der Wunsch, das Grundstück zu erwerben.

Diese Überbauungen privaten Grundeigentums sollen in einem **Bodensonderungsverfahren** geregelt werden, das eine der Bebauung entsprechende Regelung der Eigentumsverhältnisse an den Grundstücken in einem förmlichen Verfahren und eine Entschädigung für den Rechtsverlust durch Ausgleichszahlung nach § 15 BoSoG[169] zum Gegenstand hat.

345 ● Befinden sich auf einem Grundstücksstreifen mehrere Teile verschiedener Gebäude, ist eine Bereinigung der Rechtsverhältnisse allein durch Erbbaurechtsbestellung ohne Veränderung der Eigentumsverhältnisse außerordentlich streitträchtig und kompliziert. Es müssen dann mehrere Erbbaurechte als **Gesamt- oder Nachbarerbbaurechte** auf einem Grundstück bestellt werden. **§ 39 Abs. 1–3 SachenRBerG** läßt auch solche Rechtsformen – teilweise in Abweichung von Rechtsprechung und herrschender Lehre zum Erbbaurecht – ausdrücklich zu und trifft für die Gestaltung des Erbbaurechts besondere Regelungen. Mit diesen Regelungen soll einer besonderen Notsituation im Beitrittsgebiet – insbesondere im Vermessungswesen – Rechnung getragen werden.[170] Die wünschenswerte Neuregelung der Eigentumsverhältnisse wird der Versäumnisse in der Vergangenheit wegen auf Jahre hinaus nicht möglich sein. Die in § 39 SachenRBerG begründeten Rechtsformen sollen den Beteiligten schon zuvor die Begründung BGB-konformer, beleihbarer und verkehrsfähiger Rechtsverhältnisse ermöglichen, können jedoch schon wegen ihrer Kompliziertheit kein Modell für eine Regelung der Rechtsverhältnisse in sog. komplexen Lagen sein.

bb) Verfassungsrechtliche Zulässigkeit des Ankaufsrechts

346 Der von einem Beteiligten – in der Regel vom Nutzer – erzwingbare Erwerb des Eigentumsrechts führt dazu, daß der andere Beteiligte – in der Regel der Grundstückseigentümer – auch gegen seinen Willen Eigentum verlieren kann. Insoweit war zu prüfen, ob bei der Sachenrechtsbereinigung ein hinreichender Spielraum für eine vornehmlich an solchen Erwägungen ausgerichtete Gestaltung bestand.

Gegen diese Lösung ist eingewandt worden, daß sie eine nicht vom Gemeinwohl gerechtfertigte und insoweit unzulässige Enteignung des Grundstückseigentümers herbeiführe.[171]

347 Soweit das Grundstück enteignet worden ist, steht dem Nutzer die öffentliche Hand gegenüber. Diese ist jedoch nicht Träger eines Grundrechts aus Art. 14 Abs. 1 Satz 1 Grundgesetz. Die Begründung eines

---

169 BGBl. 1993 I S. 2182.
170 BT-Drs. 12/5992, S. 136.
171 Vgl. Schulz-Schaeffer, MDR 1993, 921, 923; In dem Aufsatz bleibt unbeantwortet, ob dieselben Erwägungen nicht für alle Regelungen gelten müßten, die dem Grundstückseigentümer das Eigentum am Gebäude übertragen oder einen Anspruch auf Erwerb des Eigentums am Gebäude begründen.

Ankaufsrechts für den Nutzer kann für diese Fallgruppe insoweit keine verfassungsrechtlichen Probleme aufwerfen.

Verfassungsrechtliche Probleme können sich insoweit nur dort ergeben, 348
wo die nach dem Recht der DDR erforderlichen Enteignungen nicht durchgeführt worden sind, sowie dort, wo es für die Zuweisung eines Nutzungsrechts keiner Enteignung bedurfte. Hier stehen sich nun der private Grundstückseigentümer und der Nutzer unvermittelt gegenüber. Das Ankaufsrecht könnte ein insoweit unzulässiger Eingriff in das Eigentum des Grundstückseigentümers und – wo ein solches Recht für den Grundstückseigentümer begründet werden soll – auch in das Gebäudeeigentum des Nutzers sein.

Eine gesetzliche Regelung eines Konflikts zwischen zwei vermögens- 349
werten Berechtigungen, die beide unter dem Schutz des Art. 14 Abs. 1 Satz 1 Grundgesetz stehen,[172] muß notwendigerweise einer Seite Rechte zum Gebrauch an der Sache nehmen und ihr dafür einen finanziellen Ausgleich einräumen. Insoweit hat jede zivilrechtliche Regelung in diesem Bereich expropriierende Wirkung.[173]

Das Ankaufsrecht in der Sachenrechtsbereinigung ist auch hinsichtlich des 350
„Eingriffs" in das Eigentum durch Begründung eines Verkaufszwangs kein Novum. I 9 § 332 preuß. ALR[174] sah für den Bau eines Gebäudes auf fremdem Grundstück eine Beschränkung der Ansprüche des Grundstückseigentümers auf eine Entschädigung in Geld vor, wenn der Grundstückseigentümer seiner Obliegenheit zum Widerspruch gegen die Fortsetzung des Baus nicht nachgekommen

---

172 Dies gilt für das Gebäudeeigentum und das Nutzungsrecht in gleicher Weise wie für das Eigentum am Grundstück. Zweifel könnten insoweit nur im Hinblick auf die zwar mit Billigung staatlicher Stellen erfolgte, jedoch rechtlich nicht abgesicherte Bebauung angezeigt sein. Eine Gleichstellung der mit Billigung staatlicher Stellen insoweit begründeten tatsächlichen Verhältnisse mit den Nutzungsrechten ist aus den Ausführungen zur Nachzeichnungslösung (siehe oben Fn. 61 bis 65)) deshalb geboten, weil in einem nicht nach rechtsstaatlichen Grundsätzen handelnden Staatswesen der vorgefundenen Rechtsform nicht die gleiche Bedeutung wie in einem Rechtsstaat zukommen kann.

173 Diese Erkenntnis lag schon der ersten Kommission bei der Beratung der Überbauregelung zugrunde – vgl. Prot. I, S. 3842 f., abgedruckt bei Jakobs/Schubert, die Beratung des BGB, §§ 912–916, S. 482. Die Entscheidung für eine gesetzliche Duldungspflicht mit Zahlung der Überbaurente anstelle eines gesetzlichen Eigentumsübergangs auf den Überbauenden oder eines Anspruchs auf Verschaffung des Eigentums erfolgte aus pragmatischen Gründen mit Rücksicht auf den Grundstückseigentümer, der oft nicht in der Lage sein werde, die für einen Eigentumsübergang erforderliche Lastenfreistellung herbeizuführen.

174 Siehe Fußn. 159

war. – Art. 72 der württ. Bauordnung vom 6. Okt. 1872[175] begründete für die Fälle des entschuldigten Überbaus einen gesetzlichen Eigentumsübergang des überbauten Grundes gegen Entschädigung des Grundstückseigentümers.

351   Bestehen somit gegen ein gesetzliches Ankaufsrecht des Nutzers auch keine grundsätzlichen Bedenken, so bleibt noch zu fragen, ob nicht die Begründung eines Anspruchs auf Bestellung eines Erbbaurechts genügt hätte. Wenn beide Beteiligten einen Verkauf wollten, stünde einem solchen kein Hindernis entgegen. Wieso bedarf es eines vom Nutzer erzwingbaren Ankaufsrechts, wenn das Erbbaurecht die bauliche Investition des Nutzers hinreichend sichert?

352   Der Verzicht auf das Ankaufsrecht hätte zunächst einen Widerspruch zu den Regelungen in den Bodenordnungsverfahren herbeigeführt, die eine Neuregelung der Eigentumsverhältnisse vorsehen, bei der dem Gebäudeeigentümer entsprechend der Bebauung das Eigentum am Grundstück zugewiesen und der Grundstückseigentümer für den Rechtsverlust entschädigt wird. Eine vertragliche Regelung nach Maßgabe der Sachenrechtsbereinigung kann auch für Bebauungen zur Anwendung kommen, die Gegenstand eines Bodenordnungsverfahrens sein können. Nur soweit solche Verfahren anhängig sind, ist die Verfolgung von Ansprüchen nach dem Sachenrechtsbereinigungsgesetz ausgeschlossen (§ 28 Satz 1 SachenRBerG). Die Folge einer Beschränkung der Ansprüche auf das Erbbaurecht wäre, daß bei einer vertraglichen Bodenordnung nach dem SachenRBerG eine andere Rechtsgestaltung als in einem Bodenordnungsverfahren herauskäme. Die Gestaltung der Rechtsverhältnisse am Grundstück würde mithin durch die Wahl des Verfahrens bestimmt werden. Ein solches Ergebnis ist – soweit möglich – zu vermeiden.

353   Der Verzicht auf das Ankaufsrecht hätte zwar den Bestand des Eigentums grundsätzlich erhalten, jedoch durch den Zwang zum Erbbaurecht eine aus dem allgemeinen Freiheitsrecht des Art. 2 Abs. 1 Grundgesetz problematische Bindung für den Nutzer begründet.

354   Die der Sachenrechtsbereinigung zugrunde liegenden Rechtsverhältnisse zeichnen sich dadurch aus, daß in der Regel zwei sich auf einen Vermögensgegenstand beziehende Berechtigungen vorliegen und dieser Zustand nicht durch Rechtsgeschäft, sondern durch administrative Maßnahmen herbeigeführt wurde. Insoweit sind die vorgefundenen

---

175 Abgedruckt u. a. in Motive III, S. 283 = Mugdan, Materialien, III, S. 156.

Rechtsverhältnisse zwischen privaten Grundstückseigentümern und Nutzern als **Zwangsgemeinschaften** anzusehen, deren Regelung die DDR dem Bundesgesetzgeber hinterlassen hat. – Das Bürgerliche Gesetzbuch begründet in einer vergleichbaren Lage für jeden Teilnehmer einer Gemeinschaft einen gesetzlichen **Aufhebungsanspruch** (§ 749 Abs. 1 BGB). Die Regelung gilt auch dort, wo die Gemeinschaft durch 355 Rechtsgeschäft begründet worden ist. Der gesetzlichen Regelung liegt der Gedanke zugrunde, daß die gemeinschaftlichen Berechtigungen ihrer Natur nach nicht auf Dauer angelegt seien und der Anspruch auf Aufhebung der Gemeinschaft solchen Rechtsverhältnissen immanent sei.[176] Das Aufhebungsverlangen eines Teilnehmers führt bei diesen Gemeinschaften zum Verlust des Eigentums, der auch gegen den Willen aller anderen eintreten kann. Bedenken gegen die verfassungsrechtliche Zulässigkeit des Aufhebungsanspruchs sind nicht erhoben worden und auch nicht ersichtlich.

Wenn indessen schon bei den durch Rechtsgeschäft begründeten Ge- 356 meinschaften ein zum Rechtsverlust führender Aufhebungsanspruch zulässig ist, so muß dies erst recht für solche Zwangsgemeinschaften gelten, die durch die Bebauung fremder Grundstücke mit Billigung staatlicher Stellen entstanden sind und deren Regelung die DDR hinterlassen hat.[177] Das Grundrecht auf Eigentum verpflichtet mithin nicht dazu, den Nutzer in einen Erbbaurechtsvertrag zu zwingen, um den Bestand des Eigentums am Grundstück zu erhalten. Die Verfassung verbietet nicht, die Kollision vorgefundener Berechtigungen an einem Standort in der Weise zu lösen, daß eine Seite (der Nutzer) einen Anspruch erhält, zur Absicherung seiner baulichen Investition das Eigentum der anderen Seite (des Grundstückseigentümers) zu erwerben und den Rechtsverlust durch Kaufpreiszahlung zu entschädigen.

Etwas anderes gilt in den Fällen, in denen der Grundstückseigentümer 357 aufgrund seiner Statuten das Grundstück nicht veräußern darf. Dies trifft insbesondere für Kirchen und Stiftungen zu. Hier könnte eine Veräußerung die Erfüllung ihrer Aufgaben erschweren oder vereiteln. Liegt ein besonderes Interesse vor, das Grundstück zu behalten, so soll der

---

176 Vgl. Prot. II, S. 3076 = Mugdan, Materialien zum BGB, Bd. 2, S. 1207.
177 Die Regelungen in Kapitel 2 des Sachenrechtsbereinigungsgesetzes sollen Zwangsgemeinschaften durch privatrechtlichen Interessensausgleich auflösen. Eine Enteignung zu öffentlichen Zwecken liegt den Sachverhalten gerade nicht zugrunde.

Grundstückseigentümer den Nutzer auf das Erbbaurecht verweisen können (§ 15 Abs. 3 Satz 1 SachenRBerG).

2. Ausgestaltung des Wahlrechts

a) Grundsätze (§ 15 Abs. 1 und § 16 Abs. 1 SachenRBerG)

aa) Verbindlichkeit der Wahlentscheidung

358   Das Wahlrecht des Nutzers hätte als sog. selektive **Anspruchskonkurrenz** oder als echte **Wahlschuld** im Sinne der §§ 262 bis 264 BGB ausgestaltet werden können. Die Rechtsinstitute unterscheiden sich vor allem darin, daß bei einer Anspruchskonkurrenz auch im nachhinein noch ein Wechsel von einem zum anderen Anspruch möglich wäre (jus variandi).

359   § 12 Abs. 3 des Diskussions-Entwurfs für ein SachenRBerG[178] sah eine spätere Änderung der Wahl durch den Nutzer vor, die allerdings innerhalb eines Monats erklärt werden sollte. Zudem sollte der Nutzer im Falle einer Änderung seiner Wahlentscheidung zum Ersatz aller hierdurch entstandenen Vermögensnachteile sowie zur Zahlung von Zinsen in Höhe der im Entwurf vorgesehenen Erbbauzinsen verpflichtet sein. Referenten- und schließlich Regierungs-Entwurf enthielten bereits die Entscheidung für eine echte Wahlschuld. Mit der Erklärung des Nutzers erlischt sein Wahlrecht (§ 16 Abs. 1 Satz 2 SachenRBerG). Die Frist für die Erklärung des Nutzers ist allerdings auf fünf Monate verlängert worden (**§ 16 Abs. 2 SachenRBerG**).

360   Die Entscheidung zwischen jus variandi und echter Wahlschuld hängt auch hier davon ab, in welchem Umfang der Grundstückseigentümer als Kontrahent des wahlberechtigten Nutzers eines Schutzes seiner Dispositionen bedarf.[179] Das **jus variandi** gäbe dem Nutzer die größtmögliche Freiheit; er könnte bis zum Vertragsschluß seine Entscheidung jederzeit ändern, weil z. B. eine Finanzierung des Ankaufs sich entgegen seinen Erwartungen als nicht durchführbar herausgestellt hat. Der Grundstückseigentümer bliebe dagegen bis zum Vertragsschluß im Ungewissen, welche vertraglichen Verpflichtungen er künftig gegenüber dem Nutzer zu erfüllen hat und welches Entgelt (Erbbauzins oder Ankaufspreis) er erhalten wird. Seine Aufwendungen für die Verhandlung

---

178 Abgedruckt in OV spezial 5/93, S. 4 ff.
179 Vgl. Hilger, NJW 1986, 2237, 2238 – zur Wahl zwischen Schadensersatz und Erfüllung gegenüber dem Vertreter ohne Vertretungsmacht.

eines Kaufvertrages erwiesen sich im Falle einer nachträglichen Änderung der Wahl durch den Nutzer als nutzlos. Wenn eine gesetzliche Verzinsung für die Zeit nach Abgabe der ersten Wahlerklärung nicht angeordnet wird, kann der Nutzer sich zudem durch mehrfaches Ändern seiner Entscheidung zwischen Erbbaurecht und Ankaufsrecht für eine längere Zeit eine zinslose Grundstücksnutzung verschaffen.

Solche Änderungen der Wahl durch den Nutzer hätten daher oft zu Streitigkeiten geführt. Diese werden vermieden, wenn die **Wahl verbindlich** ist. Demgegenüber sind die Nachteile für den Nutzer hinnehmbar, wenn die Erklärungsfrist auf mehrere Monate verlängert wird. In einem Zeitraum von fünf Monaten wird sich in der Regel klären lassen, ob eine Finanzierung des Erwerbs des Grundstücks zum halben Bodenwert möglich ist. Zudem wird durch die Entscheidung des Nutzers für das Erbbaurecht ein späterer Ankauf nicht ausgeschlossen. **§ 57 SachenRBerG** ermöglicht die Aufnahme einer längstens auf zwölf Jahre befristeten Ankaufsoption durch den Nutzer im Erbbaurechtsvertrag. Falls die Finanzierung des Ankaufs nicht gesichert ist, kann und sollte sich ein vorsichtiger Nutzer im Zweifel für das Erbbaurecht entscheiden und sich im Erbbaurechtsvertrag einen Ankauf zu einem späteren Zeitpunkt vorbehalten. 361

bb) **Form der Wahlerklärung**

§ 16 Abs. 1 Satz 1 SachenRBerG schreibt die **Schriftform** vor. Er weicht damit sowohl von § 263 Abs. 1 BGB, der die Wahlerklärung grundsätzlich an keine Form bindet, als auch von § 313 Satz 1 BGB ab, der für schuldrechtliche Verträge über die Veräußerung oder den Erwerb eines Grundstücks die notarielle Beurkundung vorschreibt. 362

Für die gesetzliche Schriftform sprachen folgende Erwägungen: 363

● Der Nutzer, der sich für den Abschluß eines Erbbaurechts- oder eines Grundstückskaufvertrages entscheidet, geht damit Verpflichtungen in bezug auf das Eigentum an Grundstücken und Gebäuden ein. Diese Rechtsgüter sind für die Lebensführung der Betroffenen in der Regel von hoher Bedeutung. Zudem sind insbesondere mit dem Erwerb des Eigentums am Grundstück für den Betroffenen große Belastungen verbunden. Der Nutzer soll die wirtschaftlichen Folgen seiner Erklärung gründlich überdenken. Die mit dem Erfordernis der Schriftform verbundene Warnfunktion muß insoweit zum Tragen kommen.

364 ● Eine schriftlich niedergelegte Willenserklärung schafft zudem ein größeres Maß an Sicherheit im Rechtsverkehr. In der Sachenrechtsbereinigung ist es besonders zweckmäßig, wenn die Entscheidung des Nutzers in einer Urkunde niedergelegt ist. Die Bestellung eines Erbbaurechts oder der Abschluß eines Kaufvertrages wird häufig umfangreiche Ermittlungen und Verhandlungen auch mit Dritten – oft im Rahmen eines notariellen Vermittlungsverfahrens nach §§ 88 bis 102 SachenRBerG – erforderlich machen. Diese Verfahren lassen sich leichter führen, wenn die Wahlentscheidung schriftlich niedergelegt worden ist und deshalb über die Art des vom Nutzer angestrebten Grundstücksgeschäfts kein Zweifel mehr besteht.

365 Die Wahlerklärung bedarf andererseits auch keiner notariellen Beurkundung, obwohl sie den Inhalt des abzuschließenden Grundstücksgeschäfts wesentlich bestimmt. Die Erwägungen, die gegen einen Beurkundungszwang sprechen, sind in der Begründung zum Regierungsentwurf im einzelnen dargelegt.[180] Die einfache Schriftform ist in der Regel ausreichend, wenn es im wesentlichen um einen hinreichenden **Schutz vor Übereilung** geht, die Abgabe der Erklärung selbst aber keine besonderen Anforderungen verlangt. Die Beurkundung dient demgegenüber vor allem dazu, den Vertragswillen erschöpfend und vollständig zu erfassen und zu dokumentieren. Sie ist dann erforderlich, wenn der Inhalt eines Rechtsgeschäfts in allen für die Beteiligten wesentlichen Punkten festgelegt werden muß, um Sicherheit im Rechtsverkehr zu schaffen und späteren Streitigkeiten vorzubeugen.[181] Die Abgabe der Wahl zwischen Erbbaurecht und Ankauf bereitet aber insofern im Vergleich zum Vertragsschluß selbst keine Schwierigkeiten und kann daher dem Nutzer selbst überlassen bleiben.

366 Die Gefahren der Wahl liegen für den Nutzer vor allem auf wirtschaftlichem Gebiet. Die Entscheidung für den Ankauf kann für den Nutzer zu für ihn wirtschaftlich nicht tragbaren Belastungen führen. Insoweit könnte indessen auch eine Pflicht zur Beurkundung der Wahlerklärung nicht helfen; es sei denn, daß man insoweit zugleich den Inhalt der Amtspflichten des Notars verändern würde. Die Beratung über die wirtschaftlichen Folgen einer Willenserklärung

---

180 BT-Drs. 12/5992, S. 115.
181 Vgl. die Begründung zum Beurkundungszwang für Grundstückskaufverträge in Prot. II, S. 926 = Mugdan, Materialien, Bd. II, S. 621.

gehört grundsätzlich nicht zu den Amtspflichten eines Notars.[182] Diese Folgen beruhen nicht auf rechtlichen, sondern auf tatsächlichen Verhältnissen (hier: den Einkommens- und Vermögensverhältnissen des Nutzers), die der Notar grundsätzlich nicht zu ermitteln hat.

b) Übergang und Ausschluß des Wahlrechts

aa) Fristversäumung (§ 16 Abs. 3 SachenRBerG)

Der Nutzer ist nach dem SachenRBerG gegenüber dem Grundstücks-   367
eigentümer verpflichtet, auf dessen Anforderung zwischen Erbbaurecht oder Kauf zu wählen. Die Regelung über diese Verpflichtung des Nutzers wäre unvollständig, wenn nicht zugleich die **Folgen einer Verletzung dieser Pflicht** bestimmt worden wären.

Eine Lösung wie in § 264 Abs. 1 BGB, der dem Gläubiger die Vollstreckung ermöglicht, wenn der Schuldner mit der Wahl im Verzug ist, schied aus. Zahlungsansprüche auf Erbbauzinsen oder auf einen Grundstückskaufpreis können erst nach einem Vertragsschluß entstehen, dessen Abschluß das Ziel des Gesetzes ist. Insofern blieb nur ein dem § 264 Abs. 2 BGB entsprechender Weg übrig. Der Grundstückseigentümer kann nach § 16 Abs. 3 SachenRBerG das Wahlrecht an sich ziehen, wenn eine von ihm dem Nutzer gesetzte Nachfrist fruchtlos verstrichen ist. Mit dem Ablauf der Nachfrist geht das Wahlrecht auf den Nutzer über.

bb) Höherrangiges Investitionsinteresse des Grundstückseigentümers (§ 15 Abs. 4 und § 81 Abs. 1 Satz 1 Nr. 1 und Nr. 4 SachenRBerG)

Hat der Nutzer ein **Wirtschaftsgebäude** errichtet, so dienen die Ansprü-   368
che aus dem SachenRBerG vor allem seinen betrieblichen Interessen. Die Sachenrechtsbereinigung sichert den Standort des Betriebes des Nutzers.

Steht das vom Nutzer errichtete Gebäude indessen auf dem Betriebs-   369
grundstück des Grundeigentümers, so kollidieren gleichartige Interessen des Nutzers und des Grundstückseigentümers. In solchen Fällen kann den betrieblichen Interessen des Nutzers nicht ohne weiteres Vor-

---

182 Der Notar ist kein Wirtschafts- oder Steuerberater eines Beteiligten; die wirtschaftliche Zweckmäßigkeit des abzuschließenden Geschäfts ist deshalb vom Notar in der Regel mit den Beteiligten nicht zu erörtern, vgl. BGH-Urt. v. 22. Nov. 1966 – VI ZR 39/65 – NJW 1967, 931, 932.

rang vor den betrieblichen Interessen des Grundstückseigentümers zuerkannt werden. Es ist vielmehr eine Abwägung der wirtschaftlichen Belange beider Seiten geboten. Nach § 15 Abs. 4 SachenRBerG in Verbindung mit § 81 Abs. 1 Satz 1 Nr. 1 und Nr. 4 SachenRBerG kann der Grundstückseigentümer das Wahlrecht des Nutzers ausschließen und einen Anspruch zum Ankauf des Gebäudes oder zur Ablösung der durch die bauliche Investition begründeten Rechte geltend machen.

370   Ein Ankaufs- oder Ablöserecht des Grundstückseigentümers gibt es jedoch nicht, wenn der Nutzer **ein zu Wohnzwecken dienendes Gebäude** errichtet hat. In diesem Falle wird dem Nutzer aus wohnungs- und sozialpolitischen Gründen uneingeschränkt Vorrang eingeräumt. Ein Ankaufs- oder Ablöserecht des Grundstückseigentümers gibt es grundsätzlich nicht. Der Nutzer soll sein Eigenheim und damit seine Wohnung nicht auch verlieren. Aus diesem Grunde ist dieses Recht des Grundstückseigentümers auf den Fall beschränkt worden, in dem der Nutzer ein Wirtschaftsgebäude errichtet hat.

371   Ein **Ankaufs- oder Ablöserecht** des Grundstückseigentümers **bei den Wirtschaftsgebäuden** gibt es einmal dann, wenn ein solcher Erwerb aus agrarstrukturellen Gründen geboten ist (§ 81 Abs. 1 Nr. 1 SachenRBerG). Infolge der Aufhebung des gesetzlichen Bodennutzungsrechts der landwirtschaftlichen Produktionsgenossenschaften, dem Ausscheiden zahlreicher Mitglieder nach §§ 44 ff. LwAnpG und der Aufhebung der Kreispachtverträge nach § 51 LwAnpG wird es vieler Bodenordnungsverfahren nach §§ 53 ff. LwAnpG bedürfen. Die **Sachenrechtsbereinigung** kann sich **im ländlichen Raum** nicht von den Bedürfnissen der Bodenordnung völlig lösen und dem Nutzer in jedem Fall ein vorrangiges Recht auf Erbbaurechtsbestellung oder zum Ankauf des Grundstücks einräumen. Hierdurch würden oft durch Zersplitterung der landwirtschaftlich nutzbaren Flächen und Höfe solche Verhältnisse entstehen, die infolge des Erwerbs des Nutzers Bodenordnungsverfahren erforderlich machen könnten. Die Sachenrechtsbereinigung darf dem nicht Vorschub leisten. Die gesetzliche Regelung gibt dem Grundstückseigentümer ein Ankaufsrecht, wenn ein Erwerb des Grundstücks von der vom Grundstückseigentümer einzuholenden Stellungnahme der Flurneuordnungsbehörde befürwortet wird. Die Flurneuordnungsbehörde hat dabei die in § 53 LwAnpG genannten Gesichtspunkte zu berücksichtigen. Im Streitfalle wird ihrer Stellungnahme die ausschlaggebende Bedeutung zukommen. Mit dieser Regelung wird zugleich erreicht, daß die Entscheidungen nach dem SachenRBerG und den von

der Flurneuordnungsbehörde geführten Verfahren zur Zusammenführung von Grundstücks- und Gebäudeeigentum in der Regel gleich ausfallen werden.

Ein **Ankaufs- und Ablöserecht** gibt es weiterhin für die Grundstückseigentümer, die **Inhaber eines Unternehmens** sind (§ 81 Abs. 1 Nr. 4 SachenRBerG).   372

● Der erste Fall ist derjenige, daß das Gebäude auf dem Betriebsgrundstück steht und die betriebliche Nutzung des Grundstücks erheblich beeinträchtigt (§ 81 Abs. 1 Satz 1 Nr. 4 Buchstabe a SachenRBerG). Dem liegt die Erwägung zugrunde, daß der Grundstückseigentümer keine schwerwiegenden Einschränkungen in der Ausübung seines Gewerbes im Interesse der betrieblichen Interessen des Nutzers hinnehmen muß.   373

● Der zweite Fall ist der, daß der Grundstückseigentümer Investitionen im Sinne des § 3 Abs. 1 Nr. 1 Investitionsvorranggesetz (insbesondere die Schaffung oder Sicherung von Arbeitsplätzen durch Errichtung oder Erhaltung einer Betriebsstätte) verfolgt und dazu auf die Grund- oder Funktionsfläche des vom Nutzer errichteten Gebäudes zugreifen muß (§ 81 Abs. 1 Satz 1 Nr. 4 Buchstabe b 1. Fall SachenRBerG). Der Schutz der alten Investition des Nutzers soll neuen Investitionen des Grundstückseigentümers grundsätzlich nicht entgegenstehen.   374

Die Regelung ist tragbar, weil der Nutzer ein Entgelt für das Gebäude und für seinen Bodenwertanteil erhält (§ 81 Abs. 2 SachenRBerG) und zudem in Härtefällen noch für längstens fünf Jahre in seiner bisherigen Betriebsstätte bleiben kann (§ 83 SachenRBerG). Mit dem Entgelt aus dem Ankauf oder der Ablösung seiner baulichen Investition wird sich der Nutzer in dem genannten Zeitraum in der Regel eine neue Betriebsstätte suchen können. – Kommt den betrieblichen Belangen des Nutzers im Einzelfall eine höhere Bedeutung als den investiven Interessen des Grundstückseigentümers zu, so sind die Ansprüche des Grundstückseigentümers auf Ankauf des Gebäudes oder Ablösung der baulichen Interessen ausgeschlossen (§ 81 Abs. 1 Satz 1 Nr. 4 Satz 2 SachenRBerG). Letzteres kann der Fall sein, wenn die Aufgabe der bisherigen Nutzung größere Werte vernichten oder eine höhere Zahl von Arbeitsplätzen gefährden würde, als durch die Neuinvestition des Grundstückseigentümers entstehen werden.

● Schließlich ist dem Grundstückseigentümer ein vorrangiges Ankaufs- oder Ablöserecht in den Fällen einzuräumen, in denen der Nutzer keine Gewähr für die Fortsetzung der betrieblichen Nutzung bietet (§ 81 Abs. 1 Satz 1 Nr. 4 Buchstabe b 2. Fall SachenRBerG). Dieser   375

Fall ergänzt die Einrede aus § 29 SachenRBerG und das Ankaufs-
oder Ablöserecht aus § 81 Abs. 1 Satz 1 Nr. 2 SachenRBerG. Der
Grundstückseigentümer soll seine investiven Interessen auf dem
Grundstück dann verfolgen können, wenn die weitere betriebliche
Nutzung des Wirtschaftsgebäudes durch den Nutzer z. B. wegen Be-
triebseinstellung, Zahlungseinstellung oder Konkurseröffnung gefährdet ist. Der Grundstückseigentümer soll nicht seine Investitionen
zurückstellen und das Scheitern der betrieblichen Aktivitäten des
Nutzers abwarten müssen, was dem Grundstückseigentümer eine
Einrede aus § 29 Abs. 1 Nr. 2 SachenRBerG und ein Ankaufsrecht
aus § 81 Abs. 1 Satz 1 Nr. 2 SachenRBerG geben würde.

cc) Geringe Restnutzungsdauer des Gebäudes oder der baulichen Anlage (§ 15 Abs. 4 und § 81 Abs. 1 Satz 1 Nr. 3 SachenRBerG)

376 Gebäude oder bauliche Anlagen mit einer **Restnutzungsdauer von weniger als 25 Jahren** sind in der Regel in erheblichem Umfang abgenutzt.
Das Interesse des Nutzers am Erhalt der Gebrauchsvorteile ist indessen
umso geringer zu bewerten, je kürzer die Restnutzungsdauer des Gebäudes oder der baulichen Anlage ist. Je geringer das Interesse des Nutzers zu gewichten ist, umso eher ist dem Interesse des Grundstückseigentümers Vorrang einzuräumen, das Grundstück nach seinen Vorstellungen nutzen zu können.

377 Ist dem Nutzer kein zum Neubau berechtigendes Nutzungsrecht bestellt
worden und beträgt die Restnutzungsdauer seiner Investition weniger
als 25 Jahre, so soll der Grundstückseigentümer zum Ankauf eines
Wirtschaftsgebäudes oder zur Ablösung der baulichen Investition berechtigt sein. Der Nutzer ist durch Zahlung des Gebäudewerts und
Erstattung etwaiger Nachteile aus der vorzeitigen Beendigung der Nutzung aufgrund eines nach § 31 Abs. 2 SachenRBerG abzuschließenden
Mietvertrages zu entschädigen (§ 81 Abs. 2 Sätze 1 und 3 SachenR-
BerG).

3. Sicherung der Rechtsverfolgung

a) Pfleger für den Grundstückseigentümer (§ 17 SachenRBerG)

378 In der DDR wurden die **Umschreibungen in den Grundbüchern** oft nicht
fortgeführt. Dies gilt vor allem dann, wenn die Grundeigentümer in den

alten Bundesländern lebten. Aus diesem Grunde sind viele Eigentümer und Inhaber dinglicher Rechte oder ihr derzeitiger Aufenthalt unbekannt.

Für diese Fälle sieht § 11b des Vermögensgesetzes und Art. 233 § 2 Abs. 3 EGBGB die **Bestellung gesetzlicher Vertreter** für die Grundstückseigentümer durch die Landkreise vor. Dieses im Vergleich zur Bestellung eines Pflegers einfache Verfahren ist hinnehmbar, soweit es um die Geschäfte der laufenden Verwaltung geht.

Beim Abschluß von Grundstücksgeschäften – wie der Bestellung eines   379
Erbbaurechts oder dem Verkauf des Grundstücks – sind jedoch **Interessenkollisionen** zu befürchten.[183] Insoweit war die gesetzliche Vertretungsmacht für die nach dem SachenRBerG abzuschließenden Rechtsgeschäfte einzuschränken (§ 17 Abs. 3 SachenRBerG). Für diese Fälle ist durch das Vormundschaftsgericht ein Pfleger zu bestellen.

b) Aufgebotsverfahren gegen den Nutzer (§ 18 SachenRBerG)

Die Fälle, in denen der Nutzer oder sein **Aufenthalt unbekannt** ist, werden verhältnismäßig selten sein. Bei einigen der Nutzer, die seinerzeit die DDR verlassen haben, treffen diese Voraussetzungen allerdings zu.   380

Eine Pflegerbestellung wäre hier nicht sinnvoll, weil ein **unbekannter Nutzer** häufig den Ankauf nicht wird finanzieren können und dem Grundstückseigentümer ein Zahlungsanspruch gegen einen unbekannten Nutzer wenig nützen würde.

Der Nutzer kann in solchen Fällen vom Grundstückseigentümer mit seinen Rechten im Wege des Aufgebotsverfahrens ausgeschlossen werden, wenn der Nutzer den Besitz verloren oder zehn Jahre lang nicht ausgeübt hat und – wenn für den Nutzer ein Recht im Grundbuch eingetragen ist – zehn Jahre seit der letzten sich auf das Recht des Nutzers beziehenden Eintragung vergangen sind (§ 18 Abs. 2 SachenRBerG).

---

183 Viele Landkreise in den neuen Ländern haben die Nutzer als gesetzliche Vertreter bestellt. Beim Abschluß eines Grundstücksgeschäfts zwischen dem Nutzer als einem von den Beschränkungen des § 181 BGB befreiten Vertreter des Grundstückseigentümers und dem Nutzer liegt ein Interessenkonflikt auf der Hand.

4. Einwendungen und Einreden gegen die Ansprüche aus dem Sachenrechtsbereinigungsgesetz

381 Die Ansprüche des Nutzers auf Bestellung eines Erbbaurechts oder zum Ankauf des Grundstücks können nicht durchgesetzt werden, wenn

- in behördlichen Verfahren über die Neuordnung der Rechtsverhältnisse an den Gebäuden und Grundstücken entschieden wird,

- das Gebäude oder die bauliche Anlage nicht mehr genutzt oder der Nutzer von einem Nutzungsrecht nicht bestimmungsgemäß Gebrauch machen will,

- der Nutzer beim Erwerb des Nutzungsrechts unredlich gewesen ist oder

- das Gebäude wegen seiner kurzen Restnutzungsdauer eine Verdinglichung nicht rechtfertigt.

Da die aus den vorgenannten Umständen begründeten Einwendungen und Einreden gegenüber beiden Ansprüchen des Nutzers aus der Sachenrechtsbereinigung greifen, sind diese Vorschriften in den Abschnitt 1 – Allgemeine Bestimmungen eingestellt worden.

a) Verfahrenshindernisse (§ 28 SachenRBerG)

382 Ziel der Sachenrechtsbereinigung ist eine Neuregelung der Rechtsverhältnisse an den Gebäuden und Grundstücken durch vertragliche Einigung zwischen den Betroffenen (Grundstückseigentümer und Nutzer). Eine Lösung auf vertraglicher Basis wird im komplexen Wohnungs- oder Siedlungsbau schwierig, wenn nicht oft gar unmöglich sein.

Durch diese Bebauungen sind Lagen entstanden, in denen die Gebäude und die den Nutzern zugewiesenen Flächen sich oft auf vielen Grundstücken befinden. Eine dem Bürgerlichen Gesetzbuch entsprechende Rechtsgestaltung durch Erwerb des Eigentums am Grundstück setzt Verhandlungen und Einigungen mit zahlreichen Grundstückseigentümern voraus, die z. T. Splitterflächen übersteigen müssen. Für die Abtrennung der Teilflächen müssen Genehmigungen nach § 120 SachenR-BerG beantragt werden. Im Falle der Bestellung von Erbbaurechten müssen die Teilflächen mit Gesamt- oder Nachbarerbbaurechten belastet werden, was zu komplizierten Rechtsgestaltungen führt.

383 Es kommt hinzu, daß die Gebäude zum Teil auf ehemals volkseigenen und zum Teil auf privaten Eigentümern gehörenden Grundstücken ste-

hen. In solchen Fällen sind unterschiedliche Rechtsvorschriften anzuwenden. Die Rechtsverhältnisse aus der Bebauung vormals volkseigener Grundstücke durch staatliche Stellen, Betriebe, die im Register der volkseigenen Wirtschaft eingetragen waren, sowie durch Wohnungsbaugenossenschaften ist nicht Gegenstand der Sachenrechtsbereinigung, sondern der Vermögenszuordnung, die durch den Einigungsvertrag und das Vermögenszuordnungsgesetz, das Treuhandgesetz und das Wohnungsgenossenschafts-Vermögensgesetz geregelt worden ist. Die Fluchtlinien der Grundstücke können jedoch nicht nach den Eigentumsverhältnissen unterschiedlich gezogen werden. Hier bedarf es vielmehr eines **Bodenordnungsverfahrens**, das die privaten Grundstücke insoweit in die Festsetzung des Zuordnungsplanes einbezieht.

Zur Regelung der Eigentumsverhältnisse in diesen Lagen sind die **Verfahren der Bodensonderung** nach § 5 BoSoG für den komplexen Wohnungs- und Siedlungsbau und im ländlichen Raum nach Aufhebung des genossenschaftlichen Bodennutzungsrechts das Bodenordnungsverfahren nach § 64 LwAnpG geschaffen worden. In diese Verfahren werden die Nutzer, die Eigentümer sowie die Inhaber dinglicher Rechte in dem Gebiet einbezogen. Ziel der Verfahren ist eine Neuregelung der Eigentumsverhältnisse. Der Teil, der Rechte verliert, enthält einen im Verfahren festzusetzenden Ausgleich für den Rechtsverlust. **384**

Der Vorrang der Bodenordnungsverfahren begründet sich einmal daraus, daß deren Zweck gefährdet wäre, wenn vertragliche Einigungen zwischen zwei Beteiligten nach dem SachenRBerG möglich blieben, die den Entscheidungen in den Verfahren widersprächen.

In solchen **Bodenordnungsverfahren** müssen die Fluchtlinien einheitlich festgestellt werden. Das Erfordernis der Teilungsgenehmigung nach § 120 SachenRBerG kann diese Zwecke nur teilweise sicherstellen, da diese grundsätzlich nach dem vorgefundenen Bestand zu erteilen ist. Es kommt hinzu, daß in den im komplexen Wohnungs- oder Siedlungsbau überbauten Gebieten die Grundstückseigentümer eine **einheitliche Entschädigung** für den Rechtsverlust erhalten sollen. Diejenigen, die das Eigentum an Grundstücken im Wege der Bodensonderung erwerben, haben die Kosten für die Entschädigungen über Beiträge und Abgaben aufzubringen, wobei zugleich ein Ausgleich entsprechend dem Wert der Grundstücke erfolgen soll (§ 17 BoSoG und § 20 Abs. 5 SachenRBerG). Die Festsetzungen über Ausgleichsleistungen und Beiträge könnten durch vertragliche Einigungen unterlaufen werden. **385**

386 Ein weiterer Gesichtspunkt ergibt sich aus dem **Grundsatz der Verfahrensökonomie**. Wenn die Sachenrechtsbereinigung in einem behördlichen Verfahren erledigt wird, stellt die Befassung der Notare und der Gerichte mit derselben Angelegenheit eine unnötige, zusätzliche Belastung dar.

Die Ansprüche nach dem SachenRBerG können daher nach Eröffnung solcher Verfahren nicht mehr verfolgt werden. Die Eröffnung der Verfahren begründet ein Hindernis für die Geltendmachung der Ansprüche aus der Sachenrechtsbereinigung. Ein notarielles Vermittlungsverfahren ist einzustellen (§ 95 Abs. 1 SachenRBerG).

387 Das Verfahren nach § 64 LwAnpG wird allerdings nur auf Antrag eröffnet und ist auf übereinstimmenden Antrag aller Beteiligten auch wieder einzustellen. Insoweit kann es vorkommen, daß ein Bodenordnungsverfahren nach § 64 LwAnpG auch ohne eine Feststellung und Neuordnung der Eigentumsverhältnisse beendet wird. Eine Bereinigung der Rechtsverhältnisse, die aus dem Auseinanderfallen von Grundstücks- und Gebäudeeigentum entstanden sind, ist dann nicht erfolgt. Eine vertragliche Regelung nach dem Sachenrechtsbereinigungsgesetz kann dann nicht den Festsetzungen im Verfahren widersprechen und ist daher nach ergebnisloser Beendigung des Bodenordnungsverfahrens grundsätzlich wieder zulässig (§ 28 Satz 2 SachenRBerG).

b) Nicht mehr nutzbare Gebäude, nicht ausgeübte Nutzungen (§ 29 SachenRBerG)

388 Die Einreden in § 29 Abs. 1 und Abs. 2 SachenRBerG geben dem Grundstückseigentümer ein **Leistungsverweigerungsrecht**, wenn

● das Gebäude verfallen und deshalb keine bauliche Investition mehr zu schützen ist, oder

● von einer baulichen Investition oder einem Nutzungsrecht nicht oder nicht bestimmungsgemäß Gebrauch gemacht wird.

389 Die Sachenrechtsbereinigung mußte eine Lösung in dem Spannungsverhältnis finden,

● einerseits den Bestand der vorgefundenen Rechte zu wahren und die baulichen Investitionen des Nutzers schützen zu müssen,

● andererseits die sich aus dem Zuweisungsgehalt der vorgefundenen Rechte ergebenden Schranken beachten zu müssen und keine neuen zusätzlichen Belastungen für den Grundstückseigentümer begründen zu dürfen.

Eine Bewertung der vorgefundenen Rechte und Nutzungsbefugnisse 390
nach vorstehender Prämisse ergibt folgende **Eckpunkte für eine gesetz-**
liche Lösung:

● Das Gebäudeeigentum besteht als Eigentum des Nutzers oder der 391
Genossenschaft fort. Das Gebäudeeigentum ist ein dem Nutzer gehö-
render Vermögensgegenstand. Das Eigentum am Gebäude allein begründet jedoch kein Recht zur baulichen Nutzung des fremden
Grundstücks. Soweit dem Eigentum am Gebäude allerdings eine bauliche Investition des Nutzers zugrunde liegt, ist deren Gebrauchswert
dem Nutzer durch Begründung eines Anspruches auf ein Erbbaurecht
oder auf Ankauf des Grundstücks zu sichern. Liegt eine solche Investition jedoch nicht vor, so vermag auch der Fortbestand des Rechtstitels an einem nicht vorhandenen Gebäude einen Anspruch auf
Begründung eines Rechts am Grundstück nicht zu rechtfertigen.[184]

In die gleiche Richtung weist die Erwägung, daß der Fortbestand 392
allein des Rechtstitels ohne bauliche Investition nicht zur **Mitnahme**
von Spekulationsgewinnen aus der Teilung des Bodenwertes durch
Ankauf und Weiterveräußerung des Grundstücks führen darf. Dies
entspräche nicht dem Inhalt des im sozialistischen Staat begründeten
Rechtsinstituts. Eine Sachenrechtsbereinigung, die solche **Spekula-**

---

184 Der Gegensatz zwischen Gebäudeeigentümer- und Grundstückseigentümerrechten
tritt bei der Frage der Regelung der Verkehrsfähigkeit und der Beleihbarkeit des Gebäudeeigentums in besonders scharfer Form zutage. Wenn das Gebäudeeigentum fungibel
sein soll, muß es als ein Recht anerkannt werden, das von dem physischen Bestand des
Bauwerks unabhängig ist. Diese Regelung hat das Zweite Vermögensrechtsänderungsgesetz durch die Bestimmung getroffen, daß aufgrund des Rechtstitels ein neues Gebäude errichtet werden kann. Wobei diese Regelung auch für das Gebäudeeigentum
ohne Nutzungsrecht nach Art. 233 § 2b EGBGB gilt. Dieses Gebäudeeigentum sollte
jedoch ohne ein Recht zur Nutzung des Grundstücks entstehen, um den Entscheidungen in der Sachenrechtsbereinigung nicht vorzugreifen (vgl. die Begründung zu Art. 233
§ 2b EGBGB BT-Drs. 12/2480).

Eine dem § 13 ErbbauVO entsprechende Regelung, nach der der Untergang des Bauwerks den Bestand des Rechtstitels (Gebäudeeigentum) unberührt läßt, führt indessen
bereits Rechtsfolgen herbei, die denen eines Nutzungsrechts am Grundstück entsprechen.

Ein Gebäudeeigentum ohne bauliche Investition verdient jedoch im Verhältnis zum
Grundstückseigentümer keinen Bestandsschutz. Ein von der Bausubstanz unabhängiges Nutzungsrecht hat der Gesetzgeber gerade nicht vorgefunden; ein solches Recht
sollte auch mit dem Zweiten Vermögensrechtsänderungsgesetz nicht begründet werden.

Die Lösung des Gesetzes besteht in der Begründung von Einreden für den Grund-
stückseigentümer nach § 29 SachenRBerG, verbunden mit Ansprüchen auf Erwerb des
Eigentums am Gebäude oder auf Ablösung des Restwerts der baulichen Investition des
Nutzers.

tionsgeschäfte zuließe, würde zu einer wirtschaftspolitisch unerwünschten Welle spekulativer Grundstücksgeschäfte führen. Auch unter Gerechtigkeitserwägungen wäre es kaum zu vermitteln, wenn der Grundstückseigentümer eine Bodenwertteilung hinnehmen müßte, die auch dem Nutzer, der nichts investiert hat oder dessen bauliche Investition wertlos geworden ist, die Möglichkeit zur Mitnahme von Gewinnen aus Grundstücksgeschäften verschaffen würde.

393 ● Das Nutzungsrecht berechtigt – anders als das Gebäudeeigentum – zur baulichen Nutzung des Grundstücks. Dieses auf staatlicher Verleihung oder Zuweisung beruhende Recht ist jedoch zweckgebunden. Aus dem Nutzungsrecht erfolgt daher keine dem Eigentum vergleichbare Befugnis, das Grundstück nach eigenen Vorstellungen in beliebiger Weise nutzen zu können. Dem vorgefundenen, durch den Einigungsvertrag in ein dingliches Recht umgewandelten Nutzungsrecht läßt sich deshalb auch gegenüber dem Grundstückseigentümer eine solche Befugnis nicht entnehmen. Der Grundstückseigentümer hat deshalb grundsätzlich nur eine Nutzung im Rahmen und im Umfang des bisherigen Rechts hinzunehmen. Gewinnmitnahmen aus Grundstücksgeschäften liegen außerhalb des Zuweisungsgehalts des Nutzungsrechts.

394 ● Die sog. **hängenden Fälle** sind nach dem Nachzeichnungsgedanken wie das Gebäudeeigentum oder das Nutzungsrecht zu behandeln, wenn für die Investition des Nutzers nach dem Recht der DDR eine solche Rechtsposition zu begründen war. Bei den hängenden Fällen ist mithin die Investition des Nutzers notwendige Voraussetzung, um einen Anspruch des Nutzers auf Erbbaurechtsbestellung oder Ankauf überhaupt begründen zu können. Ist die bauliche Investition zwar einmal vorgenommen worden, aber inzwischen wertlos geworden,[185] so gibt es ebenfalls keinen Grund mehr, dem Nutzer noch einen Anspruch auf eine (nunmehr BGB-konforme) Absicherung seiner Investition zu erhalten.

Die in § 29 SachenRBerG begründeten Einreden sind mithin ein Instrument, ungerechtfertigte Gewinne aus der Bodenwertteilung aus alten Rechtstiteln oder wertlos gewordenen Investitionen (sog. windfall profits) auszuschließen.

---

185 Beispiel: Das vom Nutzer errichtete Gebäude ist abgebrannt oder infolge der Veränderungen im Beitrittsgebiet nicht mehr wirtschaftlich sinnvoll nutzbar.

aa) Keine schützenswerte bauliche Investition (§ 29 Abs. 1 Satz 1 Nr. 1 SachenRBerG)

Ein wesentlicher Zweck der Sachenrechtsbereinigung besteht darin, durch Verdinglichung im Wege der Erbbaurechtsbestellung oder des Erwerbs des Grundeigentums die baulichen Investitionen des Nutzers zu schützen. Dieser Zweck des Gesetzes kann jedoch nicht eingreifen, wenn das Gebäude oder die bauliche Anlage, die der Nutzer errichtet hat, verfallen und mit ihrer Wiederherstellung (Rekonstruktion) auch nicht mehr zu rechnen ist.

395

Ist dem Nutzer auch kein Nutzungsrecht bestellt worden, das zu einem Neubau berechtigt, so muß der Grundstückseigentümer berechtigt sein, die Bestellung eines Erbbaurechts oder den Ankauf des Grundstücks verweigern zu können (§ 29 Abs. 1 Nr. 1 SachenRBerG).

bb) Nicht ausgeübte Nutzung (§ 29 Abs. 1 Satz 1 Nr. 2 SachenRBerG)

Für Gebäude oder bauliche Anlagen, die nach ihrem derzeitigen Zustand zwar noch genutzt werden könnten, jedoch – z. B. wegen der strukturellen Veränderungen der Wirtschaft im Beitrittsgebiet – nicht mehr genutzt werden, wäre eine Verdinglichung ebenfalls nicht gerechtfertigt. Diese Gebäude und baulichen Anlagen haben zwar möglicherweise noch einen Sachwert für den Nutzer, der die Nutzung aufgegeben hat, jedoch keinen Gebrauchswert mehr. In solchen Fällen wäre es nicht gerechtfertigt, dem Nutzer gesetzliche Ansprüche auf Verdinglichung seines (früheren) Besitzes zu gewähren. Dem Grundstückseigentümer steht daher auch in diesen Fällen eine Einrede gegen die Ansprüche des Nutzers aus der Sachenrechtsbereinigung zu (§ 29 Abs. 1 Nr. 2 SachenRBerG).

396

Die weiteren Rechtsfolgen ergeben sich aus § 29 Abs. 5 Satz 1, § 81 Abs. 1 Satz 1 Nr. 2 und Abs. 4 und § 82 Abs. 2 SachenRBerG.

397

Der Grundstückseigentümer kann das Gebäude erwerben. Der Kaufpreis bestimmt sich dann allein nach Wert des Gebäudes. Für ein nicht mehr genutztes Gebäude hätte dem Nutzer in der DDR kein Nutzungsrecht bestellt werden können, da dieses die bestimmungsgemäße Nutzung des Grundstücks voraussetzte (vgl. §§ 290, 294 ZGB). Wo nach dem Recht der DDR kein Nutzungsrecht zu bestellen war, ist nach den Grundsätzen der Sachenrechtsbereinigung (Nachzeichnungsprinzip – s. oben Rn. 61 bis 66) nicht davon auszugehen, daß die Bebauung bei gesetzeskonformen Vorgehen durch ein Nutzungsrecht abgesichert worden wäre. Demzufolge läßt sich auch keine Beteiligung des Nutzers am Bodenwert begründen.

Ist das Gebäude oder die bauliche Anlage auch für ihn nicht nutzbar und zur ordnungsgemäßen Nutzung der Abbruch des Gebäudes erforderlich, so kann der Grundstückseigentümer vom Nutzer die Beteiligung an Abbruchkosten, soweit diese den Wert des freigelegten Grundstücks übersteigen, oder die Übernahme der Fläche auf der das Gebäude oder die bauliche Anlage steht, gegen Zahlung eines Entschädigungswerts verlangen.

cc) Zweckwidrig ausgeübtes Nutzungsrecht (§ 29 Abs. 2 SachenRBerG)

398   Ist ein Nutzungsrecht bestellt, so liegt ein Rechtstitel vor, der durch den Einigungsvertrag als dingliches Recht am Grundstück fortgilt (Art. 233 § 3 Abs. 1 EGBGB). Insoweit ist das Eigentum am Grundstück mit einem dinglichen Recht belastet. Dies trifft auch für die Fälle zu, in denen das vom Nutzer errichtete Gebäude verfallen ist oder der Nutzer vom Nutzungsrecht noch keinen Gebrauch gemacht hat, da das Nutzungsrecht zur (Neu-)Bebauung des Grundstücks berechtigt (Art. 233 § 4 Abs. 3 Satz 2 EGBGB).

399   Eine Einrede ist dem Grundstückseigentümer gegenüber dem Nutzer jedoch in den Fällen zu geben, in denen eine Bebauung durch den Nutzer gar nicht beabsichtigt ist. Auch dies folgt aus dem Grundsatz, daß der Einigungsvertrag die Nutzungsrechte mit ihrem bisherigen Inhalt und Rang zwar anerkannt, jedoch keine darüber hinausgehende Belastung des Grundeigentums begründet hat. Eine Beteiligung des Nutzers am Bodenwert ist daher grundsätzlich nur bei bestimmungsgemäßer Nutzung des Grundstücks begründbar. Die Bodenwertteilung darf insbesondere nicht dazu führen, daß der Nutzer aus nicht ausgeübten Nutzungen die Liquidations- oder Konkursmasse seines Unternehmens mehren oder Gewinne aus Grundstücksgeschäften (durch Ankauf zum halben Verkehrswert und Weiterveräußerung zum Verkehrswert) erzielen könnte. § 29 Abs. 2 SachenRBerG gibt dem Grundstückseigentümer deshalb für den Fall eine Einrede, in dem nach den persönlichen oder wirtschaftlichen Verhältnissen des Nutzers nur eine Verwertung des Nutzungsrechts durch Veräußerung zu erwarten ist.

dd) Einwendungserstreckung auf den Erwerber des Gebäudes (§ 29 Abs. 3 SachenRBerG)

400   Die Bestimmung soll ungerechtfertigte Mitnahmen von Gewinnen aus der Bodenwertteilung durch Veräußerung des Gebäudes verhindern.

Der Zweck der in § 29 Abs. 1 und Abs. 2 SachenRBerG bestimmten Einreden könnte andernfalls durch Veräußerung des Gebäudeeigentums (mit oder ohne Nutzungsrecht) unterlaufen werden. Der Nutzer, der das Grundstück nicht für den Bau eines Gebäudes nutzen kann oder will, würde sich die Vorteile aus den Ansprüchen auf Bestellung eines zinsgünstigen Erbbaurechts oder auf Ankauf des Grundstücks zum halben Bodenwert dadurch sichern können, daß er mit der Veräußerung des Gebäudeeigentums die Ansprüche auf den Erwerber überträgt. Der Erwerb eines Ankaufsrechts zum halben Bodenwert würde der Kaufpreisbemessung zugrunde gelegt und dadurch dem Nutzer zufließen. Diese Einrede greift auch gegenüber denjenigen Erwerbern des Gebäudeeigentums, die dieses Recht nach dem 20. Juli 1993 (Tag des Beschlusses des Regierungsentwurfs) erworben haben.

Die Vorschrift ist im Vergleich zum Regierungsentwurf (§ 29 Abs. 2 Satz 2 SachenRBerG) erweitert worden. Es sind nicht nur die Übertragungen von Gebäudeeigentum mit Nutzungsrecht (Art. 233 § 4 Abs. 1 EGBGB), sondern auch die von Gebäudeeigentum ohne Nutzungsrecht (Art. 233 § 2b und § 8 EGBGB) in gleicher Weise zu erfassen und zu behandeln.[186]

c) Unredlicher Erwerb (§ 30 SachenRBerG)

401 Die Vorschrift wahrt die Parallelität der Wertungen zu den § 4 Abs. 3 und § 16 Abs. 3 VermG. Nach diesen Bestimmungen können der enteignete Alteigentümer sowie der Eigentümer eines staatlich verwalteten Grundstücks die Aufhebung eines in unredlicher Weise erworbenen Nutzungsrechts verlangen. Die Zuständigkeit der Ämter zur Regelung offener Vermögensfragen besteht nur im Zusammenhang mit Entscheidungen über die Rückgabeansprüche nach § 3 Abs. 1 VermG sowie über die Aufhebung oder gesetzliche Beendigung der staatlichen Verwaltung nach §§ 11 ff. VermG. Für die Entscheidung über entsprechende Einreden der Eigentümer nicht staatlich verwalteter Grundstücke ist eine Zuständigkeit dieser Ämter nicht begründet.

402 Es würde ein nicht zu begründender Wertungswiderspruch entstehen, wenn diese Eigentümer auch die in unredlicher Weise erworbenen Nutzungsrechte hinzunehmen hätten und die Nutzer daraus Ansprüche auf Erbbaurechtsbestellung oder auf Ankauf des Grundstücks begründen

---

186 Vgl. BT-Drs. 12/7425, S. 70.

könnten. In diesen Fällen können die Grundstückseigentümer gegenüber den Ansprüchen des Nutzers eine Einrede erheben und die Aufhebung des Nutzungsrechts durch gerichtliche Entscheidung verlangen (§ 30 Abs. 1 Satz 2 SachenRBerG in Verbindung mit Art. 233 § 4 Abs. 5 EGBGB i. d. F. durch Art. 2 § 5 Nr. 2 Buchstabe a SachenRÄndG). Da schon die Möglichkeit, solche Einreden erheben zu können, zu erheblicher Rechtsunsicherheit führt, müssen Klagen auf Aufhebung des Nutzungsrechts bis zum 30. Dezember 1996 erhoben worden sein. Nach Ablauf dieser Frist ist auch die Einrede des unredlichen Erwerbs gegenüber dem Inhaber eines Nutzungsrechts ausgeschlossen, der Ansprüche aus der Sachenrechtsbereinigung verfolgt.

d) Geringe Restnutzungsdauer des Gebäudes (§ 31 SachenRBerG)

403 Ist ein Nutzungsrecht nicht bestellt und beträgt die Restnutzungsdauer des vom Nutzer errichteten Gebäudes weniger als 25 Jahre, so ist wegen der Kürze der Laufzeit weder die Bestellung eines Erbbaurechts noch der Ankauf des Grundstücks gerechtfertigt. In diesen Fällen kann der Grundstückseigentümer eine Verdinglichung verweigern und den Nutzer auf den Abschluß eines Mietvertrages verweisen (§ 31 SachenR-BerG). Wegen der weiteren Rechtsfolgen ist auf die obigen Ausführungen (Rn. 376, 377) zu verweisen.

5. Bestellung von Erbbaurechten (§§ 32 bis 61 SachenRBerG)

a) Grundsatz (§ 32 SachenRBerG)

404 Das Sachenrechtsbereinigungsgesetz läßt nicht kraft Gesetzes ein Erbbaurecht mit einem bestimmten Inhalt entstehen. Es begründet vielmehr einen **gesetzlichen Anspruch auf Bestellung eines Erbbaurechts**, wobei dessen wesentlicher Inhalt durch gesetzliche Regelungen vorgegeben wird. Die gesetzliche Regelung ist insoweit einem Vorvertrag vergleichbar, aus dem die Beteiligten auf den Abschluß eines Vertrages klagen können.[187]

405 Der Weg über den Abschluß eines Vertrages ist nicht einfach. Die Gestaltung ist trotz der gesetzlichen Vorgaben insbesondere beim Erbbau-

---

187 Vgl. BT-Drs. 12/5992, S. 131 sowie die Ausführungen von Stürner, JZ 1993, 1074, 1078.

recht kompliziert. Die meisten Nutzer und Grundstückseigentümer werden ohne fachkundige Hilfe nicht in der Lage sein, einen den Vorgaben des Gesetzes entsprechenden Erbbaurechtsvertrag zu formulieren. Das SachenRBerG hat aus diesem Grunde ein **Vermittlungsverfahren** eingeführt, dessen Ziel die Ausarbeitung eines den Vorgaben des Gesetzes entsprechenden Erbbaurechts- oder Grundstückskaufvertrages ist.

Ein Vorteil der **Anspruchslösung** ist allerdings darin zu sehen, daß es den Beteiligten Gestaltungsmöglichkeiten eröffnet, die im Falle der Begründung von Erbbaurechten mit einem gesetzlich bestimmten Inhalt nicht gegeben wären. Für die Beteiligten (Nutzer und Grundstückseigentümer), die durch Mitarbeit an der Vertragsgestaltung zu einer ihren Bedürfnissen entsprechenden Regelung kommen wollen, eröffnet die Anspruchslösung die Chance zu einer weitgehend privatautonomen Regelung nach dem Willen der Beteiligten. – Für den Fall, daß eine Seite den Vertragsschluß zu verhindern versucht, ist allerdings der Weg über die Anspruchslösung, der gegebenenfalls erst mit einer richterlichen Feststellung des Vertragsinhalts endet, wesentlich langwieriger als eine Begründung eines Erbbaurechts kraft Gesetzes.

Es ist deshalb erwogen worden, Erbbaurechte mit einem bestimmten Inhalt kraft Gesetzes zu begründen. Dieser Lösungsansatz ist jedoch nicht weiter verfolgt worden.[188] **406**

Erbbaurechte hätten **kraft Gesetzes** nur durch Umwandlung bereits bestellter Nutzungsrechte begründet werden können. Bei den Bebauungen ohne rechtliche Absicherung („hängende Fälle") fehlt es an einem vom Eigentum am Grundstück zu trennenden Rechtstitel. Ohne einen solchen Rechtstitel wäre durch die Begründung von Erbbaurechten kraft Gesetzes jedoch mehr Rechtsunsicherheit denn Rechtsklarheit geschaffen worden. Als Folge einer solchen gesetzlichen Regelung wären Erbbaurechte entstanden, für deren Bestehen aus dem Grundbuch nichts zu entnehmen wäre. Bei jedem Grundstücksgeschäft über ein in der DDR bebautes Grundstück hätte erst festgestellt werden müssen, ob als Folge der Bebauung nunmehr eine Belastung durch ein kraft Gesetzes begründetes Erbbaurecht entstanden wäre. Dies hätte die Rechtssicherheit im Grundstücksverkehr im Beitrittsgebiet weiter gefährdet.

Der Weg über eine **gesetzliche Umwandlung der Nutzungsrechte** ist aus den folgenden Erwägungen nicht gegangen worden: **407**

---

[188] Die Erwägungen des Gesetzgebers gegen eine Begründung von Erbbaurechten kraft Gesetzes und für die Anspruchslösung sind in der BT-Drs. 12/5992, S. 68 ff. dargestellt worden.

408 • Es fehlt oft an den formell-rechtlichen Voraussetzungen für eine Bestimmung des Belastungsgegenstands. Die Nutzungsrechte sind – vor allem auf den vormals genossenschaftlich genutzten, jedoch in Privateigentum verbliebenen Grundstücken – nicht in das Grundbuch eingetragen worden. Die Nutzungsrechte sind häufig nur in einer Nutzungsurkunde dokumentiert, die über die belasteten Grundstücke keinen Aufschluß gibt. In diesen Fällen müßte das mit dem Erbbaurecht zu belastende Grundstück erst ermittelt werden. wenn sich aus der Liegenschaftsdokumentation und der Nutzungsurkunde jedoch kein Aufschluß hierüber ergibt, müßte im Streitfalle erst in einem Rechtsstreit mit dem Ziel der Zustimmung zur Grundbuchberichtigung nach § 894 BGB geklärt werden, welches Grundstück oder welche Grundstücksteile mit dem Erbbaurecht zu belasten sind. Die Durchsetzung solcher Berichtigungsansprüche im Prozeß ist meist langwierig.[189] Ein Gewinn für den Nutzer im Vergleich zu einer Anspruchslösung ist dann nicht mehr gegeben.

409 • Eine gesetzliche Umwandlung der Nutzungsrechte könnte nur eine **grob pauschalierende Regelung** in bezug auf den zu zahlenden Erbbauzins enthalten. Eine Erbbauzinsbestimmung nach dem Bodenwert des jeweils betroffenen Grundstücks ist im Falle der Begründung von Erbbaurechten durch eine abstrakt-generelle gesetzliche Regelung nicht möglich. Angemessen ist jedoch nur eine Verzinsung, die dem Bodenwert des Grundstücks entspricht. Im Falle einer gesetzlichen Umwandlung hätte das Entgelt im nachhinein an die konkreten Verhältnisse angepaßt werden müssen. Hierzu hätte es eines Anspruches auf **Erbbauzinsanpassung** bedurft, der wiederum notfalls im Prozeßwege hätte durchgesetzt werden müssen.

410 • Die durch Gesetz begründeten Erbbaurechte würden oft der tatsächlichen Nutzung nicht entsprechen. Die Umwandlung müßte sich auf den bisherigen Inhalt der Nutzungsrechte beziehen. Viele Gebäude werden jedoch wegen des Strukturwandels im Beitrittsgebiet nicht mehr wie ehemals in der DDR genutzt. Die Art der Nutzung des Gebäudes ist oft geändert worden. Ein durch Umwandlung entstandenes Erbbaurecht, das inhaltlich dem bisherigen Nutzungsrecht entspräche, würde dem Nutzer daher kein Recht gewähren, das ihn zur jetzt ausgeübten Nutzung berechtigt.

---

189 Vgl. Jauernig, BGB, 5. Aufl., § 894, Anm. 1a.

● Die Umwandlung kraft Gesetzes würde schließlich auch dort Erb- 411
baurechte entstehen lassen, wo dies unangemessen wäre. Die Bestellung eines Erbbaurechts ist dort nicht zu rechtfertigen, wo der Nutzer
das Grundstück nicht bebaut hat und auch nicht bebauen will oder
beim Erwerb des Nutzungsrechts unredlich war. Eine gesetzliche
Umwandlung der Nutzungsrechte ließe zunächst auch in diesen Fällen Erbbaurechte entstehen. Der Grundstückseigentümer wäre dann
darauf angewiesen, statt Einreden gegenüber dem Anspruch des Nutzers zu erheben, auf Aufhebung des kraft Gesetzes entstandenen Erbbaurechts zu klagen. Die Umsetzung eines solchen Anspruchs wäre
insbesondere dann schwierig, wenn über das Erbbaurecht bereits verfügt oder das Erbbaurecht bereits belastet worden wäre.

Der Lösungsweg über eine gesetzliche Umwandlung der Nutzungs- 412
rechte in Erbbaurechte konnte nicht gegangen werden, weil die in der
DDR begründeten subjektiv-öffentlichen Rechte und die Rechtsinstitute des Bürgerlichen Rechts grundverschieden sind. Die Aufgabe der
Sachenrechtsbereinigung, die Nutzungsrechte an das Bürgerliche Gesetzbuch und seine Nebengesetze sowie an die veränderten marktwirt-
schaftlichen Verhältnisse anzupassen, hätte so weitgehende Veränderungen des Inhalts der bisherigen Rechte erforderlich gemacht, daß der
Weg über eine gleichsam automatische Umwandlung durch gesetzliche
Regelung ausschied. Da das Recht der DDR vielmehr keine für eine
Marktwirtschaft ausreichend verkehrsfähigen und preisorientierten
Rechtsformen zur Verfügung stellte, war es zweckmäßig, sich von den
vorgefundenen Rechtsformen zu lösen und Ansprüche der Nutzer auf
Bestellung von Erbbaurechten oder zum Ankauf des Grundstücks zu
begründen.[190]

Im Wege einer Anpassung der Nutzungsrechte hätten so weitgehende Veränderungen ihres Inhalts vorgenommen werden müssen, daß sich der gesetzliche
Bezug auf eine rein formelle Anknüpfung, das Vorhandensein eines Nutzungsrechts, beschränkt hätte. Gerade diesem Kriterium kann jedoch wegen der weit-
gehenden Zufälligkeit und Willkürlichkeit des behördlichen Handelns in der ehemaligen DDR kein durchschlagendes Gewicht zuerkannt werden. Insoweit wird
eine Gleichbehandlung der Nutzungsrechte wie der sog. hängenden Fälle durch
die Begründung gesetzlicher Ansprüche sowohl den vorgefundenen Verhältnissen als auch dem Umfang der vorzunehmenden Veränderungen besser gerecht.

---

190 Auf diesen Umstand hat Stürner, a. a. O., S. 1079, hingewiesen. Die wirtschaftspoliti-
schen Vorgaben machten eine Lösung von den vorgefundenen Rechtsformen erforderlich. Eine Veränderung des Inhalts der Nutzungsrechte hätte dazu führen müssen, daß
nur noch eine namentliche Übereinstimmung übriggeblieben wäre.

b) Gesetzliche Ansprüche wegen dinglicher Rechte

aa) Verpflichtung zum Rangrücktritt (§ 33 SachenRBerG)

413 Ein Erbbaurecht kann nach § 10 Abs. 1 ErbbauVO nur zur ersten Rangstelle bestellt werden. Die Durchsetzung des gesetzlichen Anspruchs auf Erbbaurechtsbestellung ist daher nur möglich, wenn diese Rechtsfolge herbeigeführt werden kann. § 33 SachenRBerG gibt dem Nutzer einen gesetzlichen Anspruch gegen die Inhaber dinglicher Rechte am Grundstück, im Rang hinter das einzutragende Erbbaurecht zurückzutreten. Die Anspruchslösung ist gewählt worden, weil die Inhaber dinglicher Gegenrechte geltend machen können, die eine Belastung des Erbbaurechts nach §§ 35 und 36 SachenRBerG zum Ziel haben.

bb) Regelungen bei bestehendem Gebäudeeigentum (§ 34 SachenRBerG)

414 Das selbständige Eigentum am Gebäude war eine vom Eigentum am Grundstück getrennte Sache. Das Nutzungsrecht gehörte als subjektiv-öffentliches Recht zum Haftungsverband eines auf dem Grundstück lastenden Grundpfandrechts.

415 Die **Grundstücksvollstreckungsverordnung der DDR** vom 6. Juni 1990 (GBl. I Nr. 32 S. 288) bestimmte dementsprechend, daß eine Zwangsvollstreckung in das Grundstück sich nicht auf das selbständige Eigentum am Gebäude erstreckte. Der **Einigungsvertrag** hat die vorgefundene Rechtslage in der Weise berücksichtigt, daß das selbständige Eigentum am Gebäude ein vom Eigentum am Grundstück getrennter selbständiger Vermögensgegenstand blieb (Art. 231 § 5 Abs. 1 EGBGB) und ein gutgläubig lastenfreier Erwerb des in eine dingliche Belastung umgewandelten Nutzungsrechts grundsätzlich ausgeschlossen wurde (Art. 233 § 4 Abs. 2 EGBGB). Das Zweite Vermögensrechtsänderungsgesetz hat schließlich klargestellt, daß das Nutzungsrecht auch im Falle einer Zwangsversteigerung des Grundstücks durch den Zuschlag nicht erlischt, selbst wenn es bei der Feststellung des geringsten Gebots nicht zu berücksichtigen ist (Art. 233 § 4 Abs. 4 EGBGB).

416 Die vorstehenden Bestimmungen führen allerdings zu erheblichen Hemmnissen bei der Veräußerung und der Belastung von Grundstücken, da hiernach auch nicht aus dem Grundbuch ersichtliche Rechte gegenüber gutgläubigen Erwerbern, Vollstreckungsgläubigern und Erstehern geltend gemacht werden können. Dieser Zustand kann nicht auf Dauer fortbestehen. Es ist dafür Sorge zu tragen, daß in absehbarer Zeit auch in den neuen Ländern

- die Publizität des Grundbuchs nach § 891 BGB hergestellt und die daraus begründeten Folgen nach § 892 BGB für die gutgläubigen Erwerber von Rechten an Grundstücken wieder eintreten können und
- entsprechend den allgemeinen Bestimmungen des Gesetzes über die Zwangsversteigerung und die Zwangsverwaltung nicht im Grundbuch eingetragene und nicht angemeldete Rechte an Grundstücken durch den Zuschlag erlöschen.

Die entsprechenden Regelungen sind in Art. 12 und Art. 13 Nr. 1a des Registerverfahrenbeschleunigungsgesetzes getroffen worden. Hiernach ist das selbständige Gebäudeeigentum wie eine Belastung im Grundbuch des Grundstücks einzutragen (Art. 233 § 2c Abs. 1 Satz 1 EGBGB); diejenigen, denen aus Art. 233 § 2a EGBGB ein Recht zum Besitz am Grundstück zusteht, können für ihre etwaigen Ansprüche aus der Sachenrechtsbereinigung einen Vermerk in das Grundbuch eintragen lassen (Art. 233 § 2c Abs. 3 EGBGB).

Diese Regelungen werden durch § 93 Abs. 5, 6 SachenRBerG ergänzt, der den Notar im Vermittlungsverfahren verpflichtet, mit der Eröffnung des Verfahrens die Eintragung eines entsprechenden Vermerks beim Grundbuchamt zu beantragen.

Ist allerdings in dem für das Grundstück geführten Grundbuch weder selbständiges Gebäudeeigentum noch ein dingliches Nutzungsrecht und auch kein Vermerk nach Art. 231 § 2c Abs. 3 EGBGB oder nach § 93 SachenRBerG bis zum Ablauf des 31. Dezember 1996 eingetragen noch seine Eintragung beim Grundbuchamt beantragt worden, so ist danach ein gutgläubig lastenfreier Erwerb auch gegenüber den im Sachenrechtsbereinigungsgesetz begründeten Ansprüchen möglich (§ 111 SachenRBerG).   **417**

Die vorstehenden Erwägungen zum Schutz gutgläubiger Erwerber greifen allerdings dann nicht ein, wenn die Ansprüche aus dem Sachenrechtsbereinigungsgesetz vor dem 31. Dezember 1996 geltend gemacht werden oder wenn auf die Ansprüche des Rechts des Nutzers durch eine Eintragung im Grundbuch hingewiesen wird.

Da das selbständige Gebäudeeigentum nebst Nutzungsrecht eine vom Grundeigentum getrennte Sache war, erleiden die Inhaber dinglicher Rechte am Grundstück keinen Rechtsverlust, wenn statt des Eigentums am Gebäude ein erstrangiges Erbbaurecht auf dem Grundstück eingetragen wird. § 34 Abs. 1 SachenRBerG bestimmt dementsprechend, daß die Inhaber dinglicher Rechte am Grundstück keine Einwendungen gegenüber dem Anspruch auf Rangrücktritt erheben können. Belastungen des Gebäudes bestehen als Belastungen des Erbbaurechts fort.   **418**

cc) Dienstbarkeit, Nießbrauch, Wohnungsrecht (§ 35 SachenRBerG)

Die Regelung gilt für die dinglichen Rechte am Grundstück, die dem Inhaber die Befugnis einräumen, Nutzungen aus der Sache zu ziehen   **419** oder das Grundstück in bestimmten Beziehungen zu benutzen, wenn selbständiges Eigentum am Gebäude nicht entstanden ist. Solche Rechte sollen die Sachenrechtsbereinigung zwar nicht ausschließen, aber auch nicht in ihrem Inhalt beeinträchtigt werden. Die Inhaber dieser Rechte sollen deshalb nach § 33 SachenRBerG der erstrangigen Belastung des Grundstücks zustimmen müssen; sie können jedoch vom Nutzer ihrem Recht entsprechende Belastung des Erbbaurechts verlangen, soweit dies zur Ausübung ihres Rechts erforderlich ist.

dd) Hypothek, Grundschuld, Reallast, Rentenschuld (§ 36 SachenRBerG)

420 Die dinglichen Rechte, deren Inhalt auf Zahlung oder Befriedigung aus dem Grundstück gerichtet ist, dürfen durch die Sachenrechtsbereinigung grundsätzlich nicht in ihrer Werthaltigkeit verkürzt werden. Die Inhaber dieser Rechte sind daher grundsätzlich nur dann verpflichtet, einem Rangrücktritt für die Bestellung eines Erbbaurechts zuzustimmen, wenn auf dem Erbbaurecht an gleicher Rangstelle ein entsprechendes Recht bestellt wird.

421 Das SachenRBerG begrenzt jedoch für die Nutzer das Risiko aus Belastungen infolge der Aufnahme von Krediten durch den Grundstückseigentümer, auf deren Vergabe sie in der Regel keinen Einfluß hatten. Der Nutzer soll entsprechend dem Wert seines Erbbaurechts und nicht wie aus einer Gesamthypothek haften. Das Erbbaurecht ist deshalb grundsätzlich nur anteilig in der Höhe zu belasten, die dem Wert des Erbbaurechts im Verhältnis zum Wert des belasteten Grundstücks entspricht (§ 36 Abs. 1 Satz 1 SachenRBerG).

Dieser Grundsatz kommt jedoch nicht zur Anwendung, wenn die nachfolgenden Gründe vorliegen:

422 • Der Inhaber des Grundpfandrechts hat keinen Anspruch auf eine **Belastung des Erbbaurechts**, wenn er kollusiv mit dem Grundstückseigentümer an einem Verstoß gegen dessen gesetzliche Verpflichtungen mitgewirkt hat. Der Grundstückseigentümer ist nach Art. 233 § 2a Abs. 3 Satz 2 EGBGB i. d. F. des Zweiten Vermögensrechtsänderungsgesetzes verpflichtet, Belastungen des Grundstücks zu unterlassen, wenn der Nutzer das Grundstück mit Billigung staatlicher Stellen bebaut hat. Der Inhaber eines dinglichen Rechts, der in Kenntnis eines Verstoßes des Grundstückseigentümers gegen diese Verpflichtung sich ein dingliches Recht hat bewilligen lassen, ver-

dient gegenüber dem Nutzer keinen Schutz. Er hat der erstrangigen Eintragung des Erbbaurechts zuzustimmen, ohne eine Belastung des Erbbaurechts verlangen zu können (§ 36 Abs. 1 Satz 2 Nr. 1 SachenR-BerG).

● Eine solche Belastung des Erbbaurechts ist ebenfalls nicht berechtigt, **423** wenn das Gebäude oder die bauliche Anlage des Nutzers und die dafür in Anspruch genommene Fläche nach den bei der Kreditgewährung getroffenen Abreden nicht zum Haftungsverband des Grundpfandrechts gehören sollten (§ 36 Abs. 1 Satz 2 Nr. 2 1. Alt. SachenRBerG). Damit werden die Fälle erfaßt, in denen dem Inhaber des Grundpfandrechts die Bebauung des Grundstücks durch einen Dritten bekannt war und er das Grundstück in Kenntnis der noch ausstehenden gesetzlichen Regelung der Sachenrechtsbereinigung beliehen hat.

In solch einem Fall sollte das Gebäude oder die bauliche Anlage des Nutzers nicht zum Haftungsverband gehören. Die an der Sicherungsabrede Beteiligten haben dann bereits schuldrechtlich eine Trennung zwischen den Rechten des Nutzers und denen des Grundstückseigentümers wie im Falle der Begründung selbständigen Gebäudeeigentums vollzogen. Die Belastung des Erbbaurechts wäre dann eine unangemessene Sicherung. Der Inhaber des dinglichen Rechts soll dann bei der Sachenrechtsbereinigung auch keine Belastung des Erbbaurechts verlangen können.

● Ein solcher Anspruch soll dem Inhaber des dinglichen Rechts schließ- **424** lich auch nicht zustehen, wenn er die Nichtzugehörigkeit des Gebäudes zum Haftungsverband hätte erkennen können. Die Regelung ist Folge eines Verstoßes gegen die Obliegenheitspflicht, sich vor Abschluß eines Grundstücksgeschäfts in den neuen Ländern nach den tatsächlichen und rechtlichen Verhältnissen erkundigen zu müssen. In den neuen Ländern bestehen derzeit noch viele nicht im Grundbuch eingetragene Rechte an Grundstücken. Ein gutgläubig lastenfreier Erwerb aufgrund der Eintragungen im Grundbuch ist insoweit (noch) nicht möglich (vgl. Art. 231 § 5 Abs. 1 und Art. 233 § 4 Abs. 2 EGBGB). Wenn der Inhaber des dinglichen Rechts bei den gebotenen Nachfragen die Bebauung des Grundstücks durch einen Dritten und das Bestehen etwaiger Ansprüche aus der Sachenrechtsbereinigung hätte erkennen können, soll er sich gegenüber dem Nutzer nicht auf den gesetzlichen Haftungsumfang der Grundpfandrechte berufen können (§ 36 Abs. 1 Satz 2 2. Alt. SachenRBerG).

425   Soweit der Nutzer eine Belastung des Erbbaurechts hinnehmen muß, soll er entsprechend §§ 1150, 268 BGB berechtigt sein, die übernommene anteilige Haftung durch eine entsprechende Befriedigung des Gläubigers zum nächsten Termin abzulösen (§ 36 Abs. 2 SachenR-BerG).

c) Überlassungsverträge (§ 38 SachenRBerG)

426   Für die Überlassungsverträge im Sinne der Begriffsbestimmung in Art. 232 § 1a EGBGB sind in mehreren Punkten besondere Regelungen im Entwurf erforderlich. Der § 38 regelt die Ansprüche der Beteiligten wegen der zugunsten des Nutzers begründeten Ansprüche und der zu ihrer Sicherung eingetragenen Grundpfandrechte. Diese waren nach den Mustertexten zum Überlassungsvertrag[191] wegen

• der Verwendungen des Nutzers auf das Grundstück und

• der Tilgung von Verbindlichkeiten, die auf dem Grundstück lasteten,

vom Verwalter zu bewilligen.

aa) Ansprüche auf Verwendungsersatz (§ 38 Abs. 1 SachenRBerG)

427   Die Ansprüche auf Verwendungsersatz kann der Nutzer nach Bestellung des Erbbaurechts nicht mehr gegenüber dem Grundstückseigentümer geltend machen, da die daraus entstandenen Vorteile dem Nutzer verbleiben.

Bei den **werterhöhenden Verwendungen** wird es sich in der Regel um Aufwendungen für das Gebäude, für Grundstückseinrichtungen oder für Anpflanzungen handeln. Nach der Bestellung des Erbbaurechts sind diese Aufwendungen nicht mehr auf eine fremde Sache vorgenommen worden. Das Gebäude, die Einrichtungen und die Anpflanzungen werden Bestandteil des Erbbaurechts nach § 59 SachenRBerG in Verb. mit § 12 Abs. 1 ErbbauVO und damit Eigentum des Nutzers.

Die wiederkehrenden Lasten des Grundstücks hatte der Nutzer für die Zeit seines Besitzes nach dem Vertrag zu tragen, ohne hierfür Ersatz verlangen zu können.

---

191 Vgl. die Abdrucke bei Fieberg/Reichenbach, Enteignung und offene Vermögensfragen in der ehemaligen DDR, Ergänzungsband, 2. Aufl., Nr. 3.5.11.1).

Nach § 38 Abs. 1 Satz 1 SachenRBerG kann der Grundstückseigentü-   428
mer verlangen, daß der Nutzer auf seine Ansprüche verzichtet und die
zu ihrer Sicherheit am Grundstück bestellten Grundpfandrechte aufgibt. Die Rechtsfolgen bestimmen sich in diesem Fall nach § 1169 BGB.
Dieser Anspruch wird zweckmäßigerweise in den Verhandlungen über
die Bestellung des Erbbaurechts geltend zu machen sein.

Der Nutzer kann den Anspruch aus Satz 1 nicht erfüllen, wenn er ihn an   429
einen Dritten abgetreten hat. Dies ist häufig im Zusammenhang mit
Kreditaufnahmen zur Finanzierung der Verwendung geschehen. In diesem Fall hat der Nutzer nach Satz 2 den Grundstückseigentümer von
den Verbindlichkeiten und der dinglichen Haftung aus den Aufwendungen freizustellen, die nunmehr dem Eigentum des Nutzers zugutekom-
men.

**bb) Ansprüche aus der Tilgung von Verbindlichkeiten
(§ 38 Abs. 2 und 3 SachenRBerG)**

Aus der Zahlung, die der Nutzer beim Vertragsschluß zu leisten hatte,   430
hatte der staatliche Verwalter die Verbindlichkeiten des Grundstückseigentümers zu erfüllen und die zu deren Sicherung bestellten Grundpfandrechte abzulösen.

Die Tilgung der Verbindlichkeiten führte nach den Vertragsmustern zu
einem **Aufwendungsersatzanspruch des Nutzers,** der durch eine auf dem
Grundstück einzutragende Hypothek abzusichern war.[192]

Diese Regelung in den Verträgen entspricht grundsätzlich den Bestimmungen des Bürgerlichen Gesetzbuchs, die im Falle der Tilgung von
Verbindlichkeiten im Rahmen einer Geschäftsbesorgung Aufwendungs-
ersatzansprüche (§§ 683, 670 BGB), im übrigen jedoch wenigstens Ansprüche aus ungerechtfertigter Bereicherung in Höhe der durch die Tilgung eingetretenen Ersparnis gewähren.

Hieran knüpft die Regelung in § 38 Abs. 2 Satz 1 SachenRBerG an, die
dem Nutzer grundsätzlich einen gesetzlichen Anspruch auf Erstattung
dieser Aufwendungen gewährt.

Die Problematik des Anspruches aus Satz 1 liegt darin, daß mit den   431
Zahlungen solche Verbindlichkeiten getilgt sein können, die der Grundstückseigentümer nach § 16 Abs. 2, Abs. 5 und § 18 Abs. 2 VermG bei

---

192 Vgl. § 5 des Mustervertrags, abgedruckt bei Fieberg/Reichenbach, a. a. O. (Fn. 191).

Beendigung der staatlichen Verwaltung nicht zu übernehmen hätte. Insoweit ist der Grundstückseigentümer durch die Tilgung der Verbindlichkeiten nicht bereichert worden.

Der Grundstückseigentümer hat nach den zitierten Bestimmungen des VermG nur solche Verbindlichkeiten uneingeschränkt zu übernehmen, die er selbst aufgenommen hatte. Für die vom staatlichen Verwalter aufgenommenen Aufbauhypotheken und vergleichbare Grundpfandrechte zur Sicherung von Baukrediten gilt eine Abschlagsregelung (§ 16 Abs. 5 Satz 1 in Verb. mit § 18 Abs. 2 Satz 2 VermG). Eine Verbindlichkeit ist nicht zu übernehmen, wenn eine der Kreditaufnahme entsprechende Baumaßnahme nicht durchgeführt worden ist (§ 16 Abs. 5 Satz 4 VermG). Soweit die Abschläge greifen oder die Verbindlichkeit aus anderen Gründen nicht zu übernehmen ist, gelten die Verbindlichkeiten und das Grundpfandrecht als erloschen (§ 16 Abs. 9 Sätze 1 und 2 VermG).

Die für vom staatlichen Verwalter aufgenommene Baukredite bestimmten Regelungen sind auf andere vom staatlichen Verwalter bestellte Grundpfandrechte entsprechend anzuwenden, es sei denn, daß das Grundpfandrecht der Sicherung einer Verpflichtung ohne diskriminierenden oder sonst benachteiligenden Charakter diente (§ 16 Abs. 7 VermG).

Die Lösung im Regierungsentwurf bestand darin, daß der Aufwendungsersatz des Nutzers hiervon unberührt bleibt. Soweit der Grundstückseigentümer hiernach jedoch Ersatz für solche Verbindlichkeiten zu leisten hatte, die er nicht zu übernehmen hatte, sollte im SachenR-BerG auf einen Anspruch gegen den Entschädigungsfonds verwiesen werden (§ 38 Abs. 2 Satz 2 E-SachenRBerG i. d. F. in der BT-Drs. 12/5992, S. 26).

432   Der Entwurf ist insoweit nicht Gesetz geworden. Der Aufwendungsersatzanspruch des Nutzers aus der Tilgung einer Verbindlichkeit, die der Grundstückseigentümer bei Aufhebung der staatlichen Verwaltung nicht zu übernehmen hätte, soll nach § 38 Abs. 2 Satz 2 SachenRBerG erlöschen. Der Aufwendungsersatzanspruch des Nutzers soll insoweit das gleiche Schicksal erfahren, das die erloschene Forderung erfahren hätte, wenn sie nicht getilgt worden wäre. Aus § 16 Abs. 9 Satz 3 VermG ergibt sich, daß auch die Forderungen aus Darlehen privater Kreditgeber als erloschen gelten, wenn der Grundstückseigentümer die Verbindlichkeit nicht zu übernehmen hätte – z. B. aufgrund der in § 18 Abs. 2

VermG bestimmten Abschläge oder wegen Fehlens einer dem Kredit entsprechenden Baumaßnahme.

§ 38 Abs. 3 SachenRBerG verweist auf diese Regelung im VermG. Dar- **433** aus folgt auch, daß die dort ausgesprochenen Grundsätze über eine angemessene Entschädigung für den Nutzer in gleicher Weise wie für die Kreditgläubiger anzuwenden sind.

Damit stellen sich insoweit auch die gleichen Fragen. Das Problem der Verweisung liegt darin, daß § 16 Abs. 9 Satz 3 VermG nicht durch eine gesetzliche Regelung über die angemessene Entschädigung ausgefüllt worden ist. Der Entwurf eines Entschädigungsgesetzes erfaßt diesen Sachverhalt ebenfalls nicht. Ob § 16 Abs. 9 Satz 3 VermG aber auf Dauer als bloßer Programmsatz ausgelegt werden kann, aus dem sich unmittelbare Ansprüche für die Beteiligten nicht ergeben, ist schon angesichts des Wortlauts der Regelung zweifelhaft.

cc) Auszahlung des Hinterlegungsbetrages (§ 38 Abs. 4 SachenRBerG)

Bei der Auszahlung des Hinterlegungsbetrages orientiert sich der Ent- **434** wurf am Vertragsmuster. Soweit der Hinterlegungsbetrag noch vorhanden ist[193], ist der Nutzer nach Satz 1 berechtigt, die Auszahlung verlangen zu können.

Die **Zinsen** sollen nach dem Vertrag dem Grundstückseigentümer als Ersatz für ein Nutzungsentgelt zustehen. Nach Satz 2 soll der Grundstückseigentümer deshalb vom Nutzer die Zustimmung zur Auszahlung der Zinsen an ihn verlangen können.

d) Besondere Gestaltungen (§§ 39 bis 41 SachenRBerG)

aa) Mehrere Erbbaurechte auf einem Grundstück, Gesamterbbaurecht und Nachbarerbbaurecht (§ 39 SachenRBerG)

Diese Bestimmungen sollen eine Sachenrechtsbereinigung in den Fällen **435** der **Überbauung mehrerer Grundstücke** (sog. **komplexe Lagen**) auch dann ermöglichen, wenn die Grundstücksgrenzen nicht oder noch nicht entsprechend den durch die Bebauung entstandenen tatsächlichen Nutzungsverhältnissen neu gebildet werden können. Solche Verhältnisse

---

193 Die Beträge wurden in der Regel auf einem Sonderkonto bei einem Kreditinstitut (meist einer Sparkasse) hinterlegt.

sind insbesondere im **komplexen Wohnungsbau** und im **Siedlungsbau** entstanden, wo die Regelung der Rechtsverhältnisse an den Grundstük-ken oft nicht mit der Bebauung Schritt gehalten hat.

436 Als Ziel ist allerdings anzustreben, möglichst bald die Grundstücksgren-zen mit den Nutzungsverhältnissen in Übereinstimmung zu bringen. Hierdurch entstehen übersichtliche und für die Betroffenen einfach zu handhabende Rechtsgestaltungen. Dies wird in der Regel eine **Boden-neuordnung** erfordern. Die dafür notwendigen verfahrensrechtlichen Instrumente sind inzwischen für den ländlichen Raum mit den Bestim-mungen im achten Abschnitt des LwAnpG (§§ 53 bis 64b) und für die anderen Flächen – insbesondere in Stadt- und Stadtrandlagen – mit dem BoSoG vom 20. Dez. 1993 (BGBl. I S. 2215) geschaffen worden.

437 Die Bestimmungen in § 39 SachenRBerG sind jedoch schon deshalb erforderlich, weil die Durchführung der Verfahren zur Bodenneuord-nung oder Bodensonderung aufwendig ist. Es wird deshalb oft lange dauern, bis diese Verfahren von den Behörden durchgeführt sein wer-den. Der mit den Verfahren verbundene Aufwand wird sich für die Beteiligten nicht „lohnen", wenn nur über eine oder wenige Grund-stücksgrenzen gebaut worden ist. Eine vertragliche Vereinbarung zwi-schen den Beteiligten führt dann schneller zum Ziel.

438 Die **Belastung von Grundstücksteilflächen** mit Erbbaurechten ist jedoch nicht möglich. Soweit nur eine Teilfläche zu belasten ist, müßte gem. § 14 Abs. 2 ErbbauVO in Verb. mit § 7 Abs. 1 GBO die Teilfläche ver-messen, vom unbelasteten Stammgrundstück abgeschrieben und als selbständiges neues Grundstück in das Grundbuch eingetragen werden. Hierzu wäre eine Neuvermessung durchzuführen.[194] In der DDR ist häufig ohne Rücksicht auf die Grundstücksgrenzen gebaut worden. Die erforderlichen Neuvermessungen können nicht in kurzer Zeit durchge-führt werden. Die für eine schnelle Bodenordnung durch Vermessung notwendigen personellen und sachlichen Kapazitäten sind in den Ver-messungsämtern der neuen Länder nicht vorhanden.

439 Die Regelungen im Gesetz sollen der dadurch entstandenen Notlage Rechnung tragen. Es sollen verkehrsfähige Rechtsformen auch schon vor einer Neuparzellierung ermöglicht werden. Grundlage hierfür ist

---

194 Der Veränderungsnachweis des Vermessungsamtes ist Voraussetzung für die Eintra-gung des neuen Grundstücks (vgl. BGH – Urt. v. 21. Febr. 1986 – V ZR 246/84 – NJW 1986, 1867, 1868).

die Überlegung, daß das Erbbaurecht zwar das Grundstück insgesamt belastet, die Ausübungsbefugnis aus dem Erbbaurecht auch ohne Neuvermessung auf eine Teilfläche des belasteten Grundstücks beschränkt werden kann.[195] Hierdurch können auch in komplexen Lagen verkehrsfähige Erbbaurechte schon vor einer Vermessung entstehen, wenn die Bestellung mehrerer Erbbaurechte auf einem Grundstück, die Belastung mehrerer Grundstücke mit einem Gesamterbbaurecht sowie die Belastung des benachbarten Grundstücks mit einem Nachbarerbbaurecht zulässig ist. § 39 SachenRBerG läßt dieses zu.

(1) Mehrere Erbbaurechte auf einem Grundstück (§ 39 Abs. 1 SachenRBerG)

Die Belastung mehrerer Grundstücke mit einem Erbbaurecht (§ 39 Abs. 1 SachenRBerG) wird in Rechtsprechung und Literatur teils für zulässig, teils für unzulässig gehalten. Der Bundesgerichtshof hat die Frage noch nicht entschieden. Die Zulässigkeit solcher Belastungen wird für die Sachenrechtsbereinigung in Absatz 1 klargestellt.[196] Die Erbbaurechte können auch nacheinander, zu verschiedenen Zeitpunkten bestellt und in das Grundbuch eingetragen werden. Für die Eintragung ist eine Zustimmung der Inhaber der anderen Erbbaurechte nicht erforderlich.[197]   **440**

Die Versteigerung eines Erbbaurechts darf den Bestand der übrigen nicht berühren. In Abs. 1 Satz 7 wird deshalb bestimmt, daß in der Zwangsversteigerung eines Erbbaurechts die anderen Erbbaurechte wie Rechte an einem anderen Grundstück zu behandeln sind.

(2) Gesamterbbaurecht (§ 39 Abs. 2 SachenRBerG)

Die Zulässigkeit einer Belastung mehrerer Grundstücke mit einem Erbbaurecht (Gesamterbbaurecht) ist unstrittig.[198] § 39 Abs. 2 Satz 1 SachenRBerG stellt insoweit klar, daß der Nutzer von mehreren Grundstückseigentümern auch die Zustimmung zu einer solchen Belastung verlangen kann.   **441**

---

195 Vgl. BayObLG-Beschluß v. 16. Juli 1957 – 2 Z 78/57 – DNotZ 1958, 409.
196 Der Meinungsstand ist in der Begründung zum Regierungsentwurf (BT-Drs. 12/5992, S. 136) dargestellt.
197 Diese Ergänzungen (Absatz 1 Sätze 5 und 6) sind auf Antrag des Bundesrates in das Gesetz aufgenommen worden (vgl. BT-Drs. 12/5992, S. 190).
198 Vgl. BGHZ 65, 345, 346 m. w. N.

Die aufgrund der Stellungnahme des Bundesrates[199] aufgenommene Ergänzung (Satz 2) stellt klar, daß die Belastung mit einem zur Sachen rechtsbereinigung bestellten Gesamterbbaurecht auch ein Grundstück als Nebenfläche erfassen kann, auf der kein Gebäudeteil steht.

(3) Nachbarerbbaurecht (§ 39 Abs. 3 SachenRBerG)

442   Die selbständige Belastung eines benachbarten Grundstücks zur Absicherung einer grenzüberschreitenden Bebauung (Nachbarerbbaurecht) wird in Rechtsprechung und Literatur überwiegend als unzulässig angesehen. Der Grund ist, daß das Nachbarerbbaurecht als selbständiges Recht auch belastet werden kann. Dies könnte in Fällen einer Zwangsversteigerung des Nachbarerbbaurechts dazu führen, daß das Eigentum an einem Gebäude zwei Personen gehört (vertikale Teilung eines Gebäudes).[200] Wegen der Vielzahl der grenzüberschreitenden Bebauungen im Beitrittsgebiet ist das Nachbarerbbaurecht jedoch eine notwendige Rechtsform, um diese Überbauten abzusichern. Die Überbauregelung in §§ 912, 913 BGB reichen nicht für die Fälle, in denen das Gebäude ganz oder überwiegend auf dem Nachbargrundstück steht.[201] § 39 Abs. 3 SachenRBerG läßt deshalb das Nachbarerbbaurecht zu.

443   Den Einwänden gegen das Nachbarerbbaurecht ist jedoch Rechnung getragen worden. Eine vertikale Teilung des Eigentums an dem Gebäude derart, daß ein Teil des Gebäudes als Bestandteil des Grundstücks dem Eigentümer des Grundstücks und ein anderer Teil des Gebäudes als Bestandteil des Erbbaurechts dem Erbbauberechtigten gehört, kann es nicht geben. Dies wird bereits dadurch bewirkt, daß selbständige Verfügungen allein über das Nachbarerbbaurecht ausgeschlossen sind (Satz 2) und das Nachbarerbbaurecht als Bestandteil des herrschenden Grundstücks einzutragen ist (Satz 3).

444   In § 39 Abs. 3 Satz 1 wird darüber hinaus der **zulässige Inhalt des Nachbarerbbaurechts** sowie der zulässigen Belastungen näher bezeichnet.

- Der Eigentümer des herrschenden Grundstücks muß Inhaber des zu bestellenden Nachbarerbbaurechts werden (Satz 1 Nr. 1).

---

199 Vgl. BT-Drs. 12/5992, S. 191.
200 Der Meinungsstand ist auch insoweit in der Begründung zum Regierungsentwurf (BT-Drs. 12/5992, S. 137) dargestellt.
201 Vgl. BT-Drs. 12/5992, S. 137.

● Grundpfandrechtliche Belastungen und Reallasten können auf dem Grundstück und dem Nachbarerbbaurecht nur als Gesamtbelastung mit gleichem Rang bestellt werden (Satz 1 Nr. 2).

● Heimfallansprüche können in den Erbbaurechtsverträgen grundsätzlich nicht enthalten sein, da sie zur oben beschriebenen vertikalen Teilung des Eigentums am Gebäude führen können. Eine Ausnahme ist für solche Heimfallansprüche vorzusehen, die nur dann ausgeübt werden dürfen, wenn der Eigentümer des mit dem Nachbarerbbaurecht belasteten Grundstücks mit dem Heimfall auch das Eigentum am herrschenden Grundstück erwirbt (Satz 1 Nr. 3).

bb) Wohnungserbbaurecht (§ 40 SachenRBerG)

Die Regelung über das Wohnungserbbaurecht steht im Zusammenhang mit den Ansprüchen auf Begründung von Wohnungseigentum in § 67 SachenRBerG. Die Begründung von Wohnungserbbaurechten wird in der Praxis voraussichtlich nur bei hohen Grundstückswerten Bedeutung erlangen, wenn die Belastungen die in § 67 Abs. 2 SachenRBerG genannten Grenzen überschreiten und ein Nutzer deshalb die Begründung von Wohnungserbbaurechten verlangt. **445**

Die DDR kannte kein Wohnungseigentum, aber vergleichbare, jedoch leider unzureichend geregelte Sachverhalte.

Nutzungsrechte an Gebäudeteilen konnten nur ausländischen Staaten aufgrund der Verordnung vom 26. September 1974 (GBl. I Nr. 59 S. 555) verliehen werden. Diese Nutzungsrechte sind nach § 110 SachenRBerG in die gesetzliche Regelung einbezogen, soweit völkerrechtliche Vereinbarungen dem nicht entgegenstehen. Insoweit gab es eine gesetzliche Regelung, die allerdings das Innenverhältnis zu dem Eigentümer des Grundstücks und anderen Gebäudeteilen offen ließ. **446**

Praktisch größere Bedeutung hat die Verleihung von Nutzungsrechten für den Bau zusammenhängender Gebäude an natürliche Personen, aber auch an Genossenschaften, die Miteigentum nach Bruchteilen an den errichteten Gebäuden entstehen ließ. Die einzelnen Gebäudeteile (Wohnungen, Büroräume, Läden usw.) werden von einem Miteigentümer unter Ausschluß der anderen genutzt. Für solche Sachverhalte sind das Wohnungseigentum bzw. das Wohnungserbbaurecht die Rechtsformen, in denen im geltenden Recht solche Nutzungen erfolgen. **447**

§ 40 Absatz 1 Satz 1 SachenRBerG gibt jedem Nutzer gegen die anderen Nutzer und den Grundstückseigentümer Ansprüche darauf, an der Be- **448**

stellung eines Erbbaurechts und dessen Aufteilung in Wohnungserbbaurechte mitzuwirken. Der Anspruch muß nach Absatz 1 Satz 2 auch
dann auf die Bestellung von Wohnungserbbaurechten gerichtet werden,
wenn die für eine Realteilung erforderliche Genehmigung nach § 120
SachenRBerG versagt wird.

Nach Absatz 2 kann die Bestellung von Wohnungserbbaurechten auch
dann verlangt werden, wenn die Nutzer zwar jeder für sich ein Gebäude
nutzen, diese aber über gemeinschaftlich genutzte Anbauten oder Erschließungsanlagen so miteinander verbunden sind, daß eine Realteilung unzweckmäßig wäre. Der Zweck dieser Regelung besteht darin,
komplizierte Rechtsgestaltungen durch unübliche und unzweckmäßig
ausgestaltete Realteilungen mit mehreren Dienstbarkeiten und Verträgen über die Unterhaltung gemeinschaftlicher Anlagen zu vermeiden.

cc) Bestimmung des Bauwerks (§ 41 SachenRBerG)

449 Die Vorschrift soll die Bestellung von Erbbaurechten dann erleichtern,
wenn den Beteiligten bei Vertragsschluß noch nicht bekannt ist, wie das
Grundstück künftig baulich genutzt werden wird.

Solche Sachverhalte kann es wegen der strukturellen Umstellung der
Wirtschaft im Beitrittsgebiet insbesondere bei den Grundstücken
geben, die für betriebliche Zwecke verwendet und mit einem Wirtschaftsgebäude bebaut worden sind. Nach dem SachenRBerG können
auch Erbbaurechte bestellt werden, nach deren Inhalt die bauliche Nutzung des Grundstücks vollständig umgestaltet werden kann. Der Nutzer
kann nach § 54 Abs. 4 SachenRBerG sogar beanspruchen, den Erbbaurechtsvertrag mit diesem Inhalt abzuschließen. Voraussetzung dafür ist,
daß im Vertrag eine Verpflichtung zur Zinsanpassung an den für die
veränderte Nutzungsart üblichen Zinssatz nach § 47 Abs. 1 Satz 2 SachenRBerG aufgenommen wird.

Die Regelung geht insofern über den bisherigen Stand hinaus, als nach
der Rechtsprechung zu § 1 Abs. 1 ErbbauVO wenigstens die Anzahl der
Bauwerke und deren ungefähre Beschaffenheit bestimmt sein muß.[202]

---

202 Vgl. BGHZ 47, 143, 190.

e) Erbbauzins (§§ 43 bis 52 SachenRBerG)

aa) Regelmäßiger Zins (§ 43 SachenRBerG)

Absatz 1 enthält den Kernsatz für die Bemessung des Erbbauzinses. Der 450
regelmäßige Zins beträgt danach die Hälfte des für die entsprechende
Nutzung üblichen Zinses. Beim Erbbaurecht wird mithin das Teilungsmodell durch die **Halbierung des Zinssatzes** verwirklicht.[203]

Die Teilung über eine Halbierung des Zinssatzes wurde wegen der Nut-
zungsabhängigkeit der Zinssätze anstelle einer ebenfalls denkbaren
Halbierung der Bemessungsgrundlage (des Bodenwerts) gewählt. Beim
Erbbaurecht wird den Veränderungen in der Art der Nutzung durch
eine Anpassung der Zinssätze Rechnung getragen, während die Bemessungsgrundlage sich hierdurch nicht ändert. Die Anknüpfung an den
Zinssatz erleichtert Anpassungen an Nutzungsänderungen, ohne daß
eine Neubewertung des Bodens erforderlich wird.

Absatz 2 enthält nach Art der im Erbbaurechtsvertrag vereinbarten 451
baulichen Nutzung des Grundstücks **differenzierende Zinssätze**. Für die
Nutzung zu Wohnzwecken sollen grundsätzlich 2 vom Hundert jährlich
des Verkehrswerts in Ansatz gebracht werden. Bei den Nutzungen für
öffentliche Zwecke wie bei den land-, forstwirtschaftlichen oder gewerblichen Nutzungen sind es grundsätzlich 3,5 vom Hundert. Die gesetzliche Regelung beruht darauf, daß nach den im Schrifttum zur Wertermittlung mitgeteilten Ergebnissen über die Verhältnisse am Markt, für
den Wohnungsbau Erbbauzinssätze zwischen 4 und 4,5 vom Hundert
jährlich und für gewerbliche Nutzungen zwischen 6 und 10 vom Hundert jährlich – jeweils bezogen auf den Bodenwert – üblich sind.[204]

---

203 Der Regierungsentwurf enthielt zudem noch eine Verzinsung eines Entschädigungswerts nach dem ungeteilten Zinssatz. Diese Regelung wäre jedoch nur für wenige Fälle
einschlägig gewesen. Wegen des in § 2 Abs. 1 Nr. 4 SachenRBerG vorgesehenen Ausschlusses wäre die Regelung nur auf die dem Gemeingebrauch gewidmeten Flächen
innerhalb der im komplexen Wohnungsbau oder im Siedlungsbau verwendeten Grundstücke anzuwenden gewesen. In den meisten solcher Fälle wird kein Erbbaurecht
bestellt, sondern die Fläche von der Gebietskörperschaft erworben, die die Fläche für
öffentliche Zwecke gewidmet hat oder für ihre Unterhaltung verantwortlich ist.
Da diese Fläche jedoch nunmehr ebenfalls nach einem am Verkehrswert zu bemessenden Bodenwert und nicht nach einem Entschädigungswert bewertet werden sollen (s.
oben Rn. 313), war die Bestimmung als entbehrlich zu streichen.

204 Vgl. Gerady, Praxis der Grundstücksbewertung, München 1971, S. 423; Vogels, Grund-
stücks- und Gebäudebewertung – marktgerecht –, 3. Aufl., Wiesbaden und Berlin 1989,
S. 263.

Wegen der größeren Bandbreite der Zinssätze bei den zuletzt genannten Nutzungsarten kann jede Seite eine Vereinbarung entsprechend der Hälfte des für die konkrete Nutzung üblichen Zinses verlangen.

452 Bei der Nutzung eines Grundstücks für ein **Eigenheim** findet eine Halbierung des Zinssatzes uneingeschränkt nur bis zu einer Grundstücksgröße von 500 Quadratmetern statt (Absatz 2 Nr. 1). Das Gesetz knüpft insoweit an die sog. Flächennormative in § 7 Satz 2 der Eigenheimverordnung an. Flächen, die über diese Größe hinausgehen und selbständig baulich nutzbar sind, oder die über 1.000 Quadratmeter hinausgehen und angemessen wirtschaftlich nutzbar sind, sind auf Verlangen des Nutzers oder des Grundstückseigentümers nach § 26 Abs. 1 SachenRBerG abzutrennen und an den Grundstückseigentümer herauszugeben.

453 Der Nutzer, der solche abtrennbaren Übergrößen behält, hat einen besonderen Vorteil, der keine Grundlage in den genannten Regelungen der DDR für den Eigenheimbau hat. Insoweit fehlt es an einer Grundlage für die Halbteilung. Eine unzumutbare Härte für den Nutzer ergibt sich aus der Verpflichtung, den ungeteilten Erbbauzins zahlen zu müssen, nicht. Der Nutzer hat vielmehr zwei Möglichkeiten. Er kann vom Grundstückseigentümer die Übernahme der abtrennbaren Teilfläche verlangen und diesem damit das Verwertungsrisiko auferlegen.[205] Er kann wenn der Grundstückseigenümer nicht die Herausgabe verlangt, die Teilfläche behalten und diese seinerseits an einen Dritten vermieten oder verpachten.

bb) Fälligkeit des Anspruchs auf den Erbbauzins (§ 44 SachenRBerG)

454 Die **vierteljährliche Fälligkeit** in Absatz 1 ist eine in Erbbaurechtsverträgen übliche Regelung. Sie soll deshalb auch für die zur Sachenrechtsbereinigung bestellten Erbbaurechte gelten, wenn die Beteiligten nichts anderes vereinbaren.

455 Absatz 2 regelt den **Beginn der Verzinsung**. In den Erbbaurechtsverträgen sind Vereinbarungen üblich, die eine Verzinsung bereits vor Ein-

---

205 Die Regelung ist erst im Rechtsausschuß des Bundestages eingefügt worden (BT-Drs. 12/7245, S. 69). Ihr Zweck besteht darin, daß der Nutzer seine finanziellen Belastungen in einem für ihn erträglichen Rahmen halten können soll.

Die Übertragung des Verwertungsrisikos auf den Grundstückseigentümer ist unter rechtspolitischen Gesichtspunkten nicht unproblematisch, da sie dem Nutzer, der ein übergroßes Nutzungsrecht und damit „zuviel" bekommen hat, die Möglichkeit eröffnet, sich nach seinem Belieben von Teilflächen zu entledigen.

tragung vorsehen. Nach den Regelungen im Gesetz wird der Zeitpunkt weiter vorverlagert. Eine Verzinsung wird bereits in den Verhandlungen eintreten. Diese soll in dem Zeitpunkt beginnen, in dem

● der Grundstückseigentümer dem Nutzer ein dem Gesetz entsprechendes Angebot unterbreitet oder

● der Nutzer zu einem Termin im notariellen Vermittlungsverfahren geladen wird und der Grundstückseigentümer sich auf eine Verhandlung über den Inhalt des Erbbaurechts einläßt.

Die Regelung in § 44 Abs. 2 SachenRBerG wird ergänzt durch die Bestimmung in Art. 2 § 5 Nr. 2 Buchstabe a Doppelbuchstabe aa SachenRÄndG, die für den sog. Moratoriumsbesitz aus Art. 233 § 2a EGBGB eine Verzinsung mit Beginn vom 1. Januar 1995 vorsieht, wenn der Grundstückseigentümer sein Verfahren nach dem Bodensonderungsgesetz oder nach § 64 LwAnpG beantragt oder sich in den Verfahren auf eine Verhandlung zur Begründung dinglicher Rechte oder eine Übereignung eingelassen hat. 456

Der Zweck der Vorverlegung der Verzinsung im Vergleich zu üblichen Erbbaurechtsbestellungen erschließt sich aus einer Abwägung der gegenseitigen Belange.

Bei den Erbbaurechten, die außerhalb der Sachenrechtsbereinigung bestellt werden, wird dem künftigen Erbbauberechtigten der Besitz am Grundstück erst nach dem Vertragsschluß übertragen. In den vom Gesetz geregelten Fällen ist der Nutzer bereits aufgrund Entscheidung einer staatlichen Stelle oder des Vorstands einer landwirtschaftlichen Produktionsgenossenschaft im Besitz des Grundstücks. Derzeit hat der Nutzer ein in der DDR begründetes oder durch das Moratorium gesichertes unentgeltliches Besitzrecht. Die Nutzung fremden Grundstückseigentums kann allerdings unter den veränderten Verhältnissen nicht auf Dauer unentgeltlich bleiben.[206] Die Anpassung an die veränderten Verhältnisse setzt jedoch auch voraus, daß der Nutzer ein BGB-konformes verkehrsfähiges und beleihbares Recht am Grundstück erhält.[207] An der Bestellung des Erbbaurechts muß der Grundstückseigentümer mitwirken. 457

Der Grundstückseigentümer soll daher grundsätzlich nur dann einen dem Erbbaurecht entsprechenden Zins verlangen können, wenn er sich 458

---

206 BT-Drs. 12/5992, S. 184.
207 BT-Drs. 12/5992, S. 141.

auf eine Rechtsänderung zugunsten des Nutzers einläßt. Er darf also dessen Ansprüche nach dem Sachenrechtsbereinigungsgesetz nicht dem Grunde nach bestreiten. Die Dauer des Verfahrens soll dagegen nicht zu seinem Nachteil gereichen.

459 Der Nutzer soll auf der anderen Seite keine Vorteile dadurch erlangen, daß er in ein Bodenordnungsverfahren „flüchtet" und auf dessen lange Dauer hofft. Nach den gesetzlichen Regelungen wird mit Wirkung vom 1. Januar 1995 an in den meisten Fällen eine Überführung der bisher unentgeltlichen Nutzung fremden Eigentums in eine verzinsliche Bodennutzung erfolgen. Dies wird insbesondere aufgrund der neuen Regelung in Art. 233 § 2a Abs. 1 Satz 4 EGBGB erreicht werden. Der bislang unentgeltliche Besitz aus dem Moratorium wird zu Recht als unangemessen angesehen, zumal im Miet- und Pachtrecht die Anpassung an marktübliche Verzinsungen bereits unmittelbar nach dem Beitritt begonnen hat.

cc) Verzinsung bei Überlassungsverträgen (§ 45 SachenRBerG)

460 Für die Erbbaurechte, die aufgrund eines Überlassungsvertrages (§ 5 Abs. 1 Nr. 3 Buchstabe c SachenRBerG) bestellt werden, bedarf es einer besonderen Zinsregelung, da beim Abschluß eines solchen Vertrages oft ein Grundstück mit aufstehendem Gebäude dem Nutzer übergeben wurde. Soweit dieses Gebäude noch vorhanden ist, wird nicht nur der Boden, sondern ein weiterer Vermögenswert des Grundstückseigentümers genutzt. Dies muß bei der Zinsbemessung berücksichtigt werden.

461 Die **Bemessungsgrundlage** wird insoweit durch Absatz 1 Sätze 1 und 2 festgelegt. Die Verzinsung bemißt sich nach dem Restwert des Gebäudes, der bei Abschluß des Erbbaurechtsvertrages noch vorhanden ist. Dieser **Restwert** ist nach dem Sachwert zum Zeitpunkt der Überlassung abzüglich der üblichen Abschreibung für Abnutzung zu ermitteln.[208]

---

208 Das Land Brandenburg hatte insoweit gefordert, von der Wertfestsetzung im Überlassungsvertrag auszugehen.
   Dem konnte schon deshalb gefolgt werden, weil diese Wertfestsetzungen
   – zur Erleichterung für die Nutzer nicht nach dem Wiederbeschaffungswert, sondern nach Entschädigungswerten erfolgten (vgl. das Schreiben des Ministeriums der Finanzen an die Räte der Bezirke und Kreise vom 20. März 1968 – Aktz. 72/710/5 – das nicht veröffentlicht worden ist) und
   – die Wertfestsetzungen für sog. West-Grundstücke bewußt niedrig anzusetzen waren, um die Voraussetzungen für den Eintritt einer Überschuldung und einen Zwangsverkauf möglichst schnell herbeizuführen.

Dadurch bleiben die **Werterhöhungen** unberücksichtigt, die der Nutzer nach Abschluß des Überlassungsvertrages herbeigeführt hat.

Der auf den Gebäuderestwert in Ansatz zu bringende Zinssatz beträgt 462 nach Absatz 1 Satz 3 4 vom Hundert jährlich. Dies entspricht dem üblichen Liegenschaftszins. Eine Teilung wie beim Bodenwert soll es beim Wert des Gebäudes nicht geben. Dies wäre nicht gerechtfertigt, da dieser Wert vor allem Folge der Investition des Grundstückseigentümers und nicht des Überganges von der Plan- zur Marktwirtschaft ist.

Nach Absatz 2 soll die Ermäßigung in einer Eingangsphase nach § 51 463 Abs. 1 SachenRBerG auch auf den aus dem Gebäuderestwert zu zahlenden Zins in Ansatz gebracht werden. Der hier zugrunde liegende Gedanke, einen allmählichen Übergang zur marktwirtschaftlichen Verzinsung herbeizuführen, um dem Nutzer Zeit für Dispositionen zu geben, trifft auch auf die Verzinsung des Gebäuderestwertes zu.

dd) Zinsanpassung an veränderte Verhältnisse (§ 46 SachenRBerG)

In Erbbaurechtsverträgen sind **Anpassungsklauseln** an die veränderten 464 Verhältnisse üblich. Sie sind wegen der langen Dauer der Verträge notwendig, da andernfalls wegen des allmählichen Verfalls des Geldwertes ein Mißverhältnis von Leistung und Gegenleistung eintritt. Im Sachenrechtsbereinigungsgesetz, das den Grundstückseigentümer auf Verlangen des Nutzers zum Abschluß eines Erbbaurechtsvertrages zwingt, muß eine Regelung zur Zinsanpassung und über deren Gestaltung enthalten sein.[209] Die Rechtsanpassung an die veränderten Verhältnisse

---

Auch wenn man einmal vom diskriminierenden Charakter dieser Wertermittlung absieht, widerspräche eine Bestimmung des Restwertes des Gebäudes nach den Preisvorschriften der DDR dem Wert, der dem Nutzer beim Abschluß des Kaufvertrages tatsächlich zufließt.

209 Die Bundesregierung hat in der Gegenäußerung zur Stellungnahme des Bundesrates eingehend die Notwendigkeit der Regelung über eine Zinsanpassung begründet und sich dabei auch mit den währungspolitischen Bedenken der Bundesbank auseinandergesetzt (vgl. BT-Drs. 12/5992, S. 212 ff.).

Die Regelungen des Entwurfs zur Anpassung des Erbbauzinses, zur Sicherung einer Anpassungsvereinbarung sowie zur Sicherung des Erbbauzinses allgemein gegen ein Erlöschen in der Zwangsversteigerung waren Gegenstand einer im Bundesministerium der Justiz Anfang August 1993 durchgeführten Besprechung, an der Mitarbeiter der Bundesbank, Vertreter der Bundesnotarkammer, Richter des Bundesgerichtshofs, Vertreter der Kreditwirtschaft, der Landesjustizverwaltungen und der Bundesministerien der Finanzen, für Wirtschaft und der Justiz teilgenommen haben. Die Bestimmungen zur Zinsanpassung in § 46 SachenRBerG und zur Sicherung des Erbbauzinses in Art. 2 §§ 1 und 2 SachenRÄndBerG sind nach dem Ergebnis dieser Besprechung überarbeitet

muß zu einer dem Wert des Erbbaurechts angemessenen Verzinsung führen. Dies wäre jedoch nicht gewährleistet, wenn der Grundstückseigentümer das Risiko der **Geldentwertung** tragen müßte.

465 Absatz 1 Satz 1 bestimmt den Grundsatz, daß die Beteiligten jeweils verpflichtet sind, eine Anpassungsklausel an die veränderten Verhältnisse aufzunehmen. Auch diese Regelung ist, wie alle Bestimmungen zum Inhalt des Erbbaurechtsvertrages dispositiv. Die Beteiligten können auch auf eine solche Absicherung verzichten, wenn sie dies für angemessen erachten.

Die **Anpassung** kann nach Absatz 1 Satz 2 **erstmals nach zehn Jahren** verlangt werden. Vorher ergibt sich eine Steigerung durch die in § 51 Abs. 1 SachenRBerG bestimmte Eingangsphase, die nicht durch eine Anpassung an die in den Sätzen 3 und 4 genannten Umstände zusätzlich beschleunigt werden soll.

466 Absatz 1 Satz 3 verweist bei der Bestellung eines Erbbaurechts zu **Wohnzwecken** auf die in § 9a Absatz 1 Satz 2 ErbbauVO bestimmte Obergrenze für vertraglich vereinbarte Anpassungsklauseln. Der dort genannte unbestimmte Rechtsbegriff hat durch die Rechtsprechung des BGH einen konkreten, inzwischen gefestigten Inhalt bekommen. Die zulässige Anpassung ergibt sich hiernach aus dem Mittelwert zwischen der Entwicklung der Lebenshaltungskosten und der Einkommensentwicklung.[210] Die Bundesbank hat hingegen solche **Mischklauseln** als bedenklich eingestuft.[211] Das Gesetz hat in dieser Frage keine die Streitfrage erledigende Entscheidung getroffen. Das währungsrechtliche Erfordernis der Genehmigung der in den Verträgen vereinbarten Anpassungsklauseln bleibt nach Absatz 1 Satz 5 unberührt. Es ist daher in den Genehmigungsverfahren festzustellen, ob eine Mischklausel oder nur die Anpassung an die Lebenshaltungskosten zulässig ist.

467 Für die Verwendung eines Erbbaurechts zum Bau eines **gewerblichen** oder **landwirtschaftlichen** Zwecken dienenden **Gebäudes** enthält die

---

worden und von den Ländern in Nummer 14 der Stellungnahme zum Entwurf (BT-Drs. 12/5992, S. 192 ff.) eingebracht worden. Die Bundesregierung hat den Vorschlägen insgesamt zugestimmt (BT-Drs. a. a. O., S. 212 ff.). In den Beratungen im Bundestag ist die Konzeption gebilligt worden. Es sind noch kleinere Verbesserungen (Ergänzungen der Liegenbelassungsvereinbarung als Inhalt der Reallast um einen Rangvorbehalt) vorgenommen worden.

210 BGHZ 75, 279, 283; 77, 188, 190.

211 Vgl. Schreiben der Bundesbank an die Bundesnotarkammer vom 17. Februar 1982 – DNotZ 1982, 329.

ErbbauVO keinen Maßstab für zulässige Zinsanpassungen. In Absatz 1
Satz 4 werden Maßstäbe für Zinsanpassungen vorgegeben, deren Genehmigung die Bundesbank in ihren Richtlinien in Aussicht gestellt hat.

Absatz 2 Satz 1 schreibt eine Obergrenze für die Zinsanpassung nach   468
der Entwicklung der Bodenpreise vor. Die Bestimmung einer Obergrenze ist aufgrund der Sicherung der nachrangigen Erbbauzinsreallast
in der Zwangsversteigerung erforderlich geworden. Dem liegt folgendes
zugrunde:

Die Entwicklung der Grundstückspreise ist nach der in § 9a Abs. 1   469
Satz 2 ErbbauVO für die zu Wohnzwecken genutzten Grundstücke aus
sozialen Gründen kein geeigneter Maßstab für eine Anpassung des Erbbauzinses. Auch bei den zu anderen Zwecken bestellten Erbbaurechten
werden am Bodenwert orientierte Anpassungsklauseln von der Bundesbank unter währungspolitischen Gründen grundsätzlich nicht mehr
genehmigt.[212] Grund hierfür ist, daß die Bodenpreise in den letzten
Jahrzehnten in den alten Ländern in der Regel wesentlich stärker als die
Preise für andere Wirtschaftsgüter angestiegen sind. Die Steigerung der
Bodenpreise lag zudem in einigen Jahren über der Einkommensentwicklung.

Diese Entwicklung hat sich nicht überall fortgesetzt. In den neuen Län-   470
dern sind die Grundstückspreise außerhalb der Ballungszentren teilweise rückläufig. Eine solche Entwicklung kann allerdings dazu führen,
daß der Wert der Grundpfandrechte, die der Erbbauzinsreallast im
Range vorgehen, allmählich ausgehöhlt würde, wenn die Anpassung des
Erbbauzinses über den Anstieg des Bodenwertes hinausginge. Ein solches Erbbaurecht wäre schließlich im Verhältnis zum Bodenwert zu
teuer, so daß ein Ersteher in der Zwangsversteigerung des Erbbaurechts
weniger bieten oder von einem Gebot Abstand nehmen würde. Aus diesem Grunde trifft das Gesetz Vorsorge dafür, daß mit Wirkung gegenüber den Inhabern dinglicher Rechte am Erbbaurecht keine über die
Entwicklung des Bodenwertes hinausgehende Erbbauzinsanpassung erfolgen kann. Nach Absatz 2 Satz 3 können Anpassungen des Erbbauzinses, die keine Begrenzung durch die Entwicklung des Bodenwerts
vorsehen, nur schuldrechtlich zwischen dem Grundstückseigentümer
und dem Nutzer vereinbart werden.

---

212 Mitteilung der Bundesbank zu den Genehmigungsgrundsätzen vom 9. September 1969
   – BAnZ Nr. 169 vom 12. September 1969.

471 Bei einer Zinsanpassung soll die Einhaltung der Begrenzung nach Absatz 2 Satz 2 nicht langwierig und kostenspielig durch Gutachten, sondern nach schnell zugänglichen Kriterien geprüft (Bodenrichtwerte, statistische Unterlagen) werden können. Da die Wertentwicklung des einzelnen Grundstücks abweichend vom statistischen Mittel verlaufen kann, liegt darin eine gewisse Unsicherheit und ist die Gefahr von fehlerhaften Zinsanpassungen nicht auszuschließen. Da größere Abweichungen von der allgemeinen Wertentwicklung selten sind, wurde dies hingenommen. Die das Erbbaurecht beleihenden Gläubiger können ihre Interessen gegebenenfalls bei der nach § 9 Abs. 2 Satz 3 ErbbauVO n. F. erforderlichen Zustimmung zu solchen Abreden geltend machen.

f) Dauer des Erbbaurechts (§ 53 SachenRBerG)

472 Für die Bemessung der Dauer des Erbbaurechts gab es drei Ansätze:

aa) Bestellung der Erbbaurechte als unbefristete („ewige") Erbbaurechte,

bb) Bestimmung der Laufzeit nach der Nutzungsdauer eines Neubaus oder

cc) Bemessung der Vertragszeit nach der Restnutzungsdauer des aufstehenden Gebäudes.

Das Gesetz hat sich grundsätzlich für die an zweiter Stelle genannte Möglichkeit entschieden (§ 53 Abs. 1 Satz 1 SachenRBerG).

aa) Keine Bestellung als ewige Rechte

473 In der DDR wurden die Nutzungsrechte allerdings grundsätzlich als unbefristete Rechte bestellt. Die befristete Verleihung oder Zuweisung eines Nutzungsrechts war die Ausnahme (vgl. § 288 Abs. 2, § 292 Abs. 2 ZGB und § 3 Abs. 2 des Nutzungsrechtsgesetzes). Sie war nur bei Vorliegen besonderer gesellschaftlicher Gründe zulässig.

Es wäre grundsätzlich möglich gewesen, im Sachenrechtsbereinigungsgesetz zu bestimmen, daß die Erbbaurechte auf unbefristete Zeit zu bestellen sind. Solche ewigen Erbbaurechte sind zulässige Vertragsgestaltungen, wenn sie auch in der Praxis nicht vorkommen.[213]

Die Bestellung ewiger Erbbaurechte stand nicht zur Diskussion. Eine solche Forderung ist auch bei den Beratungen des Entwurfs im Bundestag und im Bundesrat nicht erhoben worden.

---

213 Vgl. statt aller: Ingenstau, ErbbauVO, Rn. 114; Weirich, Grundstücksrecht, Rn. 768.

Die Notwendigkeit einer Befristung ergab sich aus dem Grundprinzip **474**
der Sachenrechtsbereinigung, die vorgefundenen Rechtspositionen
nicht schematisch in bürgerlich-rechtliche Rechtsinstitute umzuwandeln, sondern in bezug auf die veränderten Verhältnisse zu bewerten
und auf dieser Grundlage die Anpassung vorzunehmen.

Das **Nutzungsrecht** an einem **volkseigenen Grundstück** war ein Rechts- **475**
titel, der nur für einen Staatsbürger der DDR zu bestellen war (vgl. § 2
Abs. 1 und § 5 Abs. 2 des Nutzungsrechtsgesetzes) und diesen gegenüber
dem Staat zur Nutzung in bestimmter Weise verpflichtete.[214] Alle diese
Beschränkungen sind – allerdings nicht unmittelbar durch den Einigungsvertrag, sondern erst durch das Registerverfahrenbeschleunigungsgesetz und das Sachenrechtsänderungsgesetz – aufgehoben worden (vgl. Art. 233 § 3 Abs. 1 Sätze 2 und 3 EGBGB).[215]

Das **Nutzungsrecht** an einer **genossenschaftlich genutzten Bodenfläche** **476**
war ein Instrument zur Förderung des Eigenheimbaus auf dem Lande,
das an Genossenschaftsmitglieder, Arbeiter und Angestellte in der
Land- und Forstwirtschaft und schließlich an andere auf dem Lande
wohnende Bürger zugewiesen werden konnte (vgl. § 1 der Bereitstellungsverordnung).[216] Die Rechtsfolgen aus der Zuweisung wurden denjenigen aus der Verleihung eines Nutzungsrechts auf volkseigenem
Grundstück – übrigens durch nicht weiter präzisierte Generalklauseln
im Zivilgesetzbuch – weitgehend gleichgestellt.

Wenn an die Stelle solcher Nutzungsrechte nunmehr Erbbaurechte tre- **477**
ten sollen, so können diese nicht mit dem alten Inhalt fortgeführt wer-

---

214 Vgl. Eggers-Lorenz, NJ 1953, 704, 705; Strohbach, NJ 1954, 689, 691.

215 Die Regelungen sind eine späte Erkenntnis des Gesetzgebers, daß es insoweit eine
Rechtskontinuität bei den Nutzungsrechten nicht geben konnte, deren Ausgestaltung
entscheidend von den Grundprinzipien einer sozialistischen Rechts- und Wirtschaftsordnung geprägt waren.
Die Beachtung der Grundsätze, daß der Nutzer nur ein Gebäude haben darf und dieses
zu persönlichen Wohnzwecken nutzen muß, macht in einer Rechtsordnung keinen
Sinn, in der die einzelnen Wirtschaftssubjekte grundsätzlich frei (autonom) darüber
entscheiden, wie sie ihr Eigentum verwenden. – Es gibt zudem keine Institution mehr,
die für die Entziehung der Nutzungsrechte zuständig wäre.

216 Der Staat hatte mit den Bestimmungen, die die Zuweisung von Nutzungsrechten an
Nicht-Genossenschaftsmitglieder ermöglichten, die Folgen der Kollektivierung für
landwirtschaftliche Zwecke nunmehr für Zwecke des Baus von Eigenheimen instrumentalisiert. Das formell nicht angetastete Eigentum der Genossenschaftsbauern
wurde auf diese Weise nicht nur für Zwecke der landwirtschaftlichen Produktion, sondern auch für einen Eigenheimbau, der ein Teil der staatlichen Wohnungsbaupolitik
war, dienstbar gemacht.

den. Dies macht gegenüber dem Grundstückseigentümer keinen Sinn, da dieser nicht Hüter der vormaligen planwirtschaftlichen Interessen des Staates ist. Die Nutzungsrechte sind vielmehr in ihrem wirtschaftlichen Kern zu erfassen. Dieser besteht darin, auf einem fremden Grundstück ein Gebäude haben zu können. Die Bestimmung der Dauer des Erbbaurechts mußte daher an der vorgefundenen Befugnis zur Inanspruchnahme für bauliche Zwecke anknüpfen.

bb) Bemessung nach der Nutzungsdauer eines Neubaus (§ 54 Abs. 2 SachenRBerG)

478   Die gesetzliche Regelung geht davon aus, daß das Nutzungsrecht zum **Neubau** berechtigte. Die Sachenrechtsbereinigung folgt damit den in Art. 233 § 4 Abs. 3 Sätze 1 und 2 EGBGB festgelegten Grundsätzen. Das Zweite Vermögensrechtsänderungsgesetz hatte sich insoweit bereits für einen von der Gebäudesubstanz gelösten Bestandsschutz des Nutzungsrechts entschieden.

479   Die **Laufzeit** des abzuschließenden Erbbaurechtsvertrages wird deshalb in § 54 Abs. 2 SachenRBerG grundsätzlich so bemessen, wie sie für ein zum Neubau bestelltes Erbbaurecht üblich ist. 90 Jahre für **Eigenheime,** 80 Jahre im staatlichen oder **genossenschaftlichen Wohnungsbau,** 50 Jahre für land-, forstwirtschaftlich oder **gewerblich genutzte Bauten.**

cc) Bemessung nach der Restnutzungsdauer des Gebäudes (§ 53 Abs. 3 SachenRBerG)

480   Eine hiervon abweichende Bestimmung ist in § 54 Abs. 3 SachenRBerG für die land-, forstwirtschaftlichen oder gewerblichen Bauten vorgesehen, wenn ein Nutzungsrecht nicht bestellt worden ist und die Nutzung auf vertraglicher Basis oder ohne vergleichbare Rechtsgrundlage erfolgte. Hier ist die Dauer des Nutzungsrechts auf die Restnutzungsdauer des Gebäudes zu beschränken. Insoweit liegt kein Rechtstitel vor, der eine Bemessung nach der Nutzungsdauer eines Neubaus gebietet. Für den notwendigen Investitionsschutz ist eine an der Restnutzungsdauer des Bauwerks orientierte Vertragslaufzeit ausreichend.

g) Ankaufsrecht im Erbbaurechtsvertrag (§ 57 SachenRBerG)

aa) Grundsätze

481   Das Ankaufsrecht hat im Vergleich zum Erbbaurecht den Vorteil, zu einer schnellen Lösung des konfliktträchtigen Verhältnisses von Grundstückseigentümer und Nutzer zu führen. Es entspricht zudem dem

Wunsch der meisten Nutzer im Beitrittsgebiet. Diese wollen das Grundstück ankaufen und damit Grundeigentümer werden.

Das Ankaufsrecht ist – aus den oben (Rn. 340 bis 350) dargestellten Gründen – eine rechtspolitisch sinnvolle und verfassungsrechtlich zulässige Alternative für die Lösung zur sachenrechtlichen Bereinigung. Gegen die Begründung eines Ankaufsrechts als solches auch im Erbbaurechtsvertrag bestanden von daher keine grundsätzlichen Bedenken.

Das Ankaufsrecht im Erbbaurechtsvertrag mußte jedoch zeitlich befristet werden. Nach § 57 Abs. 1 Satz 2 SachenRBerG kann der Grundstückseigentümer eine **Befristung** des Anspruchs auf maximal zwölf Jahre von der Bestellung des Erbbaurechts an verlangen.   **482**

Die **Notwendigkeit einer Befristung** des Ankaufsrechts war schon aus folgenden, in der Begründung des Regierungsentwurfs[217] genannten Gründen geboten:

● Der Grundstückseigentümer soll nach einer Zeit Gewißheit haben,   **483**
ob er das Grundstück behält und sich auf laufende Zinseinnahmen einrichten kann oder dieses zu veräußern hat. Ein vom Nutzer jederzeit ausübbares Ankaufsrecht beeinträchtigt denWert des Grundstücks und erschwert dessen Veräußerung wesentlich, da der Erwerber der gleichen Ungewißheit ausgesetzt bleibt.

● Ein sich auf die gesamte Laufzeit des Erbbaurechts erstreckendes   **484**
Ankaufsrecht des Nutzers würde zu einem wirtschaftlichen Ungleichgewicht zwischen Erbbaurecht und Ankaufsrecht führen. Der sich aus der Zinsersparnis ergebende Vorteil nimmt beim Erbbaurecht mit zunehmender Laufzeit ab. Gegen Ende der Laufzeit kann dem zinsgünstigen Erbbaurecht kein Bodenwertanteil mehr zugerechnet werden. Der Nutzer, der erst zu diesem Zeitpunkt das Ankaufsrecht ausübt, könnte in doppelter Weise durch Ausnutzung des Zinsvorteils und durch Zahlung eines nach dem halben Bodenwert bemessenen Ankaufspreises profitieren.

Die Befristung auf eine Zeit von maximal zwölf Jahren nach dem   **485**
Abschluß des Erbbaurechtsvertrages begründet sich jedoch insbesondere auch daraus, daß ein gesetzlich begründetes Ankaufsrecht im Erbbaurechtsvertrag nur für eine Übergangsphase von einer in der Regel

---

217 Vgl. BT-Drs. 12/5992, S. 83, 84.

unentgeltlichen zu einer entgeltlichen Bodennutzung gerechtfertigt werden kann.

486   Die Vereinbarung eines Ankaufsrechts im Erbbaurechtsvertrag führt zu einem aufschiebend bedingten Vertragsschluß, den der Nutzer später durch formlose, einseitige Erklärung zustande bringen kann.[218] Der Vorteil für den Nutzer besteht darin, daß er beim Abschluß des Erbbaurechtsvertrages nicht ankaufen muß, sondern sich diese **Option** vorbehalten kann, bis er über die für den Ankauf erforderlichen Mittel verfügt.[219]

487   Der Grundstückseigentümer wird durch ein solches Optionsrecht des Nutzers jedoch zusätzlich belastet, wenn das Ankaufsrecht später vom Nutzer ausgeübt wird. Dem Grundstückseigentümer ist dann der Kaufpreis lange Zeit vorenthalten worden und er hat für diese Zeit keine der Vorenthaltung des Kapitals entsprechenden Zinsen erzielt.

Der Erbbauzins, der in den vom Gesetz erfaßten Fällen zudem halbiert wird, liegt in der Regel unter dem Zins, der am Kapitalmarkt für ein entsprechendes Darlehen zu zahlen wäre. Es kommt hinzu, daß der Erbbauzins zur Abfederung des Übergangs von einer in der Regel unentgeltlichen zu einer entgeltlichen Bodennutzung in den ersten neun (bzw. zwölf) Jahren zusätzlich abgesenkt ist und erst allmählich ansteigt.

488   Eine **Frist von zwölf Jahren** zur Anpassung an den Übergang von einer unentgeltlichen zu einer entgeltlichen Bodennutzung ist ein verhältnismäßig langer Zeitraum. Auf der anderen Seite mußte die Frist so lang bemessen werden, damit der Zweck der Option für den Nutzer erreicht werden kann. Eine zu kurze Frist würde den Nutzern, die die für den Grunderwerb notwendigen Mittel gegenwärtig nicht zur Verfügung haben, nichts nützen. Das Ansparen der für den Grunderwerb notwendigen Mittel braucht eine längere Zeit. Wenn man auch diesen Nutzern die Möglichkeit zum Ankauf geben will, muß man die Ankaufsoption für eine längere Zeit offenhalten.

---

218   Vgl. Ingenstau, ErbbauVO, 7. Aufl., § 2 Rn. 67 m. w. N.
219   Als ausschlaggebender Grund für das Ankaufsrecht ist angegeben worden, dem Nutzer die Möglichkeit zu erhalten, das Grundstück erst nach der zur Finanzierung des Erwerbs oft notwendigen Ansparphase kaufen zu können (vgl. die Begründung zum Regierungsentwurf, BT-Drs. 12/5992, S. 84).

bb) Ausgestaltung

Das Ankaufsrecht im Erbbaurechtsvertrag wie seine Befristung sind **dispositiv** ausgestaltet (§ 57 Abs. 1 SachenRBerG). Abweichende Gestaltungen (z. B. der Verzicht auf das Ankaufsrecht gegen eine Verlängerung der Eingangsphase) sind möglich. Das Gesetz gibt auch insoweit nur den Rahmen für die Vertragsverhandlungen zwischen den Beteiligten vor.   489

Der **Preis** ist nach dem Bodenwert in dem Zeitpunkt zu ermitteln, in dem das Ankaufsrecht ausgeübt wird. Die gesetzliche Regelung in § 57 Abs. 2 SachenRBerG entspricht den in Erbbaurechtsverträgen üblichen Regelungen.[220] Dies ist sachgerecht, weil der Grundstückseigentümer bis zur Ausübung des Ankaufsrechts nur den geringen Erbbauzins als Ausgleich dafür erzielt, daß ihm das Grundstück als wertbeständiges Wirtschaftsgut erhalten bleibt. Eine in der Zeit bis zur Ausübung des Ankaufsrechts eingetretene Wertsteigerung des Grundstücks muß dem Eigentümer daher zugute kommen.   490

Weitere Festlegungen über den Inhalt des Ankaufsrechts enthält das Gesetz nicht. In der Regel wird wie bei den nach § 2 Nr. 7 ErbbauVO abgeschlossenen Vereinbarungen zu verfahren sein. Die Konditionen des Ankaufsrechts sind im Vertrag über die Bestellung des Erbbaurechts festzulegen. Mit der Erklärung des Erbbauberechtigten kommt der Kaufvertrag zu den festgelegten Bedingungen zustande.[221]   491

h) Folgen der Bestellung des Erbbaurechts (§§ 59–60 SachenRBerG)

Bei der Bestimmung der Rechtsfolgen bereitet das Erbbaurecht im Vergleich zum Ankaufsrecht geringere Probleme, da die Trennung von dem Eigentum am Grundstück und dem Eigentum am Gebäude fortbesteht.   492

Der Nutzer wird Inhaber des Erbbaurechts. Ein auf dem Grundstück errichtetes Gebäude gilt als wesentlicher Bestandteil des Erbbaurechts (§ 12 Abs. 1 Satz 2 ErbbauVO). Die gesetzliche Zuordnung des Gebäudes zum Erbbaurecht erleichtert die Sachenrechtsbereinigung in bezug auf das selbständige Eigentum am Gebäude. Dieses kann erlöschen, da die auf dem Gebäude ruhenden Belastungen auf das Erbbaurecht übertragen werden können (§ 59 SachenRBerG).

---

220 Vgl. Ingenstau, ErbbauVO, a. a. O., Rn. 64.
221 Vgl. Fn. 215

493 Auf die nach dem Gesetz bestellten Erbbaurechte sind im übrigen die **Bestimmungen der ErbbauVO** anzuwenden (§ 60 Abs. 1 SachenRBerG).

Die **Teilung der Kosten des Vertrages** und seiner Durchführung (§ 60 Abs. 2 SachenRBerG) entspricht den allgemeinen Grundsätzen.

Der Grundstückseigentümer haftet dem Nutzer auch im Falle der Bestellung eines Erbbaurechts nicht für **Sachmängel** des Grundstücks (§ 60 Abs. 3 SachenRBerG).[222]

494 Das kaufvertragliche **Gewährleistungsrecht** ist auch auf den Vertrag über die Bestellung eines Erbbaurechts anzuwenden, der ein kaufähnlicher Vertrag nach § 493 BGB ist.[223] Der Gewährleistungsausschluß beruht hier darauf, daß

● der Nutzer aus eigenem Antrieb aufgrund einer Entscheidung staatlicher Stellen das Grundstück für bauliche Zwecke in Anspruch genommen hat und

● der Grundstückseigentümer zur Bereinigung der dadurch entstandenen Rechtsverhältnisse mit dem Nutzer kontrahieren muß.

495 Die Gewährleistungsregeln des Bürgerlichen Gesetzbuchs passen nicht auf Kaufverträge, bei denen die Eigenschaften des Kaufgegenstandes durch das vorangegangene Tun des Käufers bestimmt worden sind. In diesen Fällen soll es eine Gewährleistung des Verkäufers nicht geben. Die Vorschriften des Gewährleistungsrechts sind aus den genannten Gründen nicht anwendbar. Eine Preisanpassung nach den Regeln über den Wegfall der Geschäftsgrundlage – z. B. wegen eines fehlerhaften Gutachtens über den Bodenwert – ist nach der Begründung zum Entwurf nicht ausgeschlossen.[224]

---

222 Die Bestimmung ist erst aufgrund des Berichts des Rechtsausschusses (BT-Drs. 12/7425, S. 75) in den Gesetzestext aufgenommen worden. Sie geht auf eine Anregung der Bundesregierung in ihrer Gegenäußerung zur Stellungnahme des Bundesrates zurück (BT-Drs. 12/5992, S. 217).

223 Vgl. BGHZ 96, 385, 387.

224 Vgl. BT-Drs. 12/5992, S. 216.
Bei den Regelungen über den Ausschluß der Gewährleistung hat man sich von den dargestellten pragmatischen Erwägungen leiten lassen.
Die Abgrenzung zwischen dem Gewährleistungsrecht, das römisch-rechtlichen Ursprungs ist, und den anderen allgemeinen Rechtsbehelfen (Irrtumsanfechtung, Verschulden bei Vertragsschluß und Wegfall der Geschäftsgrundlage) ist im Bürgerlichen Gesetzbuch nicht geregelt. Diese Frage ist inzwischen Gegenstand einer Fülle von Entscheidungen und zahlreichen wissenschaftlichen Veröffentlichungen geworden. Eine

6. Gesetzliches Ankaufsrecht (§§ 61–80 SachenRBerG)

a) Grundsatz (§ 61 SachenRBerG)

Die Anspruchsgrundlage befindet sich in § 61 SachenRBerG. Beim An-   496
kaufsrecht war die Anspruchslösung unstreitig. Ein gesetzlicher Übergang des Eigentums an den bebauten Grundstücken auf den Nutzer
stand nie zur Diskussion.

§ 61 Abs. 1 SachenRBerG beschreibt den Grundsatz, daß der Nutzer
den Ankauf verlangen kann. In § 61 Abs. 2 SachenRBerG sind die Voraussetzungen festgelegt, unter denen auch der Grundstückseigentümer
den Ankauf durch den Nutzer verlangen kann. Dies ist der Fall

● bei geringen Bodenwerten,

● nach einer Wahl des Nutzers oder

● nach einem Übergang des Wahlrechts auf den Grundstückseigentümer, der nach erfolgloser Nachfristsetzung erfolgt (§ 16 Abs. 3
  SachenRBerG).[225]

---

befriedigende, handhabbare und auch für Nicht-Juristen nachvollziehbare Lösung ist
nicht gefunden worden und allein von Rechtsprechung und Literatur auch nicht zu
erwarten.

Die Sachenrechtsbereinigung war kein geeignetes Gesetzgebungsvorhaben, um eine allgemeine gesetzliche Regelung für diese Abgrenzung zu finden. Es genügte, eine den zu
regelnden Sachverhalten angemessene Lösung zu finden. Die gesetzliche Regelung in
den § 68 Abs. 3 und § 76 SachenRBerG beruht daher allein auf den vorgenannten pragmatischen Erwägungen. Darüber hinausgehende Schlußfolgerungen auf das allgemeine
schuldrechtliche Abgrenzungsproblem sollten deshalb aus der Regelung nicht oder nur
mit Vorsicht gezogen werden.

225 Die Gruppe PDS/Linke Liste hatte beantragt, den § 61 Abs. 2 SachenRBerG zu streichen.

Der Antrag ist im Rechtsausschuß mit den Stimmen der Regierungskoalition und der
SPD-Fraktion abgelehnt worden.

In den Fällen des Abs. 2 Nr. 1 – also bei geringen Vermögenswerten – hätte die Streichung keinen Sinn ergeben. Es wären dann auch Erbbaurechte mit extrem geringen
Erbbauzinsen entstanden, bei denen die Kosten der Verwaltung in keinem Verhältnis
mehr zum Zinsertrag stehen.

(Bei einem Bodenwert von 8.000 DM ergäbe sich eine mtl. Verzinsung von 3,33 DM in
der ersten Stufe der Eingangsphase und 13,33 DM nach dem Ablauf der Eingangsphase.
Die Kosten der Überweisung wären hier höher als der Erbbauzins selbst.)

Rechtspolitisch diskutabel wäre allenfalls eine Herabsetzung der in § 15 Abs. 2 SachenRBerG bestimmten Grenzen gewesen.

Die Streichung des Absatzes 2 Nr. 2 und 3 hätte dazu geführt, daß der Grundstückseigentümer seinerseits auch dann nicht den Ankauf verlangen könnte, wenn der Nutzer

b) Gesetzliche Ansprüche wegen dinglicher Rechte (§§ 62 bis 64 SachenRBerG)

497   Die Bestimmungen über das Schicksal der dinglichen Rechte, die auf dem zu übertragenden Grundstück lasten, entsprechen den für die Erbbaurechtsbestellung genannten Prinzipien. Der Inhalt des Anspruchs des Nutzers gegen die Inhaber der dinglichen Rechte kann in diesen Fällen allerdings nicht auf Zustimmung zu einem Rangrücktritt gerichtet sein, wo der Nutzer lastenfreies Eigentum am Grundstück erwerben will. Die im SachenRBerG bestimmten Rechtsfolgen bestehen vielmehr darin, daß

- kraft Gesetzes die Rechte erlöschen, die keine Zahlung oder Befriedigung aus dem Grundstück gewähren, wenn der Nutzer nur eine Teilfläche erwirbt, die außerhalb der Ausübungsbefugnis des Rechts liegt (§ 62 Abs. 1 Satz 1 SachenRBerG),

- der Nutzer vom Inhaber des Rechts unter bestimmten Umständen den Verzicht auf die Grundpfandrechte, die Reallasten und die Rentenschulden (§ 63 Abs. 1 und 2 SachenRBerG), im übrigen eine Beschränkung der Haftung nach dem Verhältnis des Werts der Kaufsache zu dem Wert des Haftungsgegenstands insgesamt (§ 63 Abs. 3 SachenRBerG) verlangen kann.

aa) Dienstbarkeit, Nießbrauch, Wohnungsrecht (§ 62 SachenRBerG)

498   Diese Rechte werden auf die Flächen beschränkt, auf denen das Recht ausgeübt werden kann (Absatz 1). Das in § 1026 BGB für die Grunddienstbarkeit bestimmte Prinzip wird auf alle Rechte übertragen, deren Inhalt nicht darin besteht, Zahlung aus dem Grundstück oder Befriedigung im Wege der Zwangsvollstreckung verlangen zu können.[226]

Diese Begrenzung hat nur für den Fall Bedeutung, in dem das Grundstück geteilt wird und der Nutzer eine Teilfläche erwirbt. Wenn das dingliche Recht nicht auf der Teilfläche ausgeübt wird, erwirbt der Nutzer ein lastenfreies Grundstück. Das dingliche Recht ist auf dem neu entstandenen Grundstück erloschen.

---

sich zunächst für den Ankauf entschieden hätte. Damit wäre der Diskussions-Entwurf (§ 9 Abs. 1 Satz 2 und § 12 Abs. 3 – abgedruckt in OV-spezial 5/93, S. 4 ff.) wiederhergestellt worden. Die spätere Änderung der Wahl durch den Nutzer hätte dann allerdings mit einer Verpflichtung des Nutzers zum Schadensersatz sowie einer Verzinsung für die Zeit seit Abgabe seiner ersten Erklärung verbunden werden müssen.

226 Vgl. BT-Drs. 12/5992, S. 149.

Für den Inhaber eines solchen Rechts kann sich dies allerdings im Falle   499
einer **Zwangsversteigerung** aus einem vorrangigen Recht am (Stamm-)
Grundstück nachteilig auswirken. Der Inhaber des erloschenen dinglichen Rechts erhält in diesem Fall nach § 92 ZVG Wertersatz aus dem
Versteigerungserlös. Die Basis für diesen Anspruch auf Wertersatz wird
mit der Teilung verkürzt, da das Recht nicht auch auf dem abgeschriebenen (neu gebildeten) Grundstück eingetragen ist. Ein Fortbestehen
der Belastung auf dem durch Teilung neu entstandenen Grundstück
würde sich für den Inhaber des Rechts jedoch erst dann zu seinem Vorteil auswirken, wenn auch dieses Grundstück zur Versteigerung gebracht wird. Das Fortbestehen des dinglichen Rechts begründet jedoch
keinen Titel, die Zwangsversteigerung in das Grundstück betreiben zu
können. Zu einer solchen hypothekenähnlichen Sicherung dieser
Rechte im Falle einer Teilung des dienenden Grundstücks hat sich der
BGB-Gesetzgeber nicht entschließen können.[227]

Das Fortbestehen einer Dienstbarkeit, eines Nießbrauchs oder eines
Wohnungsrechts auf dem durch Teilung neu gebildeten Grundstück
nützen dem Inhaber des dinglichen Rechts jedoch nichts, wenn das
Recht auf diesem Grundstück nicht ausgeübt werden kann. Das Erlöschen dieser Rechte auf dem abgeschriebenen Grundstück ist insoweit
eine sachgerechte Lösung, die dem in § 1026 BGB bestimmten Grundprinzip entspricht.[228]

Hat der Grundstückseigentümer bei der Bestellung des Rechts aller-   500
dings gegen die in Art. 233 § 2a Abs. 3 Satz 2 EGBGB begründete
Pflicht verstoßen, das Grundstück nicht zu belasten, und war dies dem
Inhaber des Rechts bekannt oder hätte dieser den Verstoß des Grundstückseigentümers gegen die gesetzlichen Pflichten erkennen können, so
kann der Nutzer stets die lastenfreie Umschreibung oder Abschreibung
verlangen (Absatz 2). Die Verpflichtung in Artikel 233 § 2a Abs. 3

---

227 Vgl. Motive III, S. 488 f.
228 Die Verkürzung der Grundlage des Wertersatzanspruchs aufgrund einer Grundstücksteilung im Falle des Erlöschens des dinglichen Rechts durch Zuschlag in der Zwangsversteigerung ist allerdings unbefriedigend.
Dieses Problem ist jedoch allgemeiner Natur. Es tritt immer dann auf, wenn zur Ausübung des Rechts eine nachrangige Belastung mehrerer Grundstücke, Wohnungseigen-
tumseinheiten usw. erforderlich ist. Es läßt sich im geltenden Recht nicht befriedigend
lösen. De lege ferenda wäre zu prüfen, ob nicht der Grundsatz des Erlöschens nach-
rangiger, nicht auf Zahlung oder Befriedigung gerichteter Rechte am Grundstück durch
ein erweitertes Übernahmeprinzip abgelöst werden könnte (vgl. allgemein zur Problematik: Schubert/Czub, ZIP 1982, 266 f.).

Satz 2 EGBGB bezweckt, den Nutzer vor ungerechtfertigten Belastungen zu schützen und die Möglichkeit zur sachenrechtlichen Bereinigung zu erhalten. Der Inhaber des dinglichen Rechts, der vorsätzlich an einer Verletzung einer den Schutz des Nutzers bezweckenden Verpflichtung des Grundstückseigentümers mitgewirkt hat oder die Rechtsverletzung bei Erfüllung seiner Obliegenheit, sich nach den tatsächlichen und rechtlichen Verhältnissen zu erkundigen, hätte erkennen müssen, verdient gegenüber dem Nutzer keinen Schutz.

bb) Hypothek, Grundschuld, Rentenschuld, Reallast (§§ 63 und 64 Abs. 3 SachenRBerG)

501   Die Bestimmungen in § 63 SachenRBerG hinsichtlich der auf dem zu übertragenden Grundstück lastenden dinglichen Rechte Dritter entsprechen den für die Erbbaurechtsbestellung dargestellten Prinzipien (s. Rn. 420 bis 425).

502   • **Absatz 1 Satz 1** entspricht dem in § 36 Abs. 1 Satz 2 Nr. 1 SachenRBerG genannten Sachverhalt. Die Bestimmung regelt den Fall, in dem der Inhaber wußte, daß der Grundstückseigentümer vorsätzlich seiner gesetzlichen Verpflichtung zuwiderhandelte, das vom Nutzer bebaute Grundstück nicht zu belasten. Der Nutzer kann in diesem Fall vom Inhaber des dinglichen Rechts verlangen, auf sein Recht zu verzichten.

503   **Absatz 1 Satz 2** regelt den Fall, in dem eine abzuschreibende Teilfläche Gegenstand des Kaufvertrages ist. Hier beschränkt sich der Anspruch des Nutzers auf die Zustimmung zur lastenfreien Abschreibung.

504   • **Absatz 2 Satz 1** greift den in § 36 Abs. 1 Satz 2 Nr. 2 SachenRBerG und Absatz 2 Satz 2 den in § 36 Abs. 1 Satz 3 SachenRBerG genannten Tatbestand auf. Hiernach kann der Nutzer vom Inhaber des dinglichen Rechts die lastenfreie Um- oder Abschreibung dann verlangen, wenn das Gebäude oder die bauliche Anlage des Nutzers nicht zum Haftungsverband gehören sollten oder die Nichtzugehörigkeit zum Haftungsverband erkennbar war.

505   • **Absatz 3 Satz 1** enthält schließlich den in § 36 Abs. 1 Satz 1 SachenRBerG genannten allgemeinen Grundsatz, wonach der Nutzer nur eine Haftung übernehmen soll, die dem Wert des von ihm errichteten Gebäudes und der diesem zuzuordnenden Grundstücksteilfläche zu

dem Wert des Grundstücks nebst aufstehenden Gebäuden insgesamt entspricht.

Die Aufteilung der Haftung ist nach der Vorschrift über das Verteilungsrecht des Gläubigers einer Gesamthypothek in Einzelhypotheken (§ 1132 Abs. 2 BGB) vorzunehmen. Der Nutzer ist nach Absatz 2 Satz 3 berechtigt, vom Inhaber des Rechts eine solche Aufteilung verlangen zu können.

Die in §§ 62 und 63 SachenRBerG bestimmten Ansprüche des Nutzers gegen die Inhaber dinglicher Rechte sind Hilfsansprüche, die eine Sachenrechtsbereinigung durch Ankauf des Grundstücks oder einer Teilfläche auch in den Fällen ermöglichen sollen, in denen das Grundstück belastet worden ist. **506**

Die Durchsetzung dieser Ansprüche erfolgt mit dem Ankauf des Grundstücks durch den Nutzer. Für den Inhaber des dinglichen Rechts wird dies in der Regel zu einem Rechtsverlust führen. Der Grundstückseigentümer hat hingegen im Verhältnis zum Inhaber des dinglichen Rechts keinen Anspruch auf Befreiung von der dinglichen Belastung. Soweit die Belastung des Grundstücks erlischt, gebührt dem Inhaber des dinglichen Rechts Ersatz. Insoweit war es geboten, – wie in anderen Fällen eines erzwungenen Verkaufes der mit einem Pfandrecht belasteten Sache (vgl. § 1219 BGB) – im Wege der dinglichen Surrogation ein dem dinglichen Recht entsprechendes Pfandrecht am Kaufpreisanspruch zu begründen. Der Inhaber des dinglichen Rechts erwirbt daher nach § 64 Abs. 3 SachenRBerG ein gesetzliches Pfandrecht an dem Anspruch auf den vom Nutzer zu zahlenden Kaufpreis. **507**

cc) Ansprüche gegen den Grundstückseigentümer wegen dinglicher Lasten (§ 64 Abs. 1 SachenRBerG)

Nach dem Bürgerlichen Gesetzbuch ist der Grundstückseigentümer grundsätzlich verpflichtet, dem Käufer das Eigentum frei von Rechten Dritter zu verschaffen (§ 434 BGB).[229] Die Bestimmung ist abding- **508**

---

229 Dies ist eine Neuerung des Bürgerlichen Gesetzbuchs. Vorher galt der Satz, daß der Verkäufer nicht zu einer Lastenfreistellung hinsichtlich solcher Dienstbarkeiten verpflichtet ist, die offensichtlich sind oder mit deren Vorhandensein der Käufer rechnen mußte (vgl. Motive zum BGB, II, S. 214 = Mugdan, Materialien, Bd. 2, S. 118).
Die Regelung in § 64 Abs. 1 Satz 2 SachenRBerG entspricht in ihrem wesentlichen Inhalt den früheren Grundsätzen des Gemeinen Rechts. Der Nutzer braucht eine Dienstbarkeit, einen Nießbrauch oder ein Wohnungsrecht nicht zu beseitigen, dessen Vorhandensein offensichtlich ist oder mit dem der Nutzer rechnen mußte.

bar.[230] Diese Vorschrift des Kaufrechts ist auf die von den Parteien nach ihrem Belieben abgeschlossenen Kaufverträge zugeschnitten. Für die in der Sachenrechtsbereinigung abzuschließenden Zwangsverträge stellte sich die Frage, in welchem Umfang dieser Grundsatz in das Gesetz übernommen werden kann.

509   Das Gesetz behält in § 64 Abs. 1 Satz 1 SachenRBerG den Grundsatz des § 434 BGB bei. Der Grundstückseigentümer ist danach grundsätzlich verpflichtet, dem Nutzer lastenfreies Eigentum zu verschaffen. Das in § 434 BGB bestimmte Prinzip wird in § 64 Abs. 1 Satz 2 SachenRBerG aber für Vorkaufsrechte sowie die in § 62 Abs. 1 SachenRBerG bezeichneten Rechte (Dienstbarkeit, Nießbrauch, Wohnungsrecht) eingeschränkt.

510   Der Grundstückseigentümer hat im wesentlichen die Rechte Dritter zur Löschung zu bringen, die er nach Bestellung des Nutzungsrechts oder der Bebauung des Grundstücks durch den Nutzer bewilligt hat. Dies entspricht dem in § 434 BGB enthaltenen Grundgedanken. Rechte Dritter, die der Grundstückseigentümer eingeräumt hat, hat er im Falle des Verkaufs des Grundstücks grundsätzlich zu beseitigen.

511   Der Nutzer kann dagegen nicht die Beseitigung folgender Belastungen verlangen:

512   ● **Vorkaufsrechte**, die aufgrund gesetzlicher Bestimmungen oder aufgrund Überlassungsvertrages in der Regel ohne oder gegen den Willen des Grundstückseigentümers eingetragen worden sind (§ 64 Abs. 1 Satz 2 Nr. 1 SachenRBerG).

Die wichtigste Fallgruppe sind die nach § 20 Abs. 1 VermG bestellten Vorkaufsrechte für die Nutzer und die Mieter von Grundstücken. Soweit diese Rechte für den Nutzer bestellt worden sind, führt die Übernahme des Vorkaufsrechts des Nutzers bei dem Ankauf durch diesen zu keiner zusätzlichen Belastung.[231] Soweit ein solches

230 Vgl. RGZ 163, 1, 8.
231 Weder im VermG noch im SachenRBerG ist ausdrücklich bestimmt worden, welches Schicksal das Vorkaufsrecht erleidet, wenn der Nutzer das Grundstück aufgrund seines gesetzlichen Ankaufsrechts nach dem SachenRBerG erwirbt. Man wird entsprechend § 20 Abs. 7 Satz 2 VermG i. d. F. durch Art. 15 des Registerverfahrenbeschleunigungsgesetzes vom 10. Dezember 1993 (BGBl. I, S. 2182, 2224) davon auszugehen haben, daß ein zugunsten des Nutzers eingetragenes Vorkaufsrecht mit dem Erwerb des Grundstücks durch diesen erlischt. Das Nutzungsverhältnis ist beendet, wenn der Nutzer nunmehr als Grundstückseigentümer das Grundstück nutzt. Zudem ist der Zweck

Vorkaufsrecht ausnahmsweise für einen Dritten (Mieter eines vom Inhaber des Nutzungsrechts erbauten Hauses) eingetragen worden ist, können sich beide Beteiligte (Grundstückseigentümer und Nutzer) der Belastung nicht entziehen. Hier muß ein Ankauf mit der Belastung durch das Vorkaufsrecht erfolgen.

● Vor der Bestellung des Nutzungsrechts oder der Bebauung bereits   513
eingetragene Dienstbarkeiten, Nießbrauchsrechte und Wohnungsrechte (§ 65 Abs. 1 Satz 2 Nr. 2 Buchstabe a SachenRBerG).

Die seinerzeit bestehenden dinglichen Rechte am Grundstück waren bei der Bestellung des Nutzungsrechts oder der Bebauung, die oft gegen oder zumindest ohne den Willen des Grundstückseigentümers erfolgten, bereits bekannt. Nach dem in § 439 Abs. 1 BGB bestimmten Grundgedanken ist unter diesen Voraussetzungen bei einem Ankauf durch den Nutzer die Übernahme der (alten) Lasten die angemessene Lösung. Soweit solche Belastungen übernommen werden müssen und sich daraus eine Beeinträchtigung des Werts des Grundstücks ergibt, wird dies allerdings bei der Bemessung des Kaufpreises berücksichtigt werden müssen.

● Belastungen, die auf Veranlassung staatlicher Stellen vor dem Ablauf   514
des 2. Okt. 1990 erfolgt sind oder zu deren Begründung der Grundstückseigentümer verpflichtet war (§ 64 Abs. 1 Satz 2 Nr. 2 Buchstaben b und c SachenRBerG).

Solchen Belastungen konnte sich der Grundstückseigentümer nicht entziehen. Die Regelung des § 434 BGB ist für die Belastungen, die auf öffentlichem Recht beruhen, nur deshalb tragbar, weil sie abbedungen werden kann und in der Vertragspraxis in der Regel auch abbedungen wird. Eine gesetzliche Vorschrift, die ein Muster für einen Vertrag vorgibt, dessen Abschluß erzwungen werden kann, darf jedoch insoweit keine Haftung des Grundstückseigentümers für solche Belastungen vorsehen, denen er sich nicht entziehen konnte.

● Belastungen, denen der Nutzer zugestimmt hat.   515

---

des gesetzlichen Nutzungsrechts erreicht, wenn der Nutzer das Eigentum am Grundstück erworben hat. Das gesetzliche Vorkaufsrecht aus § 20 VermG beruht – wie die früheren Vorkaufsrechte (dazu: Schwab/Prütting, Sachenrecht, 24. Aufl., S. 384) – auf dem Gedanken, daß der Nutzer dem Grundstück „näher" steht als ein dritter Käufer und deshalb im Verkaufsfall ein vorrangiges Recht zum Erwerb haben soll.

Hat der Nutzer der Belastung des Grundstücks zugestimmt, so hat er damit zu erkennen gegeben, daß die Belastung seine Rechte nicht beeinträchtigt. Es wäre von daher unangemessen, wenn der Nutzer bei der Durchsetzung seines Ankaufsrechts nunmehr die Freistellung von dieser Belastung verlangen und – falls der Grundstückseigentümer dies nicht herbeiführen kann oder will – diesen wegen Nichterfüllung kaufvertraglicher Pflichten in Anspruch nehmen könnte.[232] Diese Belastungen, die der Nutzer übernehmen muß, sind auf den Kaufpreis anzurechnen.

c) Inhalt des Kaufvertrages (§§ 65 bis 74 SachenRBerG)

516 Die gesetzlichen Regelungen über den Inhalt des abzuschließenden Kaufvertrages sind im Vergleich zu den entsprechenden Bestimmungen beim Erbbaurecht weniger umfangreich. Der die Vorschriften über den Vertragsinhalt enthaltende Unterabschnitt 3[233] umfaßt „nur" neun Paragraphen. Dies liegt vor allem darin, daß die Ausgestaltung eines Kaufvertrages im Vergleich zum Erbbaurecht einfacher ist.

Die gesetzlichen Vorgaben können sich auf Vorgaben zum Kaufgegenstand und zum -preis beschränken. Bestimmungen über die Dauer des Vertrages, die zulässige bauliche Nutzung und ein etwaiges Heimfallrecht sind entbehrlich.

Gleichwohl verblieb auch bei der Bestimmung über den Inhalt eines Kaufvertrages, den die Beteiligten zur Sachenrechtsbereinigung abschließen wollen, ein nicht unerheblicher Regelungsaufwand. Das Sachenrechtsbereinigungsgesetz hat insoweit zu bestimmen,

● wann das Grundstück insgesamt, eine abzuschreibende Teilfläche oder erst zu begründendes Wohnungs- oder Teileigentum, Kaufgegenstand ist (§§ 65 bis 67 SachenRBerG) und

● nach welchen Grundsätzen der Kaufpreis zu bemessen ist (§§ 68 bis 74 SachenRBerG).

aa) Flächen, Wohnungseigentum (§§ 65 bis 67 SachenRBerG)

517 Der Kaufgegenstand ist nach § 65 SachenRBerG

● das Grundstück insgesamt (Absatz 1. 1. Alt.),

---

232 In der Begründung zum Regierungsentwurf (BT-Drs. 12/5992, S. 150) ist insoweit darauf verwiesen worden, daß ein solches Verlangen des Nutzers ein treuwidriger Verstoß gegen das Verbot widersprüchlichen Verhaltens sein würde.

233 Im Kapitel 2 (bauliche Nutzungen) Abschnitt 3 (gesetzliches Ankaufsrecht).

- eine abzuschreibende Teilfläche (Absatz 1 2. Alt.) oder
- zu begründendes Wohnungs- oder Teileigentum (Absatz 2).

(1) Grundstück als Kaufgegenstand

Das Grundstück ist an den Nutzer zu veräußern, wenn das Nutzungs-   518
recht sich auf ein vermessenes Grundstück bezieht und die Nutzungsbefugnis mit den Grenzen des Grundstücks übereinstimmt (§ 21 SachenRBerG).

Dieser Fall wird im wesentlichen für die vormals volkseigenen Grundstücke zutreffen. Eine auf Grundstücke bezogene Verleihung von Nutzungsrechten war bei den volkseigenen Grundstücken vorgesehen und
dort auch üblich (vgl. § 4 des Nutzungsrechtsgesetzes).

(2) Teilfläche als Kaufgegenstand

Der Kaufgegenstand wird sich dagegen auf eine abzuschreibende Teil-   519
fläche beziehen, wo Nutzungsrechte an unvermessenen Grundstücken
verliehen worden sind, die Abtrennung einer Teilfläche verlangt wird,
die Zuweisung eines Nutzungsrechts ohne Rücksicht auf die Grundstücksgrenzen erfolgte oder die Bebauung im komplexen Wohnungs-
oder Siedlungsbau über Grundstücksgrenzen hinweg erfolgt ist.

Von einigen Räten der Kreise sind Nutzungsrechte auf volkseigenen   520
Grundstücken wegen fehlender Vermessungskapazitäten auf die Gebäu-
degrundfläche verliehen worden.[234] In diesen Fällen ist der Kaufgegenstand eine Grundstücksteilfläche, deren Grenzen nach §§ 23 und 25
SachenRBerG zu bestimmen sind.

Bei den zugewiesenen Nutzungsrechten auf vormals dem genossen-   521
schaftlichen Bodennutzungsrecht unterliegenden Flächen wird der
Kaufgegenstand in der Regel auf eine Grundstücksteilfläche zu beziehen sein. Auf diesen Grundstücken wurde das Nutzungsrecht nicht auf
einem Grundstück, sondern auf einer Fläche zugewiesen (vgl. § 2 Abs. 1
der Bereitstellungsverordnung). Hier erfaßt die Belastung mit dem Nutzungsrecht deshalb in der Regel Grundstücksteilflächen.

---

234 Nr. 75 Abs. 1 der Anweisung Nr. 4/87 des Ministers des Innern und Chefs der Deutschen Volkspolizei über Grundbuch und Grundbuchverfahren unter Colidobedingun-
gen – Colido-Grundbuchanweisung – vom 27. Oktober 1987 sah eine solche Verleihung von Nutzungsrechten auf unvermessenen Grundstücken vor.

522 Die zugewiesenen Flächen waren zu vermessen und in der Liegenschaftsdokumentation einzutragen.[235] Die zugewiesene Bodenfläche wäre hierbei nach Gemeinde, Flur und Flurstück zu bezeichnen gewesen. Soweit eine Vermessung und ihre Dokumentation erfolgt sind, ist bei der Bestimmung der Teilflächen hierauf zurückzugreifen (§ 22 Abs. 1 Nr. 1 SachenRBerG). In der Praxis ist dies jedoch häufig nicht durchgeführt worden. In solchen Fällen ist die Fläche, die Gegenstand des Kaufvertrages ist, nach dem § 22 Abs. 1 Nr. 2 und 3 SachenRBerG zu bestimmen.

523 Eine weitere Fallgruppe, in der der Kaufgegenstand in der Regel nach einer Teilfläche zu bestimmen sein wird, ist der komplexe Wohnungsbau oder der Siedlungsbau ohne Klärung der Eigentumsverhältnisse an den Grundstücken. Die vom Nutzer anzukaufenden Grundstücksteilflächen bestimmen sich in diesen Fällen nach den in § 24 SachenRBerG genannten Kriterien. In der Regel werden sich in diesen Fällen die zu verkaufenden Grundstücksteilflächen nur in einem Verfahren zur Bodenneuordnung nach § 5 des BoSoG bestimmen lassen, das gemäß § 1 Nr. 2 und § 4 BoSoG auch für den Vollzug der Sachenrechtsbereinigung in Anspruch genommen werden kann.

524 Schließlich ist der Kaufgegenstand auch dann auf eine Teilfläche zu beschränken, wenn das Nutzungsrecht sich zwar auf das gesamte Grundstück erstreckt, die Größe des verliehenen oder zugewiesenen Nutzungsrechts jedoch die Regelgröße von 500 m² übersteigt, abtrennbar und selbständig baulich nutzbar ist (oder bei mehr als 1000 m² angemessen wirtschaftlich nutzbar ist) und eine Seite (Grundstückseigentümer oder Nutzer)[236] eine solche Abtrennung verlangt (§ 26 SachenRBerG).

---

235 Nach der Anlage 12 Nr. 1 Abs. 2 Satz 2 der Colido-Grundbuchanweisung war die Bildung neuer Flurstücke zu dem Zweck, eine Übereinstimmung der Nutzungsrechtsgrenzen mit den Grundstücksgrenzen herbeizuführen, unzulässig. Die Nutzungsrechtsgrenzen waren durch örtliche Vermessung oder eine Sonderung nach der Karte zu bestimmen und in den Liegenschaftskarten wie Flurstücksgrenzen darzustellen.

236 Der Regierungsentwurf (BT-Drs. 12/5992, S. 22) hatte einen solchen Anspruch nur für den Grundstückseigentümer vorgesehen. Der Grundstückseigentümer, der über die Regelgröße für die Bestellung von Nutzungsrechten hinausgehende, abtrennbare Teilflächen baulich (oder bei über 1.000 m² angemessen wirtschaftlich) nutzen kann. soll das Recht haben, die Ansprüche des Nutzers auf die Regelgröße zu beschränken (§ 26 Abs. 1 SachenRBerG) und die abtrennbare Teilfläche herauszuverlangen (§ 26 Abs. 1 Satz 3 SachenRBerG). Der Nutzer, dem ein übergroßes Nutzungsrecht verliehen oder zugewiesen worden ist, sollte dagegen das Verwertungsrisiko hinsichtlich der abtrennbaren Teilfläche nicht dem Grundstückseigentümer auferlegen können.In den Aus-

(3) Zu begründendes Wohnungs- oder Teileigentum als Kaufgegenstand

Die Gründe für die Bestellung von Wohnungs- oder Teileigentum sind   525
dieselben wie diejenigen, aus denen der Nutzer die Bestellung eines
Wohnungserbbaurechts verlangen kann (s. oben Rn. 445 bis 448)).

Wohnungs- oder Teileigentum ist zu begründen, wenn eine Teilung   526
nicht möglich oder unzweckmäßig ist (§ 66 Abs. 2 SachenRBerG). Statt
Wohnungs- oder Teileigentum sind Wohnungs- oder Teilerbbaurechte
zu bestellen, wenn der von einem Nutzer zu zahlende Preis für ein
Eigenheim 30.000 DM oder für ein anderes Gebäude 100.000 DM
übersteigt und der Nutzer die Bestellung von Wohnungserbbaurechten
verlangt (§ 67 Abs. 2 SachenRBerG), wodurch dem Nutzer das Wahlrecht aus § 15 Abs. 1 SachenRBerG auch in den Fällen erhalten bleibt,
in denen eine Teilung des Grundstücks nicht möglich ist oder unzweckmäßig wäre.

Der Verkauf von Wohnungs- oder Teileigentum ist erst möglich, nach-   527
dem dies begründet worden ist. § 67 Abs. 1 SachenRBerG gibt jedem
Beteiligten insoweit Ansprüche, aus denen er vom Grundstückseigentümer und von den anderen Nutzern – soweit deren Mitwirkung erforderlich ist – die Abgabe der für die Begründung von Wohnungs- oder
Teileigentum erforderlichen Erklärungen verlangen kann.

Die Begründung von Wohnungseigentum ist grundsätzlich nach dem   528
1. Abschnitt (§§ 2 bis 9) des Wohnungseigentumsgesetzes vorzunehmen.
Jenes Gesetz regelt allerdings nur die Fälle, in denen Miteigentum am
Grundstück (§ 3 WEG) oder Alleineigentum am Grundstück (§ 8 WEG)
besteht. § 67 Abs. 1 Satz 2 SachenRBerG enthält eine ergänzende Bestimmung für die Umwandlung bestehenden Eigentums an Gebäuden
oder Gebäudeteilen auf einem Grundstück in Wohnungseigentum. Das
Gebäudeeigentum ist – wie Miteigentum am Grundstück – an einem
Grundstück in Sondereigentum und gemeinschaftliches Eigentum auf-
zuteilen und dem nach § 8 aufzuteilenden Eigentum am Grundstück
zuzuordnen.[237]

---

schußberatungen ist dieses Abtrennungsrecht auch auf den Nutzer erstreckt worden,
der damit die sonst auf ihn zukommenden Belastungen bezüglich dieser Flächen
abwenden kann (vgl. dazu: § 43 Abs. 2 Nr. 1 Buchstabe b und § 71 Abs. 3 SachenR-
BerG).

237 Für diese rechtlich schwierigen Sachverhalte ist nach dem Inkrafttreten des Gesetzes
die Ausarbeitung von Vertragsmustern beabsichtigt. Für deren Umsetzung könnte auch
eine Ergänzung der zur Eintragung des selbständigen Gebäudeeigentums vorgesehenen

bb) Preis (§§ 68 bis 74 SachenRBerG)

(1) Regelmäßiger Preis (§ 68 SachenRBerG)

529 Der regelmäßige Preis beträgt die Hälfte des Bodenwerts, der sich grundsätzlich nach dem Verkehrswert eines vergleichbaren unbebauten Grundstücks bestimmt (§ 68 SachenRBerG). Die Preisbestimmung nach der Hälfte des Verkehrswerts zum Zeitpunkt des Vertragsangebots entspricht dem Teilungsgrundsatz.[238]

Im Vergleich zum Regierungsentwurf ist auch hier die Bemessung eines Mindestankaufspreises nach Entschädigungswerten entfallen (zu den Gründen: s. oben Rn. 317 ff.).

530 Der Kaufpreis ermäßigt sich um fünf vom Hundert, wenn der Nutzer sich im ersten Jahr nach dem Inkrafttreten des Gesetzes für den Ankauf entscheidet (um 2,5 vom Hundert bei einer Entscheidung im zweiten Jahr) und den Kaufpreis sogleich begleicht, wenn alle zur Umschreibung erforderlichen Voraussetzungen vorliegen (§ 68 Abs. 2 SachenR-BerG). Das Gesetz gewährt dem Nutzer insoweit einen pauschalen Abzug dafür, daß er auf die Mitnahme einer Zinsersparnis durch die Wahl des Erbbaurechts mit einer späteren Ausübung des Ankaufsrechts verzichtet.[239]

Ausführungsverordnung zur Grundbuchordnung erforderlich sein. Solche verfahrensrechtlichen Bestimmungen sind nur für eine kleine Gruppe der in der Sachenrechtsbereinigung zu regelnden Sachverhalte erforderlich. Sie gehören zudem nicht zum Kern der Sachenrechtsbereinigung, die die materiell-rechtlichen Grundlagen für die Auseinandersetzung von Grundstückseigentümer und Nutzer regelt, und über das im politischen Raum Konsens erzielt werden mußte. Aus diesem Grunde ist die Erörterung über Vertragsmuster und möglicherweise weitere Ausführungsvorschriften auf die Zeit nach dem Inkrafttreten des Gesetzes verschoben worden.

238 Die Gruppe PDS/Linke Liste hatte insoweit den Antrag gestellt, eine Obergrenze für den Kaufpreis bei 100 DM/m² festzusetzen (vgl. BT-Drs. 12/7425, S. 75).
Einer solchen Obergrenze stehen beim Ankaufsrecht noch mehr Einwendungen entgegen als beim Erbbaurecht. Das Argument, daß eine solche Obergrenze aus sozial- und wohnungspolitischen Gründen erforderlich sei, trägt schon deshalb nicht, weil der Erwerb des Eigentums am Grundstück nicht Voraussetzung für das Behalten des eigenen Hauses ist. Hierfür reicht die Bestellung eines Erbbaurechts aus.
Im übrigen verwischt eine solche Obergrenze die Unterschiede im Wert der einzelnen Grundstücke. (Ein Grundstück am Stadtrand an einem Seeufer hat einen höheren Wert als ein Grundstück ohne entsprechende Lagevorteile auf dem Lande). Eine absolute Preisobergrenze führt zudem dazu, daß die Vorteile beim Erwerb um so größer werden, je wertvoller das Grundstück ist. Die beantragte Regelung hätte mithin nur denen besondere Vorteile verschafft, die in der DDR Nutzungsrechte auf Grundstücken in bevorzugter Lage erhalten haben.

239 Vgl. BT-Drs. 12/5992, S. 152.

Dieser Zinsvorteil wird durch die Teilermäßigung von fünf vom Hundert des Ankaufspreises allerdings nicht vollständig ausgeglichen, wenn man von festen Bodenwerten ausgeht. Da im Falle einer späteren Entscheidung des Nutzers die durch die Bodenwertsteigerung eintretenden Gewinne zu 50 vom Hundert beim Grundstückseigentümer verbleiben, mußte der Abzug auf ein Maß beschränkt werden, das für den Abzug von Zwischenzinsen in vergleichbaren Fällen üblich ist. Aus diesen Erwägungen wurde ein Abzug von maximal fünf vom Hundert als eine den Beteiligten vermittelbare Größe akzeptiert.

531

(2) Preisbemessung nach dem ungeteilten Bodenwert (§ 70 SachenRBerG)

Grundsätzlich ist die **Hälfte des aktuellen Bodenwerts** der Bestimmung des Ankaufspreises zugrunde zu legen. Dies entspricht der mit dem Beitritt vorgefundenen Lage, die Ausgangsbasis für die Sachenrechtsbereinigung ist.

532

Der Kaufpreis ist jedoch nach dem **ungeteilten Bodenwert**[240] zu bestimmen, wenn

533

* inzwischen eine Nutzungsänderung erfolgt ist, wobei gewisse Änderungen der bisherigen Nutzung unerheblich sind (§ 70 Abs. 1 und 2 SachenRBerG),

* eine die Regelgröße für den Eigenheimbau übersteigende, abtrennbare selbständig baulich (oder angemessen wirtschaftlich) nutzbare Fläche vom Nutzer gekauft wird (§ 70 Abs. 3 SachenRBerG) oder

* der jetzige Nutzer nach dem 22. Juli 1993 von seinem Rechtsvorgänger ein nicht mehr nutzbares oder nicht mehr genutztes Gebäude erworben hat (§ 70 Abs. 4 SachenRBerG).

(a) Nutzungsänderung

Die Regelungen über die **Preisanpassung wegen Nutzungsänderung**[241] beruhen auf rechtlichen und wirtschaftlichen Erwägungen:

534

---

240 Der Ausdruck „ungeteilter Bodenwert" ist während der Beratungen in den Ausschüssen des Bundestages an die Stelle des Begriffs „voller Verkehrswert" getreten. Der Verkehrswert im Sinne der Begriffsbestimmung des § 194 BauGB, auf den § 19 Abs. 2 SachenRBerG verweist, ist immer der „volle" Wert des Grundstücks.

241 Die Bestimmungen über die Anpassung des Kaufpreises an den ungeteilten Bodenwert infolge einer Veränderung der Nutzungsart waren nicht unumstritten. Von den Beteiligten wurde auf die Kompliziertheit und Streitträchtigkeit der Regelungen hingewiesen und – mit allerdings unterschiedlicher Zielsetzung – für deren Streichung plädiert.

Rechtsgrund für die Preisanpassung ist der Umstand, daß die vorgefundenen Berechtigungen am Grundstück auf planwirtschaftlicher Lenkung beruhten und daher an eine Nutzungsart gebunden waren (vgl. § 288 Abs. 1 und § 292 Abs. 1 ZGB). Die in der DDR begründeten Nutzungsrechte berechtigten und verpflichteten den Nutzer zu einer ganz bestimmten Nutzung. Eine Veränderung der Nutzungsart (etwa von einer Nutzung zu Wohnzwecken zu einer gewerblichen Nutzung) war unzulässig. Der Staat konnte in solchen Fällen das Nutzungsrecht entziehen.

535 Diese aus der sozialistischen Planwirtschaft stammenden Bindungen bestehen allerdings nicht fort. Es wäre auch nicht gerechtfertigt, entsprechende Befugnisse auf den Grundstückseigentümer zu übertragen, da dieser keine planwirtschaftlichen Lenkungsfunktionen wahrzunehmen und gegenüber dem Nutzer durchzusetzen hat.[242]

536 Aus den Nutzungsrechten sind jedoch keine dinglichen Rechte hervorgegangen, die den Nutzer zu einer beliebigen Nutzung des Grundstücks berechtigen. Mit dem Einigungsvertrag sind zwar die vom Staat oder mit Billigung des Staates begründeten subjektiv-öffentlichen Nutzungsrechte in dingliche Rechte am Grundstück umgewandelt worden, wobei ihr bisheriger Inhalt jedoch erhalten bleiben sollte (Art. 233 § 3 Abs. 1 EGBGB). Aus der Anknüpfung an den bisherigen Inhalt der Nutzungs-

Für die Eigentümer wurde gefordert, auf die Bodenwertteilung zumindest bei den Wirtschaftsgebäuden zu verzichten. Die Nutzer verlangten dagegen, ihnen die Vorteile aus der Bodenwertteilung auch im Falle von Nutzungsänderungen zu belassen.
In den Beratungen des federführenden Rechtsausschusses des Deutschen Bundestages sind die Gründe für und gegen die Regelungen des Entwurfs gegen ungerechtfertigte Mitnahmen von Gewinnen, dem unter anderem die Regelungen zur Preisanpassung dienen, abgewogen worden. Der Ausschuß hat die Lösung des Entwurfs insoweit als ein angemessenes Lösungskonzept angesehen. Auf die Begründung im Bericht des Ausschusses (BT-Drs. 12/7425, S. 54) wird Bezug genommen.
242 Nach MünchKomm/v. Oefele, Einigungsvertrag, Rn. 315 ist das Recht des Staates, das Nutzungsrecht wegen nicht bestimmungsgemäßer Nutzung entziehen zu können, in ein gesetzliches Heimfallrecht umzudeuten. Eickmann, Grundstücksrecht in den neuen Bundesländern, Rn. 119 vertritt demgegenüber die Auffassung, daß aus der Übernahme der Nutzungsrechte mit ihrem bisherigen Inhalt sich ein gesetzlicher Anspruch des Grundstückseigentümers folgern lasse, aus dem er die Aufhebung des Nutzungsrechts wegen nicht bestimmungsgemäßer Nutzung verlangen könne.
Beiden Lösungsansätzen dürfte darin zuzustimmen sein, daß der Einigungsvertrag kein uneingeschränktes Nutzungsrecht hat anerkennen und dem Grundstückseigentümer auferlegen wollen, das auch die DDR so nicht kannte. Eine schematische Umwandlung, welche die den Rechtsinstituten zugrunde liegenden rechtlichen und wirtschaftlichen Grundlagen unberücksichtigt läßt, muß jedoch zu unangemessenen Ergebnissen führen.

rechte ergibt sich, daß die Befugnisse des Nutzers am Grundstück grundsätzlich nicht über den bisherigen Inhalt des Nutzungsrechts hinausgehen sollten.

Hat der Nutzer die Art der Nutzung des aufstehenden Gebäudes inzwischen verändert,[243] so ist der Bezug zu der in der DDR begründeten Nutzung nicht mehr vorhanden. Die jetzige Nutzung läßt sich nicht mehr auf ein in der DDR begründetes Recht zurückführen.   537

Unter wirtschaftlichen Gesichtspunkten ist eine **Preisanpassung** im Falle der Nutzungsänderung erforderlich, um Wettbewerbsverzerrungen und unerwünschten Grundstücksspekulationen entgegenzuwirken.   538

Die bisherige Nutzung beruht auf einem in der DDR begründeten Rechtstitel. Insoweit hat der Nutzer Vorteile aus einer früher erworbenen Rechtsposition. Wird die bisherige Nutzungsart jedoch aufgegeben, so steht der Nutzer einem anderen Investor gleich, der seine Betriebsmittel in vollem Umfang zu finanzieren hat. Will der Nutzer nunmehr das Grundstück zu anderen Zwecken verwenden, so ist es grundsätzlich nicht gerechtfertigt, ihm eine Bodenwertteilung aus einem nicht mehr ausgeübten Nutzungsrecht zu erhalten. Andernfalls ergäben sich aus der zufälligen Verleihung oder Zuweisung eines Nutzungsrechts, das mit der jetzt ausgeübten Nutzung keinen Bezug hat, besondere Vorteile bei dem Erwerb des Eigentums an einem Betriebsgrundstück.   539

Wird die Bodenwertteilung von der Bindung an den Nutzungszweck vollkommen gelöst, so kann sie auch für spekulative Zwecke des Nutzers verwendet werden. Der Nutzer könnte allein durch Weiterveräußerung des Grundstücks nach einem Erwerb zum halben Bodenwert einen Gewinn erzielen.   540

---

243 Beispiele für diese Regelung sind:
  – ein LPG-Gebäude wird jetzt zu gewerblichen Zwecken genutzt, oder
  – eine Konsumgenossenschaft hat ihr Verkaufsgeschäft eingestellt und erzielt nunmehr Einnahmen aus der Vermietung und Verpachtung ihrer Ladenlokale.

Diese Änderungen der Nutzung müssen allerdings wesentlich sein. Innerhalb einer Nutzungsart sind Änderungen zur Anpassung an die veränderten Verhältnisse unschädlich. Die Anpassung der vorgefundenen Nutzungsbefugnisse muß nach beiden Seiten, beim Entgelt und der zulässigen Nutzung erfolgen. Veränderungen innerhalb derselben Nutzungsart (z. B. der Austausch des gesamten Warensortiments) lösen keine Preisanpassung an den vollen Bodenwert aus (BT-Drs. 12/5992, S. 80 und 87). Bei den Eigenheimen ist auch der Übergang zu einer Nutzung des Gebäudes für einen Handwerksbetrieb, einen Gewerbebetrieb oder eine Pension insoweit unschädlich.

541 Das Ankaufsrecht selbst ist dem Nutzer jedoch auch im Falle einer Nutzungsänderung zu erhalten. Die bauliche Investition des Nutzers ist wie bei einem Überbau vor wertvernichtender Zerstörung zu schützen. Der Gedanke des Investitionsschutzes allein vermag jedoch eine Teilung des Bodenwerts nicht zu begründen. Für diese Fälle ist daher der Preis nach dem ungeteilten Bodenwert zu bestimmen.

(b) Übergrößen

542 Der Nutzer, der auch eine abtrennbare Teilfläche erwerben will, die über die in der DDR übliche Regelgröße für den Eigenheimbau hinausgeht, kann sich hierfür nicht auf die Rechtsvorschriften der DDR über die Verleihung oder die Zuweisung von Nutzungsrechten (§ 7 Satz 2 der Eigenheimverordnung und § 2 Abs. 1 der Bereitstellungsverordnung) berufen. Insoweit ist dem Nutzer ein gesetzwidriger Vorteil zugewandt worden. Ein solcher Vorteil ist nicht als eine Vorbelastung anzuerkennen, die dem Nutzer den halben Bodenwert zuweist. In diesen Fällen hat der Nutzer für die über die Regelgröße hinausgehende Teilfläche, wenn diese abtrennbar und selbständig baulich nutzbar ist, den ungeteilten Bodenwert zu zahlen (§ 70 Abs. 3 SachenRBerG).

(c) Nicht mehr nutzbare oder nicht mehr genutzte Gebäude

543 Die einschlägige Bestimmung (§ 70 Abs. 4 SachenRBerG) ist in den Ausschußberatungen in den Entwurf aufgenommen worden.

Ihr Zweck besteht darin, Gewinnmitnahmen durch Umgehungsgeschäfte in den Fällen auszuschließen, in denen der Grundstückseigentümer gegenüber dem Rechtsvorgänger des Nutzers die in § 29 Abs. 3 SachenRBerG bezeichneten Einreden hätte erheben können.[244] Die Möglichkeit zu Umgehungsgeschäften ergibt sich daraus, daß das Gebäudeeigentum ein vom physischen Bestand des Bauwerks unabhängiges Recht ist und als solches übertragen werden kann.

544 Die Ansprüche aus der Sachenrechtsbereinigung sollen jedoch nur dann durchgesetzt werden können, wenn die Bestellung eines Erbbaurechts oder der Erwerb des Eigentums eines fremden Grundstücks zur Absicherung einer baulichen Investition erforderlich ist. Grundlage der Ansprüche des Nutzers ist nicht der Rechtstitel allein; es müssen schützenswerte wirtschaftliche Belange hinzukommen.

---

244 Vgl. BT-Drs. 12/7425, S. 76.

Aus einem nicht mehr nutzbaren oder nicht mehr genutzten Gebäude 545
kann der Nutzer daher nicht mit Erfolg Ansprüche aus der Sachenrechtsbereinigung durchsetzen. Gleiches gilt, wenn das Nutzungsrecht
nicht zur Bebauung verwendet worden ist und vom Nutzer auch nicht
dafür verwendet werden soll. Dem Grundstückseigentümer steht insoweit eine Einrede zu (s. oben Rn. 398, 399). Das Gebäude kann jedoch
veräußert werden. Mit dem Verkauf des Gebäudes sind auch die Ansprüche aus der Sachenrechtsbereinigung zu übertragen (§ 14 Abs. 2
SachenRBerG).

Ein Gebäudeeigentum ohne bauliche Investition kann mit dessen Ein- 546
tragung aufgrund der Verleihung eines Nutzungsrechts (Art. 233 § 4
Abs. 1 und Abs. 3 EGBGB) oder aufgrund des Untergangs eines Gebäudes entstehen, an dem kraft Gesetzes selbständiges Gebäudeeigentum
entstanden ist (Art. 233 § 2b Abs. 5 EGBGB).

Der Inhaber eines Nutzungsrechts ist zur Errichtung eines neuen Gebäudes berechtigt. Das Nutzungsrecht sowie das eingetragene Gebäudeeigentum sind von dem physischen Bestand des Bauwerks unabhängig (Art. 233 § 4 Abs. 3 Sätze 1 und 2 EGBGB).

Gebäudeeigentum für den Bau oder den Erwerb eines Eigenheimes wird 547
aufgrund des Nutzungsrechts, dessen Verleihung oder Zuweisung durch
eine Urkunde dokumentiert wird, begründet. Bei der Anlegung des
Gebäudegrundbuchs aufgrund Nutzungsrechts ist das Vorhandensein
des Gebäudes nicht zu prüfen (§ 144 Abs. 1 Nr. 4 GBO). Ist ein Gebäude nicht vorhanden, so entsteht mit der Eintragung „gebäudeloses"
Gebäudeeigentum. Dies ist ein Rechtstitel, der übertragen werden
kann. Mit der Übertragung des Eigentums am Gebäude geht das Nutzungsrecht als Akzidenz über (Art. 231 § 5 Abs. 2 Satz 1 EGBGB). Mit
dem Eigentum am Gebäude werden in der Regel die Ansprüche auf
Erbbaurechtsbestellung oder Ankauf nach der Sachenrechtsbereinigung
auf den Käufer übertragen (§ 14 Abs. 2 SachenRBerG).[245]

---

245 Mit den Vorschriften über die Anlegung der Gebäudegrundbücher und die Übertragung
der Ansprüche aus der Sachenrechtsbereinigung wird das Eigentum am Gebäude verkehrsfähig. Die Übertragung des Eigentums am Gebäude folgt bis zur Sachenrechtsbereinigung dem früheren Recht. Die Übereignung des Gebäudes ist der eigentliche
Gegenstand des Rechtsgeschäfts. Das Nutzungsrecht folgt als Bestandteil nach; mit der
Übereignung des Gebäudes sind grundsätzlich die Ansprüche aus der Sachenrechtsbereinigung mit abzutreten.
Die Ansprüche aus der Sachenrechtsbereinigung sind nicht als unselbständige Neben-
rechte ausgestaltet worden, die der Übereignung des Gebäudes entspr. § 401 BGB nach-

548   Für das kraft Gesetzes entstandene Gebäudeeigentum ist bei der Anle-
      gung des Gebäudegrundbuchs zwar zu prüfen, ob ein Gebäude errichtet
      worden ist, da dies gesetzliche Voraussetzung für das Entstehen selb-
      ständigen Eigentums an einem Gebäude ist. Nach dessen Entstehung
      gilt jedoch das aufgrund Nutzungsrechts Ausgeführte entsprechend.

549   Die Einreden aus § 29 Abs. 1 und Abs. 2 SachenRBerG kann der
      Grundstückseigentümer insoweit nach § 29 Abs. 3 SachenrechtsBerG
      auch gegenüber dem Rechtsnachfolger geltend machen. Hat der Rechts-
      nachfolger das Gebäude jedoch wiederhergestellt oder nutzt er das
      Gebäude wieder, so liegen die Voraussetzungen für die Erhebung der
      Einrede ihm gegenüber nicht mehr vor. Das Gebäudeeigentum ist ein
      Wirtschaftsgut, über das verfügt werden kann. Die Investition des
      Rechtsnachfolgers in diesem Wirtschaftsgut ist in der Sachenrechtsbe-
      reinigung zu schützen. Dieser Gedanke führt jedoch – wie in den Fällen
      der Nutzungsänderung – „nur" zu einem Ankaufsrecht zum ungeteilten
      Bodenwert.

      Könnte der bisherige Nutzer dagegen dem Käufer ein Ankaufsrecht
      zum halben Bodenwert verschaffen, so könnte der Nutzer daraus einen
      Gewinn selbst in den Fällen ziehen, in denen er keine Ansprüche auf
      den Kauf des Grundstücks durchsetzen könnte.

      (3) Nachzahlungspflichten (§ 71 SachenRBerG)

550   Die Nachzahlungspflichten, deren Vereinbarung der Grundstückseigen-
      tümer nach § 71 Abs. 1 und Abs. 2 SachenRBerG verlangen kann, sollen

      ---

      folgt. Eine solche Lösung ist deshalb nicht gewählt worden (vgl. BT-Drs. 12/5992,
      S. 113), weil

      – in den sog. hängenden Fällen, in denen kein selbständiges Eigentum am Gebäude
        entstanden ist, die Abtretung der Ansprüche der eigentliche Gegenstand eines Kauf-
        vertrages ist und

      – eine isolierte Abtretung der Ansprüche an einen Dritten (meist einer Gebietskörper-
        schaft) ausnahmsweise zu dem Zweck zulässig ist, um im Wege der Bodensonderung
        der Bebauung entsprechende Grundstücke neu zu bilden (§ 14 Abs. 2 SachenRBerG).

      Das SachenRBerG besagt nur, daß die Ansprüche aus der Sachenrechtsbereinigung
      grundsätzlich nur mit dem Eigentum am Gebäude übertragen werden können. Wenn
      der Übergang der Ansprüche aus der Sachenrechtsbereinigung nicht ausgeschlossen
      wird, wird man die Verträge über die Veräußerung des Gebäudes dahin auszulegen
      haben, daß die Ansprüche des Nutzers aus der Sachenrechtsbereinigung auf den Erwer-
      ber mit übertragen worden sind. Nur eine solche Auslegung wird dem gerecht, daß das
      SachenRBerG den jeweiligen Nutzer und den jeweiligen Grundstückseigentümer be-
      rechtigt und verpflichtet.

ungerechtfertigte Gewinnmitnahmen (Spekulationsgewinne) aus der Bodenwertteilung verhindern.

Solche Nachzahlungspflichten entstehen dann, wenn innerhalb einer Frist von drei bzw. sechs Jahren nach dem Ankauf

- ein unbebautes Grundstück weiterveräußert wird (§ 71 Abs. 1 Satz 1 Nr. 1 SachenRBerG),
- eine Nutzungsänderung nach § 70 erfolgt (§ 71 Abs. 1 Satz 1 Nr. 2 SachenRBerG) oder
- ein nicht zu Wohnzwecken dienendes Gebäude weiterveräußert wird (§ 71 Abs. 1 Satz 1 Nr. 3 SachenRBerG).

(a) Veräußerung eines unbebauten Grundstücks

Die Bestimmung soll Grundstücksspekulationen zum Nachteil des Grundstückseigentümers entgegenwirken.

551

Der Nutzer, dem ein Nutzungsrecht verliehen oder zugewiesen worden ist, kann das Grundstück aufgrund seines Nutzungsrechts ankaufen, um es zu bebauen. Eine Einrede steht dem Grundstückseigentümer nur zu, wenn er nachzuweisen vermag, daß der Nutzer das Grundstück nach seinen persönlichen oder wirtschaftlichen Verhältnissen nicht bebauen kann oder will (§ 29 Abs. 2 Nr. 2 SachenRBerG). Dies wird in der Regel nur in Liquidations- oder Insolvenzfällen möglich sein.

Gelingt dem Grundstückseigentümer dieser Nachweis nicht, so kann der Nutzer das Grundstück erwerben. Falls der Nutzer danach das Grundstück alsbald als Bauplatz weiterverkauft, ist der Ankauf zu Unrecht erfolgt. Ein Rückgewähranspruch des früheren Grundstückseigentümers gegen den Dritten, der das Grundstück vom Nutzer als neuer Eigentümer erworben hat, hätte zu einer zu großen Belastung des Grundstücksverkehrs geführt. Dem Nutzer sollen in diesem Fall jedoch nicht die Vorteile aus der Bodenwertteilung verbleiben. Diesem Zweck dient die Nachzahlungsverpflichtung.

552

(b) Nutzungsänderung

Der Zweck dieser Nachzahlungspflicht besteht darin, Wertungswidersprüche und Umgehungsgeschäfte auszuschließen.

553

Wenn eine Nutzungsänderung vor Vertragsschluß zu einer Bemessung des Kaufpreises nach dem ungeteilten Bodenwert führt, muß eine Nachzahlung angeordnet werden, wenn die Nutzungsänderung kurz nach dem Vertragsschluß erfolgt. Andernfalls käme dem Umstand, wann die Nutzungsänderung erfolgt ist, eine zu große Bedeutung zu. Zudem könnte sich der Nutzer, der eine solche Nutzungsänderung plant, der Verpflichtung zur Zahlung eines nach dem ungeteilten Bodenwert zu bemessenden Kaufpreises dadurch entziehen, daß er zunächst ankauft und dann die Nutzungsänderung vornimmt.[246]

(c) Weiterveräußerung nicht zu Wohnzwecken dienender Grundstücke

554 Die Nachzahlungsverpflichtung beruht hier darauf, daß die in der DDR begründete Nutzungsbefugnis die Verwendung des Grundstücks für den Betrieb des Nutzers voraussetzte. Die Erzielung von Gewinnen aus der Veräußerung von Betriebsgrundstücken als Anlagevermögen liegt außerhalb des Nutzungszweckes.[247]

(4) Preisbemessung im Wohnungsbau (§ 73 SachenRBerG)

555 Die Grundsätze für die Preisbestimmung beim Ankauf der im staatlichen oder genossenschaftlichen Wohnungsbau verwendeten Grundstücke haben sich im Vergleich zum Regierungsentwurf wesentlich verändert. Die Bestimmungen über die Ermittlung des Bodenwerts sind neu gefaßt und auch inhaltlich geändert worden (s. oben Rn. 299 ff.), was auf die Bemessung des Ankaufspreises unmittelbar durchschlägt.

Bei der Regelung über die Preisbemessung selbst und die daran anknüpfenden Nachzahlungspflichten ergaben sich hingegen nur vergleichsweise geringe Folgeänderungen.

556 Die **Grundsätze für die Preisbemessung** sind in § 73 Abs. 1 SachenRBerG zusammengefaßt worden. Danach ist der **Bodenwert**

---

246 Vgl. BT-Drs. 12/5992, S. 87.
247 Vgl. BT-Drs. 12/5992, S. 154.
   Dies gilt auch für die Veräußerung von Betriebsgrundstücken mit anschließender Anmietung oder -pachtung („sale-and-lease-back"). Solche Formen der Finanzierung unternehmerischer Tätigkeiten haben mit dem Zweck, zu dem ein Nutzungsrecht im sozialistischen Staat einmal bestellt worden ist, nichts mehr gemein. Von einer Begünstigung solcher Weiterveräußerungen zur Unternehmensfinanzierung wurde vor allem deshalb abgesehen, weil bei dieser Finanzierungsform die Verwendung des Grundstücks für den Betrieb des Nutzers nicht sichergestellt ist.
   Zwar steht auch in einem solchen Fall das Grundstück noch für den Betrieb des Nutzers zur Verfügung. Es gehört jedoch einem anderen Unternehmen (dem Leasingunternehmen), das das Grundstück – insbesondere im Falle einer Leistungsstörung – nach Kündigung des Leasingvertrages für andere Zwecke verwenden kann.

- außerhalb der komplexen Wohnanlagen nach den allgemeinen Grundsätzen in § 19 SachenRBerG zu bestimmen, wobei der Bodenwert jedoch nicht der zulässigen baulichen Nutzung, sondern nach der vorhandenen Wohnbebauung zu bestimmen ist (§ 20 Abs. 2 SachenRBerG),

- für die im komplexen Wohnungsbau im Sinne der Begriffsbestimmung in § 11a SachenRBerG verwendeten Grundstücke ist der Bodenwert in der Weise zu bestimmen, daß von dem Wert eines in dem Gebiet belegenen, unbebauten und baureifen Grundstücks ein Vorwegabzug von einem Drittel vorgenommen wird (§ 20 Abs. 3 SachenRBerG).

557

Wird der Preis so bestimmt, so sind auf Verlangen des Grundstückseigentümers im Vertrag Nachzahlungsfristen für den Fall einer Nutzungsänderung oder Freilegung des Grundstücks in den folgenden zwanzig Jahren (§ 73 Abs. 1 Satz 2 Nr. 1 SachenRBerG) und für den Fall einer Weiterveräußerung in den folgenden zehn Jahren zu vereinbaren (§ 73 Abs. 1 Satz 2 Nr. 2 SachenRBerG).

Die Nachzahlungspflichten begründen sich daraus, daß die Verwendung des Grundstücks für den Wohnungsbau auch nach den im Bundestag herbeigeführten Änderungen Einfluß auf die Ermittlung des Grundstückswerts behält. Die Wertermittlung nach **§ 20 Abs. 2 SachenRBerG** ist ausdrücklich unter Berücksichtigung der vorhandenen Bebauung vorzunehmen. Grundlage hierfür ist die Erkenntnis, daß der Bodenwert von der erzielbaren Verzinsung abhängt. Bei diesen Grundstücken schlägt die Verwendung für den staatlichen oder genossenschaftlichen Wohnungsbau auf den Bodenwert durch, da infolge öffentlich-rechtlicher Bestimmungen (Verbot der Zweckentfremdung von Wohnraum) ein Übergang zu einer höherwertigen (gewerblichen) Nutzung in der Regel nicht möglich ist und das Gebäude auch nicht abgerissen werden darf.[248] Die Grundlagen der Wertermittlung stellen sich jedoch im nachhinein als irrtümlich heraus, wenn doch eine Nutzungsänderung oder Freilegung erfolgt. Für solche Fälle ist daher eine Nachzahlungspflicht vorzusehen.

558

Schwieriger ist die Begründung einer Nachzahlungspflicht in den Fällen einer Kaufpreisbestimmung aufgrund einer Bodenwertermittlung nach

559

---

248 Vgl. BT-Drs. 12/7425, S. 67 f. unter Bezugnahme auf Vogels, Grundstücks- und Gebäudebewertung, marktgerecht, 3. Aufl., S. 71.

§ 20 Abs. 3 SachenRBerG. Soweit der Abzug für besondere Aufwendungen zur Baureifmachung des Grundstücks erfolgt, wäre eine Nachzahlung wegen einer späteren Nutzungsänderung sachlich nicht gerechtfertigt. Dieser Vorteil müßte dem gemeindlichen Wohnungsunternehmen oder der Wohnungsbaugenossenschaft als Rechtsnachfolgerin eines früheren Investitionsauftraggebers grundsätzlich erhalten bleiben. – Anders ist es, soweit mit dem pauschalierten Abzug auch Beeinträchtigungen des Bodenwerts ausgeglichen werden sollen. Insoweit gilt das Ausgeführte entsprechend.

560   § 20 Abs. 3 SachenRBerG sieht eine pauschale Berücksichtigung beider Faktoren vor, ohne daß ein rechnerischer Nachweis des Umfangs der Werterhöhung durch Maßnahmen zur Baureifmachung oder der Beeinträchtigung des Bodenwerts durch die aufstehende Wohnbebauung verlangt wird. Unangemessene Nachteile treten durch die Nachzahlungspflicht infolge einer Preisbestimmung aufgrund eines pauschal bemessenen Bodenwerts nicht ein, da beides (Nachzahlungspflicht und Preisermittlung nach einem gem. § 20 Abs. 3 SachenRBerG ermittelten Bodenwert) abdingbar ist. Wenn das Wohnungsunternehmen eine Nachzahlungsverpflichtung nicht übernehmen will, kann es diese verweigern und eine Preisbemessung nach dem nach § 19 Abs. 2 SachenRBerG ermittelten Bodenwert eines vergleichbaren unbebauten Grundstücks verlangen (§ 73 Abs. 1 Satz 3 SachenRBerG).

561   § 73 Abs. 2 SachenRBerG bestimmt im einzelnen die Voraussetzungen für das Entstehen der Nachzahlungsverpflichtung wegen Nutzungsänderung und die Berechnung der Nachzahlung. Erforderlich ist die Änderung der Nutzung von mehr als 50 vom Hundert der gesamten Nutzfläche des Gebäudes oder der Abbruch des Gebäudes (Sätze 1 und 2). Die Höhe der Nachzahlungsverpflichtung bestimmt sich nach dem Zeitpunkt, in dem die Änderung erfolgt. In den ersten zehn Jahren ist eine Nachzahlung bis zur Hälfte des Bodenwerts eines vergleichbaren unbebauten Grundstücks, in den folgenden zehn Jahren bis zu einem Viertel dieses Bodenwerts zu leisten (Satz 3), wobei der Bodenwert auf den Zeitpunkt festzustellen ist, in dem der Nachzahlungsanspruch entsteht.

562   § 73 Abs. 3 SachenRBerG enthält eine gleichartige Regelung für den Fall einer Weiterveräußerung des Grundstücks in den ersten zehn Jahren nach dem Ankauf des Grundstücks. Soweit das Wohnungsunternehmen insoweit einen höheren Bodenwert erzielt, soll der Grundstücks-

eigentümer an dem für den Bodenwert erzielten Mehrerlös beteiligt bleiben. Die Regelung beruht auf dem Gedanken, daß falls bei einer Weiterveräußerung in einer relativ kurzen Zeit nach dem Ankauf ein Mehrerlös für den Bodenwert erzielt wird, vieles dafür spricht, daß der Bodenwert schon beim Ankauf des Grundstücks durch das Wohnungsunternehmen als Nutzer unrichtig – nämlich zu niedrig – bestimmt worden ist.[249] Wegen der erheblichen Risiken in bezug auf solche Abweichungen von dem bei einer Weiterveräußerung erzielbaren Bodenwert, die mit einer Wertermittlung unter Berücksichtigung der tatsächlichen Bebauung und einem pauschalen Abzug vom Bodenwert verbunden sind, ist die auf zehn Jahre befristete Nachzahlungsverpflichtung im Falle einer Weiterveräußerung durch das Wohnungsunternehmen beibehalten worden.

§ 73 Abs. 4 SachenRBerG enthält eine Klarstellung bezüglich der an den Erblastentilgungsfonds abzuführenden Erlösanteile. Nach § 5 Abs. 2 des Altschuldenhilfe-Gesetzes hat das Wohnungsunternehmen, das Altschuldenhilfen in Anspruch genommen hat, alle Erlöse, die über 150 DM/m^2 Wohnfläche hinausgehen, an den Fonds abzuführen. Die an den Grundstückseigentümer zu leistenden Zahlungen stehen jedoch nicht als ein an diesen Fonds abzuführender Mehrerlös zur Verfügung.   563

§ 73 Abs. 5 SachenRBerG sichert den Wohnungsunternehmen den für erstrangige Finanzierungen notwendigen Raum.   564

§ 73 Abs. 6 SachenRBerG stellt klar, daß die allgemeinen Nachzahlungspflichten im Falle einer Freilegung und Weiterveräußerung als unbebautes Grundstück oder einer Nutzungsänderung aus § 71 Abs. 1 Satz 1 Nr. 1 und 2 SachenRBerG unberührt bleiben, auch wenn der Kaufpreis nach § 19 Abs. 2 SachenRBerG berechnet wird. Das Wohnungsunternehmen kann sich also auch dann nicht diesen (allgemeinen) Nachzahlungsverpflichtungen entziehen, wenn es nach Absatz 1 Satz 3 eine Bestimmung des Ankaufspreises nach der Hälfte des Werts eines vergleichbaren unbebauten Grundstücks verlangt hat.   565

(5) Überlassungsverträge (§ 74 SachenRBerG)

Bei den Überlassungsverträgen ist – wenn dem Nutzer ein Gebäude überlassen worden ist – der Restwert des Gebäudes in die Preisbemessungsgrundlage einzubeziehen (§ 74 Abs. 1 SachenRBerG). Dieser ist   566

---

249 Vgl. BT-Drs. 12/5992, S. 156.

nach dem Sachwert zur Zeit der Überlassung abzüglich der danach eingetretenen Wertminderungen zu bestimmen. Insoweit ergeben sich keine Unterschiede im Vergleich zum Erbbaurechtsvertrag.

Gleiches gilt für die Zahlungen des Nutzers zur Ablösung von auf dem Grundstück lastenden Verbindlichkeiten (§ 74 Abs. 2 SachenRBerG). Insoweit ist auf die Ausführungen zum Erbbaurecht zu verweisen (siehe oben Rn. 430 bis 433).

567   Der Hinterlegungsbetrag ist auf den Kaufpreis anzurechnen, soweit er zur Auszahlung verfügbar ist (§ 74 Abs. 3 Satz 1 SachenRBerG). Das Risiko für die Fälle, in denen der Hinterlegungsbetrag nicht mehr vorhanden ist, hat wie im Falle einer Zahlung an eine andere Vermittlungsperson (wie z. B. an einen Notar) der zur Kaufpreiszahlung verpflichtete Nutzer zu tragen.[250]

Soweit eine Auszahlung nicht erfolgen kann, hat der Grundstückseigentümer etwaige Ersatzansprüche gegen den staatlichen Verwalter an den Nutzer abzutreten und dies dem Verwalter anzuzeigen (§ 74 Abs. 4 SachenRBerG).

d) Folgen des Kaufs (§§ 75 bis 78 SachenRBerG)

aa) Gefahr, Lasten (§ 75 SachenRBerG)

568   Nach dem BGB geht mit der Übertragung des Besitzes die Gefahr auf den Käufer über (§ 446 Abs. 1 S. 1 BGB). Erfolgt die Übereignung durch Eintragung des Käufers in das Grundbuch vor der Übergabe, so geht die Gefahr schon mit dem Eigentumserwerb auf den Käufer über (§ 446 Abs. 2 BGB).[251]

569   Für die Sachenrechtsbereinigung war ein anderes Kriterium für den **Übergang der Gefahr** zu finden, da sich der Käufer aufgrund einer Entscheidung staatlicher Stellen schon im Besitz der Kaufsache befindet und diese nutzt. Der wirtschaftliche Übergang des Kaufgegenstandes ist bereits lange vor Abschluß des Kaufvertrages eingetreten; der Kaufvertragsschluß erfolgt in der Sachenrechtsbereinigung zu dem Zweck, die Eigentumsverhältnisse den durch Entscheidung staatlicher Stellen der DDR entstandenen tatsächlichen Verhältnissen anzupassen.

---

250 Vgl. BT-Drs. 12/5992, S. 88.
251 Das BGB hat sich damit dem Prinzip angeschlossen, daß der Schuldner bis zur Erfüllung des Vertrages die Gefahr zu tragen habe (Mot. Bd. 2 S. 322, 205 ff. = Mugdan, Materialien, Bd. 2, S. 179, 113 f.).

§ 75 Abs. 1 Satz 1 SachenRBerG besagt, daß der Nutzer die Gefahr für   570
das von ihm errichtete Gebäude trägt. Die Regelung hat Bedeutung in
dem Fall, in dem

● selbständiges Gebäudeeigentum nicht entstanden ist und der Grundstückseigentümer das Gebäude als Bestandteil des Grundstücks auf
den Nutzer zu übereignen hat[252] und

● das Gebäude nach Abschluß des Kaufvertrages untergeht[253].

Der Nutzer hat die Gefahr für das Gebäude mithin auch dann zu tragen, wenn das Gebäude als Bestandteil des Grundstücks zu übereignen
ist. Geht das Gebäude nach Abschluß des Kaufvertrages unter, so wird
der Nutzer von der vertraglichen Verpflichtung zur Bezahlung des
Kaufpreises nicht befreit.[254]

Die Lasten des Grundstücks hat der Nutzer abweichend von § 446   571
Abs. 1 Satz 2 BGB vom Zeitpunkt des Vertragsschlusses an zu tragen
(§ 75 Abs. 1 Satz 2 SachenRBerG); gesetzliche oder vertragliche Verpflichtungen, aus denen der Nutzer schon vorher die Lasten des Grundstücks zu tragen hat, bleiben unberührt (§ 75 Abs. 2 SachenRBerG).[255]

bb) Gewährleistung (§ 76 SachenRBerG)

Eine Gewährleistung des Grundstückseigentümers wegen etwaiger   572
Sachmängel des Grundstücks ist ausgeschlossen. Der gesetzliche Ausschluß der Gewährleistung beim Ankaufsrecht beruht auf denselben
Erwägungen wie im Falle der Bestellung eines Erbbaurechts (s. dazu
oben Rn. 494 und 495).

---

252 Soweit selbständiges Gebäudeeigentum des Nutzers besteht, ist dieses nicht Kaufgegenstand. Daß der Nutzer als Eigentümer des Gebäudes die Gefahr für dessen Untergang trägt, ergibt sich insoweit schon aus allgemeinen Grundsätzen (vgl. BT-Drs.
12/5992, S. 157).

253 Die Rechtsfolgen aus einem Untergang des Gebäudes vor Abschluß des Kaufvertrages
sind in § 29 SachenRBerG geregelt. Der Untergang des Gebäudes kann dazu führen,
daß es einer Sachenrechtsbereinigung nicht mehr bedarf. Der Grundstückseigentümer
kann aus diesem Grunde berechtigt sein, den Abschluß des Kaufvertrages zu verweigern.

254 § 76 Abs. 1 Satz 1 SachenRBerG enthält insoweit – wie § 446 Abs. 1 Satz 1 und Abs. 2
BGB – eine Bestimmung für die Preisgefahr (vgl. zu § 446 BGB: Medicus, Schuldrecht
II, 6. Aufl., S. 15 m. w. N.).

255 Solche Verpflichtungen ergeben sich z. B. aus § 3 Abs. 3 des Gesetzes über die Verlei-
hung von Nutzungsrechten an volkseigenen Grundstücken vom 14. Dezember 1970
(GBl. I Nr. 24, S. 372) sowie aus den Mustertexten des Ministeriums der Finanzen der
DDR für den Abschluß von Überlassungsverträgen.

cc) Kosten (§ 77 SachenRBerG)

573 § 77 SachenRBerG ordnet abweichend von den §§ 448, 448 BGB eine Teilung der Kosten des Vertrages und seiner Durchführung an. Dies entspricht dem Teilungsprinzip. Diese Kosten sind dafür aufzubringen, daß BGB-konforme, verkehrsfähige Rechte an Grundstücken entstehen. Der Bodenwert, der geteilt werden soll, wird erst nach der Rechtsänderung verfügbar. Die Beteiligten sollen die Aufwendungen (Unkosten) – für die Begründung verkehrsfähiger, BGB-konformer Rechte an Grundstücken in gleicher Weise teilen wie die durch den Beitritt entstandenen Bodenwerte, die ihnen je zur Hälfte zufließen.[256]

dd) Rechtsfolgen des Erwerbs des Grundstückseigentums durch den Nutzer (§ 78 SachenRBerG)

574 Nach dem Ankauf durch den Nutzer vereinigen sich das Eigentum am Grundstück und das Eigentum am Gebäude zwar in einer Hand. Das selbständige Eigentum am Gebäude bleibt jedoch zunächst bestehen. Das Gesetz kann nicht das Gebäude dem Grundstück als Bestandteil zuschreiben und das Erlöschen des Gebäudeeigentums anordnen, da am Gebäude noch Rechte Dritter (insbesondere Grundpfandrechte) bestehen können.

575 Solange das selbständige Eigentum am Gebäude noch besteht, sind allerdings noch keine BGB-konformen Rechtsverhältnisse eingetreten. Der Fortbestand des selbständigen Gebäudeeigentums birgt vielmehr die Gefahr, daß Grundstücks- und Gebäudeeigentum wieder in die Hand verschiedener Personen geraten und daraus erneut die Notwendigkeit einer Sachenrechtsbereinigung entsteht. Es besteht die Gefahr, daß die Vereinigung von Grundstücks- und Gebäudeeigentum in einer Hand nicht zu dem Ziel führt, BGB-konforme Rechtsverhältnisse entstehen zu lassen. Die in § 79 Abs. 1 und Abs. 2 SachenRBerG getroffenen Anordnungen verfolgen das Ziel, nach der Zusammenführung des Eigentums am Gebäude und am Grundstück in einer Hand das selbständige Eigentum am Gebäude (sowie ein etwaiges Nutzungsrecht) möglichst schnell zum Erlöschen zu bringen, wozu es einer Aufgabeerklärung und der Löschung der Eintragungen im Grundbuch bedarf (Art. 233 § 2b Abs. 4 und § 4 Abs. 5 EGBGB).

---

256 Vgl. BT-Drs. 12/5992, S. 158.

Selbständige Verfügungen und Belastungen des Gebäudeeigentums sind 576
deshalb grundsätzlich nicht mehr zulässig, sobald sich Grundstücks-
und Gebäudeeigentum in einer Hand vereinigt haben. § 78 Abs. 1
Satz 1 SachenRBerG enthält eine Verfügungsbeschränkung, die wie ein
absolutes Verfügungsverbot wirkt.[257] Entgegenstehende Rechtsgeschäfte
sind nichtig. Die gesetzliche **Verfügungsbeschränkung** sieht in § 79
Abs. 1 Satz 2 SachenRBerG nur eine Ausnahme für die Inhaber dinglicher Rechte am Gebäude vor, deren Grundpfandrechte nicht entwertet
werden dürfen. **Zwangsversteigerungen** in das Gebäude sowie Veräußerungen zur Abwehr der Zwangsversteigerung bleiben zulässig.

Das Verfügungsverbot wird durch gesetzliche Verpflichtungen ergänzt, 577
bestehende Rechte am Gebäude aufzugeben oder von bestehenden
Rechten nicht mehr Gebrauch zu machen. Der Nutzer ist als Eigentümer von Grundstück und Gebäude verpflichtet, das Eigentum am Gebäude aufzugeben, sobald dieses unbelastet ist oder sich die dinglichen
Rechte am Gebäude mit dem Eigentum am Gebäude in seiner Person
vereinigt haben (§ 78 Abs. 1 Satz 3 SachenRBerG). In gleicher Weise
sind Grundschulden aufzugeben, sobald ihnen keine Forderung mehr
zugrunde liegt (§ 78 Abs. 1 Satz 4 SachenRBerG). Isolierte Grundschulden sollen an Gebäuden nicht mehr bestehen, eine Neuvalutierung dieser Grundschulden ist zu unterlassen. Die Erfüllung dieser Verpflichtungen wird dadurch gesichert, daß das Grundbuchamt den Eigentümer
des Grundstücks hierzu anzuhalten hat (§ 78 Abs. 1 Satz 5 SachenR-
BerG). Sobald dem Amt bekannt wird, daß die Voraussetzungen für
eine Aufhebung eines nur am Gebäude eingetragenen Rechts vorliegen,
hat es den Eigentümer im Wege des Berichtigungszwangs anzuhalten,
die Aufgabe des Rechts zu erklären und dessen Löschung im Grundbuch zu beantragen (§ 78 Abs. 1 Satz 6 SachenRBerG).

Der Eigentümer von Grundstück und Gebäude kann auch bei noch 578
valutierenden Belastungen des Gebäudes eine Zuschreibung des Gebäudes als Bestandteil des Grundstücks herbeiführen. Er kann vom Inhaber
eines dinglichen Rechts am Gebäude die Zustimmung zur Aufgabe seines Rechts verlangen, wenn er diesem eine entsprechende Belastung im
gleichen Rang und im gleichen Wert am Grundstück anbietet, dessen
Bestandteil das Gebäude wird (§ 78 Abs. 2 SachenRBerG).

---

257 Die Rechtswirkung solcher Verfügungsbeschränkungen entspricht der der Veräuße-
rungsverbote; die Verfügung ist nichtig. Die Unterscheidung ist deshalb im wesentlichen begrifflicher Natur (vgl. Palandt/Heinrichs, BGB, 53. Aufl., §§ 135, 136, Rn. 2).

579 Falls das Gebäude doch im Wege einer von einem Hypothekengläubiger betriebenen Zwangsversteigerung einem Dritten zugeschlagen oder zur Abwehr der Versteigerung an einen Dritten veräußert wird, erwirbt der Dritte gegen den bisherigen Grundstückseigentümer (in der Regel wird dies der Nutzer sein) einen gesetzlichen Anspruch auf Hinzuerwerb des Grundstücks zum Verkehrswert (§ 78 Abs. 3 Satz 1 SachenRBerG). Dem Erwerb des Eigentums am Gebäude folgt auch insoweit das Recht zum Erwerb des Eigentums am Grundstück nach. Der Ankaufspreis ist in diesem Fall nach dem Verkehrswert zu bestimmen; eine Teilung des Bodenwerts findet nicht statt, da der Dritte keine in der DDR begründete Rechtsposition erlangt hat, aus der eine Beteiligung am Bodenwert begründet wäre.

e) Leistungsstörungen (§§ 79, 80 SachenRBerG)

580 Der Zweck der Sachenrechtsbereinigung machte auch besondere Regelungen für den Fall erforderlich, daß der Kaufpreis nicht gezahlt wird. Nach den allgemeinen Bestimmungen des Bürgerlichen Gesetzbuchs würde eine Vereinigung von Gebäude- und Grundstückseigentum in einer Person im Falle einer Leistungsstörung nicht eintreten.

aa) Durchsetzung des Erfüllungsanspruchs (§ 79 SachenRBerG)

581 Verlangt der Grundstückseigentümer die Erfüllung des Kaufvertrages, so könnte er die Kaufpreisforderung titulieren lassen und daraus die Zwangsversteigerung in das Gebäude betreiben. Die Folgen wären, daß

● ein Dritter (Ersteher) das Gebäude erwerben würde und

● nach Auskehr des Versteigerungserlöses an den Grundstückseigentümer der Vertrag erfüllt und der Nutzer Eigentümer des Grundstücks werden würde.

Dieses Ergebnis entspräche nicht dem von der Sachenrechtsbereinigung verfolgten Zweck.

582 Der Grundstückseigentümer kann deshalb zur Durchsetzung seines Kaufpreisanspruchs grundsätzlich nicht allein eine Vollstreckung in das Gebäude und dessen Zwangsversteigerung betreiben. Wenn der Grundstückseigentümer aus einem von ihm erwirkten Zahlungstitel gegen den Nutzer vollstrecken will, so muß er sowohl das Gebäude als auch das verkaufte Grundstück, letzteres im Wege eines sog. Deckungsverkaufs, zur Zwangsversteigerung bringen (§ 79 Abs. 1 Satz 1 SachenRBerG).

Wegen der weitreichenden Folgen für den Nutzer, der hierdurch Gebäude und das verkaufte Grundstück verliert, muß diesem die Versteigerung zuvor angedroht und eine Nachfrist zur Zahlung gesetzt und diese fruchtlos verstrichen sein (§ 79 Abs. 1 Satz 2 SachenRBerG).

Für diese **Vollstreckung** genügt der Titel gegen den Nutzer, der als Eigentümer des Gebäudes eingetragen sein muß (§ 79 Abs. 2 Nr. 1 SachenRBerG).   583

Das Grundstück muß frei von Rechten, die Ansprüche auf Zahlung oder Befriedigung aus dem Grundstück gewähren, zugeschlagen werden (§ 79 Abs. 2 Nr. 2 SachenRBerG). Dem Grundstückseigentümer gebührt nur dann (nach Abzug der Verfahrenskosten) ein Anteil am Erlös aus der Versteigerung von Gebäude und Grundstück in Höhe des Kaufpreises, wenn er seiner Verpflichtung zur Lastenfreistellung aus § 64 Abs. 1 Satz 1 SachenRBerG nachgekommen ist.[258]   584

Mit dem **Zuschlag** erlöschen die Rechte des Nutzers aus dem Kaufvertrag sowie ein etwaiges Besitzrecht aus dem Moratorium nach Art. 233 § 2a EGBGB (§ 79 Abs. 3 SachenRBerG). An die Stelle des Anspruchs des Nutzers auf Übereignung aus dem Kaufvertrag tritt der Anspruch auf Auskehr des Erlöses aus der Versteigerung des Ensembles von Gebäude und Grundstück, der nach Abzug der Kosten und der titulierten Kaufpreisforderung verbleibt (§ 79 Abs. 4 SachenRBerG).   585

bb) Rechte aus § 326 des Bürgerlichen Gesetzbuchs

Statt Erfüllung zu verlangen, kann der Grundstückseigentümer im Falle des Zahlungsverzuges auch die **Rechte wegen Nichterfüllung** geltend machen. Nach § 326 BGB könnte der Grundstückseigentümer im Falle des Zahlungsverzugs des Nutzers entweder vom Vertrag zurücktreten oder **Schadensersatz wegen Nichterfüllung** verlangen.   586

In beiden Fällen würde das Ziel der Sachenrechtsbereinigung verfehlt. Ein Rücktritt ließe die Rechtslage entstehen, wie sie vor Abschluß des Vertrages bestanden hätte. Hierdurch wäre nichts gewonnen. Schadensersatz nach der sog. Differenzhypothese wird der Grundstückseigentümer in der Regel schon deshalb nicht mit Erfolg geltend machen können, weil er gegenüber dem Nutzer zum halben Verkehrswert verkaufen muß und ihm insoweit aus der Nichterfüllung kein Schaden entsteht.   587

---

258 Vgl. BT-Drs. 12/7425, S. 78.

Ein Deckungsverkauf an einen Dritten ist ebenfalls kein Ausweg. Das Problem des Auseinanderfallens von Grundstücks- und Gebäudeeigentum wird hierdurch nur auf den Dritten verlagert.

588 § 80 Satz 2 SachenRBerG ordnet deshalb eine Änderung der in § 326 BGB bestimmten Rechtsfolgen an. Der Grundstückseigentümer kann, wenn sich der Nutzer mit der Kaufpreiszahlung im Verzug befindet und eine zur Erfüllung gesetzte Nachfrist fruchtlos verstrichen ist, entweder den Abschluß eines Erbbaurechtsvertrages verlangen oder seinerseits das Gebäude des Nutzers ankaufen. Der Anspruch auf Ersatz der durch den Vertragsschluß entstandenen weiteren Vermögensnachteile (Vertragskosten, Verzugszinsen usw.) bleibt hiervon unberührt (§ 80 Satz 3 SachenRBerG).

7. Verfahren (§§ 85–108 SachenRBerG)

589 Nutzer und Grundstückseigentümer können eine Bereinigung der Rechtsverhältnisse am Grundstück und am Gebäude auf der Grundlage der gesetzlichen Regelungen herbeiführen. Das Gesetz zwingt sie jedoch nicht dazu; es stellt lediglich dispositive Regelungen für die Herbeiführung BGB-konformer Rechtsverhältnisse bereit.[259]

a) Feststellung der Grundstücks- und Nutzungsrechtsgrenzen (§ 85 und § 86 SachenRBerG)

590 Die Feststellung der Grenzen der Flächen,

- auf die sich das Nutzungsrecht erstreckt, oder
- die Gegenstand der Ansprüche nach dem Sachenrechtsbereinigungsgesetz sind,

erfolgt im Wege der Bodensonderung (§ 85 Abs. 1 SachenRBerG). Vereinbarungen der Beteiligten über den Verlauf der Grenzen unvermessener Nutzungsrechte und Grundstücke sind zulässig (§ 85 Abs. 2 SachenRBerG).

Die Feststellung der Grenzen unvermessener Nutzungsrechte bestimmt sich nach § 1 Nr. 1, § 3 und § 13 Abs. 1 BoSoG.

591 In einem **Bodensonderungsverfahren** kann auch die Feststellung des Umfangs der Flächen beantragt werden, auf die ein Anspruch auf Erb-

---

259 Vgl. BT-Drs. 12/5992, S. 159.

baurechtsbestellung oder Ankauf nach dem Sachenrechtsbereinigungsgesetz besteht (§ 85 SachenRBerG in Verb. mit § 1 Nr. 2, § 4 und § 6 BoSoG). Ein solches Verfahren kann der Notar nach § 97 Abs. 1 Nr. 2 SachenRBerG in Verb. mit § 6 Abs. 1 Satz 2 BoSoG im Zuge der ihm obliegenden Ermittlungen verlangen, wenn der Umfang der Flächen auf die sich die Ansprüche des Nutzers nach Maßgabe der §§ 21 bis 27 SachenRBerG erstrecken, nicht feststeht, und eine Einigung zwischen den Beteiligten nicht erzielt werden kann. Gegenstand der Feststellung der Sonderungsbehörde nach § 13 Abs. 1 BoSoG sind in diesem Fall die Grenzen der von dem Anspruch betroffenen Grundstücke, der Nutzungsrechte und der Flächen, auf die sich die Ausübungsbefugnis des Nutzers im Falle der Bestellung eines Erbbaurechts erstreckt oder deren Übereignung der Nutzer verlangen kann. Sonderungsbescheid und -plan ersetzen in diesem Fall einen Veränderungsnachweis des Vermessungsamtes. Dieser Nachweis des Vermessungsamtes ist Voraussetzung dafür, eine abzuschreibende Teilfläche nach § 28 GBO als selbständiges Grundstück bezeichnen zu können.[260]

§ 86 SachenRBerG stellt klar, daß Neuregelungen der Rechtsverhältnisse an den Grundstücken in Verwaltungsverfahren unberührt bleiben. Die wichtigsten Fälle, in denen eine Sachenrechtsbereinigung durch Verwaltungsverfahren erfolgt, sind die Verfahren zur Zusammenführung von Grundstücks- und Gebäudeeigentum nach § 64 LwAnpG und die ergänzende oder die komplexe Bodenneuordnung nach § 1 Nr. 3 und Nr. 4 BoSoG.   592

b) Notarielles Vermittlungsverfahren (§§ 87 bis 102 SachenRBerG)

aa) Notwendigkeit eines Vorverfahrens

Die Notwendigkeit eines Vorverfahrens ist Folge der Entscheidung für eine Vertragslösung, die die Durchführung der Sachenrechtsbereinigung   593

---

260 Der Vorwurf, daß der Bundesgesetzgeber den Nutzern eine Überführung in BGB-konforme Rechtsgestaltung aufzwinge, trifft insoweit nicht zu.
Für das Eigentum des Nutzers am Gebäude sind Regelungen geschaffen worden, die nicht nur dessen Fortbestand sichern, sondern auch in weitem Umfang Veräußerungen und Belastungen des Eigentums am Gebäude ermöglichen. Die Begründung eines Erbbaurechts am Grundstück oder der Erwerb des Eigentümers am Grundstück durch den Nutzer konnte allerdings nicht schon aufgrund einer mehr oder weniger förmlichen Zuweisung eines subjektiv-öffentlichen Rechts durch den sozialistischen Staat erfolgen. Hierfür ist eine dem allgemeinen Grundstücksrecht des BGB entsprechende Umgestaltung der vorgefundenen Rechte und faktischen Verhältnisse unverzichtbar.

in die Hände der Beteiligten legt und hierzu gesetzliche Ansprüche auf einen Vertragsschluß begründet.

Die gesetzlichen Bestimmungen über den Inhalt des abzuschließenden Vertrages wirken wie eine Bindung durch einen Vorvertrag.

Die Durchsetzung eines solchen Anspruchs ist in der Praxis schwierig. Der Inhaber des Anspruchs kommt direkt zum Ziel, wenn er ein notarielles Angebot formuliert und auf dessen Annahme klagt. Mit der Rechtskraft der Verurteilung zur Annahme kommt der Vertrag gemäß § 894 ZPO zustande.[261]

594 Die Umständlichkeit des Verfahrens begründet sich daraus, daß das Vertragsangebot in seinem Inhalt dem abzuschließenden Vertrag entsprechen muß. Ergibt sich in der Verhandlung vor dem Gericht, daß das Angebot in einzelnen Punkten den gesetzlichen Vorgaben nicht entspricht, muß der Kläger ein weiteres Angebot beurkunden lassen. In der folgenden Instanz oder auch im Falle einer Änderung der Rechtsauffassung des erkennenden Gerichts wegen eines Wechsels in seiner Besetzung kann sich das wiederholen.

Aus diesem Grunde läßt die Rechtsprechung auch die Klage auf Abgabe eines Angebotes durch den Beklagten entsprechend einem im Klageantrag zu formulierenden Vertragsangebot zu.[262] Damit ist der Kläger zwar der Schwierigkeit enthoben, vorsorglich eine Mehrzahl von Angeboten notariell beurkunden zu lassen. Eine solche Klage führt jedoch nicht unmittelbar zum Vertragsschluß. Die Probleme, im Klageantrag das von der Gegenseite abzugebende Angebot richtig ausformulieren zu müssen, bleiben bestehen.

595 In der Sachenrechtsbereinigung wird ein Beteiligter ohne fachkundige Mithilfe und Erörterung der Angelegenheit mit dem anderen Beteiligten in einem förmlichen Verfahren i. d. R. außerstande sein, ein den gesetzlichen Bestimmungen entsprechendes Vertragsangebot aufzusetzen.

- Der Verkehrswert des Grundstücks, der Erbbauzins oder Kaufpreis bestimmt, muß erst festgestellt werden.

---

261 Vgl. BGH – Urt. v. 21. Februar 1986 – V ZR 246/84 – NJW 1986, 1867, 1868).
   Der Kläger hat diesen Weg zu beschreiten, wenn der abzuschließende Vertrag bereits im Vorvertrag ausformuliert worden ist. Wenn der Kläger ohne Risiko auf Annahme eines Vertragsangebots klagen kann, muß er diesen Weg gehen (vgl. BGH-Urt. v. 7. Okt. 1983 – V ZR 261/81 – NJW 1984, 479, 480).
262 Vgl. BGHZ 98, 130 = NJW 1986, 2822, 2823.

- Im ländlichen Raum sind die Nutzungsrechte nicht auf bestimmte Grundstücke, sondern auf bestimmte Flächen zugewiesen worden. In solchen Fällen läßt sich meist nur ungefähr sagen, welche Grundstücke von den Ansprüchen aus der Sachenrechtsbereinigung betroffen sein können. Die zu belastenden oder abzuschreibenden Flächen werden erst im Verfahren mit dem Mittel der Bodensonderung oder Vermessung vor Ort festgestellt werden können.

- Die Dauer des Erbbaurechts und die zulässige Nutzung des zu belastenden Grundstücks werden zwar im Gesetz festgelegt; vertragliche Vereinbarungen hierzu können zu einer schnelleren und den Verhältnissen des Einzelfalles eher gerecht werdenden Lösung führen.

- Dasselbe gilt für einen Grundstückskaufvertrag hinsichtlich etwaiger Nachzahlungspflichten in den Fällen einer Nutzungsänderung oder Veräußerung.

In einem Verfahren unter Mitwirkung der Beteiligten kann schnell geklärt werden, welche Punkte des Vertrages unstreitig sind, und wo es weiterer Ermittlungen bedarf, um zu einem den gesetzlichen Vorgaben entsprechenden Vertragstext zu kommen.

Ein weiterer Zweck des Vorverfahrens besteht darin, zwischen den Beteiligten mit dem Ziel zu vermitteln, daß es zu einem Vertragsschluß kommt und eine gerichtliche Entscheidung über die gegenseitigen Rechte und Pflichten vermieden wird.

bb) Art des Vorverfahrens, Zuständigkeiten

Das Verfahren ist als ein **Vermittlungsverfahren** ausgestaltet, dessen Durchführung nach den Grundsätzen des Gesetzes über die Angelegenheiten der freiwilligen Gerichtsbarkeit erfolgt (§ 89 Abs. 1 SachenR-BerG). | 596

Für die **Durchführung der Verfahren** sind anstelle der Gerichte die Notare zuständig (§ 88 Abs. 1 SachenRBerG). Vorbild für das Vermittlungsverfahren waren die Regelungen zur gerichtlichen Vermittlung einer Nachlaßauseinandersetzung in §§ 86 bis 98 FGG. Die Durchführung dieser Verfahren kann nach § 194 FGG durch Landesgesetz auf die Notare übertragen werden. Von dieser Möglichkeit haben die Länder Bayern, Hessen und Niedersachsen Gebrauch gemacht.[263] | 597

---

263 Vgl. hierzu BT-Drs. 12/5992, S. 164 m. w. N.

Zuständig für die Durchführung der Verfahren ist jeder Notar in dem Land, in dem das Grundstück ganz oder zum größten Teil belegen ist (§ 88 Abs. 1 Satz 1 SachenRBerG). Die Zuständigkeit der Notare wurde insoweit über ihren Amtsbezirk ausgedehnt, um Engpässen wegen der Vielzahl der Verfahren in den folgenden Jahren entgegenzuwirken. Zudem können die Beteiligten gemeinsam auch einen – an sich unzuständigen – Notar mit der Durchführung des Verfahrens beauftragen, der mit einer solchen Vereinbarung zuständig wird (§ 88 Abs. 1 Satz 2 SachenRBerG).

Zuständigkeitsrügen müsen vor dem vom Notar angesetzten Verhandlungstermin erhoben werden, sie sind in der Form geltend zu machen, daß bei dem nach § 88 Abs. 2 SachenRBerG zuständigen Landgericht ein Antrag auf Bestimmung des zuständigen Notars zu stellen ist (§ 92 Abs. 1 Satz 3 SachenRBerG).

598 Im politischen Raum waren zudem Forderungen erhoben worden, auch Rechtsanwälte entweder anstelle des Notars als Vermittler oder in einem anwaltlichen Vorverfahren mit der Durchführung dieser Aufgabe zu betrauen.

• Die Übertragung der Aufgaben eines Vermittlers auch auf Anwälte, die der Bundesrat in seiner Stellungnahme zum Regierungsentwurf beantragt hatte, ist von der Bundesregierung deshalb abgelehnt worden, weil diese Tätigkeit nur Personen übertragen werden könne, die ein öffentliches Amt ausüben.

• Bei einem anwaltlichen Vorverfahren, an dessen Ende im Falle des Erfolgs ein Anwaltsvergleich gestanden hätte, hinge alles von der Mitwirkung beider Beteiligten ab. Macht ein Beteiligter nicht mit, sind die Bemühungen um eine gütliche Einigung gescheitert. Man ist auf den Stand wie vor Beginn der Verhandlungen zurückgeworfen. Der Anwalt eines Beteiligten kann auch nicht – wie der zwischen den Beteiligten stehende Notar – einen den Vorgaben des Gesetzes entsprechenden Vermittlungsvorschlag entwerfen, der zu einer Konzentration des Streitstoffes in einem anschließenden gerichtlichen Verfahren führt. Die in den Vorverhandlungen zu leistende Arbeit wird bei einem Scheitern der Verhandlungen in vollem Umfang auf das nachfolgende gerichtliche Verfahren verlagert. Der Zweck des Vorverfahrens wird nicht erreicht.

cc) Durchführung des Verfahrens

Der Notar wird auf Antrag eines Beteiligten tätig (§ 87 Abs. 1 SachenR-   599
BerG). Antragsberechtigt sind der Nutzer und der Grundstückseigentümer (§ 87 Abs. 2 SachenRBerG).

Der Notar prüft den Antrag auf seine Zulässigkeit (§ 90 Abs. 1 und 5
SachenRBerG). Ergeben sich Mängel, so hat der Notar den Antragsteller darauf hinzuweisen und unter Fristsetzung zur Ergänzung aufzufordern. Wird der Mangel nicht behoben, ist der Antrag als unzulässig
zurückzuweisen (§ 90 Abs. 5 SachenRBerG).

Ist der Antrag ordnungsgemäß, so hat der Notar Grundbuchakten einzusehen oder Abschriften anzufordern. Er hat ferner beim Amt zur
Regelung offener Vermögensfragen, in dessen Bezirk das Grundstück
belegen ist, nachzufragen, ob ein Anspruch auf Rückübertragung des
Grundstücks oder des Gebäudes nach dem VermG angemeldet worden
oder ein Antrag auf Aufhebung des Nutzungsrechts gestellt worden ist
(§ 91 SachenRBerG).

Ist Letzteres der Fall, so ist das Vermittlungsverfahren bis zur Entscheidung des Amtes zur Regelung offener Vermögensfragen auszusetzen
(§ 94 Abs. 1 SachenRBerG). Die Sachenrechtsbereinigung kann erst
erfolgen, nachdem festgestellt worden ist, wer verfügungsberechtigter
Eigentümer des Grundstücks oder des Gebäudes ist.

Beim Grundbuchamt ist die **Eintragung eines Vermerks über** die **Eröff-**   600
nung des Verfahrens einzutragen (§ 92 Abs. 5 SachenRBerG). Der
Zweck des Vermerks besteht darin, einen gutgläubigen Erwerb Dritter
auszuschließen. Nach dem Registerverfahrenbeschleunigungsgesetz soll
mit Wirkung vom 1. Januar 1997 die Publizität des Grundbuchs auch
in den neuen Bundesländern wieder hergestellt sein. Ein gutgläubig
lastenfreier Erwerb soll dann gegenüber nicht eingetragenem Gebäudeeigentum und nicht eingetragenen sonstigen Rechten möglich sein. Dies
muß auch für die Ansprüche aus der Sachenrechtsbereinigung gelten.
§ 111 SachenRBerG bestimmt dementsprechend, daß mit Wirkung
vom 1. Januar 1997 an die Ansprüche aus der Sachenrechtsbereinigung
gegenüber denjenigen, die gutgläubig Rechte am Grundstück erworben
haben, nicht mehr geltend gemacht werden können.

Die Beteiligten sind zu einem Termin zu laden. Mit ihnen ist der Sach-   601
verhalt zu erörtern (§§ 92 Abs. 1, 93 Abs. 1 SachenRBerG). Auf Antrag
eines Beteiligten kann der Notar Ermittlungen durch Beweiserhebung

zum Verkehrswert oder durch Beauftragung zur Vermessung durchführen (§ 97 SachenRBerG).

dd) Abschluß des Verfahrens

602   Am Schluß der notariellen Vermittlung steht der Vermittlungsvorschlag des Notars (§ 98 SachenRBerG), der einen dem Ergebnis der Verhandlungen und den gesetzlichen Vorgaben entsprechenden Vertragsentwurf enthalten muß. Diesem Vermittlungsvorschlag kommt eine zentrale Bedeutung auch für das nachfolgende gerichtliche Verfahren zu, als sich der Streitstoff auf den Vermittlungsvorschlag konzentrieren soll.

Einigen sich die Beteiligten auf den Vorschlag des Notars, so ist dies zu beurkunden und damit die Vermittlung erfolgreich zu Ende geführt. Die Beteiligten sind auch gehalten, sich auf der Basis des Vorschlags zu einigen, da der Notar überall dort, wo sich die Beteiligten nicht vertraglich anders geeinigt haben, den Vertragsentwurf nach den Vorgaben im Gesetz zu ergänzen hat. Wenn der Notar keinen Rechtsfehler begangen hat, wird daher in einem gerichtlichen Verfahren auch nichts anderes herauskommen können.

Wenn das Vermittlungsverfahren scheitert, hat der Notar seinem Vermittlungsvorschlag ein Abschlußprotokoll beizufügen, in dem die streitig gebliebenen Punkte aufzuführen sind (§ 99 SachenRBerG). Der Zweck dieses Protokolls besteht darin, den Beteiligten und dem Gericht in einem anschließenden Verfahren eine schnelle Übersicht über den Streitstand zu verschaffen.

c) Gerichtliches Verfahren (§§ 103 bis 108 SachenRBerG)

603   Die Bestimmungen über das gerichtliche Verfahren sehen mit der Klage auf Feststellung des Inhalts des Erbbaurechts oder des Ankaufsrechts (§ 104 SachenRBerG) eine neue Verfahrensart vor. Deren Zweck besteht darin, eine im Vergleich zu einer Klage auf Annahme eines Vertragsangebots erleichterte Rechtsverfolgung zu ermöglichen.

Der Kläger hat in diesem Verfahren den Vermittlungsvorschlag und das Abschlußprotokoll vorzulegen und in der Klageschrift darzulegen, ob und wo er eine vom Vorschlag des Notars abweichende Entscheidung begehrt (§ 105 SachenRBerG).

604   Zum Zwecke einer sachgerechten und zügigen Streiterledigung wird die Bindung des Gerichts an die Klageanträge gelockert (§ 106 Abs. 1 Satz 1

SachenRBerG). Das Gericht kann andererseits die Klage nicht deshalb abweisen, weil es in einigen Punkten abweichend vom Klageantrag zu entscheiden gedenkt. Die Grenzen der richterlichen Entscheidungsbefugnis ergeben sich insoweit (vgl. § 106 Abs. 1 Satz 3 SachenRBerG) aus

- dem beantragten Grundstücksgeschäft,

- einer Verständigung über einzelne Punkte,

- dem notariellen Vermittlungsvorschlag, soweit dieser von keiner Seite angegriffen worden ist, und

- den Vorgaben des Gesetzes.

Die rechtskräftige Entscheidung ist für die Parteien in gleicher Weise verbindlich wie ein Vertragsschluß (§ 106 Abs. 2 Satz 2 SachenRBerG).

Um schwierige Vollstreckungsverfahren zu vermeiden, kann das Gericht zugleich auf Antrag einer Partei den Notar und eine andere geeignete Person beauftragen, die zur Erfüllung erforderlichen Rechtshandlungen vorzunehmen, sobald die hierfür erforderlichen Voraussetzungen vorliegen. Die vom Gericht beauftragten Personen sind dann berechtigt, im Namen der Parteien ein Erbbaurecht zu bestellen oder – wenn der Kaufpreis bezahlt ist – die Auflassung zu erklären und die Umschreibung des Eigentums im Grundbuch zu beantragen (§ 106 Abs. 3 SachenRBerG).

B. Die Regelung der hängenden Kaufverträge

606 Nach der ursprünglichen Konzeption sollte die Sachenrechtsbereinigung eine gesetzliche Regelung für die baulichen Investitionen auf fremden Grundstücken im Beitrittsgebiet herbeiführen.[264] Nach dem **Eckwertepapier** der Bundesregierung vom Oktober 1992 wurden als Gegenstände der Sachenrechtsbereinigung benannt:

● die für den Bau von Gebäuden verliehenen oder zugewiesenen Nutzungsrechte sowie

● andere mit Billigung staatlicher Stellen vorgenommene bauliche Investitionen.

607 Das SachenRBerG wäre danach ein von der Form der rechtlichen Regelung der baulichen Nutzung unabhängiges Gesetz zum Schutz baulicher
Investitionen geworden. Der Anwendungsbereich des § 1 Abs. 1 des
Diskussions-Entwurfs des Bundesministeriums der Justiz vom Januar
1993[265] war in gleicher Weise bestimmt worden.

Das Eckwertepapier und der Diskussionsentwurf folgten damit zunächst den
Regelungen in § 287 Abs. 1 und § 291 ZGB, das ebenfalls nur die zur Bebauung
bestellten Nutzungsrechte erwähnte. Die Nutzungsrechte aus dem Verkauf volkseigener Gebäude blieben im ZGB unerwähnt.

Im Regierungsentwurf ist das **selbständige Gebäudeeigentum** als weitere, eigenständige Fallgruppe der Sachenrechtsbereinigung bestimmt
worden (§ 1 Abs. 1 Nr. 1 Buchstabe b SachenRBerG). Hierbei ist es
gleichgültig, ob das Gebäudeeigentum

● nach Bebauung aufgrund eines verliehenen oder zugewiesenen Nutzungsrechts

● nach Kauf eines volkseigenen Gebäudes, Verleihung eines Nutzungsrechts und Eintragung in das Grundbuch oder

● aufgrund Gesetzes

entstanden ist.

608 Die Neubestimmung des Anwendungsbereiches der Sachenrechtsbereinigung
entsprach einer Neubestimmung der Grundprinzipien der Sachenrechtsbereinigung, die sich für die Abgrenzung zur Schuldrechtsanpassung als notwendig
erwies, mit deren Ausarbeitung im Frühjahr 1993 begonnen worden wurde.

---

264 abgedruckt in DtZ 1993, 49 f.
265 abgedruckt in OV spezial 5/93.

Ein handhabbares und sachgerechtes Abgrenzungskriterium zwischen der Anpassung sachen- und schuldrechtlicher Nutzungsverhältnisse konnte nur dann gefunden werden, wenn man die vorgefundenen rechtlichen Regelungen auch zum Ausgangspunkt der Zuordnung zu den genannten gesetzlichen Regelungen bestimmte. Dies führte zu der bereits bei der Erläuterung der Grundprinzipien dargestellten Anknüpfung an das vorgefundene Recht der DDR und dessen Nachzeichnung (siehe oben Rn. 40–157).

Wo selbständiges, vom Eigentum am Grundstück getrenntes Eigentum   **609** am Gebäude entstanden war, lag eine im SachenRBerG zu regelnde Kollision zweier dinglicher Rechte an einem Grundstück vor. Auf den Grund, aus dem das Eigentum am Gebäude entstanden war (Bebauung oder Kauf) kam es nicht an. Die Erweiterung der Gegenstände der Sachenrechtsbereinigung bis zum Regierungsentwurf erfaßte damit auch die vollzogenen Gebäudekaufverträge, bei denen selbständiges, vom Eigentum am Grundstück getrenntes Eigentum am Gebäude entstanden war.

Im Gesetzesbeschluß des Bundestages ist die Kollision von Grundstücks- und Gebäudeeigentum infolge der Begründung selbständigen Eigentums am Gebäude durch Kauf eines vormals volkseigenen Eigenheimes klargestellt worden. Es wurde der Kauf als eine besondere Fallgruppe (§ 4 Nr. 1 und § 5 Abs. 1 Nr. 1 SachenRBerG) des Erwerbs und Baus von Eigenheimen ausdrücklich im Gesetz aufgenommen, um keinen Zweifel daran entstehen zu lassen, daß auch die Regelung der Rechtsverhältnisse aus einem so entstandenen Gebäudeeigentum ein Gegenstand der Sachenrechtsbereinigung ist.

Das Tor zur Problematik der hängenden Kaufverträge wurde mit der   **610** Nummer 1 der Stellungnahme des Bundesrates zum Regierungsentwurf[266] aufgestoßen. Es sollten neben den rechtlich nicht abgesicherten baulichen Investitionen auch die nicht erfüllten Kaufverträge über Gebäude in die Sachenrechtsbereinigung einbezogen werden. Damit war jedoch eine nur noch schwer aufzulösende Verbindung von

● Vertragsrecht und Sachenrechtsbereinigung sowie

● Vermögensgesetz und Sachenrechtsbereinigung

hergestellt.

Es ist allerdings zu vermuten, daß diese Zusammenhänge zum Zeitpunkt der Beschlußfassung des Bundesrates nicht bekannt gewesen sind. In der Begründung zur Stellungnahme des Bundesrates wird nur auf das Gesetz der DDR über den Verkauf volkseigener Eigenheime, Miteigentumsanteile und Gebäude für Erholungszwecke vom 19. Dezember 1973 (GBl. I Nr. 58, S. 578) verwiesen. Die

---

266 BT-Drs. 12/5992, S. 188.

in dieser Hinsicht viel problematischeren Kaufverträge nach dem Gesetz über den Verkauf volkseigener Gebäude vom 7. März 1990 (GBl. I Nr. 18, S. 157) werden nicht erwähnt.

I. Kaufverträge über Gebäude und Grundstücke in der DDR

1. Gebäudekaufverträge bis zum März 1990

611   Die bis zum März 1990 abgeschlossenen Kaufverträge zwischen den Bürgern und dem Staat betrafen nur Gebäude. Eine Veräußerung volkseigenen Bodens an Bürger war unzulässig. Das sozialistische Eigentum war nach § 20 Abs. 1 Satz 1 ZGB unantastbar. Verfügungen, die eine Reprivatisierung volkseigenen Grund und Bodens bewirkt hätten, waren verboten.[267] Gegenstand der in der DDR mit staatlichen Stellen abgeschlossenen Kaufverträge waren daher in der Regel bis zum März 1990 Gebäude, nicht Grundstücke.

612   Veräußerungen in Privateigentum stehender Grundstücke – eventuell einschließlich der aufstehenden Gebäude als Bestandteile – blieben rechtlich zulässig. Solche Geschäfte zwischen Bürgern waren auch in der DDR üblich, wenn dem Geschäft mit Immobilien in der DDR nicht eine annähernd gleiche Bedeutung zukam wie in den alten Ländern. Für die Sachenrechtsbereinigung, die den Bau oder Kauf von Gebäuden auf fremden Grundstücken betrifft, haben diese Grundstücksgeschäfte keine Bedeutung. Sie bleiben daher in der nachfolgenden Darstellung unberücksichtigt.

613   Diese Kaufverträge betrafen zum größten Teil ältere und nur in einem geringen Teil neu errichtete Gebäude. Ein Bau und Verkauf sog. schlüsselfertiger Häuser durch Wohnungsunternehmen (Bauträger), wie er in den alten Ländern üblich ist, gab es in der DDR nicht. Der Bürger hatte das Eigenheim im Prinzip durch eigene Leistung herzustellen (vgl. § 8 Abs. 3 der Verordnung über die Förderung des Baus von Eigenheimen vom 24. November 1971 – GBl. II Nr. 80, S. 709); er war der das Baurisiko tragende Bauherr und nicht Käufer eines von einem Unternehmen fertiggestellten Objektes.[268]

---

267 Vgl. K. Heuer, Bodenrecht der DDR 1949–1990, Rn. 3.
268 Die Sonderfälle der Errichtung von Häusern für Bürger, denen West-Devisen zur Verfügung gestellt wurden, können hier außer Betracht bleiben. Gegen entsprechende Devisen war der Staat bereit, einem Bürger auch ein schlüsselfertiges Gebäude zu erstellen.

Gegenstand der Kaufverträge waren daher fertiggestellte und nicht erst zu errichtende Objekte. Dabei handelt es sich im wesentlichen um **folgende Objekte:**

● vor dem Krieg von Wohnungsbaugenossenschaften errichtete Eigenheime, insbesondere Siedlungshäuser,[269]

● Eigenheime, die durch volkseigene Betriebe, landwirtschaftliche Produktionsgenossenschaften und andere Genossenschaften für Betriebsangehörige, die zum Zeitpunkt des Baubeginns noch nicht bekannt sein mußten (§ 2 Abs. 1 Eigenheimverordnung), errichtet worden waren,[270] und

● enteignete und in Volkseigentum überführte Ein- und Zweifamilienhäuser.[271]

---

269 Die Genossenschaften waren verstaatlicht oder in sozialistische Genossenschaften umgewandelt und die Grundstücke meist in Volkseigentum überführt worden. Seit 1954 wurden diese Gebäude an die Siedler, die vor dem Kriege Kaufverträge abgeschlossen hatten, die jedoch nicht mehr erfüllt worden sind, veräußert. Den Siedlern wurde in der Regel ein Nutzungsrecht auf dem volkseigenen Grundstück verliehen (§ 1 und § 8 des Gesetzes über den Verkauf volkseigener Siedlungshäuser und Eigenheime vom 15. Sept. 1954 – GBl. Nr. 81, S. 784).

270 Die Übergabe des Gebäudes an den Bürger vollzog sich in diesen Fällen allerdings nicht in Form eines notariellen Kaufvertrages über das Gebäude, sondern durch Eintritt des Bürgers in die Bauleistungs- und Finanzierungsverträge (§ 4 der Durchführungsbestimmung zur Eigenheimverordnung vom 18. August 1987 – GBl. I Nr. 21 S. 215). Der Bürger wurde – auch wenn das Gebäude inzwischen fertiggestellt war – wie ein Bauherr und nicht wie ein Käufer behandelt. Insoweit gehört diese Fallgruppe nicht zu den hier zu behandelnden Kaufverträgen.

In einzelnen Fällen haben die landwirtschaftlichen Produktionsgenossenschaften allerdings auch von ihnen für Betriebsangehörige errichtete Häuser Jahre nach der Fertigstellung und dem Erstbezug an einen Bürger verkauft, wobei der Vertrag notariell beurkundet werden mußte. Rechtsgrundlage hierfür war § 5 erster Spiegelstrich der Bereitstellungsverordnung.

271 Die meisten der nach den drei Verkaufsgesetzen der DDR vom 15. September 1954 (GBl. Nr. 81, S. 784), vom 19. Dezember 1973 (GBl. I Nr. 58 S. 578) und vom 7. März 1990 (GBl. I Nr. 18 S. 157) verkauften Gebäude waren keine vom Staat errichteten Neubauten, sondern durch Enteignung in Volkseigentum überführte Gebäude. Damit ist bei sehr vielen dieser Kaufverträge ein Bezug zu den Regelungen des VermG über die Rückgabe enteigneter Vermögenswerte gegeben. Die vom Bundesrat geforderte Regelung wurde damit nicht einfacher und stand somit sofort im Streit über den Grundsatz „Rückgabe vor Entschädigung" im VermG.

2. Kaufverträge nach dem Gesetz über den Verkauf volkseigener Gebäude vom 7. März 1990 (GBl. I Nr. 18, S. 157)

614   Das Verkaufsgesetz vom März 1990 (sog. **Modrow-Gesetz**) brachte gegenüber den vorhergehenden Verkaufsgesetzen im wesentlichen **zwei Änderungen:**

- Gem. § 1 jenes Gesetzes war künftig auch eine Veräußerung volkseigener Wirtschaftsgebäude an private Handwerker und Gewerbetreibende zulässig, wenn diese Bürger der DDR oder Ausländer mit ständigem Wohnsitz in der DDR waren. Damit entfiel eine auf der bisherigen Ideologie beruhende Barriere bei den Verkäufen von Wirtschaftsgebäuden.

- Nach § 4 Abs. 2 Sätze 2 und 3 jenes Gesetzes war nunmehr auch der Erwerb volkseigener Grundstücke zulässig,
  - o zum Kauf eines Ein- oder Zweifamilienhauses,
  - o als Baugrundstück zur Errichtung eines Eigenheimes oder
  - o nach Kauf oder Errichtung eines Eigenheimes, für das ein Nutzungsrecht verliehen worden war (sog. Komplettierung).

615   Ob der Verkauf volkseigenen Grundvermögens mit der noch fortgeltenden Verfassung der DDR vom 6. April 1968 (GBl. I Nr. 6 S. 378) vereinbar war, mag dahinstehen.[272] Die Reprivatisierung der Grundstücke widersprach zweifellos einer Doktrin, die im Volkseigentum die höchste Form des sozialistischen Eigentums sah, weil das Volkseigentum als Staatseigentum erscheine und der Staat die politische Organisationsform und das Herrschaftsinstrument des werktätigen Volkes sei.[273] Die auf dieser Ideologie beruhende Wirtschaftsordnung war im März 1990 freilich offenkundig gescheitert. Insoweit ist dem DDR-Gesetzgeber kein Vorwurf daraus zu machen, daß er eine – zunächst auf die für Eigenheime verwendeten Grundstücke beschränkte – Reprivatisierung durch den Verkauf volkseigenen Grundvermögens zugelassen hat.

a) Äquivalenzstörung und Chancengleichheit der Kaufbewerber

616   Das Problem der Verkäufe liegt jedoch einmal darin, daß die Veräußerungen nicht nach marktwirtschaftlichen Prinzipien, sondern auf der

---

272 Vgl. Horn, Das Zivil- und Wirtschaftsrecht im Beitrittsgebiet, S. 201.
273 Vgl. Arlt, Rohde, Bodenrecht, 1967, S. 182.

Grundlage eines noch fortbestehenden sozialistischen Preis- und Zuteilungssystems vorgenommen wurden. Dessen Ende war im Frühjahr 1990 ebenfalls absehbar und wurde mit dem Beginn der Verhandlungen über die Währungs- und Sozialunion gewiß.

Die **Grundstückspreise** wurden nach § 6 Abs. 2 der Durchführungsbestimmung zum Gesetz über den Verkauf volkseigener Gebäude vom 15. März 1990 (GBl. I Nr. 18 S. 158) nach den in den **Kaufpreislisten** bzw. von den örtlichen Räten beschlossenen Baulandpreisen bestimmt. Dies waren jedoch die durch Preisstopp auf Vorkriegsniveau eingefrorenen Preise, die in einigen Bezirken nur leicht nach oben korrigiert wurden. Der Verkauf zu den Festpreisen führte zu Kaufpreisen, die kurze Zeit nach dem Übergang zur Marktwirtschaft lächerlich gering sein mußten.[274]   617

Die Kriterien (Voraussetzungen und Reihenfolge), nach denen die Gelegenheiten zu einem solchen Erwerb verteilt wurden, waren nicht bestimmt. Das Zuteilungssystem der DDR war nicht rechtsstaatlich ausgestaltet, sondern folgte dem Grundprinzip einer von den Organen in Staat und Partei selbst definierten Opportunität. Dies wirkte sich deshalb jetzt besonders schlimm aus, weil die staatlichen Notariate und Liegenschaftsdienste personell und organisatorisch nicht in der Lage waren, die Flut von Kaufanträgen[275], die das Verkaufsgesetz auslöste, in der bis zur Wirtschafts- und Währungsunion verbleibenden Zeit zu bearbeiten.   618

Eine **Reprivatisierung volkseigenen (= staatlichen) Grundvermögens** bei   619

● fortbestehender Preisbindung auf außerordentlich niedrigem Niveau und

● einem allein auf Opportunität beruhendem Auswahlsystem

hat – jedenfalls bei einer Betrachtung ex post – zu einer Verschleuderung staatlichen Vermögens zugunsten einer Gruppe von Begünstigten geführt, die einen solchen Vertrag noch abschließen konnten.

---

274 Vgl. Klumpe/Nastold, Rechtshandbuch Ost-Immobilien, 2. Auflage, Rn. 51, wo auf das sich inzwischen immer mehr in den Vordergrund drängende Problem der Äquivalenzstörung nachdrücklich hingewiesen wird.

275 In den ersten sechs Wochen nach dem Inkrafttreten des Gesetzes gingen rd. 300 000 Kaufanträge ein.

b) Restitutionsproblematik

620   Die Verkäufe volkseigener Grundstücke und Gebäude laufen dem Ziel
      einer Rückgabe rechtsstaatswidrig enteigneten Vermögens an den Altei-
      gentümer zuwider. Dies ist in den Verhandlungen zwischen den Regie-
      rungen der DDR und der Bundesrepublik erkannt worden.[276] Ergebnis
      dessen war die Regelung in Nr. 13d Satz 2 der Gemeinsamen Erklärung
      zur Regelung offener Vermögensfragen vom 15. Juni 1990, die eine
      rückwirkende Überprüfung der Erwerbsvorgänge bis zum 18. Oktober
      1989 vorsah, und zur Stichtagsregelung in § 4 Abs. 2 Satz 2 VermG in
      der bis zum Inkrafttreten des Zweiten Vermögensrechtsänderungsgeset-
      zes am 22. Juli 1992 geltenden Fassung führte.

621   Der Umstand, daß ein Grundstück oder Gebäude in rechtstaatswidriger
      Weise enteignet und deshalb nach den Vorschriften des VermG an den
      Grundstückseigentümer zurückgegeben werden mußte (= sog. Restitu-
      tionsbelastung), war beim Abschluß des Kaufes jedoch in der Regel für
      den Käufer nicht erkennbar. Dies hat zu einer fortwährenden Diskus-
      sion und wiederholten Forderungen nach einer Korrektur oder Strei-
      chung der Stichtagsregelung geführt.

II. Ländererlasse zu den angebahnten Kaufverträgen

622   Die neuen Bundesländer haben in ähnlich lautenden Erlassen ihrer
      Innenminister im Jahr 1992[277] die Kommunen ermächtigt, Grund-
      stücke noch zu den Preisen zu verkaufen, wie sie bis zum 30. Juni 1990
      aufgrund des § 6 der Durchführungsbestimmung zum Verkaufsgesetz
      vom 7. März 1990 gegolten haben, wenn der Käufer bis zum 30. Juni
      1990 einen privatschriftlichen Vorvertrag mit dem Rat der Gemeinde
      abgeschlossen hatte. Nach einigen Erlassen reicht sogar die Entgegen-
      nahme eines Antrages durch den Rat der Gemeinde aus.

      Mit den Erlassen sollte eine Gleichbehandlung zwischen denjenigen, die
      im 1. Halbjahr 1990 noch Gelegenheit zum Abschluß eines solchen Ver-
      trages hatten, mit denen erreicht werden, die nur einen Vorvertrag abge-

---

276 Vgl. die Erläuterungen des Bundesministers der Justiz zu der „alten" Stichtagsregelung
     in § 4 Abs. 2 VermG, abgedruckt in VIZ 1992, S. 102.
277 Brandenburg, Runderlaß III Nr. 96/1992 vom 28. Dez. 1992; Mecklenburg-Vorpom-
     mern, Bekanntmachung des Innenministers vom 4. Juni 1992, Amtsblatt 1992, S. 602;
     Sachsen-Anhalt, Runderlaß des Innenministers vom 7. Okt. 1992, Ministerialblatt
     1993, S. 799; Sachsen, Erlaß des Sächsischen Staatsministers des Innern vom
     6. Februar 1992, Amtsblatt 1992, 138.

schlossen oder nur den Kaufvertrag beantragt hatten. Die Kommunen wurden mit den Erlassen ermächtigt, aber nicht angewiesen, zu diesen Preisen zu verkaufen. Das Problem der massiven Äquivalenzstörung und der damit verbundenen Verschleuderung öffentlichen Vermögens wurde mit den Erlassen jedoch eher verschärft, denn gemindert.[278]

Diese **Verkaufspraxis** dürfte – soweit die Kommunen noch Kaufverträge zu diesen Bedingungen abgeschlossen haben – mit der Entscheidung des Bundesgerichtshofes vom 11. November 1993[279] ihr Ende gefunden haben. Der Bundesgerichtshof hat darin ausgeführt, daß die Kommunen seit dem Inkrafttreten der Kommunalverfassung vom 17. Mai 1990 (GBl. I S. 255) nach deren § 49 Abs. 1 Grundstücke in der Regel nur noch zu ihrem Verkehrswert veräußern dürften. § 6 der Durchführungsbestimmung zum Verkaufsgesetz sei damit gegenstandslos geworden. Ein Anspruch auf Abschluß eines Kaufvertrages zu diesen Konditionen, die einer Verschleuderung öffentlichen Vermögens gleichkomme, bestehe nicht mehr. Wegen der Bedeutung des gesetzlichen Anliegens für die Allgemeinheit habe es einer die Kaufanwärter schonenden Übergangsregelung nicht bedurft. 623

III. Die „hängenden" Kaufverträge im SachenRBerG

1. Nicht restitutionsbelastete Grundstücke

Der oben genannte Antrag des Bundesrates[280], den Anwendungsbereich des Gesetzes auf die hängenden Kaufverträge zu erweitern, stellte die Bundesregierung vor die Frage, ob sie einer solchen Erweiterung zustimmen oder ihr entgegentreten sollte. 624

a) Ausgangslage

Bei den hängenden Kaufverträgen über Gebäude war von folgender Ausgangslage auszugehen. Der Verkäufer hat sich zur Übereignung des 625

---

278 In dem Erlaß des Landes Brandenburg wird darauf hingewiesen, daß solche Veräußerungen öffentlichen Vermögens weit unter Marktpreis regelmäßig den Verdacht einer strafbaren Untreue (§ 266 StGB) zu Lasten der Gemeinde begründeten und die Kommunalaufsicht in solchen Fällen grundsätzlich einschreiten müsse. In den Fällen, in denen ein Kauf auf der Grundlage des Verkaufsgesetzes vom 7. März 1990 beruhe, solle von der Möglichkeit kommunalaufsichtsrechtlichen Einschreitens jedoch kein Gebrauch gemacht werden.
279 V ZR 284/92 – abgedruckt in OV spezial 23/93, S. 8.
280 BT-Drs. 12/5992, S. 188.

Gebäudes vertraglich verpflichtet; der Erfüllung des Vertrages steht jedoch ein auf Rechtsänderung beruhendes **Erfüllungshindernis** entgegen. Die für die Erfüllung des Vertrages in der Regel notwendige Verleihung eines Nutzungsrechts kann nicht mehr erfolgen; darüber hinaus ist die Begründung selbständigen Eigentums durch Rechtsgeschäft nicht mehr zulässig.

626   Mit dem Einigungsvertrag hat der Gesetzgeber in Art. 233 § 7 Abs. 1 Satz 2 EGBGB nur für die Fälle Vorsorge getroffen, in denen der Antrag auf Begründung des selbständigen Gebäudeeigentums am Beitrittstage bereits beim Grundbuchamt vorlag. Der gesetzliche Schutz der Käufer, keine Rechtsnachteile durch die Dauer der Verfahren zu erleiden, war auf das vom staatlichen Liegenschaftsdienst durchgeführte Grundbuchverfahren beschränkt worden. Für die Fälle, in denen über den Antrag auf Verleihung des Nutzungsrechts und Erteilung der Genehmigung nach der Grundstücksverkehrsverordnung noch nicht entschieden war, war hingegen ein vergleichbarer Käuferschutz nicht angeordnet worden.

b) Lösungen

627   Ein Verzicht auf eine gesetzliche Regelung hätte zu einer unberechtigten Leistungsbefreiung des Verkäufers infolge der durch Wiedereinführung des BGB eingetretenen Rechtsänderung geführt (s. o. Rn. 116 und 125). Diese Folgen können keiner Vertragspartei zugerechnet werden.

Das Ergebnis wäre unbefriedigend. Die Wiedereinführung des Bürgerlichen Gesetzbuchs sollte zu einem in den neuen und den alten Ländern einheitlichen, auf marktwirtschaftliche Verhältnisse passenden Zivilrecht führen, jedoch nicht zu Gunsten oder zu Lasten einer Seite in bestehende Vertragsverhältnisse eingreifen.

628   Diese Nachteile wären vermieden worden, wenn man den Anwendungsbereich des Art. 233 § 7 Abs. 1 EGBGB auf alle Verwaltungsverfahren erweitert – und notfalls die **Verleihung eines Nutzungsrechts** fingiert – hätte. Die hängenden Verträge hätten dann wie vereinbart durchgeführt werden und selbständiges Eigentum am Gebäude auch nach dem Inkrafttreten des SachenRÄndG, vier Jahre nach dem Beitritt, neu begründet werden können. Dies hätte jedoch dem Ziel der Sachenrechtsbereinigung widersprochen, mit der das Eigentum an Grundstück und Gebäude entweder zusammengeführt oder das Gebäude einem Recht am Grundstück (dem Erbbaurecht) als Bestandteil zugeordnet

werden soll, um BGB-konforme, beleihbare und verkehrsfähige Rechtsverhältnisse an den Grundstücken herzustellen.

Die **gefundene Lösung** besteht darin, das Erfüllungshindernis in der   629
Weise zu beseitigen, daß mit dem Erwerb des Gebäudes der Erwerb des
Grundstücks oder die Bestellung eines Erbbaurechts einhergeht. Kauf-
vertragserfüllung und Sachenrechtsbereinigung erfolgen in einem Akt
oder (falls das Grundstück eines Dritten zu erwerben oder zu belasten
ist) zumindest gleichzeitig.

Eine solche Erfüllung des Kaufvertrages über das Gebäude in anderer
Weise ist beiden Kaufvertragsparteien zuzumuten, da sie sich zur Leistung verpflichtet haben. Die daraus folgende Leistungstreuepflicht verpflichtet die Vertragsparteien auch zum Abschluß eines neuen Vertrages, wenn sich der Zweck des Geschäfts nur in dieser Weise erreichen
läßt.[281] Dies trifft auf die hängenden Gebäudekaufverträge in besonderer Weise zu, da ein nach dem SachenRBerG aufzulösendes Rechtsverhältnis vorläge, wenn der Kaufvertrag noch in der DDR erfüllt worden
wäre. Die Beteiligten werden damit im Ergebnis vom Gesetz so behandelt, wie sie im Falle der Erfüllung des Kaufvertrages stehen würden.

c) Äquivalenzstörung

Der Preis für den Erwerb des Grundstücks oder der Zins für das Erb-   630
baurecht bestimmen sich nach den allgemeinen Grundsätzen der Sachenrechtsbereinigung, die an den Verkehrswert zum Zeitpunkt der
Abgabe des Angebots zum Kauf oder zur Bestellung des Erbbaurechts
anknüpft. Ein grobes Mißverhältnis von Leistung und Gegenleistung
kann sich insoweit nur dann ergeben, wenn man das Grundprinzip der
Bodenwertteilung zwischen Nutzer und Grundstückseigentümer prinzipiell für ungerechtfertigt erachtet (zur Begründung des Teilungsgrund-
satzes – siehe unten Rn. 192 ff.).

Der Preis für das Gebäude entspricht der Vereinbarung. Auf einen Weg-   631
fall der Geschäftsgrundlage kann sich eine Vertragspartei nur dann
berufen, wenn sich durch den Übergang zur Marktwirtschaft derart ein-
schneidende Veränderungen ergeben hätten, daß ein Festhalten an den
vertraglichen Regelungen zu mit Recht und Gerechtigkeit schlechthin

---

281 Wird z. B. die für einen Vertrag erforderliche Genehmigung versagt, so kann sich hieraus eine Verpflichtung zu einem genehmigungsfähigen oder genehmigungsfreien Vertrag ergeben – vgl. BGHZ 38, 146 und 67, 34.

unvereinbaren Ergebnissen führen würde.[282] Eine gesetzliche Anordnung zur Neubewertung der Preise in allen Kaufverträgen, die nach dem Verkaufsgesetz vom 7. März 1990 abgeschlossen worden sind, ist nicht erfolgt. Eine solche Regelung hätte nicht nur die hängenden, sondern auch die bereits vollzogenen Kaufverträge erfassen müssen.

632 Eine teilweise Abschöpfung der durch Systemwechsel eingetretenen außerordentlichen Gewinne aus dem Abschluß von Geschäften über volkseigene Grundstücke und Gebäude zugunsten des staatlichen Entschädigungsfonds durch eine Vermögensabgabe hat sich als nicht durchsetzbar erwiesen.

2. Restitutionsbelastete Grundstücke

a) Ausgangslage

633 Die gesetzlichen Regelungen für die hängenden Kaufverträge auf restitutionsbelasteten Grundstücken sind durch den Beschluß des Bundestages und noch einmal im Vermittlungsverfahren erheblich erweitert worden. Hinzugekommen sind nunmehr auch die Kaufverträge über Grundstücke, bei denen es zu einem Auseinanderfallen von Grundstücks- und Gebäudeeigentum, die Kern der Sachenrechtsbereinigung ist, nicht kommen konnte. Darüber hinaus sind nunmehr neben den vor dem 18. Oktober 1989 geschlossenen Verträge alle Verträge einbezogen, wenn

- die in § 4 Abs. 2 Satz 2 Buchstaben a bis c VermG genannten Voraussetzungen vorliegen (§ 121 Abs. 1 Satz 3 SachenRBerG) oder

- der Kaufvertrag ein Eigenheim betraf und bis zum 14. Juli 1990[283] abgeschlossen worden ist, der Nutzer vor dem 18. Oktober 1989 das verkaufte Eigenheim bereits als Mieter, Pächter oder aufgrund eines sonstigen Nutzungsvertrages genutzt hat und zum Zeitpunkt des Inkrafttretens des SachenRBerG, also am 1. Oktober 1994, noch genutzt hat (§ 121 Abs. 2 SachenRBerG).

---

282 Vgl. BGH-Urt. v. 25. Febr. 1993 – VII ZR 24/92 – NJW 1993, 1856, 1860 – für einen Wirtschaftsvertrag.

283 Dem Tag vor der Gemeinsamen Erklärung der Regierungen der Bundesrepublik Deutschland und der Deutschen Demokratischen Republik zur Regelung offener Vermögensfragen vom 15. Juni 1990. Zu den Gründen im einzelnen – s. Fn. 290.

Das SachenRBerG erstreckt sich damit in großem Umfang nunmehr auch auf solche Fälle, in denen Gebäude und/oder Grundstücke aus dem Vermögen des Alteigentümers verkauft worden sind, die der eigentliche Gegenstand der Restitution sind.

Hierbei sind folgende Fälle zu beachten:

● Fallgruppe 1: 634

Es ist ein Gebäude nach den oben genannten Verkaufsgesetzen verkauft worden. Dann wird es sich in der Regel um ein Gebäude handeln, das Bestandteil des Grundstücks des Alteigentümers war und diesem bis zur Enteignung des Grundstücks gehörte.

Die Einbeziehung dieser hängenden Gebäudekaufverträge (siehe oben Rn. 121) war jedenfalls für den Fall unstreitig, wenn diese vor dem 18. Oktober 1989 abgeschlossen worden sind.[284] Jedenfalls für die in dieser Zeit geschlossenen Verträge sollte das durch den Kaufvertragsschluß und die Erlangung des Besitzes entstandene Vertrauen des Nutzers durch Ausdehnung des SachenRBerG gegenüber dem Alteigentümer geschützt werden. Auch eine so begrenzte Regelung wäre bereits in ein unmittelbares Konkurrenzverhältnis zu den Bestimmungen des VermG über die Rückgabe enteigneten Grundvermögens getreten.

● Fallgruppe 2: 635

Durch die Erweiterung des § 121 SachenRBerG (= § 120a E-SachenRBerG) sind jedoch auch solche Fälle hinzugekommen, in denen nach dem Verkaufsgesetz vom 7. März 1990 (GBl. I Nr. 18, S. 157) nicht ein Gebäude, sondern das Grundstück nebst aufstehendem Gebäude als Bestandteil verkauft worden ist. Diese Veräußerungen haben mit der Sachenrechtsbereinigung nichts mehr zu tun. Grundstücks- und Gebäudeeigentum sind nicht auseinandergefallen.

Die entsprechende Anwendung des SachenRBerG ist jedoch aus einem argumentum a maiore ad minus gefordert worden. Wenn schon für die hängenden Kaufverträge über Gebäude dem Nutzer gegenüber dem

---

284 Die Bundesregierung hatte in ihrer Stellungnahme zur Gegenäußerung des Bundesrates (BT-Drs. 12/5992, S. 204 ff.) für diese Fälle bereits eine Regelung (§ 120a Abs. 1 Satz 1 – jetzt § 121 Abs. 1 Satz 1 SachenRBerG) vorgeschlagen, die für die vor dem 18. Okt. 1989 abgeschlossenen, aber nicht erfüllten Kaufverträge über Gebäude einen Anspruch auf Ankauf des Grundstücks oder auf Bestellung eines Erbbaurechts gegen den Alteigentümer vorsah. Diese Regelung ist dann im Verlauf der parlamentarischen Beratungen immer mehr erweitert worden.

Alteigentümer die Ansprüche aus dem SachenRBerG zugestanden werden, müsse dies doch erst recht dann gelten, wenn der Nutzer nicht nur
das Gebäude, sondern das Grundstück insgesamt gekauft hat.

636   ● Fallgruppe 3:

Schließlich ist noch die Fallgruppe zu berücksichtigen, in der ein Gebäude von einer landwirtschaftlichen Produktionsgenossenschaft, von
einem volkseigenen Betrieb oder einer anderen sozialistischen Genossenschaft errichtet und dann an einen Bürger verkauft worden ist. Auch
hier kann eine Konkurrenz zu den Regelungen im VermG entstehen. Es
stellt sich jedoch die Frage, warum der enteignete Alteigentümer insoweit besser gestellt sein soll als ein Grundstückseigentümer in der DDR,
dessen Grundstück in gleicher Weise bebaut worden ist.

b) Lösungen

aa) Schutz des Nutzers durch Restitutionsausschluß oder Begründung eines gesetzlichen Anspruchs auf Erwerb oder Erbbaurechtsbestellung

637   Der erste Lösungsansatz bestünde darin, diese Fälle ausschließlich nach
den Grundsätzen des VermG zu regeln, das nur die Rückgabe an den
Alteigentümer oder den Fortbestand der Enteignung durch den Ausschluß der Rückgabe und die Verweisung des Alteigentümers auf eine
Entschädigung kennt.

Dieser Lösungsansatz ist nur dort gangbar, wo der verkaufte Gegenstand aus dem Vermögen des Alteigentümers stammt. Dies trifft für die
Fallgruppen 1 und 2 zu. Bei einem Verkauf eines von einer landwirtschaftlichen Produktionsgenossenschaft oder einem anderen Dritten
auf einem enteigneten und zurückzugebenden Grundstück errichteten
Gebäudes (Fallgruppe 3) kann kraft § 27 LPG-Gesetz von 1982 selbständiges Gebäudeeigentum entstanden sein. Dann liegt schon kein
hängender Kaufvertrag im Sinne des § 121 Abs. 1 SachenRBerG vor,
bei dem selbständiges, vom Eigentum am Grundstück getrenntes Eigentum am Gebäude entstehen sollte (siehe oben Rn. 111).

§ 121 Abs. 1 SachenRBerG ist zwar nicht von seinem Wortlaut, aber
von seiner ratio auch in den Fällen nicht anzuwenden, in denen selbständiges Eigentum am Gebäude nicht entstanden war, das verkaufte

Gebäude jedoch nicht vom Alteigentümer, sondern vom Verkäufer errichtet worden ist[285]. Dies sind die Fälle, in denen

● eine Bebauung aufgrund Rechtsträgerschaft, Nutzungsvertrages oder ohne eine Berechtigung zur Nutzung des Grundstücks erfolgt und deshalb kein selbständiges Eigentum am Gebäude nicht entstanden ist, und

● die in § 5 Abs. 1 Buchstaben a und c des VermG bezeichneten Voraussetzungen nicht vorliegen und deshalb das Grundstück zurückgegeben wird.

Im Verhältnis zum Alteigentümer besteht kein Grund, wegen des Verkaufs eines solchen (rechtlich nicht selbständigen) „Gebäudes" die Restitution auszuschließen, aber auch kein Anlaß, dem Käufer die Ansprüche aus der Sachenrechtsbereinigung zu versagen. Es liegt vielmehr – unabhängig davon, ob Gebäudeeigentum kraft Gesetzes nach § 27 LPG-Gesetz oder nach § 459 Abs. 1 Satz 1 ZGB entstanden ist – ein nach dem SachenRBerG zu regelnder Sachverhalt vor. Der Käufer des Gebäudes kann die sich aus der Sachenrechtsbereinigung ergebenden Ansprüche als Gebäudeeigentümer (§ 9 Abs. 1 Nr. 3 SachenRBerG) oder als Rechtsnachfolger des Errichters des Gebäudes (§ 9 Abs. 2 Nr. 1 SachenRBerG) geltend machen.[286]

Bei den Fallgruppen 1 und 2 stellt sich dagegen zunächst die Frage, ob   **638**

● wie in den Fällen des redlichen Erwerbs schon mit dem Abschluß des Kaufvertrages die Restitution auszuschließen ist oder

● das durch den Vertragsschluß und die Erlangung des Besitzes entstandene Vertrauen gegenüber dem restitutionsberechtigten Alteigen-

---

285 In den § 3 Abs. 3 und § 121 Abs. 1 SachenRBerG sind nur die Fälle bezeichnet, in denen Gebäude gekauft worden sind. Es wird nicht ausdrücklich gesagt, daß diese Regelungen nicht auf die Fälle anzuwenden sind, in denen der Besitz an nicht entstandenem Gebäudeeigentum übertragen wird.

Gem. § 9 Abs. 2 Nr. 1 SachenRBerG stehen dem Käufer als Rechtsnachfolger des Errichters dessen gesetzliche Ansprüche aus der Sachenrechtsbereinigung zu.

286 Die in § 121 bestimmten zeitlichen Begrenzungen passen nur dann, wenn der Kaufvertrag einen aus dem Vermögen des Alteigentümers stammenden und an diesen zurückzugebenden Vermögensgegenstand betraf. Für die Geltung solcher Verfügungen durch staatliche Stellen gegenüber dem Alteigentümer sind im Vermögensgesetz und im neuen § 121 SachenRBerG zeitliche Grenzen festgelegt worden.

Der in der Bebauung liegende Eingriff in fremdes Vermögen ist jedoch unabhängig von der Restitutionsbelastung allein nach den Maßstäben der Sachenrechtsbereinigung zu lösen. Die zeitlichen Grenzen werden insoweit durch § 8 SachenRBerG bestimmt.

tümer dadurch zu schützen ist, daß der Nutzer einen gesetzlichen Anspruch auf Ankauf oder Bestellung eines Erbbaurechts nach dem SachenRBerG gegenüber dem Alteigentümer erhält.

639 Dies war zwischen Regierung und Opposition streitig. Die Regierungskoalition hatte mit ihrer Mehrheit im Bundestag für die hängenden Kaufverträge eine Lösung über eine entsprechende Anwendung der Grundsätze der Sachenrechtsbereinigung (§ 121 SachenRBerG = § 120a Entwurf) beschlossen. Die SPD-Fraktion hatte demgegenüber eine Änderung des § 4 Abs. 2 VermG vorgeschlagen, mit der der Restitutionsausschluß auf die sog. hängenden Kaufverträge erstreckt werden sollte.[287] Der Bundesrat hatte daraufhin den Vermittlungsausschuß angerufen. Ein Ziel des Bundesrates war, in den in § 4 Abs. 2 Satz 2 Buchstaben a bis c VermG genannten Fällen durch eine Erweiterung des Ausschlusses der Rückgabe, dem Bestandsschutzinteresse des redlichen Erwerbers Vorrang vor dem Restitutionsinteresse des Alteigentümers einzuräumen.[288] Der Vermittlungsausschuß hat eine Lösung über die Begründung eines gesetzlichen Anspruchs auf der Basis des SachenRBerG vorgeschlagen. Der Anwendungsbereich der Norm (§ 121 SachenRBerG) ist dabei über die in § 4 Abs. 2 Satz 2 Buchstaben a bis c genannten Fälle hinaus erweitert worden.[289] Alle Mieter von Eigenheimen, die mit staatlichen Stellen der DDR bis zum Ablauf des 14. Juni 1990[290] abgeschlossenen notariellen Kaufverträge über das Eigenheim abgeschlossen haben, können vom Alteigentümer nach Restitution den

---

287 Die unterschiedlichen Standpunkte sind in der BT-Drs. 12/7425, S. 96 im einzelnen dargelegt worden.

288 BT-Drs. 12/7668, S. 3.

289 BT-Drs. 12/8204, S. 3.

290 Am 15. Juni 1990 haben sich die Regierungen der Deutschen Demokratischen Republik und der Bundesrepublik Deutschland in der Erklärung zur Regelung offener Vermögensfragen darauf verständigt, daß enteignetes Vermögen zurückzugeben ist, wenn Bürger nicht in redlicher Weise Eigentum oder dingliche Nutzungsrechte an dem Vermögensgegenstand erworben haben oder die Rückgabe von der Natur der Sache nicht möglich ist.

Die Erklärung ist anschließend in den Medien veröffentlicht worden. Mit dieser Einigung war für die Öffentlichkeit erkennbar zum Ausdruck gebracht worden, daß das enteignete Grundvermögen grundsätzlich zurückgegeben werden soll. Einem künftigen Erwerb eines restitutionsbelasteten Grundstücks oder Gebäudes konnte daher kein Vorrang mehr vor dem Restitutionsinteresse des Alteigentümers zukommen. Der vorgesehene Schutz des redlichen Erwerbs bezog sich auf in der Vergangenheit liegende Erwerbsgeschäfte; ein Ausschluß der Restitution auch für nach der Gemeinsamen Erklärung abgeschlossene Verträge hätte dem Zweck der Vereinbarung offenkundig widersprochen.

Abschluß eines Kaufvertrages über das Eigenheim oder die Bestellung eines Erbbaurechts verlangen.

Für die Lösung der hängenden Fälle über § 121 SachenRBerG sprachen folgende Erwägungen: **640**

● Ein Ausschluß der Rückgabe kann sich nur auf schwebende Verfahren beziehen. Wo bereits zurückgegeben worden ist, kann die Begründung einer Einwendung gegen den Anspruch des Alteigentümers auf Rückgabe nicht helfen. **641**

Man müßte vielmehr eine Verpflichtung des Alteigentümers begründen, das bereits zurückgegebene Grundstück oder Gebäude wieder auf den Verfügungsberechtigten zu übertragen. Ein solcher rückwirkender Entzug des bereits zurückgegebenen Vermögensgegenstandes durch Gesetzesänderung (= eine Wiederherstellung der Rechtsfolgen der in der DDR in rechtsstaatswidriger Weise vorgenommenen Enteignung durch Bundesgesetz) stand nicht zur Diskussion.

Ein Ausschluß nur des Anspruches auf Rückgabe hätte zu vollkommen unterschiedlichen Ergebnissen für die Betroffenen geführt, je nach dem Stand der Bearbeitung in den Ämtern zur Regelung offener Vermögensfragen. Wo die Behörde bereits auf eine Rückgabe erkannt hat, wäre es bei der Rückgabe geblieben, der Nutzer hätte trotz Abschlusses eines Kaufvertrages mit einer staatlichen Stelle der DDR keine Rechte am zurückgegebenen Gegenstand erlangt. Wo das Verfahren vor der Behörde noch nicht abgeschlossen worden ist, wären die Ansprüche des Alteigentümers auf den Gegenstand nunmehr ausgeschlossen und der Nutzer hätte aufgrund des Kaufvertrages ein Recht zum Erwerb des Grundstücks oder Gebäudes zu den 1990 vereinbarten Konditionen behalten. Eine solche Differenzierung, die allein vom Stand der Aktenbearbeitung in den Ämtern zur Regelung offener Vermögensfragen abhinge, wäre letztlich willkürlich und den Betroffenen nicht zu vermitteln.

● Für die Lösung über § 121 SachenRBerG sprach weiter, daß im wirtschaftlichen Ergebnis eine Gleichbehandlung im Vergleich zu den Überlassungsverträgen, zu den anderen Gebäudekaufverträgen und zu den für den Hausbau verliehenen oder zugewiesenen Nutzungsrechten erreicht wird. **642**

Eine Besserstellung des Käufers ließe sich allein daraus begründen, daß der Verkäufer sich ihm gegenüber zur Übereignung zu einem

geringen Preis verpflichtet hat. Verkäufer war jedoch der Staat und
nicht der Alteigentümer. Der Alteigentümer hat den Kaufvertrag mit
dem Nutzer nicht abgeschlossen. Dem Alteigentümer kann deshalb
auch keine Verpflichtung zur Veräußerung zu den seinerzeit abgeschlossenen Konditionen auferlegt werden.

Das Ergebnis, dem Käufer einen Erwerb zu den 1990 vereinbarten
Konditionen zu ermöglichen, ließe sich nur mit dem Mittel des
Restutionsausschlusses erreichen. Der Ausschluß der Rückgabe
könnte jedoch in den hängenden Fällen nur daraus begründet werden, die Enteignung fortbestehen zu lassen, um dem Käufer die Vorteile aus dem günstigen Geschäft zu erhalten. Damit hätte der Ausschluß der Restitution eine neue Funktion erhalten. Der Zweck des
Restitutionsausschlusses bestünde nicht mehr darin, den Rechtsfrieden dadurch zu erhalten, daß der Nutzer ein in der DDR redlich
erworbenes Recht nicht wieder herausgeben muß. Die Sicherung der
Vorteile aus noch nicht vollzogenen Geschäften ist jedoch kein
Gebot, um Rechtssicherheit und Rechtsfrieden zu erhalten.

Soweit es allerdings um den Bestandsschutz des Käufers geht, ist
gegenüber dem Alteigentümer der Besitz und die durch Handeln
staatlicher Stellen begründete Erwerbserwartung zu berücksichtigen.
Eine Besserstellung des Käufers gegenüber anderen Nutzern läßt sich
daraus nicht begründen.

In den im SachenRBerG geregelten Fällen soll der Interessenausgleich auf der Grundlage einer Teilung der Bodenwerte erfolgen.
Soweit durch das Handeln staatlicher Stellen der DDR ein Recht am
fremden Grundstück entstanden oder der Besitz am Grundstück eingeräumt und die Begründung eines solchen Rechts in Aussicht gestellt worden ist, soll die vorgefundene Lage auf dieser Basis zum
Ausgleich gebracht werden. Der Häuslebauer, der Käufer eines Gebäudes und der Überlassungsnehmer, der ein neues Haus gebaut oder
erhebliche Investitionen zur Erhaltung des Gebäudes vorgenommen
hat, haben lediglich Ansprüche auf Ankauf oder Erbbaurechtsbestellung zu den Konditionen der Sachenrechtsbereinigung. Wenn man
die Erwerbserwartung aus dem Abschluß des Kaufvertrages mit einer
staatlichen Stelle und die Besitzerlangung auch gegenüber dem Alteigentümer als vorgefundene Belastung berücksichtigt, kann hieraus
nur eine Einbeziehung dieser Fälle in die Sachenrechtsbereinigung
begründet werden.

- Die Lösung über § 121 SachenRBerG hat zudem die Vorteile, daß **643** der Alteigentümer nicht auf eine im Vergleich zum Verkehrswert sehr geringe Entschädigung verwiesen wird, damit der Käufer noch zu den besonders vorteilhaften Konditionen erwerben kann, und
- der Erwerb zu einem nach dem heutigen Wert des „Schleuderpreises" nicht noch zusätzlich durch eine im wesentlichen aus Steuern aufzubringenden Entschädigung finanziert wird.
- Schließlich wäre die rückwirkende Entziehung des bestehenden **644** Rückgabeanspruchs auch mit verfassungsrechtlichen Risiken behaftet.

bb) Fallgruppen

Das durch den Abschluß eines Kaufvertrages und die Besitzerlangung **645** entstandene Vertrauen, das gekaufte Grundstück oder Gebäude behalten zu können, kann danach Basis für die Begründung eines gesetzlichen Anspruchs auch gegenüber dem Alteigentümer sein. Damit ist jedoch nur ein Prinzip für die Lösung der hängenden Fälle beschrieben; es ist noch nicht gesagt, unter welchen Voraussetzungen die Begründung eines Anspruchs auf Bestellung eines Erbbaurechts oder auf Abschluß eines Kaufvertrages angezeigt ist.

Dies hängt davon ab, in welchem Umfang man das Vertrauen des Nutzers auf das Handeln staatlicher Stellen auch gegenüber dem Alteigentümer als schutzwürdig ansieht. Dies ist Gegenstand der politischen Auseinandersetzung gewesen, wobei insbesondere strittig ist, welche Bedeutung in diesem Zusammenhang dem Stichtag (18. Oktober 1989) zukommt.

Für die vor diesem Tag abgeschlossenen Verträge ist die Schutzwürdig- **646** keit des Nutzers unstrittig. Für diese Fälle war daher bereits in der Gegenäußerung der Bundesregierung ein gesetzlicher Anspruch begründet worden, der allerdings auf die Gebäudekaufverträge beschränkt war.[291]

Der Vertragsschluß nach dem Stichtag steht nach § 4 Abs. 2 Satz 2 **647** Buchstaben a und c VermG einem Vertragsschluß vor dem Stichtag gleich, wenn der Käufer den Vertragsschluß vor dem Stichtag angebahnt oder wesentliche werterhöhende Aufwendungen in das gekaufte Grund-

---

291 Vgl. BT-Drs. 12/5992, S. 204.

stück oder Gebäude vorgenommen hat. Bei dem erst nach dem Verkaufsgesetz vom 7. März 1990 (GBl. I Nr. 18 S. 157) möglichen Erwerb
von Wirtschaftsgebäuden durch Handwerker und Gewerbetreibende ist
der Stichtag nach § 4 Abs. 2 Satz 2 Buchstabe b VermG ohne Bedeutung.

648 Das Bestandsinteresse am Erwerb hat unter den genannten Voraussetzungen Vorrang vor dem Restitutionsinteresse; der vollzogene Erwerb
schließt in diesen Fällen die Restitution aus. Insoweit ist es wertungs-
gerecht, in den hängenden Fällen den Käufer in seinem Vertrauen, das
Grundstück behalten zu können, auch gegenüber dem Alteigentümer zu
schützen. Diese Fallgruppe wird durch § 121 Abs. 1 Satz 3 SachenR-
BerG erfaßt.

649 Für einen Vertrauensschutz des Käufers bis zur Gemeinsamen Erklärung spricht, daß das Rückgabeprinzip erst zu diesem Zeitpunkt vereinbart und der Öffentlichkeit in der DDR bekanntgemacht worden ist.
Vorher bestand für die Bürger keine Veranlassung, mit einer gesetzlich
begründeten Verpflichtung zur Herausgabe zu rechnen. Dies war
Grundlage für die Einbeziehung der in § 121 Abs. 2 SachenRBerG bezeichneten Fallgruppe.

650 Die Bestimmung des Anwendungsbereiches des § 121 SachenRBerG läßt sich
aus den genannten Erwägungen begründen. Die Widersprüche zum VermG, das
den Erwerb zur Voraussetzung des Ausschlusses der Restitution bestimmt und
einen anderen Stichtag (18. Oktober 1989) als Voraussetzung für den Schutz des
Erwerbers vorgesehen hat, sind mit der Änderung des § 121 SachenRBerG nicht
beseitigt, sondern durch dessen Erweiterung eher vergrößert worden. Hierzu
hätte es einer aufeinander abgestimmten Änderung des VermG mit dem SachenRBerG bedurft. Eine solche Änderung hätte z. B. so aussehen können, daß

● ein Kaufvertragsschluß vor dem 18. Oktober 1989 die Restitution ausschließt,
auf einen Vollzug käme es insoweit nicht an, da der Käufer sich zu dieser Zeit
noch auf das Handeln staatlicher Stelle verlassen konnte und eine grundle-
gende Veränderung der rechtlichen und wirtschaftlichen Verhältnisse noch
nicht erkennbar war,

● ein Vertragsschluß zwischen dem 19. Oktober 1989 und dem 14. Mai 1990
Ausgleichsansprüche auf der Grundlage des SachenRBerG begründet, wobei
bei bereits vollzogenen Verträgen ein Nachzahlungsanspruch des Alteigentümers und in den noch nicht vollzogenen Verträgen die in § 121 SachenRBerG
vorgesehenen Ansprüche zu begründen wären und

● schließlich der Restitutionsanspruch bei den vom 15. Juni 1990 abgeschlossenen Verträgen uneingeschränkt durchgreift und dem Nutzer insoweit keine
Ansprüche zustehen.

Ein solches System wäre in sich stimmiger; es hätte jedoch rückwirkende Eingriffe nicht nur in die durch das VermG begründeten Ansprüche, sondern auch in bereits erworbenes Eigentum des Nutzers erforderlich gemacht. Eine solche Gesetzesänderung wäre auf beiden Seiten (Alteigentümern und Nutzern) auf erhebliche Widerstände gestoßen. Sie wäre bei allen Seiten gleichermaßen unbeliebt und war daher politisch nicht durchsetzbar. Der rückwirkende Eingriff in bereits erworbene Rechte wäre zudem verfassungsrechtlich bedenklich. Als Fazit bleibt festzustellen, daß ein gesetzgeberischer Spielraum dafür, bei den Kaufverträgen die Regelungen über die Rückgabe enteigneten Vermögens nach dem VermG in bezug auf die Bestimmungen der Sachenrechtsbereinigung auch in wesentlichen Punkten umzugestalten, nicht mehr bestanden hat. Mit § 121 SachenRBerG ist nach Auffassung des Autors nicht mehr als ein allerdings vertretbarer Kompromiß in einem Vermittlungsverfahren gefunden worden.

C. Erläuterung zu den Änderungen anderer Gesetze durch das SachenRÄndG

I. Änderung der Verordnung über das Erbbaurecht und des Gesetzes über die Zwangsversteigerung und die Zwangsverwaltung

651   Die Sachenrechtsbereinigung wird dazu führen, daß in den neuen Ländern eine **Vielzahl von Erbbaurechten** bestellt werden wird.

652   Ob das Erbbaurecht, wie im Kommentar von Ingenstau behauptet,[292] als die ideale Lösung des Gegensatzes zwischen Grundstückseigentümer und Nutzer anzusehen ist, ist wegen der Kompliziertheit des Erbbaurechts zweifelhaft. Das Erbbaurecht wird jedoch bei hohen Grundstückswerten die einzige Möglichkeit sein, um zu einem für den Nutzer finanzierbaren und deshalb **sozialverträglichen Interessenausgleich** zu kommen.

653   Das Erbbaurecht wird in der Sachenrechtsbereinigung durch einen **gesetzlichen Kontrahierungszwang** begründet. Wählt der Nutzer das Erbbaurecht, so muß der Grundstückseigentümer einen Erbbaurechtsvertrag abschließen. Der Grundstückseigentümer hat dann die mit dem Erbbaurecht verbundenen Rechtsfolgen hinzunehmen.

Die Sachenrechtsbereinigung gab deshalb dringenden Anlaß, die Bestimmungen der ErbbauVO zu überprüfen und einige Unzuträglichkeiten des geltenden Rechts zu beheben.

---

292 Vgl. Ingenstau, ErbbauVO, 7. Auflage, Einleitung II 13 b.

Dort wird die Darstellung allerdings auf den Interessenwiderstreit zwischen einem in den alten Bundesländern lebenden restitutionsberechtigten Alteigentümer und einem im Beitrittsgebiet lebenden Nutzer beschränkt. Diese Beschränkung entspricht einer weit verbreiteten Fehlvorstellung vom Inhalt des VermG und vom Umfang des Prinzips „Rückgabe vor Entschädigung". Nach § 4 Abs. 2 Satz 1 VermG ist die Rückgabe an den Alteigentümer wegen redlichen Erwerbs von Eigentum an einem Gebäude oder einem Nutzungsrecht gerade ausgeschlossen.

Die eigentliche Bedeutung hat das Erbbaurecht als ein Rechtsinstitut der Sachenrechtsbereinigung vor allem in den Fällen, in denen das Grundeigentum (meist einer öffentlichen Gebietskörperschaft oder eines Bürgers aus den neuen Ländern) und das Eigentum am Gebäude auseinanderfallen. Dies ist eine allgemeine Folge des Zivilrechts der DDR, das auf volkseigene und auf genossenschaftlich genutzten Grundstücken eine Trennung von Grundstücks- und Gebäudeeigentum vorsah.

1. Anlaß der Gesetzesänderung

a) Zinsanpassung

Das Erbbaurecht wird meist für eine lange, in der Regel nach der Nut- **654**
zungsdauer des Gebäudes bestimmte Laufzeit bestellt. Dies erfordert
eine **Anpassung des Erbbauzinses**, an die sich durch die schleichende
Geldwertentwertung verändernden Verhältnisse.

Die ErbbauVO verhält sich insoweit sehr restriktiv. Nach § 9 Abs. 2 **655**
Satz 1 ErbbauVO muß der Erbbauzins nach Zeit und Höhe für die
gesamte Erbbauzeit im voraus bestimmt sein. Im Interesse der Förderung der Beleihbarkeit sollte der Erbbauzins von vornherein vertraglich
festgelegt und in der Höhe ziffernmäßig genau bestimmt sein. Schuldrechtliche Vereinbarungen, die dem Grundstückseigentümer gegenüber
dem Erbbauberechtigten einen Anspruch auf Erbbauzinsanpassung (auf
Änderung der Reallast) gewähren, wurden deshalb lange Zeit als unzulässig angesehen.[293] Seit der Entscheidung des Bundesgerichtshofes
vom 28. November 1956[294] ist die Zulässigkeit solcher Vereinbarungen
unstrittig geworden; der 1974 in die ErbbauVO eingefügte § 9a geht
hiervon aus.[295]

Die Vereinbarung über die Anpassung des Erbbauzinses wird meist **656**
durch eine **Vormerkung** abgesichert, die einen **Anspruch auf Eintragung**
einer neuen (zusätzlichen) Reallast in Höhe des Differenzbetrages oder
der Änderung des Inhalts der Reallast gewährt.[296]

In der **notariellen Praxis** sind durch Vormerkung gesicherte Vereinba- **657**
rungen zur Wertsicherung des Erbbauzinses heute üblich; entsprechende Vertragsmuster sind alsbald nach der Entscheidung des Bundesgerichtshofes vom 28. November 1956 vorgestellt worden.[297] Die Probleme liegen in der Umsetzung solcher Vereinbarungen.

● Eine solche **Wertsicherung** kann nicht in dem Fall vereinbart werden, **658**
in dem der Grundstückseigentümer „auf Vorrat" Erbbaurechte zum
Zwecke einer späteren Veräußerung bestellt. Der Grundeigentümer

---

293 Vgl. Staudinger/Ring, ErbbauVO, 11. Auflage, § 9 Rn. 17.
294 BGHZ 22, 220, 223.
295 Vgl. BT-Drs. 7/1285, S. 3.
296 BGHZ 22, 224, 225; RGRK-Räfle, BGB, 12. Auflage, § 9 ErbbauVO, Rn. 57.
297 Vgl. Ripfel, DNotZ 1958, 455 ff.; Wangemann, DNotZ 1959, 174 ff.

kann sich bezüglich der Verpflichtung zur Zinsanpassung nicht zu seinem eigenen Schuldner machen.[298]

659 ● Ein weiteres Problem ist die Durchsetzbarkeit solcher Vereinbarungen über die Anpassung des Erbbauzinses gegenüber Rechtsnachfolgern. Strittig ist insbesondere die Frage, ob der Grundstückseigentümer die Übernahme einer vertraglichen Verpflichtung zur Anpassung des Erbbauzinses an veränderte Verhältnisse von einer Zustimmung nach §§ 5 bis 7 ErbbauVO abhängig machen kann. Hierzu gibt es **drei Auffassungen:**

○ Eine Ansicht lehnt dies grundsätzlich ab. Der mit der Bestellung des Erbbaurechts verfolgte Zweck, der durch einen Zustimmungsvorbehalt gesichert werden könne (§ 7 Abs. 1 ErbbauVO), sei auf den Inhalt des Erbbaurechts zu beziehen, wozu die Verpflichtung des Erbbauberechtigten zur Zahlung von Erbbauzins gerade nicht gehöre.[299]

○ Die gegenteilige Auffassung läßt einen solchen Zustimmungsvorbehalt auch dann gelten, wenn aus einem vorrangigen Grundpfandrecht das Erbbaurecht versteigert wird. Der Grundstückseigentümer soll den Zuschlag an den Ersteher davon abhängig machen können, daß dieser die Verpflichtungen des Schuldners in bezug auf eine Anpassung des Erbbauzinses übernimmt.[300]

○ Der Bundesgerichtshof vertritt eine zwischen diesen Positionen liegende Auffassung. Der mit der Bestellung eines Erbbaurechts verfolgte Zweck könne für den Grundstückseigentümer auch darin bestehen, Erbbauzinsen zu erzielen. Habe der Grundstückseigentümer jedoch einer vorrangigen Belastung des Erbbaurechts durch ein Grundpfandrecht zugestimmt, so habe er die Verfolgung des Zwecks, Erbbauzinsen zu erzielen, selbst eingeschränkt. Der Grundstückseigentümer dürfe seine Zustimmung zum Zuschlag nicht deshalb versagen, weil dadurch eine nachrangige Erbbauzinsreallast erlösche.[301] Das Rangverhältnis setzt sich mit anderen Worten gegenüber dem Zustimmungsvorbehalt durch; dieser wird

---

298 Vgl. BGH-Urt. vom 11. Dez. 1981 – V ZR 222/80 – NJW 1982, 2381, 2382.
299 Vgl. KG-Beschluß vom 21. Febr. 1984 – 1 W 5129/83 – DNotZ 1984, 384 ff.; RGRK/Räfle BGB 12. Auflage § 7 Rn. 5.
300 Vgl. v. Oefele/Winkler, Handbuch des Erbbaurechts, 4. Kapitel, Rn. 202 bis 207 und 6. Kapitel Rn. 237 und 238.
301 Vgl. BGHZ 100, 108, 115.

hiermit ein weithin untaugliches Mittel zur Sicherung schuldrechtlicher Vereinbarungen über den Erbbauzins.

Im SachenRBerG ist der Weg, Verpflichtungen zur Anpassung des Erbbauzinses **660** durch einen Zustimmungsvorbehalt zu sichern, nur für Sonderfälle beschritten worden. Zinsanpassungen für die Fälle

● einer Veräußerung eines auf einem unbebauten Grundstück bestellten Erbbaurechts (§ 48 Abs. 1 in Verb. mit § 71 Abs. 1 Satz 1 Nr. 1 SachenRBerG),

● einer Veräußerung in kurzer Frist nach der Bestellung (§ 48 Abs. 1 in Verb. mit § 71 Abs. 1 Satz 1 Nr. 3 SachenRBerG) und

● einer Nutzungsänderung nach Veräußerung (§ 47 Abs. 3 in Verb. mit Abs. 1 SachenRBerG)

können durch einen Zustimmungsvorbehalt nach § 49 SachenRBerG gesichert werden. Diese Form der Sicherung wurde deshalb gewählt, weil es sich hier um Zinsanpassungen handelt, die erst infolge oder nach der Veräußerung des Erbbaurechts eintreten und gegenüber dem Erwerber durchgesetzt werden müssen. Die nach § 9 Abs. 2 Sätze 3 und 4 ErbbauVO n. F. künftig mögliche Anpassung der Erbbauzinsreallast an veränderte Verhältnisse muß nach Zeit und Wertmaßstab bestimmbar sein. Sie ist nicht geeignet, besondere Erbbauzinserhöhungen infolge spekulativer Veräußerungen oder Veränderungen der Nutzungsart aufzufangen.

● Die Verwirklichung solcher Wertsicherung ist schließlich aufwendig. **661** Die Erbbauzinsreallast muß bei mehreren Anpassungen auch mehrfach umgeschrieben werden, was wiederholt Eintragungen in das Grundbuch erfordern kann (stufenweise Umschreibung). Das Grundbuchamt hat bei jeder Umschreibung zu prüfen, ob der angegebene neue Erbbauzins auch der Anpassungsklausel entspricht, da das Grundbuchamt die Pflicht hat, das Grundbuch richtigzuhalten.[302] – Besondere Probleme treten nach einer Veräußerung des Erbbaurechts auf, wenn der Erwerber nicht in die Verpflichtung zur Erbbauzinsanpassung eintritt. In solch einem Fall ist der Anspruch auf Zinsanpassung gegenüber dem früheren Erbbauberechtigten geltend zu machen und anschließend vom jetzigen Erbbauberechtigten nach § 888 BGB die Bewilligung zur Änderung der Reallast zu verlangen. Der Erbbauberechtigte ist in diesem Fall erst mit der Eintragung der Änderung der Reallast zur Zahlung des erhöhten Zinses verpflichtet.[303]

---

302 Vgl. OLG Düsseldorf, Beschluß vom 17. März 1976 – 3 W 23/76 – DNotZ 1976, 539, 540.

303 BGH-Urt. vom 18. Apr. 1986 – V ZR 8/85 – NJW-RR 1987, 94.

b) Sicherung des Bestehenbleibens des Erbbauzinses in der Zwangsversteigerung

662 Das Problem des Erlöschens des Erbbauzinses ergibt sich in der Praxis daraus, daß die Kreditinstitute in der Regel einen Rangrücktritt der Erbbauzinsreallast hinter die Grundpfandrechte verlangen.[304] Dies beruht darauf, daß bei einer Versteigerung des Erbbaurechts auf Antrag des Grundstückseigentümers gem. § 92 Abs. 1 ZVG Wertersatz für den Erbbauzins, der in der Zwangsversteigerung nach § 52 Abs. 1 Satz 2 und § 91 Abs. 1 ZVG erlischt, aus dem Versteigerungserlös zu zahlen ist. Der Wertersatz ist gem. § 111 ZVG durch Kapitalisierung zu bestimmen.

663 § 19 Abs. 2 ErbbauVO bestimmt deshalb, daß bei der Beleihung des Erbbaurechts mit einer mündelsicheren Hypothek, ein der Hypothek im Range vorgehender Zins zu kapitalisieren und von ihr in Abzug zu bringen ist. Ein nachrangiges Grundpfandrecht ist deshalb nur dann sicher, wenn nach Abzug des kapitalisierten Erbbauzinses noch ein sicherer Beleihungsraum übrig bleibt. Dies ist wegen der langen Laufzeit des Erbbaurechts meist nicht der Fall. Die Regelung in § 19 Abs. 2 ErbbauVO führt zu einer erheblichen Behinderung für eine nachrangige Belastung des Erbbaurechts.[305]

664 Der Rangrücktritt der Erbbauzinsreallast hat jedoch die Folge, daß der Erbbauzins im Falle einer Versteigerung des Erbbaurechts aus dem vorrangigen Grundpfandrecht nicht in das geringste Gebot fällt und daher mit dem Zuschlag erlischt (§§ 44, 52, 91 ZVG). Dies führt dazu, daß der Ersteher den Erbbauzins nicht zu übernehmen hat und ein sog. erbbauzinsloses Erbbaurecht entsteht.[306] Wenn der Grundstückseigentümer – wie meist – aus dem Erlös keinen dem kapitalisierten Erbbauzins entsprechenden Wertersatz erhält, hat er auf Jahrzehnte sein Grundstück dem Ersteher zinslos zur Verfügung gestellt. Der Ersteher hat einen nicht gerechtfertigten Gewinn gemacht.

665 In der Praxis wird auf zwei Wegen versucht, diese unbefriedigenden Ergebnisse zu vermeiden:

666 ● Üblich sind sog. „Stillhalteerklärungen" oder „Liegenbelassungsvereinbarungen". Zwischen dem Grundstückseigentümer und dem Grundpfandgläubiger wird vereinbart, daß die Vertragsschließenden

304 Vgl. Groth, DNotZ 1984, 372; Winkler, NJW 1985, 940, 943.
305 Ingenstau, ErbbauVO, § 19, Rn. 11.
306 BGHZ 81, 358, 361.

im Falle der Versteigerung des Erbbaurechts einen Antrag auf eine abweichende Feststellung des geringsten Gebots nach § 59 Abs. 1 Satz 1 ZVG stellen werden. Die Erbbauzinsreallast soll danach nicht mit dem Zuschlag erlöschen, sondern mit ihrem Hauptanspruch vom Ersteher übernommen werden.[307]

Das Problem dieser Vereinbarung besteht einmal darin, daß Rechtsnachfolger nur dann an die Abreden gebunden sind, wenn sie sich in gleicher Weise verpflichten. Dies ist jedoch bei einem Erwerb des Eigentums am belasteten Grundstück im Wege der Zwangsversteigerung nicht der Fall.

In der Praxis ist es oft schwierig, im Verfahren die Zustimmung der anderen nach § 10 Abs. 1 ZVG vorrangigen Berechtigten für ein Ausgebot unter der Bedingung des Bestehenbleibens des Rechts einzuholen. Dies wird oft nicht gelingen. Das Versteigerungsgericht hat dann ein Doppelausgebot nach § 59 Abs. 2 ZVG vorzunehmen. Ob in solchen Fällen dann ein Zuschlag zu den abweichenden Versteigerungsbedingungen erfolgen kann, hängt vom Umfang der anderen vorrangigen Ansprüche und dem Ergebnis des Ausgebots ab.[308]

- Kommt eine „Stillhalteerklärung" oder eine „Liegenbelassungsvereinbarung" nicht zustande oder muß trotz einer solchen Abrede zu den gesetzlichen Bedingungen der Zuschlag erteilt werden, so kann der Grundstückseigentümer versuchen, nach § 91 Abs. 2 ZVG mit dem Ersteher das Bestehenbleiben des Erbbauzinses zu vereinbaren.[309] Das Zustandekommen einer solchen Vereinbarung mit dem Ersteher wird davon abhängen, wie hoch der Kapitalisierungsbetrag für die Erbbauzinsreallast ist und welches Ergebnis in der Versteigerung erzielt worden ist.[310] Der Ersteher wird sich in der Regel überlegen, ob die volle Zahlung seines Gebots oder die Übernahme des Erbbauzinses für ihn wirtschaftlich günstiger ist.

       667

---

307 Vgl. v. Oefele/Winkler, Handbuch des Erbbaurechts, 6. Kapitel, Rn. 229–234; Ingenstau, ErbbauVO, § 9 Rn. 86.

308 Tradt, DNotZ 1984, 370, 371, meint, daß in der Regel der Zuschlag zu den abweichenden Bedingungen erteilt wird.
Winkler, NJW 1985, 940, 943 und Ingenstau, a. a. O., sehen dagegen eine erhebliche Gefahr, daß der Zuschlag trotz der Liegenbelassungsvereinbarung zu den gesetzlichen Bedingungen erteilt werden muß.

309 Vgl. v. Oefele/Winkler, a. a. O., Rn. 235.

310 Vgl. Groth, DNotZ 1984, 372, 373.

668 Die mit einem Rangrücktritt verbundenen gesetzlichen Rechtsfolgen und das sich daraus ergebende Risiko für den Grundstückseigentümer können mithin nicht durch vertragliche Vereinbarungen vollständig kompensiert werden. Aus diesen Erwägungen ist der Gesetzgeber im Schrifttum zu einer Korrektur der gesetzlichen Regelungen aufgefordert worden.[311]

2. Lösungen

669 Der Regierungsentwurf (BT-Drs. 12/5992, S. 47) enthielt in Art. 2 § 1 eine Lösung, die vorsah, daß ein schuldrechtlicher Anspruch auf Zahlung eines in der Höhe bestimmten Erbbauzinses künftig zum vertraglichen Inhalt des Erbbaurechts sollte bestimmt werden können.

Der Ersteher wäre damit in diese vertraglichen Verpflichtungen eingetreten und hätte vom Zuschlag an den Erbbauzins zu zahlen gehabt.

Dies war ein erstes Konzept, das ein erbbauzinsloses Erbbaurecht verhindert hätte. Es war den an der Gesetzgebung Beteiligten klar, daß dies nur eine Teillösung des Problems hätte sein können. Das Verhältnis zwischen der dinglichen Sicherung des Erbbauzinses durch eine Reallast und dem schuldrechtlich vereinbarten Anspruch auf den Erbbauzins war nicht klargestellt. Eine Lösung, die auch das Bestehenbleiben der notwendigen Wertsicherung ermöglicht hätte, war noch nicht gefunden.

670 Für eine umfängliche Erörterung dieser Problematik blieb vor der Beschlußfassung über den Regierungsentwurf zur Sachenrechtsbereinigung, die unter einem erheblichen Zeitdruck stand, keine Zeit. Sie wurde auf die Sommerpause 1993 verschoben. Die Regelung im Gesetz ist Folge einer Besprechung zwischen Vertretern der Bundesregierung, der Landesjustizverwaltungen, der Bundesbank, der Kreditwirtschaft, der Bundesnotarkammer und des Bundesgerichtshofes im August 1993 im Bundesministerium der Justiz.

a) Erbbauzins als Inhalt des Erbbaurechts

671 Eine Lösung hätte darin bestanden, den Erbbauzins künftig als vertragsmäßig vereinbaren Inhalt des Erbbaurechts zu bestimmen. Nach § 2 ErbbauVO können schuldrechtliche Vereinbarungen im Erbbaurechtsvertrag zum Inhalt des Erbbaurechts erhoben werden, wodurch sie dingliche Wirkungen gegenüber Rechtsnachfolgern und gegenüber Dritten

---

311 Vgl. Ingenstau, a. a. O.; Ruland, NJW 1973, 96, 97; Winkler, NJW 1985, 940, 945.

(insbesondere Realkreditgläubigern) erhalten. Dies führt dazu, daß die Wirkung einer Vereinbarung über das Bestehenbleiben des Erbbauzins nach § 91 Abs. 2 ZVG zwischen dem Grundstückseigentümer und dem Ersteher kraft Gesetzes eingetreten wären.

Der Regierungsentwurf ging einen ersten Schritt in diese Richtung. Für dieses Konzept sprach, daß sich die wirtschaftliche und soziale Bedeutung des Erbbaurechts seit dem Inkrafttreten der ErbbauVO im Jahre 1919 verändert hat und Erbbaurechte zunehmend auch zu dem Zweck bestellt werden, Einkünfte aus dem Erbbauzins zu erzielen.[312] Ein Erbbaurecht, dessen Inhalt (auch) die Erzielung von Zinsen ist, hätte diese Veränderung zum Ausdruck gebracht.   672

Die Sicherung des Erbbauzinses durch Reallast wäre verzichtbar geworden. Ein Auseinanderfallen zwischen dinglichem und schuldrechtlichem Erbbauzins hätte es nicht geben müssen. Die ohnehin bisher „nur" schuldrechtlich geregelte Anpassung hätte in den vertragsmäßigen Inhalt des Erbbaurechts einbezogen werden können.   673

Einer besonderen Regelung wäre für die Vollstreckung des Grundstückseigentümers wegen rückständiger Erbbauzinsen in das Erbbaurecht erforderlich gewesen. Eine Kapitalisierung für die Zukunft wäre wegen des Bestehenbleibens des Erbbauzinses als Inhalt des Erbbaurechts ausgeschlossen. In bestimmtem Umfang (Rückstände der letzten zwei Jahre) hätte dem Anspruch des Grundstückseigentümers auf den Erbbauzins Vorrang vor den Grundpfandrechten eingeräumt werden können.   674

b) Anpassung und Bestehenbleiben der Reallast

Die vorstehende Lösung ist nicht Gesetz geworden. Eine Änderung der Regelungen über die Erbbauzinsreallast wurde einer nur für das Erbbaurecht geltenden Verdinglichung schuldrechtlicher Ansprüche vorgezogen.[313]   675

Wie bei den anderen Reallasten[314] ist nunmehr auch bei der Erbbauzinsreallast möglich, eine Anpassung an veränderte Verhältnisse nach einem bestimmten Maßstab als Inhalt des dinglichen Rechts zu verein-   676

---

312 Vgl. BGHZ 100, 107, 114.
313 Vgl. BT-Drs. 12/5992, S. 193.
314 Vgl. BGHZ 111, 224, 326; OLG Celle – Beschluß vom 13. April 1977 – 4 Wx 5/77 – DNotZ 1977, 548, 549.

baren (§ 9 Abs. 2 Satz 2 ErbbauVO – neu). Hierfür ist die Zustimmung des Inhabers der dinglichen Rechte am Erbbaurecht erforderlich, da deren Aussichten auf Befriedigung im Falle einer Zwangsversteigerung gefährdet werden, wenn die Anpassung des Erbbauzinses über die Steigerung des Bodenwerts hinausgeht.

677   Weiter kann mit Zustimmung der Inhaber vorrangiger oder im Range gleichstehender dinglicher Rechte am Erbbaurecht vereinbart werden, daß die Erbbauzinsreallast in der Zwangsversteigerung mit ihrem Hauptanspruch bestehenbleibt, also keine Kapitalisierung eintritt (§ 9 Abs. 3 ErbbauVO, § 52 Abs. 2 Satz 2 ZVG – neu). Damit werden Wirkungen wie in den Fällen einer „Stillhalteerklärung" oder einer „Liegenbelassungsvereinbarung" herbeigeführt; wobei diese jedoch auch gegenüber Rechtsnachfolgern dinglich gesichert sind.[315]

3. Zusammenfassung

678   Für die Zukunft ist zu erwarten, daß die Grundstückseigentümer und die Realkreditgläubiger von den neu geschaffenen Möglichkeiten Gebrauch machen werden. Wertgesicherte und zwangsversteigerungsfeste Erbbauzinsreallasten dürften bald üblich sein. Gefahren für die Beleihbarkeit des Erbbaurechts sind nicht zu befürchten. Die Umwandlung bestehender Reallasten ist von der Zustimmung der Realkreditgläubiger abhängig. Bei einer Neubelastung werden die Kreditgläubiger den Inhalt der Reallast insbesondere darauf zu prüfen haben, daß die Anpassung des Erbbauzinses nicht über den Anstieg des Bodenwerts hinausgeht. Dies wird – zusammen mit der sich aus § 9a ErbbauVO ergebenden Beschränkungen – voraussichtlich zu angemessenen, nicht übermäßigen Anpassungsvereinbarungen führen.

II. Änderungen des zivlrechtlichen Rechtsschutzes gegenüber Immissionen

679   In den Ausschußberatungen ist weiter eine Änderung des § 906 Abs. 1 BGB beschlossen worden. Zweck der Änderung ist es, eine Harmonisierung der Maßstäbe zwischen öffentlich-rechtlichem und bürgerlich-rechtlichem Immissionsschutz zu erreichen.

---

315 Vgl. BT-Drs. 12/5992, S. 194.

Ein zivilrechtlicher Abwehranspruch gegen Immissionen ist nach § 906 **680** Abs. 1 BGB ausgeschlossen, wenn die Einwirkung auf das Grundstück dessen Benutzung nicht oder nur unwesentlich beeinträchtigt. Die Beurteilung, ob eine Beeinträchtigung wesentlich oder unwesentlich ist, wird als Tatfrage angesehen, wobei die in Rechtssätzen und Verwaltungsvorschriften enthaltenen Grenzwerte eine indizielle Bedeutung für die Beurteilung der Unwesentlichkeit oder Wesentlichkeit haben.[316]

Die Gesetzesänderung führt zu einer indiziellen Bindung des Zivilrich- **681** ters an diese Vorschriften. Bislang mußte der Emittent die Unwesentlichkeit darlegen und beweisen. Künftig hat der Emittent nur noch die Darlegungs- und Beweislast dafür, die Richt- oder die Grenzwerte eingehalten zu haben. Ist dies der Fall, hat der Nachbar gegebenenfalls darzulegen und zu beweisen, daß die Beeinträchtigung dennoch wegen besonderer Umstände wesentlich ist.[317]

Im übrigen geht die Gesetzesänderung nicht über die in der Rechtspre- **682** chung bereits erreichte Harmonisierung zwischen öffentlich-rechtlichem und bürgerlich-rechtlichem Nachbarschutz hinaus. Eine unmittelbare Bindung des zivilrechtlichen Nachbarschutzes an planungsrechtlichen Entscheidungen (insbesondere in den Bebauungsplänen) ist bewußt nicht herbeigeführt worden. Hierfür hätte es einer stärkeren Konkretisierung der Feststellungen in den Plänen in bezug auf höchstzulässige Immissionswerte und im Verfahren einer Sicherung der Rechte der unmittelbar betroffenen Nachbarn bedurft. Eine umfängliche Änderung des Nachbarschutzes und des Baurechts konnte im Zusammenhang mit der Sachenrechtsbereinigung nicht geleistet werden.

---

316 Vgl. BGHZ 111, 63 = NJW 1990, 2465, 2466.
317 Vgl. BT-Drs. 12/7425, S. 88.

Anhang:
Gesetz zur Änderung sachenrechtlicher Bestimmungen (Sachenrechtsänderungsgesetz — SachenRÄndG)

Text

Artikel 1
Gesetz zur Sachenrechtsbereinigung im Beitrittsgebiet (Sachenrechtsbereinigungsgesetz — SachenRBerG)

Kapitel 1: Gegenstände der Sachenrechtsbereinigung

§ 1 Betroffene Rechtsverhältnisse

(1) Dieses Gesetz regelt Rechtsverhältnisse an Grundstücken in dem in Artikel 3 des Einigungsvertrages genannten Gebiet (Beitrittsgebiet),

1. a) an den Nutzungsrechte verliehen oder zugewiesen wurden,
    b) auf denen vom Eigentum am Grundstück getrenntes selbständiges Eigentum an Gebäuden oder an baulichen Anlagen entstanden ist,
    c) die mit Billigung staatlicher Stellen von einem anderen als dem Grundstückseigentümer für bauliche Zwecke in Anspruch genommen wurden, oder
    d) auf denen nach einem nicht mehr erfüllten Kaufvertrag ein vom Eigentum am Grundstück getrenntes selbständiges Eigentum am Gebäude oder an einer baulichen Anlage entstehen sollte,

2. die mit Erbbaurechten, deren Inhalt gemäß § 5 Abs. 2 des Einführungsgesetzes zum Zivilgesetzbuch der Deutschen Demokratischen Republik umgestaltet wurde, belastet sind,

3. an denen nach § 459 des Zivilgesetzbuchs der Deutschen Demokratischen Republik kraft Gesetzes ein Miteigentumsanteil besteht, oder

4. auf denen andere natürliche oder juristische Personen als der Grundstückseigentümer bauliche Erschließungs-, Entsorgungs- oder Versorgungsanlagen, die nicht durch ein mit Zustimmung des Grundstückseigentümers begründetes Mitbenutzungsrecht gesichert sind, errichtet haben.

(2) Ist das Eigentum an einem Grundstück dem Nutzer nach Maßgabe besonderer Gesetze zugewiesen worden oder zu übertragen, finden die Bestimmungen dieses Gesetzes keine Anwendung.

(3) Die Übertragung des Eigentums an einem für den staatlichen oder genossenschaftlichen Wohnungsbau verwendeten Grundstück auf die Kommune erfolgt nach dem Einigungsvertrag und dem Vermögenszuordnungsgesetz und auf ein in § 9 Abs. 2 Nr. 2 genanntes Wohnungsunternehmen nach dem Wohnungsgenossenschafts-Vermögensgesetz, wenn das Eigentum am Grundstück

1. durch Inanspruchnahmeentscheidung nach dem Aufbaugesetz vom 6. September 1950 (GBl. Nr. 104 S. 965) und die zu seinem Vollzug erlassenen Vorschriften oder

2. durch bestandskräftigen Beschluß über den Entzug des Eigentumsrechts nach dem Baulandgesetz vom 15. Juni 1984 (GBl. I Nr. 17 S. 201) und die zu seinem Vollzug erlassenen Vorschriften

entzogen worden ist oder in sonstiger Weise Volkseigentum am Grundstück entstanden war. Grundbucheintragungen, die abweichende Eigentumsverhältnisse ausweisen, sind unbeachtlich.

§ 2 Nicht einbezogene Rechtsverhältnisse

(1) Dieses Gesetz ist nicht anzuwenden, wenn der Nutzer das Grundstück

1. am 2. Oktober 1990 aufgrund eines Vertrages oder eines verliehenen Nutzungsrechts zur Erholung, Freizeitgestaltung oder kleingärtnerischen Bewirtschaftung oder als Standort für ein persönliches, jedoch nicht Wohnzwecken dienendes Gebäude genutzt hat,

2. aufgrund eines Miet-, Pacht- oder sonstigen Nutzungsvertrages zu anderen als den in Nummer 1 genannten Zwecken bebaut hat, es sei denn, daß der Nutzer auf vertraglicher Grundlage eine bauliche Investition vorgenommen hat,

   a) die in den §§ 5 bis 7 bezeichnet ist oder

   b) zu deren Absicherung nach den Rechtsvorschriften der Deutschen Demokratischen Republik das Grundstück hätte als Bauland bereitgestellt werden und eine der in § 3 Abs. 2 Satz 1 bezeichneten Rechtspositionen begründet werden müssen,

3. mit Anlagen zur Verbesserung der land- und forstwirtschaftlichen Bodennutzung (wie Anlagen zur Beregnung, Drainagen) bebaut hat,

4. mit Gebäuden, die öffentlichen Zwecken gewidmet sind und bestimmten Verwaltungsaufgaben dienen (insbesondere Dienstgebäude, Universitäten, Schulen), oder mit dem Gemeingebrauch gewidmeten Anlagen bebaut hat, es sei denn, daß die Grundstücke im komplexen Wohnungsbau oder Siedlungsbau verwendet wurden oder in einem anderen nach einer einheitlichen Bebauungskonzeption überbauten Gebiet liegen, oder

5. aufgrund öffentlich-rechtlicher Bestimmungen der Deutschen Demokratischen Republik, die nach dem Einigungsvertrag fortgelten, bebaut hat.

Satz 1 Nr. 1 ist entsprechend anzuwenden auf die von den in § 459 Abs. 1 Satz 1 des Zivilgesetzbuchs der Deutschen Demokratischen Republik bezeichneten juristischen Personen auf vertraglich genutzten Grundstücken zur Erholung, Freizeitgestaltung oder kleingärtnerischen Bewirtschaftung errichteten Gebäude, wenn diese allein zur persönlichen Nutzung durch Betriebsangehörige oder Dritte bestimmt waren. Dies gilt auch für Gebäude und bauliche Anlagen, die innerhalb einer Ferienhaus- oder Wochenendhaus- oder anderen Erholungszwecken dienenden Siedlung belegen sind und dieser als gemeinschaftliche Einrichtung dienen oder gedient haben.

(2) Dieses Gesetz gilt ferner nicht, wenn der Nutzer

1. eine Partei, eine mit ihr verbundene Massenorganisation oder eine juristische Person im Sinne der §§ 20a und 20b des Parteiengesetzes der Deutschen Demokratischen Republik ist, oder

2. ein Unternehmen oder ein Rechtsnachfolger eines Unternehmens ist, das bis zum 31. März 1990 oder zu einem früheren Zeitpunkt zum Bereich „Kommerzielle Koordinierung" gehört hat.

(3) Die Bestimmungen über die Ansprüche eines Mitglieds einer landwirtschaftlichen Produktionsgenossenschaft oder des Nachfolgeunternehmens nach §§ 43 bis 50 und 64b des Landwirtschaftsanpassungsgesetzes gehen den Regelungen dieses Gesetzes vor.

Kapitel 2: Nutzung fremder Grundstücke durch den Bau oder den Erwerb von Gebäuden

Abschnitt 1: Allgemeine Bestimmungen

Unterabschnitt 1: Grundsätze

§ 3 Regelungsinstrumente und Regelungsziele

(1) In den in § 1 Abs. 1 Nr. 1 bezeichneten Fällen können Grundstückseigentümer und Nutzer (Beteiligte) zur Bereinigung der Rechtsverhältnisse an den Grundstücken Ansprüche auf Bestellung von Erbbaurechten oder auf Ankauf der Grundstücke oder der Gebäude nach Maßgabe dieses Kapitels geltend machen. Die Beteiligten können von den gesetzlichen Bestimmungen über den Vertragsinhalt abweichende Vereinbarungen treffen.

(2) Die Bereinigung erfolgt zur

1. Anpassung der nach dem Recht der Deutschen Demokratischen Republik bestellten Nutzungsrechte an das Bürgerliche Gesetzbuch und seine Nebengesetze,

2. Absicherung aufgrund von Rechtsträgerschaften vorgenommener baulicher Investitionen, soweit den Nutzern nicht das Eigentum an den Grundstücken zugewiesen worden ist, und

3. Regelung der Rechte am Grundstück beim Auseinanderfallen von Grundstücks- und Gebäudeeigentum.

Nach Absatz 1 sind auch die Rechtsverhältnisse zu bereinigen, denen bauliche Investitionen zugrunde liegen, zu deren Absicherung nach den Rechtsvorschriften der Deutschen Demokratischen Republik eine in Satz 1 bezeichnete Rechtsposition vorgesehen war, auch wenn die Absicherung nicht erfolgt ist.

(3) Nach diesem Gesetz sind auch die Fälle zu bereinigen, in denen der Nutzer ein Gebäude oder eine bauliche Anlage gekauft hat, die Bestellung eines Nutzungsrechts aber ausgeblieben und selbständiges, vom Eigentum am Grundstück getrenntes Eigentum am Gebäude nicht entstanden ist, wenn der Nutzer aufgrund des Vertrags Besitz am Grundstück erlangt hat oder den Besitz ausgeübt hat. Dies gilt nicht, wenn der Vertrag

1. wegen einer Pflichtverletzung des Käufers nicht erfüllt worden ist,

2. wegen Versagung einer erforderlichen Genehmigung aus anderen als den in § 6 der Verordnung über die Anmeldung vermögensrechtlicher Ansprüche in der Fassung der Bekanntmachung vom 11. Oktober 1990 (BGBl. I S. 2162) genannten Gründen nicht durchgeführt werden konnte oder

3. nach dem 18. Oktober 1989 abgeschlossen worden ist und das Grundstück nach den Vorschriften des Vermögensgesetzes an den Grundstückseigentümer zurückzuübertragen ist oder zurückübertragen wurde; für diese Fälle gilt § 121.

Unterabschnitt 2: Anwendungsbereich

§ 4 Bauliche Nutzungen

Die Bestimmungen dieses Kapitels sind anzuwenden auf

1. den Erwerb oder den Bau eines Eigenheimes durch oder für natürliche Personen (§ 5),

2. den staatlichen oder genossenschaftlichen Wohnungsbau (§ 6),

3. den Bau von Wohngebäuden durch landwirtschaftliche Produktionsgenossenschaften sowie die Errichtung gewerblicher, landwirtschaftlicher oder öffentlichen Zwecken dienender Gebäude (§ 7) und

4. die von der Deutschen Demokratischen Republik an ausländische Staaten verliehenen Nutzungsrechte (§ 110).

§ 5 Erwerb oder Bau von Eigenheimen

(1) Auf den Erwerb oder den Bau von Eigenheimen ist dieses Gesetz anzuwenden, wenn

1. nach den Gesetzen der Deutschen Demokratischen Republik über den Verkauf volkseigener Gebäude vom 15. September 1954 (GBl. I Nr. 81 S. 784), vom 19. Dezember 1973 (GBl. I Nr. 58 S. 578) und vom 7. März 1990 (GBl. I Nr. 18 S. 157) Eigenheime verkauft worden sind und selbständiges Eigentum an den Gebäuden entstanden ist,

2. Nutzungsrechte verliehen oder zugewiesen worden sind (§§ 287, 291 des Zivilgesetzbuchs der Deutschen Demokratischen Republik) oder

3. Grundstücke mit Billigung staatlicher Stellen in Besitz genommen und mit einem Eigenheim bebaut worden sind. Dies ist insbesondere der Fall, wenn

    a) Wohn- und Stallgebäude für die persönliche Hauswirtschaft auf zugewiesenen, ehemals genossenschaftlich genutzten Grundstücken nach den Musterstatuten für die landwirtschaftlichen Produktionsgenossenschaften errichtet wurden,

    b) Eigenheime von einem Betrieb oder einer Produktionsgenossenschaft errichtet und anschließend auf einen Bürger übertragen wurden,

    c) Bebauungen mit oder an Eigenheimen aufgrund von Überlassungsverträgen erfolgten,

d) Eigenheime aufgrund von Nutzungsverträgen auf Flächen gebaut wurden, die Gemeinden oder anderen staatlichen Stellen von einer landwirtschaftlichen Produktionsgenossenschaft als Bauland übertragen wurden,

e) als Wohnhäuser geeignete und hierzu dienende Gebäude aufgrund eines Vertrages zur Nutzung von Bodenflächen zur Erholung (§§ 312 bis 315 des Zivilgesetzbuchs der Deutschen Demokratischen Republik) mit Billigung staatlicher Stellen errichtet wurden, es sei denn, daß der Überlassende dieser Nutzung widersprochen hatte,

f) Eigenheime auf vormals volkseigenen, kohlehaltigen Siedlungsflächen, für die Bodenbenutzungsscheine nach den Ausführungsverordnungen zur Bodenreform ausgestellt wurden, mit Billigung staatlicher Stellen errichtet worden sind, oder

g) Eigenheime aufgrund einer die bauliche Nutzung des fremden Grundstücks gestattenden Zustimmung nach der Eigenheimverordnung der Deutschen Demokratischen Republik vom 31. August 1978 (GBl. I Nr. 40 S. 425) oder einer anderen Billigung staatlicher Stellen errichtet wurden, die Verleihung oder Zuweisung eines Nutzungsrechts jedoch ausblieb, die nach den Rechtsvorschriften der Deutschen Demokratischen Republik für diese Art der Bebauung vorgeschrieben war.

(2) Eigenheime sind Gebäude, die für den Wohnbedarf bestimmt sind und eine oder zwei Wohnungen enthalten. Die Bestimmungen über Eigenheime gelten auch für mit Billigung staatlicher Stellen errichtete Nebengebäude (wie Werkstätten, Lagerräume).

(3) Gebäude, die bis zum Ablauf des 2. Oktober 1990 von den Nutzern zur persönlichen Erholung, Freizeitgestaltung oder zu kleingärtnerischen Zwecken genutzt wurden, sind auch im Falle einer späteren Nutzungsänderung keine Eigenheime. Eine Nutzung im Sinne des Satzes 1 liegt auch vor, wenn der Nutzer in dem Gebäude zwar zeitweise gewohnt, dort jedoch nicht seinen Lebensmittelpunkt hatte.

§ 6 Staatlicher oder genossenschaftlicher Wohnungsbau

Auf den staatlichen oder genossenschaftlichen Wohnungsbau findet dieses Kapitel Anwendung, wenn

1. staatliche Investitionsauftraggeber oder ehemals volkseigene Betriebe der Wohnungswirtschaft mit privaten Grundstückseigentümern oder staatlichen Verwaltern Nutzungsverträge, die die Bebauung des Grundstücks gestattet haben, abgeschlossen und die Grundstücke bebaut haben oder

2. Grundstücke mit Billigung staatlicher Stellen ohne eine der Bebauung entsprechende Regelung der Eigentumsverhältnisse mit Gebäuden bebaut worden sind.

§ 7 Andere bauliche Nutzungen

(1) Dieses Kapitel regelt auch die bauliche Nutzung fremder Grundstücke für land-, forstwirtschaftlich, gewerblich (einschließlich industriell) genutzte oder

öffentlichen Zwecken dienende Gebäude sowie für Wohnhäuser, die durch landwirtschaftliche Produktionsgenossenschaften errichtet oder erworben worden sind.

(2) Eine bauliche Nutzung im Sinne des Absatzes 1 liegt insbesondere dann vor, wenn

1. Genossenschaften mit gewerblichem oder handwerklichem Geschäftsgegenstand Nutzungsrechte auf volkseigenen Grundstücken verliehen worden sind,

2. den in Nummer 1 bezeichneten Genossenschaften Rechtsträgerschaften an Grundstücken übertragen worden sind, sie die Grundstücke bebaut und sie den Bau ganz oder überwiegend mit eigenen Mitteln finanziert haben,

3. Vereinigungen Nutzungsrechte verliehen worden sind oder sie Grundstücke als Rechtsträger bebaut und den Bau ganz oder überwiegend mit eigenen Mitteln finanziert haben,

4. vormals im Register der volkseigenen Wirtschaft eingetragene oder einzutragende Betriebe oder staatliche Stellen mit privaten Grundstückseigentümern oder staatlichen Verwaltern Nutzungsverträge geschlossen haben, die die Bebauung der Grundstücke gestattet haben, und sie die Grundstücke bebaut haben,

5. landwirtschaftliche Produktionsgenossenschaften ihrem vormaligen gesetzlich begründeten genossenschaftlichen Bodennutzungsrecht unterliegende Grundstücke bebaut oder auf ihnen stehende Gebäude erworben haben,

6. Handwerker oder Gewerbetreibende für die Ausübung ihres Berufes genutzte, vormals volkseigene Grundstücke mit Billigung staatlicher Stellen mit einem Gebäude oder einer baulichen Anlage bebaut haben oder

7. a) staatliche Stellen fremde, in Privateigentum stehende Grundstücke

   aa) mit Gebäuden oder baulichen Anlagen bebaut haben, die nicht öffentlichen Zwecken gewidmet sind und nicht unmittelbar Verwaltungsaufgaben dienen oder

   bb) für den Bau von Gebäuden, baulichen Anlagen, Verkehrsflächen und für Zwecke des Gemeingebrauchs verwendet haben, wenn diese im komplexen Wohnungsbau oder im Siedlungsbau (§ 11) belegen sind,

   b) vormals volkseigene Betriebe im Sinne der Nummer 4 oder Genossenschaften im Sinne der Nummer 1 fremde, in Privateigentum stehende Grundstücke mit betrieblich genutzten Gebäuden oder baulichen Anlagen ohne eine der Bebauung entsprechende Regelung der Eigentumsverhältnisse oder ohne vertragliche Berechtigung bebaut haben.

§ 8 Zeitliche Begrenzung

Die Bestimmungen dieses Kapitels sind nur anzuwenden, wenn der Bau oder Erwerb des Gebäudes oder der baulichen Anlage nach dem 8. Mai 1945 erfolgt ist und

1. selbständiges Eigentum an einem Gebäude oder an einer baulichen Anlage entstanden ist,

2. ein Nutzungsrecht bis zum Ablauf des 30. Juni 1990 zugewiesen oder bis zum Ablauf des 2. Oktober 1990 verliehen worden ist oder

3. auf den Flächen, die dem aufgehobenen Bodennutzungsrecht der landwirtschaftlichen Produktionsgenossenschaften unterlagen, bis zum Ablauf des 30. Juni 1990, auf allen anderen Flächen bis zum Ablauf des 2. Oktober 1990, mit dem Bau eines Gebäudes oder einer baulichen Anlage begonnen worden ist.

Unterabschnitt 3: Begriffsbestimmungen

§ 9 Nutzer

(1) Nutzer im Sinne dieses Gesetzes sind natürliche oder juristische Personen des privaten und des öffentlichen Rechts in nachstehender Reihenfolge:

1. der im Grundbuch eingetragene Eigentümer eines Gebäudes,

2. der Inhaber eines verliehenen oder zugewiesenen Nutzungsrechts,

3. der Eigentümer des Gebäudes oder der baulichen Anlage, wenn außerhalb des Grundbuchs selbständiges, vom Eigentum am Grundstück unabhängiges Eigentum entstanden ist,

4. der aus einem Überlassungsvertrag berechtigte Nutzer,

5. derjenige, der mit Billigung staatlicher Stellen ein Gebäude oder eine bauliche Anlage errichtet hat,

6. derjenige, der ein Gebäude oder eine bauliche Anlage gekauft hat, wenn die Bestellung eines Nutzungsrechts ausgeblieben und selbständiges, vom Eigentum am Grundstück getrenntes Eigentum am Gebäude nicht entstanden ist,

7. der in § 121 bezeichnete Käufer eines Grundstücks, eines Gebäudes oder einer baulichen Anlage

oder deren Rechtsnachfolger. Satz 1 ist nicht anzuwenden, wenn eine andere Person rechtskräftig als Nutzer festgestellt und in dem Rechtsstreit dem Grundstückseigentümer der Streit verkündet worden ist.

(2) Rechtsnachfolger sind auch

1. Käufer eines Gebäudes oder einer baulichen Anlage, wenn der Kaufvertrag bis zum Ablauf des 2. Oktober 1990 abgeschlossen wurde und nach den Rechtsvorschriften der Deutschen Demokratischen Republik selbständiges Gebäudeeigentum nicht entstanden war,

2. die aus den volkseigenen Betrieben der Wohnungswirtschaft oder Arbeiterwohnungsbaugenossenschaften, gemeinnützigen Wohnungsbaugenossenschaften und sonstigen Wohnungsgenossenschaften, denen Gebäude oder Gebäudeteile nach Durchführung eines Investitionsvorhabens des staatlichen oder genossenschaftlichen Wohnungsbaus zur Nutzung sowie zur selbständigen Bewirtschaftung und Verwaltung übertragen worden waren, hervorgegangenen kommunalen Wohnungsgesellschaften, Wohnungsunternehmen sowie Wohnungsgenossenschaften und die Kommunen, oder

3. Genossenschaften mit gewerblichem oder handwerklichem Geschäftsgegenstand sowie Vereinigungen nach Absatz 3, wenn sie als Investitionsauftraggeber den Bau von Gebäuden oder baulichen Anlagen, die ihnen von staat-

lichen Hauptauftraggebern nach Errichtung zur Nutzung sowie zur selbständigen Bewirtschaftung und Verwaltung zur Verfügung gestellt worden sind, ganz oder überwiegend mit eigenen Mitteln finanziert haben.

(3) Landwirtschaftliche Produktionsgenossenschaften im Sinne dieses Kapitels sind auch die in § 46 des Gesetzes über die landwirtschaftlichen Produktionsgenossenschaften vom 2. Juli 1982 (GBl. I Nr. 25 S. 443), zuletzt geändert durch das Gesetz über die Änderung oder Aufhebung von Gesetzen der Deutschen Demokratischen Republik vom 28. Juni 1990 (GBl. I Nr. 38 S. 483), bezeichneten Genossenschaften und rechtsfähigen Kooperationsbeziehungen sowie die durch Umwandlung, Zusammenschluß oder Teilung entstandenen Nachfolgeunternehmen. Vereinigungen im Sinne dieses Kapitels sind auch gesellschaftliche Organisationen nach § 18 Abs. 4 des Zivilgesetzbuchs der Deutschen Demokratischen Republik, die als rechtsfähige Vereine nach den §§ 21 und 22 des Bürgerlichen Gesetzbuchs fortbestehen und nicht Parteien, mit ihnen verbundene Organisationen, juristische Personen oder Massenorganisationen nach § 2 Abs. 2 Nr. 1 sind.

(4) Auf die Ausübung der in diesem Kapitel begründeten Ansprüche durch Ehegatten sind in den Fällen des Absatzes 1 Nr. 4 und 5 die Bestimmungen über das gemeinschaftliche Eigentum der Ehegatten in Artikel 234 § 4a des Einführungsgesetzes zum Bürgerlichen Gesetzbuche entsprechend anzuwenden, wenn der Vertragsschluß oder die Bebauung des Grundstücks vor Ablauf des 2. Oktober 1990 und während der Ehe erfolgte.

§ 10 Billigung staatlicher Stellen

(1) Billigung staatlicher Stellen ist jede Handlung, insbesondere von Verwaltungsstellen, Vorständen landwirtschaftlicher Produktionsgenossenschaften oder sonstigen Organen, die nach in der Deutschen Demokratischen Republik üblicher Staats- oder Verwaltungspraxis die bauliche Nutzung fremder Grundstücke vor Klärung der Eigentumsverhältnisse oder ohne Bestellung eines Nutzungsrechts ausdrücklich anordnete oder gestattete. Dies gilt auch, wenn die zu beachtenden Rechtsvorschriften nicht eingehalten worden sind.

(2) Ist für die bauliche Maßnahme eine Bauzustimmung oder Baugenehmigung erteilt worden, ist zugunsten des Nutzers zu vermuten, daß die bauliche Nutzung des Grundstücks mit Billigung staatlicher Stellen erfolgt ist. Das gleiche gilt, wenn in einem Zeitraum von fünf Jahren nach Fertigstellung des Gebäudes vor Ablauf des 2. Oktober 1990 eine behördliche Verfügung zum Abriß nicht ergangen ist.

§ 11 Komplexer Wohnungsbau oder Siedlungsbau

(1) Komplexer Wohnungsbau im Sinne dieses Gesetzes sind Wohngebiete für den staatlichen oder genossenschaftlichen Wohnungsbau, die entsprechend den Rechtsvorschriften der Deutschen Demokratischen Republik im Zeitraum vom 7. Oktober 1949 bis zum Ablauf des 2. Oktober 1990 nach einer einheitlichen Bebauungskonzeption oder einem Bebauungsplan für die Gesamtbebauung des jeweiligen Bauvorhabens (Standort) vorbereitet und gebaut worden sind. Wohngebiete im Sinne von Satz 1 sind insbesondere großflächige Wohnanlagen in

randstädtischen oder innerstädtischen Lagen sowie Wohnanlagen an Einzelstandorten in städtischen oder dörflichen Lagen jeweils einschließlich Nebenanlagen, Versorgungseinrichtungen und Infrastruktur.

(2) Siedlungsbau im Sinne dieses Gesetzes sind Wohngebiete für den Eigenheimbau, die entsprechend den Rechtsvorschriften der Deutschen Demokratischen Republik in dem in Absatz 1 genannten Zeitraum nach einer einheitlichen Bebauungskonzeption oder einem Bebauungsplan für die Gesamtbebauung des jeweiligen Bauvorhabens (Standort) vorbereitet und neu bebaut worden sind.

§ 12 Bebauung

(1) Bebauungen im Sinne dieses Kapitels sind die Errichtung von Gebäuden sowie bauliche Maßnahmen an bestehenden Gebäuden, wenn

1. schwere Bauschäden vorlagen und die Nutzbarkeit des Gebäudes wiederhergestellt wurde (Rekonstruktion) oder

2. die Nutzungsart des Gebäudes verändert wurde

und die baulichen Maßnahmen nach ihrem Umfang und Aufwand einer Neuerrichtung entsprechen.

(2) Hat der Nutzer das Grundstück aufgrund eines Überlassungsvertrages vom staatlichen Verwalter erhalten, sind

1. Aus- und Umbauten, durch die die Wohn- oder Nutzfläche des Gebäudes um mehr als 50 vom Hundert vergrößert wurde, oder

2. Aufwendungen für bauliche Investitionen, deren Wert die Hälfte des Sachwerts des Gebäudes ohne Berücksichtigung der baulichen Investitionen des Nutzers zum Zeitpunkt der Vornahme der Aufwendungen überstiegen,

baulichen Maßnahmen im Sinne des Absatzes 1 gleichzustellen; für die Zeit vom Abschluß des Überlassungsvertrages bis zum Ablauf des 2. Oktober 1990 sind jährlich

a) zwei vom Hundert des Gebäuderestwertes in den ersten fünf Jahren nach dem Vertragsschluß,

b) einhalb vom Hundert des Gebäuderestwertes in den folgenden Jahren

für nicht nachweisbare bauliche Investitionen des Nutzers zusätzlich zu den nachgewiesenen Aufwendungen in Ansatz zu bringen. Frühere Investitionen des Nutzers sind mit ihrem Restwert zu berücksichtigen. Ist der Zeitpunkt der Aufwendungen nicht festzustellen, ist der 2. Oktober 1990 als Wertermittlungsstichtag zugrunde zu legen. Hat der Nutzer nach Ablauf des 2. Oktober 1990 notwendige Verwendungen vorgenommen, sind die dadurch entstandenen Aufwendungen dem nach Satz 1 Nr. 2 zu ermittelnden Wert seiner baulichen Investitionen hinzuzurechnen. Satz 4 ist nicht anzuwenden, wenn mit den Arbeiten nach dem 20. Juli 1993 begonnen wurde.

(3) Der Bebauung eines Grundstücks mit einem Gebäude steht die Errichtung oder die bauliche Maßnahme an einer baulichen Anlage im Sinne des Satzes 2 gleich. Bauliche Anlagen sind alle Bauwerke, die nicht Gebäude sind, wenn

1. deren bestimmungsgemäßer Gebrauch durch den Nutzer einen Ausschluß des Grundstückseigentümers von Besitz und Nutzung des Grundstücks voraussetzt,

2. die zur bestimmungsgemäßen Nutzung der baulichen Anlage erforderliche Fläche (Funktionsfläche) sich so über das gesamte Grundstück erstreckt, daß die Restfläche nicht baulich oder wirtschaftlich nutzbar ist, oder

3. die Funktionsfläche der baulichen Anlage nach den baurechtlichen Bestimmungen selbständig baulich nutzbar ist und vom Grundstück abgetrennt werden kann.

§ 13 Abtrennbare, selbständig nutzbare Teilfläche

(1) Eine Teilfläche ist abtrennbar, wenn sie nach Vermessung vom Stammgrundstück abgeschrieben werden kann.

(2) Eine Teilfläche ist selbständig baulich nutzbar, wenn sie gegenwärtig oder nach der in absehbarer Zeit zu erwartenden städtebaulichen Entwicklung bebaut werden kann. Sie ist auch dann selbständig baulich nutzbar, wenn sie zusammen mit einem anderen Grundstück oder mit einer von einem solchen Grundstück abtrennbaren Teilfläche ein erstmals selbständig bebaubares Grundstück ergibt.

(3) Abtrennbarkeit und selbständige bauliche Nutzbarkeit sind gegeben, wenn eine Teilungsgenehmigung nach § 120 erteilt worden ist.

Unterabschnitt 4: Erbbaurecht und Ankauf

§ 14 Berechtigte und Verpflichtete

(1) Durch die in diesem Kapitel begründeten Ansprüche werden der jeweilige Nutzer und Grundstückseigentümer berechtigt und verpflichtet. Kommen nach § 9 Abs. 1 Satz 1 mehrere Personen als Nutzer in Betracht, ist im Verhältnis zueinander derjenige Nutzer, der eine Bebauung nach § 12 vorgenommen hat.

(2) Die begründeten Ansprüche können nur mit dem Eigentum am Grundstück oder dem selbständigen Eigentum am Gebäude, dem Nutzungsrecht, den Rechten des Nutzers aus einem Überlassungsvertrag oder dem Besitz an dem mit Billigung staatlicher Stellen vom Nutzer errichteten oder erworbenen Gebäude übertragen werden, es sei denn, daß die Abtretung zu dem Zweck erfolgt, Grundstücke entsprechend der Bebauung zu bilden und an diesen Erbbaurechte zu bestellen oder die Grundstücke an die Nutzer zu veräußern.

(3) Ein Vertrag, aus dem ein Teil verpflichtet wird, die Ansprüche auf Bestellung eines Erbbaurechts oder zum Ankauf des Grundstücks oder eines Gebäudes oder einer baulichen Anlage zu übertragen, bedarf vom 1. Oktober 1994 an der notariellen Beurkundung. Ein ohne Beobachtung der Form geschlossener Vertrag wird seinem ganzen Inhalt nach gültig, wenn

1. der Erwerber als neuer Eigentümer des Grundstücks oder Gebäudes in das Grundbuch eingetragen wird,

2. ein die Rechte des Erwerbers sichernder Vermerk nach Artikel 233 § 2c Abs. 2 des Einführungsgesetzes zum Bürgerlichen Gesetzbuche oder nach § 92 Abs. 5 in das Grundbuch eingetragen wird oder

3. die in diesem Gesetz für den Grundstückseigentümer oder den Nutzer begründeten Ansprüche erfüllt worden sind.

§ 15 Verhältnis der Ansprüche

(1) Der Nutzer kann wählen, ob er die Bestellung eines Erbbaurechts verlangen oder das Grundstück ankaufen will.

(2) Die gesetzlichen Ansprüche des Nutzers beschränken sich auf den Ankauf des Grundstücks, wenn der nach § 19 in Ansatz zu bringende Bodenwert des Grundstücks nicht mehr als 100 000 Deutsche Mark oder im Falle der Bebauung mit einem Eigenheim nicht mehr als 30 000 Deutsche Mark beträgt.

(3) Ist der Grundstückseigentümer eine juristische Person, die nach ihrem Statut ihr Grundvermögen nicht veräußern darf, so kann er den Nutzer auf die Bestellung eines Erbbaurechts verweisen. Satz 1 ist nicht anzuwenden, wenn das Grundstück im komplexen Wohnungsbau oder Siedlungsbau bebaut oder für gewerbliche Zwecke in Anspruch genommen wurde, die Grenzen der Bebauung die Grundstücksgrenzen überschreiten und zur Absicherung der Bebauung neue Grundstücke gebildet werden müssen.

(4) Der Grundstückseigentümer kann ein vom Nutzer errichtetes oder erworbenes Wirtschaftsgebäude oder eine bauliche Anlage ankaufen oder, sofern selbständiges Gebäudeeigentum nicht besteht, die aus der baulichen Investition begründeten Rechte des Nutzers ablösen, wenn die in § 81 Abs. 1 bezeichneten Voraussetzungen vorliegen. Macht der Grundstückseigentümer von seinem Recht nach Satz 1 Gebrauch, so sind die in Absatz 1 bezeichneten Ansprüche des Nutzers ausgeschlossen.

§ 16 Ausübung des Wahlrechts

(1) Die Wahl erfolgt durch schriftliche Erklärung gegenüber dem anderen Teil. Mit der Erklärung erlischt das Wahlrecht.

(2) Auf Verlangen des Grundstückseigentümers hat der Nutzer innerhalb einer Frist von fünf Monaten die Erklärung über seine Wahl abzugeben.

(3) Gibt der Nutzer eine Erklärung nicht ab, kann der Grundstückseigentümer eine angemessene Nachfrist setzen. Eine Nachfrist von einem Monat ist angemessen, wenn nicht besondere Umstände eine längere Nachfrist erfordern. Mit dem Ablauf der Nachfrist geht das Wahlrecht auf den Grundstückseigentümer über, wenn nicht der Nutzer rechtzeitig die Wahl vornimmt.

§ 17 Pfleger für Grundstückseigentümer und Inhaber dinglicher Rechte

(1) Zur Verfolgung der Ansprüche des Nutzers ist auf dessen Antrag für den Grundstückseigentümer oder den Inhaber eines eingetragenen dinglichen Rechts ein Pfleger zu bestellen, wenn

1. nach den Eintragungen im Grundbuch das Eigentum oder das dingliche Recht an der mit einem Nutzungsrecht belasteten oder bebauten Fläche einer bestimmten Person nicht zugeordnet werden kann,

2. die Person des Berechtigten unbekannt ist,

3. der Aufenthaltsort des abwesenden Berechtigten unbekannt ist oder dessen Aufenthalt zwar bekannt, der Berechtigte jedoch an der Besorgung seiner Angelegenheiten verhindert ist,

4. die Beteiligung in Gesamthandsgemeinschaften, Miteigentümergemeinschaften nach Bruchteilen oder gleichartigen Berechtigungen an einem dinglichen Recht unbekannt ist und die Berechtigten einen gemeinsamen Vertreter nicht bestellt haben oder

5. das Grundstück herrenlos ist.

(2) Für die Bestellung und die Tätigkeit des Pflegers sind die Vorschriften des Bürgerlichen Gesetzbuchs über die Pflegschaft entsprechend anzuwenden. Zuständig für die Bestellung des Pflegers ist das Vormundschaftsgericht, in dessen Bezirk das Grundstück ganz oder zum größten Teil belegen ist.

(3) Der nach § 11b Abs. 1 des Vermögensgesetzes oder Artikel 233 § 2 Abs. 3 des Einführungsgesetzes zum Bürgerlichen Gesetzbuche bestellte Vertreter nimmt auch die Aufgaben eines Pflegers nach diesem Kapitel wahr. Er kann den Grundstückseigentümer jedoch nicht vertreten bei einem Vertragsschluß zwischen diesem und

1. ihm selbst, seinem Ehegatten oder einem seiner Verwandten in gerader Linie,

2. einer Gebietskörperschaft oder einer von ihr beherrschten juristischen Person, wenn der Vertreter bei dieser als Organ oder gegen Entgelt beschäftigt ist, oder

3. einer anderen juristischen Person des öffentlichen oder privaten Rechts, wenn der Vertreter bei dieser als Mitglied des Vorstands, Aufsichtsrats oder eines gleichartigen Organs tätig oder gegen Entgelt beschäftigt ist.

Der Vertreter ist für den Abschluß von Erbbaurechtsverträgen oder Kaufverträgen über das Grundstück oder das Gebäude von den Beschränkungen des § 181 des Bürgerlichen Gesetzbuchs nicht befreit. Für die Erteilung der Genehmigung nach § 1821 des Bürgerlichen Gesetzbuchs ist statt des Landkreises das Vormundschaftsgericht zuständig.

§ 18 Aufgebotsverfahren gegen den Nutzer

(1) Liegen die in § 17 Abs. 1 Nr. 1, 2 oder 3 (erste Alternative) bezeichneten Umstände in der Person des Nutzers vor, ist der Grundstückseigentümer berechtigt, den Nutzer mit seinen Rechten am Grundstück und am Gebäude, seinen vertraglichen Ansprüchen gegen den Grundstückseigentümer und seinen Ansprüchen aus diesem Kapitel im Wege des Aufgebotsverfahrens auszuschließen.

(2) Das Aufgebotsverfahren ist nur zulässig, wenn der Nutzer den Besitz verloren oder zehn Jahre nicht ausgeübt hat und, wenn für den Nutzer ein Recht am Grundstück oder selbständiges Gebäudeeigentum eingetragen worden ist, zehn Jahre seit der letzten sich auf das Recht des Nutzers beziehenden Eintragung in das Grundbuch verstrichen sind.

(3) Für das Aufgebotsverfahren sind die Vorschriften der §§ 983 bis 986 der Zivilprozeßordnung entsprechend anzuwenden.

(4) Mit dem Ausschlußurteil erlöschen die in Absatz 1 bezeichneten Ansprüche. Das Gebäudeeigentum und das Nutzungsrecht gehen auf den Grundstückseigentümer über. Der Nutzer kann von dem Grundstückseigentümer entsprechend § 818 des Bürgerlichen Gesetzbuchs eine Vergütung in Geld für den Rechtsverlust verlangen.

Unterabschnitt 5: Bodenwertermittlung

§ 19 Grundsätze

(1) Erbbauzins und Ankaufspreis sind nach dem Bodenwert in dem Zeitpunkt zu bestimmen, in dem ein Angebot zum Vertragsschluß nach diesem Kapitel abgegeben wird.

(2) Der Bodenwert bestimmt sich nach dem um die Abzugsbeträge nach Satz 3 verminderten Wert eines baureifen Grundstücks. Der Wert eines baureifen Grundstücks ist, vorbehaltlich der Regelung in § 20, der Verkehrswert im Sinne des § 194 des Baugesetzbuchs, der sich ergeben würde, wenn das Grundstück unbebaut wäre. Der Wert des baureifen Grundstücks ist zu vermindern um

1. einen nach Absatz 3 zu bemessenden Abzug für die Erhöhung des Werts des baureifen Grundstücks durch Aufwendungen zur Erschließung, zur Vermessung und für andere Kosten zur Baureifmachung des Grundstücks, es sei denn, daß der Grundstückseigentümer diese Kosten getragen hat oder das Grundstück bereits während der Dauer seines Besitzes erschlossen und vermessen war, und

2. die gewöhnlichen Kosten des Abbruchs eines aufstehenden Gebäudes oder einer baulichen Anlage, wenn ein alsbaldiger Abbruch erforderlich und zu erwarten ist, soweit diese Kosten im gewöhnlichen Geschäftsverkehr berücksichtigt werden.

(3) Der Abzug nach Absatz 2 Satz 3 Nr. 1 beträgt

1. 25 DM/m^2 in Gemeinden mit mehr als 100 000 Einwohnern,

2. 15 DM/m^2 in Gemeinden mit mehr als 10 000 bis zu 100 000 Einwohnern und

3. 10 DM/m^2 in Gemeinden bis zu 10 000 Einwohnern.

Als Bodenwert ist jedoch mindestens der Wert zugrunde zu legen, der sich für das Grundstück im Entwicklungszustand des Rohbaulandes ergeben würde.

(4) Der Abzug nach Absatz 2 Satz 3 Nr. 2 darf nicht zu einer Minderung des Bodenwerts unter das Doppelte des in § 82 Abs. 5 bestimmten Entschädigungswertes führen. Der Abzug ist nicht vorzunehmen, wenn die Erforderlichkeit alsbaldigen Abbruchs auf unterlassener Instandhaltung des Gebäudes oder der baulichen Anlage durch den Nutzer beruht oder der Nutzer sich vertraglich zum Abbruch verpflichtet hat.

(5) Soweit für das Grundstück Bodenrichtwerte nach § 196 des Baugesetzbuchs vorliegen, soll der Wert des baureifen Grundstücks hiernach bestimmt werden. Jeder Beteiligte kann eine hiervon abweichende Bestimmung verlangen, wenn

1. Anhaltspunkte dafür vorliegen, daß die Bodenrichtwerte nicht den tatsächlichen Marktverhältnissen entsprechen, oder

2. aufgrund untypischer Lage oder Beschaffenheit des Grundstücks die Bodenrichtwerte als Ermittlungsgrundlage ungeeignet sind.

§ 20 Bodenwertermittlung in besonderen Fällen

(1) Bei der Bemessung des Bodenwerts eines Grundstücks, das vor dem Ablauf des 2. Oktober 1990 im staatlichen oder genossenschaftlichen Wohnungsbau ver-

wendet worden ist, ist nicht die im Gebiet baurechtlich zulässige Nutzung des Grundstücks, sondern die auf dem betreffenden Grundstück vorhandene Bebauung und Nutzung maßgeblich.

(2) § 19 Abs. 2 bis 4 ist auf die Grundstücke nicht anzuwenden, die im komplexen Wohnungsbau oder Siedlungsbau bebaut und für

1. den staatlichen oder genossenschaftlichen Wohnungsbau,

2. den Bau von Gebäuden oder baulichen Anlagen, die öffentlichen Zwecken gewidmet sind und unmittelbar Verwaltungsaufgaben dienen, oder

3. die Errichtung der im Gebiet belegenen Maßnahmen der Infrastruktur

verwendet worden sind. Der Bodenwert dieser Grundstücke ist in der Weise zu bestimmen, daß von dem nach § 19 Abs. 2 Satz 2 ermittelten Wert des baureifen Grundstücks ein Betrag von einem Drittel für die Maßnahmen zur Baureifmachung des Grundstücks und anderer Maßnahmen zur Entwicklung des Gebiets sowie wegen der eingeschränkten oder aufgrund der öffentlichen Zweckbestimmung nicht vorhandenen Ertragsfähigkeit des Grundstücks abzuziehen ist.

(3) In den Verfahren zur Bodenneuordnung nach § 5 des Bodensonderungsgesetzes ist für die Bestimmung der nach § 15 Abs. 1 jenes Gesetzes zu leistenden Entschädigungen der Bodenwert der Grundstücke im Plangebiet nach § 8 des Bodensonderungsgesetzes nach dem durchschnittlichen Bodenwert aller im Gebiet belegenen Grundstücke zu ermitteln. Für die Bemessung der Entschädigung für den Rechtsverlust ist § 68 entsprechend anzuwenden.

(4) Ein im Plangebiet belegenes nicht bebautes und selbständig baulich nutzbares Grundstück oder eine in gleicher Weise nutzbare Grundstücksteilfläche ist in die Ermittlung des durchschnittlichen Bodenwerts nach Absatz 3 nicht einzubeziehen, sondern gesondert zu bewerten. Die Entschädigung für dieses Grundstück oder für diese Teilfläche ist nach § 15 Abs. 2 des Bodensonderungsgesetzes zu bestimmen.

(5) Die den Erwerbern durch den Ansatz eines durchschnittlichen Bodenwerts nach Absatz 3 Satz 1 entstehenden Vor- und Nachteile sind zum Ausgleich zu bringen. Vor- und Nachteile sind nach dem Verhältnis zwischen dem durchschnittlichen Bodenwert und dem Bodenwert, der sich nach den §§ 19 und 20 ergeben würde, in dem Zeitpunkt zu bemessen, in dem der Sonderungsbescheid bestandskräftig geworden ist. Die Abgabe hat der Träger der Sonderungsbehörde von denjenigen zu erheben, die durch die gebietsbezogene Bodenwertbestimmung und die darauf bezogene Bemessung der Beträge für Entschädigungsleistungen nach § 15 Abs. 1 des Bodensonderungsgesetzes Vorteile erlangt haben. Die Einnahme aus der Abgabe ist als Ausgleich an diejenigen auszukehren, die dadurch Nachteile erlitten haben. Über Abgaben- und Ausgleichsleistungen kann auch außerhalb des Sonderungsbescheids entschieden werden. Diese sind spätestens ein Jahr nach Eintritt der Bestandskraft des Sonderungsbescheids festzusetzen und einen Monat nach Bekanntgabe des Bescheids fällig.

(6) Liegt das Grundstück in einem städtebaulichen Sanierungsgebiet oder Entwicklungsbereich, bleiben § 153 Abs. 1 und § 169 Abs. 4 des Baugesetzbuchs unberührt.

Unterabschnitt 6: Erfaßte Flächen

§ 21 Vermessene Flächen

Die Ansprüche auf Bestellung eines Erbbaurechts oder den Ankauf erstrecken sich auf das Grundstück insgesamt, wenn dessen Grenzen im Liegenschaftskataster nachgewiesen sind (vermessenes Grundstück) und die Nutzungsbefugnis aus einem Nutzungsrecht oder einem Vertrag mit den Grenzen des Grundstücks übereinstimmt. Im übrigen sind die §§ 22 bis 27 anzuwenden.

§ 22 Genossenschaftlich genutzte Flächen

(1) Soweit ein Nutzungsrecht für den Eigenheimbau zugewiesen worden ist oder ein Eigenheim von oder mit Billigung der landwirtschaftlichen Produktionsgenossenschaft oder aufgrund Nutzungsvertrages mit der Gemeinde errichtet worden ist, beziehen sich die gesetzlichen Ansprüche nach den §§ 32, 61 auf die Fläche,

1. auf die sich nach der ehemaligen Liegenschaftsdokumentation das Nutzungsrecht erstreckt,

2. die in den Nutzungsverträgen mit den Gemeinden bezeichnet ist, soweit die Fläche für den Bau des Hauses überlassen worden ist, oder

3. die durch die landwirtschaftliche Produktionsgenossenschaft oder die Gemeinde dem Nutzer für den Bau des Eigenheimes oder im Zusammenhang mit dem Bau zugewiesen worden ist.

(2) Absatz 1 ist auf andere Bebauungen genossenschaftlich genutzter Flächen entsprechend anzuwenden, soweit die Errichtung des Gebäudes oder der baulichen Anlage aufgrund zugewiesenen Nutzungsrechts erfolgte.

(3) Die Ansprüche des Nutzers beschränken sich auf die Funktionsfläche (§ 12 Abs. 3 Satz 2 Nr. 2) des Gebäudes oder der baulichen Anlage, wenn die Bebauung aufgrund des aufgehobenen gesetzlichen Nutzungsrechts der landwirtschaftlichen Produktionsgenossenschaften vorgenommen worden ist oder durch Einbringung des Bauwerks in die landwirtschaftliche Produktionsgenossenschaft selbständiges Gebäudeeigentum entstanden ist. Handelt es sich um Betriebsgebäude, so sind die Flächen einzubeziehen, die für die zweckentsprechende Nutzung des Gebäudes im Betrieb des Nutzers notwendig sind.

§ 23 Unvermessene volkseigene Grundstücke

Soweit Nutzungsrechte auf unvermessenen, vormals volkseigenen Grundstücken verliehen wurden, sind die Grenzen in folgender Reihenfolge zu bestimmen nach

1. einem Bescheid über die Vermögenszuordnung, soweit ein solcher ergangen ist und über die Grenzen der Nutzungsrechte Aufschluß gibt,

2. Vereinbarungen in Nutzungsverträgen oder

3. dem für ein Gebäude der entsprechenden Art zweckentsprechenden, ortsüblichen Umfang oder der Funktionsfläche der baulichen Anlage.

§ 24 Wohn-, Gewerbe- und Industriebauten ohne Klärung der Eigentumsverhältnisse

(1) Soweit im komplexen Wohnungsbau oder Siedlungsbau oder durch gewerbliche (einschließlich industrielle) Vorhaben Bebauungen ohne Klärung der Eigentumsverhältnisse über Grundstücksgrenzen hinweg vorgenommen worden

sind, erstrecken sich die Ansprüche nach diesem Kapitel in folgender Reihenfolge auf die Flächen,

1. deren Grenzen in Aufteilungs- oder Vermessungsunterlagen als Grundstücksgrenzen bis zum Ablauf des 2. Oktober 1990 ausgewiesen worden sind,

2. die entsprechend den Festsetzungen in einem Zuordnungsplan für die in dem Gebiet belegenen vormals volkseigenen Grundstücke für die zweckentsprechende Nutzung der zugeordneten Grundstücke erforderlich sind, oder

3. die für eine zweckentsprechende Nutzung einer Bebauung der entsprechenden Art ortsüblich sind.

(2) Entstehen durch die Bestellung von Erbbaurechten oder den Ankauf von Grundstücksteilen Restflächen, die für den Grundstückseigentümer nicht in angemessenem Umfang baulich oder wirtschaftlich nutzbar sind, so kann dieser von der Gemeinde den Ankauf der Restflächen verlangen. Der Kaufpreis ist nach den §§ 19, 20, 68 zu bestimmen. Der Anspruch nach Satz 1 kann nicht vor dem 1. Januar 2000 geltend gemacht werden. Eine Bereinigung dieser Rechtsverhältnisse durch Enteignung, Umlegung oder Bodenneuordnung bleibt unberührt.

§ 25 Andere Flächen

Ergibt sich der Umfang der Flächen, auf die sich die Ansprüche des Nutzers erstrecken, nicht aus den vorstehenden Bestimmungen, so ist Artikel 233 § 4 Abs. 3 Satz 3 des Einführungsgesetzes zum Bürgerlichen Gesetzbuche entsprechend anzuwenden.

§ 26 Übergroße Flächen für den Eigenheimbau

(1) Ist dem Nutzer ein Nutzungsrecht verliehen oder zugewiesen worden, das die für den Eigenheimbau vorgesehene Regelgröße von 500 Quadratmetern übersteigt, so können der Nutzer oder der Grundstückseigentümer verlangen, daß die Fläche, auf die sich die Nutzungsbefugnis des Erbbauberechtigten (§ 55) erstreckt oder die Gegenstand des Kaufvertrages (§ 65) ist, im Vertrag nach Satz 3 abweichend vom Umfang des Nutzungsrechts bestimmt wird. Das gleiche gilt, wenn der Anspruch des Nutzers nach den §§ 21 bis 23 sich auf eine über die Regelgröße hinausgehende Fläche erstreckt. Die Ansprüche aus den Sätzen 1 und 2 können nur geltend gemacht werden, soweit

1. eine über die Regelgröße von 500 Quadratmetern hinausgehende Fläche abtrennbar und selbständig baulich nutzbar oder

2. eine über die Größe von 1 000 Quadratmetern hinausgehende Fläche abtrennbar und angemessen wirtschaftlich nutzbar ist.

(2) Macht der Grundstückseigentümer den in Absatz 1 bestimmten Anspruch geltend, kann der Nutzer von dem Grundstückseigentümer die Übernahme der abzuschreibenden Teilfläche gegen Entschädigung nach dem Zeitwert für die aufstehenden Gebäude, Anlagen und Anpflanzungen verlangen, soweit der Nutzer diese erworben oder in anderer Weise veranlaßt hat. In anderen Fällen hat der Grundstückseigentümer in dem Umfang Entschädigung für die Gebäude, Anlagen und Anpflanzungen zu leisten, wie der Wert seines Grundstücks im Zeitpunkt der Räumung der abzuschreibenden Teilfläche noch erhöht ist. Der

Grundstückseigentümer kann nach Bestellung des Erbbaurechts oder dem Ankauf durch den Nutzer von diesem die Räumung der in Absatz 1 bezeichneten
Teilfläche gegen eine Entschädigung nach den Sätzen 1 und 2 verlangen.

(3) Der Nutzer darf der Begrenzung seiner Ansprüche nach Absatz 1 widersprechen, wenn diese zu einer unzumutbaren Härte führte. Eine solche Härte liegt
insbesondere dann vor, wenn

1. die abzutrennende Teilfläche mit einem Bauwerk (Gebäude oder bauliche
   Anlage) bebaut worden ist, das

   a) den Wert der Nutzung des Eigenheims wesentlich erhöht oder

   b) für den vom Nutzer ausgeübten Beruf unentbehrlich ist und für das in
      der Nähe mit einem für den Nutzer zumutbaren Aufwand kein Ersatz
      bereitgestellt werden kann, oder

2. durch die Abtrennung ein ungünstig geschnittenes und im Wert besonders
   vermindertes Grundstück entstehen würde.

Auf Flächen, die über eine Gesamtgröße von 1 000 Quadratmetern hinausgehen,
ist Satz 1 in der Regel nicht anzuwenden.

(4) Der Nutzer kann den Anspruch des Grundstückseigentümers nach Absatz 1
abwenden, indem er diesem ein nach Lage, Bodenbeschaffenheit und Größe
gleichwertiges Grundstück zur Verfügung stellt.

(5) Die Absätze 1 bis 4 sind entsprechend anzuwenden, wenn die Befugnis des
Nutzers auf einem Vertrag beruht.

§ 27 Restflächen

(1) Die Ansprüche nach den §§ 32 und 61 erfassen auch Restflächen. Restflächen sind Grundstücksteile, auf die sich der Anspruch des Nutzers nach den
§§ 21 bis 23 und § 25 nicht erstreckt, wenn diese nicht in angemessenem Umfang
baulich oder wirtschaftlich nutzbar sind. Der Nutzer oder der Grundstückseigentümer ist berechtigt, eine Einbeziehung der Restflächen in den Erbbaurechts-
oder Grundstückskaufvertrag zu verlangen, wenn hierdurch ein nach Lage, Form
und Größe zweckmäßig gestaltetes Erbbaurecht oder Grundstück entsteht. Der
Nutzer kann die Einbeziehung der Restflächen in den Erbbaurechts- oder
Grundstückskaufvertrag verweigern, wenn sich dadurch eine für ihn unzumutbare Mehrbelastung ergäbe.

(2) Ist für eine dem Grundstückseigentümer verbleibende Fläche die zur ordnungsgemäßen Nutzung notwendige Verbindung zu einem öffentlichen Weg
nicht vorhanden, kann der Grundstückseigentümer vom Nutzer die Bestellung
eines Wege- oder Leitungsrechts und zu dessen Sicherung die Übernahme einer
Baulast gegenüber der Bauaufsichtsbehörde sowie die Bewilligung einer an rangbereiter Stelle in das Grundbuch einzutragenden Grunddienstbarkeit verlangen.
Der Grundstückseigentümer ist zur Löschung der Grunddienstbarkeit verpflichtet, sobald eine anderweitige Erschließung der ihm verbleibenden Fläche hergestellt werden kann. Für die Zeit bis zur Herstellung dieser Erschließung ist § 117
Abs. 2 entsprechend anzuwenden.

(3) Kann ein Wege- oder Leitungsrecht nach Absatz 2 aus tatsächlichen Gründen nicht begründet werden, so hat der Grundstückseigentümer gegen den Nachbarn den in § 917 Abs. 1 des Bürgerlichen Gesetzbuchs bezeichneten Anspruch

auf Duldung eines Notwegs. § 918 Abs. 1 des Bürgerlichen Gesetzbuchs ist nicht anzuwenden, wenn das Restgrundstück wegen Abschreibung der mit dem Nutzungsrecht belasteten oder der bebauten und dem Nutzer zuzuordnenden Teilfläche die Verbindung zum öffentlichen Weg verliert.

(4) Für die in § 24 bezeichneten Bebauungen gelten die dort genannten besonderen Regelungen.

Unterabschnitt 7: Einwendungen und Einreden

§ 28 Anderweitige Verfahren und Entscheidungen

Die Beteiligten können Ansprüche nach diesem Kapitel nicht verfolgen, wenn

1. für das Gebiet, in dem das Grundstück belegen ist, ein Bodenneuordnungsverfahren nach dem Bodensonderungsgesetz eingeleitet worden ist, in dem über einen Ausgleich des Grundstückseigentümers für einen Rechtsverlust entschieden wird, oder

2. in einem Verfahren auf Zusammenführung des Grundstücks- und Gebäudeeigentums nach § 64 des Landwirtschaftsanpassungsgesetzes Anordnungen zur Durchführung eines freiwilligen Landtausches oder eines Bodenordnungsverfahrens ergangen sind.

Nummer 2 ist nicht anzuwenden, wenn das Verfahren ohne einen Landtausch oder eine bestandskräftige Entscheidung zur Feststellung und Neuordnung der Eigentumsverhältnisse beendet worden ist.

§ 29 Nicht mehr nutzbare Gebäude und nicht ausgeübte Nutzungen

(1) Der Grundstückseigentümer kann die Bestellung des Erbbaurechts oder den Verkauf des Grundstücks an den Nutzer verweigern, wenn das Gebäude oder die bauliche Anlage

1. nicht mehr nutzbar und mit einer Rekonstruktion durch den Nutzer nicht mehr zu rechnen ist, oder

2. nicht mehr genutzt wird und mit einem Gebrauch durch den Nutzer nicht mehr zu rechnen ist.

Ist die Nutzung für mindestens ein Jahr aufgegeben worden, so ist zu vermuten, daß eine Nutzung auch in Zukunft nicht stattfinden wird.

(2) Ist ein Nutzungsrecht bestellt worden, steht dem Grundstückseigentümer die in Absatz 1 bezeichnete Einrede nur dann zu, wenn

1. die in Absatz 1 bezeichneten Voraussetzungen vorliegen oder der Nutzer das Grundstück nicht bebaut hat und

2. nach den persönlichen oder wirtschaftlichen Verhältnissen des Nutzers nur eine Verwertung durch Veräußerung zu erwarten ist oder das Gebäude oder die bauliche Anlage, für die das Nutzungsrecht bestellt wurde, an anderer Stelle errichtet wurde.

(3) Der Grundstückseigentümer kann die Einreden aus Absatz 1 und 2 auch gegenüber dem Rechtsnachfolger des Nutzers erheben, wenn

1. der Nutzer bei Abschluß des der Veräußerung zugrunde liegenden Vertrages das Grundstück nicht bebaut hatte oder das Gebäude oder die bauliche Anlage nicht mehr nutzbar war,

2. das Eigentum am Gebäude aufgrund eines nach dem 20. Juli 1993 abgeschlossenen Vertrages übertragen worden ist und

3. der Rechtsnachfolger das Grundstück nicht bebaut oder das Gebäude oder die bauliche Anlage nicht wiederhergestellt hat.

Hat der Rechtsnachfolger des Nutzers das Grundstück bebaut, so kann der Grundstückseigentümer die Bestellung eines Erbbaurechts oder den Ankauf des Grundstücks nicht verweigern. In diesem Fall bestimmt sich der Erbbauzins nach § 47 Abs. 3 und der Ankaufspreis nach § 70 Abs. 4.

(4) Die Absätze 1 und 2 sind nicht anzuwenden, wenn

1. das Gebäude oder die bauliche Anlage noch nutzbar ist,

2. als Teil eines Unternehmens veräußert wird und

3. der Erwerber das Gebäude oder die bauliche Anlage nutzt und das Geschäft des Veräußerers fortführt.

Satz 1 ist auf Veräußerungen von Unternehmen oder Unternehmensteilen durch einen Verwalter im Wege eines Verfahrens nach der Gesamtvollstreckungsordnung entsprechend anzuwenden.

(5) Erhebt der Grundstückseigentümer die in den Absätzen 1 und 2 bezeichnete Einrede, kann der Nutzer vom Grundstückseigentümer den Ankauf des Gebäudes oder der baulichen Anlage oder die Ablösung der aus der baulichen Investition begründeten Rechte nach § 81 Abs. 1 Satz 1 Nr. 2 verlangen. Der Grundstückseigentümer kann den Anspruch des Nutzers aus Satz 1 abwenden, indem er das Grundstück oder die Teilfläche, auf die sich die Ansprüche nach diesem Kapitel erstrecken, zu einem Verkauf mit dem Gebäude oder der baulichen Anlage bereitstellt. § 79 Abs. 1, Abs. 2 Satz 2, Abs. 3 ist entsprechend anzuwenden. Eine Versteigerung ist entsprechend den §§ 180 bis 185 des Gesetzes über die Zwangsversteigerung und die Zwangsverwaltung vorzunehmen.

§ 30 Unredlicher Erwerb

(1) Der Grundstückseigentümer kann die Bestellung eines Erbbaurechts oder den Verkauf verweigern, wenn der Nutzer bei der Bestellung des Nutzungsrechts oder, falls ein Nutzungsrecht nicht bestellt wurde, der Nutzer bei der Erlangung des Besitzes am Grundstück unredlich im Sinne des § 4 des Vermögensgesetzes gewesen ist. Ist ein Nutzungsrecht begründet worden, kann der Grundstückseigentümer die Einrede nach Satz 1 nur dann erheben, wenn er auch die Aufhebung des Nutzungsrechts beantragt.

(2) Der Grundstückseigentümer, der die Aufhebung des Nutzungsrechts nicht innerhalb der gesetzlichen Ausschlußfristen beantragt hat, ist zur Erhebung der in Absatz 1 Satz 1 bezeichneten Einrede nicht berechtigt.

(3) Die in Absatz 1 Satz 1 bezeichnete Einrede ist ausgeschlossen, wenn das Grundstück dem Gemeingebrauch gewidmet oder im komplexen Wohnungsbau oder Siedlungsbau verwendet wurde. Hatte die für die Entscheidung über den Entzug des Eigentumsrechts zuständige staatliche Stelle vor Baubeginn der Inan-

Durch Klage Frist
bis 30.12.1996 (S.134)

spruchnahme des Grundstücks widersprochen, so sind der Erbbauzins nach den für die jeweilige Nutzung üblichen Zinssätzen und der Ankaufspreis nach dem ungeteilten Bodenwert zu bestimmen. § 51 ist nicht anzuwenden.

§ 31 Geringe Restnutzungsdauer

(1) Der Grundstückseigentümer kann den Abschluß eines Erbbaurechtsvertrages oder eines Grundstückskaufvertrages verweigern, wenn das vom Nutzer errichtete Gebäude oder die bauliche Anlage öffentlichen Zwecken dient oder land-, forstwirtschaftlich oder gewerblich genutzt wird, dem Nutzer ein Nutzungsrecht nicht bestellt wurde und die Restnutzungsdauer des Gebäudes oder der baulichen Anlage in dem Zeitpunkt, in dem der Nutzer Ansprüche nach diesem Kapitel geltend macht, weniger als 25 Jahre beträgt.

(2) Der Nutzer kann in diesem Fall vom Grundstückseigentümer den Abschluß eines Mietvertrages über die erforderliche Funktionsfläche (§ 12 Abs. 3 Satz 2 Nr. 2) verlangen, dessen Laufzeit nach der Restnutzungsdauer des Gebäudes zu bemessen ist.

(3) Der Zins ist nach der Hälfte des ortsüblichen Entgelts zu bemessen, wenn für ein Erbbaurecht der regelmäßige Zinssatz nach § 43 in Ansatz zu bringen wäre; andernfalls ist der Zins nach dem ortsüblichen Entgelt zu bestimmen. Die §§ 47, 51 und § 54 sind entsprechend anzuwenden.

(4) Jede Vertragspartei kann eine Anpassung des Zinses verlangen, wenn

1. zehn Jahre seit dem Beginn der Zinszahlungspflicht oder bei späteren Anpassungen drei Jahre seit der letzten Zinsanpassung vergangen sind und

2. der ortsübliche Zins sich seit der letzten Anpassung um mehr als zehn vom Hundert verändert hat.

Das Anpassungsverlangen ist gegenüber dem anderen Teil schriftlich geltend zu machen und zu begründen. Der angepaßte Zins wird von dem Beginn des dritten Kalendermonats an geschuldet, der auf den Zugang des Anpassungsverlangens folgt.

(5) Nach Beendigung des Mietverhältnisses kann der Nutzer vom Grundstückseigentümer den Ankauf oder, wenn selbständiges Gebäudeeigentum nicht begründet worden ist, Wertersatz für das Gebäude oder die bauliche Anlage verlangen. Der Grundstückseigentümer kann den Anspruch dadurch abwenden, daß er dem Nutzer die Verlängerung des Mietvertrages für die restliche Standdauer des Gebäudes oder der baulichen Anlage anbietet; § 27 Abs. 4 der Verordnung über das Erbbaurecht ist entsprechend anzuwenden. Ist das Gebäude oder die bauliche Anlage nicht mehr nutzbar, bestimmen sich die Ansprüche des Grundstückseigentümers gegen den Nutzer nach § 82.

Abschnitt 2: Bestellung von Erbbaurechten

Unterabschnitt 1: Gesetzliche Ansprüche auf Erbbaurechtsbestellung

§ 32 Grundsatz

Der Nutzer kann vom Grundstückseigentümer die Annahme eines Angebots auf Bestellung eines Erbbaurechts verlangen, wenn der Inhalt des Angebots den §§ 43 bis 58 entspricht. Dasselbe Recht steht dem Grundstückseigentümer gegen den Nutzer zu, wenn dieser eine entsprechende Wahl getroffen hat oder das Wahlrecht auf den Grundstückseigentümer übergegangen ist.

Unterabschnitt 2: Gesetzliche Ansprüche wegen dinglicher Rechte

§ 33 Verpflichtung zum Rangrücktritt

Die Inhaber dinglicher Rechte am Grundstück sind nach Maßgabe der nachfolgenden Bestimmungen auf Verlangen des Nutzers verpflichtet, im Rang hinter das Erbbaurecht zurückzutreten.

§ 34 Regelungen bei bestehendem Gebäudeeigentum

(1) Soweit selbständiges Gebäudeeigentum besteht, können die Inhaber dinglicher Rechte am Grundstück eine Belastung des Erbbaurechts nicht verlangen. Belastungen des Gebäudes bestehen am Erbbaurecht fort.

(2) Erstreckt sich die Nutzungsbefugnis aus dem zu bestellenden Erbbaurecht auf eine Teilfläche des Grundstücks, so kann der Inhaber des dinglichen Rechts vom Grundstückseigentümer die Abschreibung des mit dem Erbbaurecht belasteten Grundstücksteils verlangen. Dieser Anspruch kann gegenüber dem Verlangen des Nutzers auf Rangrücktritt einredeweise geltend gemacht werden.

(3) Der Inhaber kann vom Grundstückseigentümer Ersatz der durch die Abschreibung entstandenen Kosten verlangen. Die Kosten sind den Kosten für die Vertragsdurchführung zuzurechnen. § 60 Abs. 2 ist entsprechend anzuwenden.

§ 35 Dienstbarkeit, Nießbrauch, Wohnungsrecht

Soweit selbständiges Gebäudeeigentum nicht besteht, können die Inhaber solcher dinglicher Rechte, die einen Anspruch auf Zahlung oder Befriedigung aus dem Grundstück nicht gewähren, eine der Belastung des Grundstücks entsprechende Belastung des Erbbaurechts verlangen, wenn diese zur Ausübung ihres Rechts erforderlich ist. Macht der jeweilige Erbbauberechtigte die in den §§ 27, 28 der Verordnung über das Erbbaurecht bestimmten Ansprüche geltend, so darf er die Zwangsversteigerung des Grundstücks nur unter der Bedingung des Bestehenbleibens dieser Rechte am Grundstück betreiben.

§ 36 Hypothek, Grundschuld, Rentenschuld, Reallast

(1) Soweit selbständiges Gebäudeeigentum nicht besteht, können die Inhaber solcher dinglichen Rechte, die Ansprüche auf Zahlung oder Befriedigung aus dem Grundstück gewähren, den Rangrücktritt hinter das Erbbaurecht verwei-

gern, es sei denn, daß der Nutzer ihnen eine Belastung des Erbbaurechts mit einem dinglichen Recht an gleicher Rangstelle wie am Grundstück und in Höhe des Betrages bewilligt, der dem Verhältnis des Werts des Erbbaurechts zu dem Wert des belasteten Grundstücks nach den für die Wertermittlung maßgebenden Grundsätzen entspricht. Das in Satz 1 bestimmte Recht besteht nicht, wenn

1. der Antrag auf Eintragung der Belastung nach dem 21. Juli 1992 beim Grundbuchamt einging und dem Inhaber des dinglichen Rechts bekannt war, daß der Grundstückseigentümer vorsätzlich seiner Verpflichtung aus Artikel 233 § 2a Abs. 3 Satz 2 des Einführungsgesetzes zum Bürgerlichen Gesetzbuche zuwiderhandelte, das vom Nutzer bebaute Grundstück nicht zu belasten, oder

2. das vom Nutzer errichtete oder erworbene Gebäude oder dessen bauliche Anlage und die hierfür in Anspruch genommene Fläche nach den vertraglichen Regelungen nicht zum Haftungsverband gehören sollten oder deren Nichtzugehörigkeit zum Haftungsverband für den Inhaber des dinglichen Rechts bei dessen Begründung oder Erwerb erkennbar war.

Ist ein Darlehen für den Betrieb des Grundstückseigentümers gewährt worden, ist zu vermuten, daß ein vom Nutzer errichtetes oder erworbenes Eigenheim und die ihm zuzuordnende Fläche nicht als Sicherheit für das Darlehen dienen sollten.

(2) Der Nutzer ist berechtigt, das dingliche Recht nach Absatz 1 Satz 1 durch eine dem Umfang des Rechts entsprechende Befriedigung des Gläubigers zum nächstmöglichen Kündigungstermin abzulösen.

§ 37 Anspruch auf Befreiung von dinglicher Haftung

Der Nutzer kann vom Grundstückseigentümer Befreiung von einer dinglichen Haftung verlangen, die er nach § 36 Abs. 1 zu übernehmen hat. Ist eine grundpfandrechtlich gesicherte Kreditschuld noch nicht ablösbar, so hat der Grundstückseigentümer dem Nutzer statt der Befreiung auf Verlangen Sicherheit zu leisten.

Unterabschnitt 3: Überlassungsverträge

§ 38 Bestellung eines Erbbaurechts für einen Überlassungsvertrag

(1) Ist dem Nutzer das Grundstück aufgrund eines Überlassungsvertrages übergeben worden, so kann der Grundstückseigentümer vom Nutzer verlangen, daß dieser auf seine vertraglichen Ansprüche für Werterhöhungen des Grundstücks verzichtet und die zur Absicherung dieser Forderung eingetragene Hypothek aufgibt. Der Nutzer hat den Grundstückseigentümer freizustellen, wenn er den Anspruch auf Wertersatz und die Hypothek an einen Dritten abgetreten hat.

(2) Der Grundstückseigentümer hat dem Nutzer die Beträge zu erstatten, die der staatliche Verwalter aus den vom Nutzer eingezahlten Beträgen zur Ablösung von Verbindlichkeiten des Grundstückseigentümers und Grundpfandrechten, die zu deren Sicherung bestellt wurden, verwendet hat. Der Aufwendungsersatzanspruch des Nutzers nach Satz 1 gilt als erloschen, soweit aus der Zahlung des Nutzers Verbindlichkeiten und Grundpfandrechte getilgt wurden, die der

Grundstückseigentümer nach § 16 Abs. 2 Satz 2, Abs. 5 bis 7 in Verbindung mit § 18 Abs. 2 des Vermögensgesetzes nicht übernehmen müßte, wenn diese im Falle der Aufhebung oder der Beendigung der staatlichen Verwaltung noch fortbestanden hätten. Satz 2 ist auf eine zur Absicherung des Aufwendungsersatzanspruchs des Nutzers eingetragene Hypothek entsprechend anzuwenden. Auf Abtretungen, die nach Ablauf des 31. Dezember 1996 erfolgen, sind die §§ 892, 1157 Satz 2 des Bürgerlichen Gesetzbuchs entsprechend anzuwenden.

(3) Soweit Ansprüche und Rechte nach Absatz 2 Satz 2 und 3 erlöschen, ist § 16 Abs. 9 Satz 3 des Vermögensgesetzes entsprechend anzuwenden.

(4) Der Nutzer ist berechtigt, die hinterlegten Beträge mit Ausnahme der aufgelaufenen Zinsen zurückzufordern. Der Grundstückseigentümer kann vom Nutzer die Zustimmung zur Auszahlung der aufgelaufenen Zinsen verlangen.

Unterabschnitt 4: Besondere Gestaltungen

§ 39 Mehrere Erbbaurechte auf einem Grundstück, Gesamterbbaurechte, Nachbarerbbaurechte

(1) An einem Grundstück können mehrere Erbbaurechte bestellt werden, wenn jedes von ihnen nach seinem Inhalt nur an einer jeweils anderen Grundstücksteilfläche ausgeübt werden kann. In den Erbbaurechtsverträgen muß jeweils in einem Lageplan bestimmt sein, auf welche Teilfläche des Grundstücks sich die Nutzungsbefugnis des Erbbauberechtigten erstreckt. Der Lageplan hat den in § 8 Abs. 2 Satz 1 bis 3 des Bodensonderungsgesetzes genannten Anforderungen für eine nach jenem Gesetz aufzustellende Grundstückskarte zu entsprechen. Der Vertrag muß die Verpflichtung für die jeweiligen Erbbauberechtigten und Grundstückseigentümer enthalten, die Teilfläche nach Vermessung vom belasteten Grundstück abzuschreiben und der Eintragung als selbständiges Grundstück in das Grundbuch zuzustimmen. Mehrere nach Satz 1 bestellte Erbbaurechte haben untereinander Gleichrang, auch wenn sie zu unterschiedlichen Zeiten in das Grundbuch eingetragen werden. Der gleiche Rang ist im Grundbuch zu vermerken; einer Zustimmung der Inhaber der anderen Erbbaurechte wie der Inhaber dinglicher Rechte an diesen bedarf es nicht. Wird eines dieser Erbbaurechte zwangsweise versteigert, so sind die anderen im Gleichrang an erster Rangstelle bestellten Erbbaurechte wie Rechte an einem anderen Grundstück zu behandeln.

(2) Das Erbbaurecht kann sich auf mehrere Grundstücke erstrecken (Gesamterbbaurecht). Die Belastung durch das Gesamterbbaurecht kann ein Grundstück einbeziehen, das nicht bebaut worden ist, wenn der Anspruch des Nutzers auf Erbbaurechtsbestellung sich nach den §§ 21 bis 27 auch auf dieses Grundstück erstreckt.

(3) Erstreckt sich die Bebauung auf ein benachbartes Grundstück, so kann zu deren Absicherung ein Erbbaurecht bestellt werden (Nachbarerbbaurecht), wenn

1. der Nutzer Eigentümer des herrschenden Grundstücks und Inhaber eines auf dem benachbarten Grundstück bestellten Nachbarerbbaurechts wird,

2. die grundpfandrechtlichen Belastungen und die Reallast zur Absicherung des Erbbauzinses auf dem Grundstückseigentum und dem Erbbaurecht als Gesamtbelastung mit gleichem Rang eingetragen werden und

3. die Erbbaurechtsverträge keinen Anspruch auf den Erwerb des Erbbaurechts (Heimfall) enthalten oder das Heimfallrecht nur dann ausgeübt werden kann, wenn das Grundstückseigentum und die sich auf das Gebäude beziehenden Erbbaurechte in einer Hand bleiben.

Über das Erbbaurecht kann nur zusammen mit dem Eigentum am herrschenden Grundstück verfügt werden. Das Erbbaurecht ist im Grundbuch als Nachbarerbbaurecht zu bezeichnen, im Grundbuch des belasteten Grundstücks als Belastung und im Grundbuch des herrschenden Grundstücks als Bestandteil einzutragen.

§ 40 Wohnungserbbaurecht

(1) Der Anspruch ist auf die Erbbaurechtsbestellung und Begründung von Erbbaurechten nach § 30 des Wohnungseigentumsgesetzes zu richten, wenn

1. natürliche Personen Gebäude (Mehrfamilien- und zusammenhängende Siedlungshäuser) als Miteigentümer erworben oder gemeinsam errichtet haben und abgeschlossene Teile eines Gebäudes unter Ausschluß der anderen nutzen,

2. staatliche Stellen, Gemeinden oder Genossenschaften Gebäude gemeinsam errichtet haben und abgeschlossene Teile des Gebäudes unter Ausschluß der anderen nutzen.

Ein Wohnungserbbaurecht ist auch dann zu bestellen, wenn die Genehmigung zu einer Teilung durch Abschreibung der mit den Erbbaurechten belasteten Grundstücke nach § 120 Abs. 1 versagt wird.

(2) Jeder Nutzer kann von den anderen Nutzern und von dem Grundstückseigentümer den Abschluß der für die Begründung eines Erbbaurechts und die Bestellung von Wohnungserbbaurechten erforderlichen Verträge auch dann verlangen, wenn eine Teilung des Grundstücks wegen gemeinschaftlicher Erschließungsanlagen oder gemeinschaftlich genutzter Anbauten unzweckmäßig ist. Eine Realteilung ist in der Regel unzweckmäßig, wenn zur Sicherung der Nutzung der Gebäude mehrere Dienstbarkeiten auf verschiedenen Grundstücken zu bestellen sind und Verträge über die Unterhaltung gemeinschaftlicher Anlagen und Anbauten zu schließen sind, die auch für Rechtsnachfolger verbindlich sein müssen.

(3) Jeder Nutzer kann von den anderen Beteiligten den Abschluß einer Vereinbarung über den Erbbauzins verlangen, nach der die Nutzer nach der Größe ihrer Erbbaurechtsanteile dem Grundstückseigentümer allein zur Zahlung des bezeichneten Erbbauzinses verpflichtet sind. Einer Zustimmung der Grundpfandrechtsgläubiger bedarf es nicht.

(4) Nutzer und Grundstückseigentümer sind verpflichtet, an der Aufteilung und der Erlangung der in § 7 Abs. 4 des Wohnungseigentumsgesetzes bezeichneten Unterlagen mitzuwirken. Die dadurch entstehenden Kosten haben die künftigen Inhaber der Wohnungserbbaurechte nach dem Verhältnis ihrer Anteile zu tragen.

§ 41 Bestimmung des Bauwerks

Ein Erbbaurechtsvertrag nach diesem Kapitel kann mit dem Inhalt abgeschlossen werden, daß der Erbbauberechtigte jede baurechtlich zulässige Zahl und Art von Gebäuden oder Bauwerken errichten darf.

Unterabschnitt 5: Gesetzlicher und vertragsmäßiger Inhalt des Erbbaurechts

§ 42 Bestimmungen zum Inhalt des Erbbaurechts

(1) Zum Inhalt eines nach diesem Kapitel begründeten Erbbaurechts gehören die Vereinbarungen im Erbbaurechtsvertrag über

1. die Dauer des Erbbaurechts (§ 53),
2. die vertraglich zulässige bauliche Nutzung (§ 54) und
3. die Nutzungsbefugnis des Erbbauberechtigten an den nicht überbauten Flächen (§ 55).

(2) Jeder Beteiligte kann verlangen, daß

1. die Vereinbarungen zur Errichtung und Unterhaltung von Gebäuden und zum Heimfallanspruch (§ 56),
2. die Abreden über ein Ankaufsrecht des Erbbauberechtigten (§ 57),
3. die Abreden darüber, wer die öffentlichen Lasten zu tragen hat (§ 58),
4. die Vereinbarung über eine Zustimmung des Grundstückseigentümers zur Veräußerung (§ 49) und
5. die Vereinbarung über die Sicherung künftig fällig werdender Erbbauzinsen (§ 52)

als Inhalt des Erbbaurechts bestimmt werden.

Unterabschnitt 6: Bestimmungen zum Vertragsinhalt

§ 43 Regelmäßiger Zins

(1) Der regelmäßige Zins beträgt die Hälfte des für die entsprechende Nutzung üblichen Zinses.

(2) Als Zinssatz ist in Ansatz zu bringen

1. für Eigenheime
   a) zwei vom Hundert jährlich des Bodenwerts,
   b) vier vom Hundert jährlich des Bodenwerts, soweit die Größe des belasteten Grundstücks die gesetzliche Regelgröße von 500 Quadratmetern übersteigt und die darüber hinausgehende Fläche abtrennbar und selbständig baulich nutzbar ist oder soweit die Größe des belasteten Grundstücks 1 000 Quadratmeter übersteigt und die darüber hinausgehende Fläche abtrennbar und angemessen wirtschaftlich nutzbar ist.
2. für im staatlichen oder genossenschaftlichen Wohnungsbau errichtete Gebäude zwei vom Hundert jährlich des Bodenwerts,
3. für öffentlichen Zwecken dienende oder land-, forstwirtschaftlich oder gewerblich genutzte Gebäude dreieinhalb vom Hundert jährlich des Bodenwerts.

In den Fällen des Satzes 1 Nr. 3 kann jeder Beteiligte verlangen, daß ein anderer Zinssatz der Erbbauzinsberechnung zugrunde gelegt wird, wenn der für diese Nutzung übliche Zinssatz mehr oder weniger als sieben vom Hundert jährlich beträgt.

§ 44 Fälligkeit des Anspruchs auf den Erbbauzins

(1) Der Erbbauzins ist vierteljährlich nachträglich am 31. März, 30. Juni, 30. September und 31. Dezember eines Jahres zu zahlen.

(2) Die Zahlungspflicht beginnt mit

1. der Ladung des Nutzers zum Termin im notariellen Vermittlungsverfahren auf Abschluß eines Erbbaurechtsvertrages, wenn der Grundstückseigentümer den Antrag gestellt hat oder sich auf eine Verhandlung über den Inhalt des Erbbaurechts einläßt oder

2. einem § 32 entsprechenden Verlangen des Grundstückseigentümers zur Bestellung eines Erbbaurechts oder der Annahme eines entsprechenden Angebots des Nutzers.

Der Nutzer hat auch dann ein Entgelt zu zahlen, wenn das Angebot von dem Inhalt des abzuschließenden Vertrages verhältnismäßig geringfügig abweicht. Bis zur Eintragung des Erbbaurechts in das Grundbuch hat der Nutzer an den Grundstückseigentümer ein Nutzungsentgelt in Höhe des Erbbauzinses zu zahlen.

§ 45 Verzinsung bei Überlassungsverträgen

(1) Ist dem Nutzer aufgrund eines mit dem staatlichen Verwalter geschlossenen Vertrages ein Grundstück mit aufstehendem Gebäude überlassen worden, so ist auf Verlangen des Grundstückseigentümers über den Erbbauzins hinaus der Restwert des überlassenen Gebäudes und der überlassenen Grundstückseinrichtungen für die Zeit der üblichen Restnutzungsdauer zu verzinsen. Der Restwert bestimmt sich nach dem Sachwert des Gebäudes zum Zeitpunkt der Überlassung abzüglich der Wertminderung, die bis zu dem Zeitpunkt der Abgabe eines Angebots auf Abschluß eines Erbbaurechtsvertrages gewöhnlich eingetreten wäre. Er ist mit vier vom Hundert jährlich zu verzinsen.

(2) § 51 Abs. 1 ist auf die Verzinsung des Gebäuderestwerts entsprechend anzuwenden.

(3) Eine Zahlungspflicht nach Absatz 1 entfällt, wenn der Nutzer auf dem Grundstück anstelle des bisherigen ein neues Gebäude errichtet hat.

§ 46 Zinsanpassung an veränderte Verhältnisse

(1) Nutzer und Grundstückseigentümer sind verpflichtet, in den Erbbaurechtsvertrag eine Bestimmung aufzunehmen, die eine Anpassung des Erbbauzinses an veränderte Verhältnisse vorsieht. Die Anpassung kann erstmals nach Ablauf von zehn Jahren seit Bestellung des Erbbaurechts verlangt werden. Bei einer zu Wohnzwecken dienenden Nutzung bestimmt sich die Anpassung nach dem in § 9a der Verordnung über das Erbbaurecht bestimmten Maßstab. Bei anderen Nutzungen ist die Anpassung nach

1. den Erzeugerpreisen für gewerbliche Güter bei gewerblicher oder industrieller Nutzung des Grundstücks,

2. den Erzeugerpreisen für landwirtschaftliche Produkte bei land- und forstwirtschaftlicher Bewirtschaftung des Grundstücks oder

3. den Preisen für die allgemeine Lebenshaltung in allen übrigen Fällen

vorzunehmen. Die Vereinbarung über die Anpassung des Erbbauzinses ist nur wirksam, wenn die Genehmigung nach § 3 des Währungsgesetzes oder entsprechenden währungsrechtlichen Vorschriften erteilt wird. Weitere Anpassungen des Erbbauzinses können frühestens nach Ablauf von drei Jahren seit der jeweils letzten Anpassung des Erbbauzinses geltend gemacht werden.

(2) Die Anpassung nach Absatz 1 Satz 3 und 4 ist auf den Betrag zu begrenzen, der sich aus der Entwicklung der Grundstückspreise ergibt. Die Begrenzung ist auf der Grundlage der Bodenrichtwerte nach § 196 des Baugesetzbuchs, soweit diese vorliegen, andernfalls in folgender Reihenfolge nach der allgemeinen Entwicklung der Grundstückspreise in dem Land, in dem das Grundstück ganz oder zum größten Teil belegen ist, dem in § 1 bezeichneten Gebiet oder im gesamten Bundesgebiet zu bestimmen. Abweichende Vereinbarungen und Zinsanpassungen sind gegenüber den Inhabern dinglicher Rechte am Erbbaurecht, die einen Anspruch auf Zahlung oder Befriedigung gewähren, unwirksam, es sei denn, daß der Erbbauzins nur als schuldrechtliche Verpflichtung zwischen dem Grundstückseigentümer und dem Nutzer vereinbart wird.

§ 47 Zinsanpassung an Nutzungsänderungen

(1) Nutzungsänderungen, zu denen der Erbbauberechtigte nach § 54 Abs. 2 und 3 berechtigt ist, rechtfertigen keine Anpassung des Erbbauzinses. Für Nutzungsänderungen nach § 54 Abs. 1 und 4 kann die Aufnahme der folgenden Zinsanpassungen im Erbbaurechtsvertrag verlangt werden:

1. der Zinssatz ist heraufzusetzen,

    a) von zwei auf sieben vom Hundert jährlich des Bodenwerts, wenn ein zu Wohnzwecken errichtetes Gebäude zu gewerblichen, land-, forstwirtschaftlichen oder zu öffentlichen Zwecken genutzt wird,

    b) von dreieinhalb auf sieben vom Hundert jährlich des Bodenwerts, wenn land- oder forstwirtschaftlich genutzte Gebäude gewerblich genutzt werden oder wenn ein anderer Wechsel in der bisherigen Art der Nutzung erfolgt;

2. der Zinssatz ist von dreieinhalb auf zwei vom Hundert jährlich des Bodenwerts herabzusetzen, wenn eine am 2. Oktober 1990 ausgeübte gewerbliche Nutzung nicht mehr ausgeübt werden kann und das Gebäude zu Wohnzwecken genutzt wird.

In den Fällen des Satzes 2 Nr. 1 kann jeder Beteiligte verlangen, daß ein anderer Zinssatz zugrunde gelegt wird, wenn der für diese Nutzung übliche Zins mehr oder weniger als sieben vom Hundert jährlich beträgt. Wird in den Fällen des Satzes 2 Nr. 2 das Gebäude nunmehr zu land- oder forstwirtschaftlichen Zwecken genutzt, kann der Nutzer eine Anpassung des regelmäßigen Zinses verlangen, wenn der für diese Nutzung übliche Zins weniger als sieben vom Hundert jährlich beträgt.

(2) Der Grundstückseigentümer kann vom Erbbauberechtigten verlangen, daß sich dieser ihm gegenüber verpflichtet, in einem Vertrag über die Veräußerung des Erbbaurechts die in den Absätzen 1 und 2 bestimmten Pflichten zur Zinsanpassung seinem Rechtsnachfolger aufzuerlegen.

(3) Der Erbbauzins ist nach den in Absatz 1 Satz 2 Nummer 1 Buchstabe a und b genannten Zinssätzen zu bemessen, wenn der Nutzer das Gebäude oder die bauliche Anlage nach dem Ablauf des 20. Juli 1993 erworben hat und zum Zeitpunkt des der Veräußerung zugrunde liegenden Rechtsgeschäfts die in § 29 Abs. 3 Satz 1 bezeichneten Voraussetzungen vorlagen. Satz 1 ist nicht anzuwenden, wenn das Gebäude oder die bauliche Anlage als Teil eines Unternehmens veräußert wird und der Nutzer das Geschäft seines Rechtsvorgängers fortführt.

§ 48 Zinserhöhung nach Veräußerung

(1) Der Grundstückseigentümer kann verlangen, daß in den Erbbaurechtsvertrag eine Bestimmung aufgenommen wird, in der sich der Erbbauberechtigte im Falle einer Veräußerung des Erbbaurechts in den ersten drei Jahren nach dessen Bestellung verpflichtet, einen Vertrag über die Veräußerung des Erbbaurechts in der Weise abzuschließen, daß der Erwerber des Erbbaurechts gegenüber dem Grundstückseigentümer zu einer Zinsanpassung nach Absatz 2 verpflichtet ist, wenn die in § 71 Abs. 1 Satz 1 Nr. 1 und 3 bezeichneten Voraussetzungen vorliegen.

(2) Der Zins erhöht sich von

1. zwei auf vier vom Hundert jährlich des Bodenwerts, wenn das Erbbaurecht für eine Nutzung des Gebäudes zu Wohnzwecken bestellt wurde, oder

2. dreieinhalb auf sieben vom Hundert jährlich bei land-, forstwirtschaftlicher, gewerblicher oder einer Nutzung des Erbbaurechts für öffentliche Zwecke.

(3) Im Falle einer Veräußerung in den folgenden drei Jahren kann der Grundstückseigentümer eine Absatz 1 entsprechende Verpflichtung des Erbbauberechtigten zur Anpassung des Erbbauzinses bis auf drei vom Hundert jährlich des Bodenwerts bei einer Nutzung zu Wohnzwecken und bis auf fünf und ein Viertel vom Hundert jährlich des Bodenwerts bei allen anderen Nutzungen verlangen.

(4) Im Falle einer land-, forstwirtschaftlichen oder gewerblichen Nutzung oder einer Nutzung für öffentliche Zwecke kann der Nutzer eine Bemessung des Zinssatzes nach dem für die Nutzung üblichen Zins verlangen, wenn dieser mehr oder weniger als sieben vom Hundert beträgt. Maßgebender Zeitpunkt für die in den Absätzen 2 und 3 bestimmten Fristen ist der Zeitpunkt des Abschlusses des die Verpflichtung zur Übertragung des Erbbaurechts begründenden schuldrechtlichen Geschäfts.

(5) Der Grundstückseigentümer kann verlangen, daß der Nutzer sich im Erbbaurechtsvertrag ihm gegenüber verpflichtet, einen Vertrag über die Veräußerung des Erbbaurechts so abzuschließen, daß der Erwerber die Pflichten zur Zinsanpassung wegen der in § 70 Abs. 1 bezeichneten Nutzungsänderungen übernimmt.

§ 49 Zustimmungsvorbehalt

Der Grundstückseigentümer kann verlangen, daß die Veräußerung nach § 5 Abs. 1 der Verordnung über das Erbbaurecht seiner Zustimmung bedarf. Der Grundstückseigentümer hat diese zu erteilen, wenn die in § 47 Abs. 1, 48 Abs. 1 bis 3 und Abs. 5 bezeichneten Voraussetzungen erfüllt sind.

§ 50 Zinsanpassung wegen abweichender Grundstücksgröße

Jeder Beteiligte kann verlangen, daß sich der andere Teil zu einer Zinsanpassung verpflichtet, wenn sich nach dem Ergebnis einer noch durchzuführenden Vermessung herausstellt, daß die tatsächliche Grundstücksgröße von der im Vertrag zugrunde gelegten mehr als geringfügig abweicht. § 72 Abs. 2 und 3 ist entsprechend anzuwenden.

§ 51 Eingangsphase

(1) Der Erbbauberechtigte kann vom Grundstückseigentümer eine Ermäßigung des Erbbauzinses in den ersten Jahren verlangen (Eingangsphase). Der ermäßigte Zins beträgt

1. ein Viertel in den ersten drei Jahren,

2. die Hälfte in den folgenden drei Jahren und

3. drei Viertel in den darauf folgenden drei Jahren

des sich aus den vorstehenden Bestimmungen ergebenden Erbbauzinses. Die Eingangsphase beginnt mit dem Eintritt der Zahlungspflicht nach § 44, spätestens am 1. Januar 1995.

(2) Ist ein Erbbaurecht für ein Eigenheim (§ 5 Abs. 2) zu bestellen und beträgt der zu verzinsende Bodenwert mehr als 250 000 Deutsche Mark, so verlängert sich der für die Stufen der Zinsanhebung in Absatz 1 Satz 2 genannte Zeitraum von jeweils drei auf vier Jahre. Der vom Nutzer zu zahlende Erbbauzins beträgt in diesem Falle mindestens

1. 104 Deutsche Mark monatlich in den ersten drei Jahren,

2. 209 Deutsche Mark monatlich in den folgenden drei Jahren,

3. 313 Deutsche Mark monatlich in den darauf folgenden drei Jahren und

4. 418 Deutsche Mark monatlich in den darauf folgenden drei Jahren.

(3) Haben die Parteien ein vertragliches Nutzungsentgelt vereinbart, kann der Nutzer eine Ermäßigung nur bis zur Höhe des vereinbarten Entgelts verlangen. Übersteigt das vertraglich vereinbarte Entgelt den nach diesem Kapitel zu zahlenden Erbbauzins, kann der Nutzer nur eine Anpassung des Erbbauzinses auf den nach Ablauf der Eingangsphase zu zahlenden Betrag verlangen.

§ 52 Sicherung des Erbbauzinses

(1) Der Grundstückseigentümer kann die Absicherung des regelmäßigen Erbbauzinses durch Eintragung einer Reallast an rangbereiter Stelle sowie eine Vereinbarung über die Sicherung der Reallast nach § 9 Abs. 3 der Verordnung über das Erbbaurecht verlangen.

(2) Auf Verlangen des Nutzers ist in den Erbbaurechtsvertrag eine Bestimmung aufzunehmen, nach der sich der Grundstückseigentümer zu einem Rangrücktritt der Reallast zugunsten eines für Baumaßnahmen des Nutzers innerhalb des in den §§ 11, 12 des Hypothekenbankgesetzes und § 21 der Verordnung über das Erbbaurecht bezeichneten Finanzierungsraums verpflichtet, wenn nach § 9 Abs. 3 der Verordnung über das Erbbaurecht das Bestehenbleiben des Erbbauzinses als Inhalt der Reallast vereinbart wird.

§ 53 Dauer des Erbbaurechts

(1) Die regelmäßige Dauer des Erbbaurechts ist entsprechend der nach dem Inhalt des Nutzungsrechts zulässigen Bebauung zu bestimmen. Ist ein Nutzungsrecht nicht bestellt worden, so ist von der tatsächlichen Bebauung auszugehen, wenn sie nach den Rechtsvorschriften zulässig gewesen oder mit Billigung staatlicher Stellen erfolgt ist.

(2) Die regelmäßige Dauer des Erbbaurechts beträgt vom Vertragsschluß an

1. 90 Jahre
    a) für Ein- und Zweifamilienhäuser oder
    b) für die sozialen Zwecken dienenden Gebäude (insbesondere Schulen, Krankenhäuser, Kindergärten),
2. 80 Jahre für die im staatlichen oder genossenschaftlichen Wohnungsbau errichteten Gebäude sowie für Büro- und andere Dienstgebäude,
3. 50 Jahre für die land-, forstwirtschaftlichen oder gewerblichen Zwecken dienenden Gebäude und alle anderen baulichen Anlagen.

(3) Auf Verlangen des Grundstückseigentümers ist eine verkürzte Laufzeit nach der Restnutzungsdauer des Gebäudes zu vereinbaren, wenn diese weniger als 50, jedoch mehr als 25 Jahre beträgt, das Grundstück mit einem land-, forstwirtschaftlich, gewerblich oder einem öffentlichen Zwecken dienenden Gebäude oder einer baulichen Anlage bebaut worden ist und für die Bebauung ein dingliches Nutzungsrecht nicht bestellt oder ein unbefristeter Nutzungsvertrag, der nur aus besonderen Gründen gekündigt werden konnte, nicht geschlossen wurde. Ist ein Vertrag mit einer über die Restnutzungsdauer des Gebäudes hinausgehenden Laufzeit abgeschlossen worden, kann der Nutzer die Bestellung eines Erbbaurechts für den Zeitraum verlangen, der wenigstens der Restlaufzeit des Vertrages entspricht, jedoch nicht über den in Absatz 2 bestimmten Zeitraum hinaus. Beträgt die Restnutzungsdauer weniger als 25 Jahre, so ist § 31 Abs. 2 bis 5 anzuwenden.

§ 54 Vertraglich zulässige bauliche Nutzung

(1) Die vertraglich zulässige bauliche Nutzung ist nach dem Inhalt des Nutzungsrechts oder, falls ein solches Recht nicht bestellt wurde, nach der Nutzung zu bestimmen, die auf genossenschaftlich genutzten Flächen am 30. Juni 1990, auf anderen Flächen am 2. Oktober 1990, ausgeübt wurde. Befand sich das Gebäude zu dem nach Satz 1 maßgebenden Zeitpunkt noch im Bau, so ist die vorgesehene Nutzung des im Bau befindlichen Gebäudes zugrunde zu legen.

(2) Ist ein Nutzungsrecht für den Bau eines Eigenheimes bestellt oder das Grundstück mit einem Eigenheim bebaut worden, so ist auf Verlangen des Nutzers zu vereinbaren, daß das Gebäude auch zur Ausübung freiberuflicher Tätigkeit, eines Handwerks-, Gewerbe- oder Pensionsbetriebes genutzt werden kann.

(3) Für land-, forstwirtschaftlich oder gewerblich genutzte oder öffentlichen Zwecken dienende Gebäude oder bauliche Anlagen kann der Nutzer, der diese bereits bis zum Ablauf des 2. Oktober 1990 genutzt hat, die Bestellung eines Erbbaurechts unter Anpassung an veränderte Umstände verlangen, wenn sich die bauliche Nutzung des Grundstücks hierdurch nicht oder nur unwesentlich verändert hat. Unwesentliche Veränderungen der baulichen Nutzung des Grundstücks sind insbesondere kleine Aus- oder Anbauten an bestehenden Gebäuden.

(4) Der Nutzer kann eine Vereinbarung beanspruchen, nach der Änderungen zulässig sein sollen, die über den in den Absätzen 2 und 3 benannten Umfang hinausgehen. Zulässig ist auch ein Wechsel der Nutzungsart nach § 70 Abs. 1, wenn dies für eine wirtschaftlich sinnvolle Nutzung der errichteten Gebäude erforderlich ist. Der Grundstückseigentümer kann dem widersprechen, wenn der Nutzer nicht bereit ist, die in § 47 bezeichneten Verpflichtungen in den Vertrag aufzunehmen.

§ 55 Nutzungsbefugnis des Erbbauberechtigten, Grundstücksteilung

(1) Die Befugnis des Erbbauberechtigten, über die Grundfläche des Gebäudes hinausgehende Teile des Grundstücks zu nutzen, ist nach den §§ 21 bis 27 zu bestimmen. Der Erbbauberechtigte ist berechtigt, auch die nicht bebauten Flächen des belasteten Grundstücks zu nutzen.

(2) Grundstückseigentümer und Nutzer können eine Abschreibung des mit dem Erbbaurecht belasteten Grundstücks verlangen, wenn die Nutzungsbefugnis sich nicht auf das Grundstück insgesamt erstreckt, das Restgrundstück selbständig baulich nutzbar ist, eine Teilungsgenehmigung nach § 120 erteilt wird und eine Vermessung durchgeführt werden kann. Die Kosten der Vermessung sind zu teilen.

§ 56 Errichtung und Unterhaltung des Gebäudes, Heimfall

(1) Der Grundstückseigentümer, der mit der Ausgabe von Erbbaurechten besondere öffentliche, soziale oder vergleichbare Zwecke in bezug auf die Bebauung des Grundstücks verfolgt, kann vom Nutzer die Zustimmung zu vertraglichen Bestimmungen verlangen, in denen sich dieser verpflichtet,

1. innerhalb von sechs Jahren nach Abschluß des Erbbaurechtsvertrages das Grundstück zu bebauen,

2. ein errichtetes Gebäude in gutem Zustand zu halten und die erforderlichen Reparaturen und Erneuerungen unverzüglich vorzunehmen.

(2) Die in Absatz 1 Nr. 1 bestimmte Frist ist vom Grundstückseigentümer auf Verlangen des Erbbauberechtigten um weitere sechs Jahre zu verlängern, wenn dieser aus wirtschaftlichen Gründen innerhalb der ersten sechs Jahre nach Abschluß des Erbbaurechtsvertrages zur Bebauung des Grundstücks nicht in der Lage oder aus besonderen persönlichen Gründen daran gehindert war. Eine Veräußerung des Erbbaurechts führt nicht zur Verlängerung der in Satz 1 bezeichneten Fristen.

(3) Sind an dem Gebäude bei Abschluß des Erbbaurechtsvertrages erhebliche Bauschäden vorhanden, so kann im Falle des Absatzes 1 Nr. 2 die Frist zur Behebung dieser Bauschäden auf Verlangen des Erbbauberechtigten bis auf sechs Jahre erstreckt werden, wenn nicht eine sofortige Behebung der Schäden aus Gründen der Bausicherheit erforderlich ist.

(4) Der Grundstückseigentümer hat das Recht, vom Nutzer zu verlangen, daß dieser sich ihm gegenüber verpflichtet, das Erbbaurecht auf ihn zu übertragen, wenn der Erbbauberechtigte den in den Absätzen 1 bis 3 bestimmten Pflichten auch nach einer vom Grundstückseigentümer zu setzenden angemessenen Nachfrist schuldhaft nicht nachgekommen ist (Heimfallklausel).

(5) Jeder Grundstückseigentümer kann verlangen, daß der Erbbauberechtigte sich zum Abschluß einer den Wert des Gebäudes deckenden Versicherung verpflichtet.

§ 57 Ankaufsrecht

(1) Der Nutzer kann verlangen, daß in den Erbbaurechtsvertrag eine Verpflichtung des Grundstückseigentümers aufgenommen wird, das Grundstück an den jeweiligen Erbbauberechtigten zu verkaufen. Die Frist für das Ankaufsrecht ist auf zwölf Jahre von der Bestellung des Erbbaurechts an zu beschränken, wenn der Grundstückseigentümer eine Befristung verlangt.

(2) Der Preis ist entsprechend den Vorschriften in Abschnitt 3 über das Ankaufsrecht zu vereinbaren. Der Bodenwert ist auf den Zeitpunkt festzustellen, in dem ein den Vereinbarungen im Erbbaurechtsvertrag entsprechendes Angebot zum Ankauf des Grundstücks abgegeben wird. Die Grundlagen der Bemessung des Preises sind in den Vertrag aufzunehmen.

(3) Im Falle einer Weiterveräußerung des Grundstücks nach dem Ankauf ist § 71 entsprechend anzuwenden.

§ 58 Öffentliche Lasten

Der Grundstückseigentümer kann verlangen, daß der Erbbauberechtigte vom Tage der Bestellung des Erbbaurechts an die auf dem Grundstück ruhenden öffentlichen Lasten zu tragen hat, soweit diese dem Gebäude und der vom Erbbauberechtigten genutzten Fläche zuzurechnen sind. Die gesetzlichen und vertraglichen Regelungen über die entsprechenden Verpflichtungen des Nutzers bleiben bis zur Bestellung des Erbbaurechts unberührt.

Unterabschnitt 7: Folgen der Erbbaurechtsbestellung

§ 59 Erlöschen des Gebäudeeigentums und des Nutzungsrechts

(1) Das Gebäude wird Bestandteil des Erbbaurechts. Das selbständige Gebäudeeigentum erlischt mit dessen Entstehung.

(2) Mit der Bestellung des Erbbaurechts erlöschen zugleich ein nach bisherigem Recht begründetes Nutzungsrecht und etwaige vertragliche oder gesetzliche Besitzrechte des Nutzers.

§ 60 Anwendbarkeit der Verordnung über das Erbbaurecht, Kosten und Gewährleistung

(1) Auf die nach den Bestimmungen dieses Kapitels bestellten Erbbaurechte findet, soweit nicht Abweichendes gesetzlich angeordnet oder zugelassen ist, die Verordnung über das Erbbaurecht Anwendung.

(2) Die Kosten des Vertrages und seiner Durchführung sind zwischen den Vertragsparteien zu teilen.

(3) Der Grundstückseigentümer haftet nicht für Sachmängel des Grundstücks.

Abschnitt 3: Gesetzliches Ankaufsrecht

Unterabschnitt 1: Gesetzliche Ansprüche auf Vertragsschluß

§ 61 Grundsatz

(1) Der Nutzer kann vom Grundstückseigentümer die Annahme eines Angebots für einen Grundstückskaufvertrag verlangen, wenn der Inhalt des Angebots den Bestimmungen der §§ 65 bis 74 entspricht.

(2) Der Grundstückseigentümer kann vom Nutzer den Ankauf des Grundstücks verlangen, wenn

1. der in Ansatz zu bringende Bodenwert nicht mehr als 100 000 Deutsche Mark, im Falle der Bebauung mit einem Eigenheim nicht mehr als 30 000 Deutsche Mark, beträgt,
2. der Nutzer eine entsprechende Wahl getroffen hat oder
3. das Wahlrecht auf den Grundstückseigentümer übergegangen ist.

Unterabschnitt 2: Gesetzliche Ansprüche wegen dinglicher Rechte

§ 62 Dienstbarkeit, Nießbrauch, Wohnungsrecht

(1) Dingliche Rechte am Grundstück, die einen Anspruch auf Zahlung oder Befriedigung aus dem Grundstück nicht gewähren, erlöschen auf den nach § 66 abzuschreibenden Teilflächen, die außerhalb der Ausübungsbefugnis des Inhabers des dinglichen Rechts liegen. Dasselbe gilt, wenn diese Rechte seit ihrer Bestellung nur auf einer Teilfläche ausgeübt wurden. Die Vertragsparteien können von den Inhabern dieser Rechte am Grundstück die Zustimmung zur Berichtigung des Grundbuchs verlangen.

(2) Für die nach dem 21. Juli 1992 beantragten Belastungen des Grundstücks ist § 63 Abs. 1 entsprechend anzuwenden.

§ 63 Hypothek, Grundschuld, Rentenschuld, Reallast

(1) Der Nutzer kann von den Inhabern dinglicher Rechte, die einen Anspruch auf Zahlung oder Befriedigung aus dem Grundstück gewähren, verlangen, auf ihr Recht zu verzichten, wenn der Antrag auf Eintragung der Belastung nach dem 21. Juli 1992 beim Grundbuchamt einging und dem Inhaber des dinglichen Rechts bekannt war, daß der Grundstückseigentümer vorsätzlich seiner Verpflichtung aus Artikel 233 § 2a Abs. 3 Satz 2 des Einführungsgesetzes zum Bürgerlichen Gesetzbuche zuwiderhandelte, das vom Nutzer bebaute Grundstück nicht zu belasten. Erwirbt der Nutzer eine Teilfläche, so beschränkt sich der Anspruch nach Satz 1 auf die Zustimmung zur lastenfreien Abschreibung.

(2) Der Nutzer kann von dem Inhaber eines in Absatz 1 bezeichneten Rechts verlangen, einer lastenfreien Um- oder Abschreibung einer von ihm zu erwerbenden Teilfläche zuzustimmen, wenn das vom Nutzer errichtete oder erworbene Gebäude oder dessen bauliche Anlage und die hierfür in Anspruch genommene Fläche nach den vertraglichen Regelungen nicht zum Haftungsverband gehören sollten oder deren Nichtzugehörigkeit zum Haftungsverband für den

Inhaber des dinglichen Rechts bei Bestellung oder Erwerb erkennbar war. Ist ein Darlehen für den Betrieb des Grundstückseigentümers gewährt worden, so ist zu vermuten, daß ein vom Nutzer bewohntes Eigenheim und die ihm zuzuordnende Fläche nicht als Sicherheit für das Darlehen haften sollen.

(3) Liegen die in Absatz 2 genannten Voraussetzungen nicht vor, kann der Nutzer verlangen, daß der Inhaber des dinglichen Rechts die Mithaftung des Trennstücks auf den Betrag beschränkt, dessen Wert im Verhältnis zu dem beim Grundstückseigentümer verbleibenden Grundstück entspricht. § 1132 Abs. 2 des Bürgerlichen Gesetzbuchs findet entsprechende Anwendung.

§ 64 Ansprüche gegen den Grundstückseigentümer

(1) Der Grundstückseigentümer ist vorbehaltlich der nachfolgenden Bestimmungen verpflichtet, dem Nutzer das Grundstück frei von Rechten Dritter zu übertragen, die gegen den Nutzer geltend gemacht werden können. Satz 1 ist nicht anzuwenden auf

1. Vorkaufsrechte, die aufgrund gesetzlicher Bestimmungen oder aufgrund Überlassungsvertrags eingetragen worden sind, und

2. die in § 62 Abs. 1 bezeichneten Rechte, wenn

   a) das Grundstück bereits vor der Bestellung des Nutzungsrechts oder der Bebauung des Grundstücks belastet war,

   b) die Belastung vor Ablauf des 2. Oktober 1990 auf Veranlassung staatlicher Stellen erfolgt ist,

   c) der Grundstückseigentümer aufgrund gesetzlicher Bestimmungen zur Belastung seines Grundstücks mit einem solchen Recht verpflichtet gewesen ist oder

   d) der Nutzer der Belastung zugestimmt hat.

(2) Übernimmt der Nutzer nach § 63 Abs. 3 eine dingliche Haftung für eine vom Grundstückseigentümer eingegangene Verpflichtung, so kann er von diesem Befreiung verlangen. Ist die gesicherte Forderung noch nicht fällig, so kann der Nutzer vom Grundstückseigentümer statt der Befreiung Sicherheit fordern.

(3) Der Inhaber eines in § 63 Abs. 1 bezeichneten dinglichen Rechts, der einer lastenfreien Um- oder Abschreibung zuzustimmen verpflichtet ist, erwirbt im Range und Umfang seines Rechts am Grundstück ein Pfandrecht am Anspruch auf den vom Nutzer zu zahlenden Kaufpreis. Ist das Recht nicht auf Leistung eines Kapitals gerichtet, sichert das Pfandrecht den Anspruch auf Wertersatz. Jeder Inhaber eines solchen Rechts kann vom Nutzer die Hinterlegung des Kaufpreises verlangen.

Unterabschnitt 3: Bestimmungen zum Inhalt des Vertrages

§ 65 Kaufgegenstand

(1) Kaufgegenstand ist das mit dem Nutzungsrecht belastete oder bebaute Grundstück oder eine abzuschreibende Teilfläche.

(2) Ist eine Teilung eines bebauten Grundstücks nicht möglich oder unzweckmäßig (§ 66 Abs. 2), ist als Kaufgegenstand ein Miteigentumsanteil am Grund-

stück in Verbindung mit dem Sondereigentum an Wohnungen oder dem Teileigentum an nicht zu Wohnzwecken dienenden Räumen eines Gebäudes zu bestimmen.

§ 66 Teilflächen

(1) Die Bestimmung abzuschreibender Teilflächen ist nach §§ 22 bis 27 vorzunehmen. Die Grenzen dieser Flächen sind in dem Vertrag zu bezeichnen nach

1. einem Sonderungsplan, wenn die Grenzen der Nutzungsrechte in einem Sonderungsbescheid festgestellt worden sind,
2. einem Lageplan oder
3. festen Merkmalen in der Natur.

(2) Eine Abschreibung von Teilflächen ist nicht möglich, wenn mehrere Nutzer oder der Nutzer und der Grundstückseigentümer abgeschlossene Teile eines Gebäudes unter Ausschluß des anderen nutzen oder wenn die Teilungsgenehmigung nach § 120 zu einer Teilung des Grundstücks versagt wird. Eine Teilung ist unzweckmäßig, wenn gemeinschaftliche Erschließungsanlagen oder gemeinsame Anlagen und Anbauten genutzt werden und die Regelungen für den Gebrauch, die Unterhaltung der Anlagen sowie die Verpflichtung von Rechtsnachfolgern der Vertragsparteien einen außerordentlichen Aufwand verursachen würden. § 40 Abs. 2 ist entsprechend anzuwenden.

§ 67 Begründung von Wohnungs- oder Teileigentum

(1) In den Fällen des § 66 Abs. 2 kann jeder Beteiligte verlangen, daß anstelle einer Grundstücksteilung und Veräußerung einer Teilfläche Wohnungs- oder Teileigentum begründet und veräußert wird. Die Verträge sollen folgende Bestimmungen enthalten:

1. Sofern selbständiges Gebäudeeigentum besteht, ist Wohnungs- oder Teileigentum durch den Abschluß eines Vertrages nach § 3 des Wohnungseigentumsgesetzes über das Gebäude und eine Teilung des Grundstücks nach § 8 des Wohnungseigentumsgesetzes zu begründen und auf die Nutzer zu übertragen.
2. In anderen Fällen hat der Grundstückseigentümer eine Teilung entsprechend § 8 des Wohnungseigentumsgesetzes vorzunehmen und Sondereigentum und Miteigentumsanteile an die Nutzer zu veräußern.

(2) Der Anspruch nach Absatz 1 besteht nicht, wenn

1. der von einem Nutzer zu zahlende Kaufpreis bei der Begründung von Wohnungseigentum nach § 1 Abs. 2 des Wohnungseigentumsgesetzes mehr als 30 000 Deutsche Mark oder von Teileigentum nach § 1 Abs. 3 jenes Gesetzes mehr als 100 000 Deutsche Mark betragen würde und
2. der betreffende Nutzer die Begründung von Wohnungserbbaurechten verlangt.

(3) Wird Wohnungs- oder Teileigentum begründet, so können die Nutzer eine Kaufpreisbestimmung verlangen, nach der sie dem Grundstückseigentümer gegenüber anteilig nach der Größe ihrer Miteigentumsanteile zur Zahlung des Kaufpreises verpflichtet sind.

(4) Die Beteiligten sind verpflichtet, an der Erlangung der für die Aufteilung erforderlichen Unterlagen mitzuwirken. § 40 Abs. 4 ist entsprechend anzuwenden.

§ 68 Regelmäßiger Preis

(1) Der Kaufpreis beträgt die Hälfte des Bodenwerts, soweit nicht im folgenden etwas anderes bestimmt ist.

(2) Macht der Nutzer dem Grundstückseigentümer im ersten Jahr nach dem 1. Oktober 1994 ein Angebot für einen Grundstückskaufvertrag oder beantragt er innerhalb dieser Zeit das notarielle Vermittlungsverfahren zum Abschluß eines solchen Vertrages, so kann er eine Ermäßigung des nach Absatz 1 ermittelten Kaufpreises um fünf vom Hundert für den Fall verlangen, daß der ermäßigte Kaufpreis innerhalb eines Monats gezahlt wird, nachdem der Notar dem Käufer mitgeteilt hat, daß alle zur Umschreibung erforderlichen Voraussetzungen vorliegen. Wird das Angebot im zweiten Jahr nach dem 1. Oktober 1994 gemacht oder innerhalb dieser Zeit das notarielle Vermittlungsverfahren beantragt, so beträgt die Ermäßigung zweieinhalb vom Hundert. Die Ermäßigung ist ausgeschlossen, wenn zuvor ein Erbbauzins an den Grundstückseigentümer zu zahlen war. Die Ermäßigung fällt weg, wenn der Käufer den Vertragsschluß wider Treu und Glauben erheblich verzögert.

§ 69 Preisanhebung bei kurzer Restnutzungsdauer des Gebäudes

(1) Der nach § 68 zu bestimmende Kaufpreis ist auf Verlangen des Grundstückseigentümers wegen kurzer Restnutzungsdauer des Gebäudes zu erhöhen, wenn
1. das Gebäude zu anderen als zu Wohnzwecken genutzt wird,
2. dem Nutzer ein Nutzungsrecht nicht verliehen oder nicht zugewiesen worden ist oder die Restlaufzeit eines Nutzungs- oder Überlassungsvertrages kürzer ist als die regelmäßige Dauer des Erbbaurechts und
3. die Restnutzungsdauer des Gebäudes zum Zeitpunkt des Ankaufverlangens kürzer ist als die regelmäßige Dauer eines Erbbaurechts.

(2) Zur Bestimmung der Preisanhebung sind die Bodenwertanteile eines Erbbaurechts mit der Restnutzungsdauer des Gebäudes und eines Erbbaurechts mit der regelmäßigen Laufzeit nach § 53 zu errechnen. Der Bodenwertanteil des Nutzers ist nach dem Verhältnis der Bodenwertanteile der in Satz 1 bezeichneten Erbbaurechte zu ermitteln. Der angehobene Preis errechnet sich durch Abzug des Anteils des Nutzers vom Bodenwert.

§ 70 Preisbemessung nach dem ungeteilten Bodenwert

(1) Der Kaufpreis ist nach dem ungeteilten Bodenwert zu bemessen, wenn die Nutzung des Grundstücks geändert wird. Eine Nutzungsänderung im Sinne des Satzes 1 liegt vor, wenn
1. ein Gebäude zu land-, forstwirtschaftlichen, gewerblichen oder öffentlichen Zwecken genutzt wird, obwohl das Nutzungsrecht zu Wohnzwecken bestellt oder das Gebäude am 2. Oktober 1990 zu Wohnzwecken genutzt wurde,
2. ein Gebäude oder eine bauliche Anlage gewerblichen Zwecken dient und das Gebäude auf dem dem gesetzlichen Nutzungsrecht der landwirtschaftlichen Produktionsgenossenschaften unterliegenden Flächen errichtet und am 30. Juni 1990 land- oder forstwirtschaftlich genutzt wurde oder

3. ein Gebäude oder eine bauliche Anlage abweichend von der nach dem Inhalt des Nutzungsrechts vorgesehenen oder der am Ablauf des 2. Oktober 1990 ausgeübten Nutzungsart genutzt wird.

(2) Die Nutzung eines Eigenheimes für die Ausübung freiberuflicher Tätigkeit, eines Handwerks-, Gewerbe- oder Pensionsbetriebes sowie die Änderung der Art der Nutzung ohne verstärkte bauliche Ausnutzung des Grundstücks durch einen Nutzer, der das Grundstück bereits vor dem 3. Oktober 1990 in Anspruch genommen hatte (§ 54 Abs. 2 und 3), sind keine Nutzungsänderungen im Sinne des Absatzes 1.

(3) Ist ein Nutzungsrecht für den Bau eines Eigenheimes bestellt oder das Grundstück mit einem Eigenheim bebaut worden, ist der ungeteilte Bodenwert für den Teil des Grundstücks in Ansatz zu bringen, der die Regelgröße übersteigt, wenn dieser abtrennbar und selbständig baulich nutzbar ist. Gleiches gilt hinsichtlich einer über 1 000 Quadratmeter hinausgehenden Fläche, wenn diese abtrennbar und angemessen wirtschaftlich nutzbar ist.

(4) Der Kaufpreis ist auch dann nach dem ungeteilten Bodenwert zu bemessen, wenn der Nutzer das Gebäude oder die bauliche Anlage nach dem Ablauf des 20. Juli 1993 erworben hat und zum Zeitpunkt des der Veräußerung zugrunde liegenden Rechtsgeschäfts die in § 29 Abs. 3 bezeichneten Voraussetzungen vorlagen. Satz 1 ist nicht anzuwenden, wenn das Gebäude oder die bauliche Anlage als Teil eines Unternehmens veräußert wird und der Nutzer das Geschäft seines Rechtsvorgängers fortführt.

§ 71 Nachzahlungsverpflichtungen   *Nachbewertung*

(1) Der Grundstückseigentümer kann im Falle des Verkaufs zum regelmäßigen Preis (§ 68) verlangen, daß sich der Nutzer ihm gegenüber verpflichtet, die Differenz zu dem ungeteilten Bodenwert (§ 70) zu zahlen, wenn innerhalb einer Frist von drei Jahren nach dem Erwerb

1. das Grundstück unbebaut oder mit einem nicht mehr nutzbaren, abbruchreifen Gebäude veräußert wird,
2. eine Nutzungsänderung nach § 70 erfolgt oder
3. der Nutzer das erworbene land-, forstwirtschaftlich oder gewerblich genutzte oder öffentlichen Zwecken dienende Grundstück an einen Dritten veräußert.

Dies gilt nicht, wenn das Grundstück als Teil eines Unternehmens veräußert wird und der Erwerber das Geschäft des Veräußerers fortführt.

(2) Für Nutzungsänderungen oder Veräußerungen nach Absatz 1 in den folgenden drei Jahren kann der Grundstückseigentümer vom Nutzer die Begründung einer Verpflichtung in Höhe der Hälfte des in Absatz 1 bestimmten Differenzbetrags verlangen.

(3) Maßgebender Zeitpunkt für die in den Absätzen 1 und 2 bezeichneten Fristen ist der jeweilige Zeitpunkt des Abschlusses des die Verpflichtung zum Erwerb und zur Veräußerung begründenden schuldrechtlichen Geschäfts.

(4) Vermietungen, Verpachtungen sowie die Begründung von Wohnungs- und Nießbrauchsrechten oder ähnliche Rechtsgeschäfte, durch die einem Dritten eigentümerähnliche Nutzungsbefugnisse übertragen werden oder werden sollen, stehen einer Veräußerung nach den Absätzen 1 und 2 gleich.

§ 72 Ausgleich wegen abweichender Grundstücksgröße

(1) Jeder Beteiligte kann verlangen, daß sich der andere Teil ihm gegenüber verpflichtet, eine Ausgleichszahlung zu leisten, wenn der Kaufpreis nach der Quadratmeterzahl des Grundstücks bemessen wird und die Größe des Grundstücks von der im Vertrag zugrunde gelegten nach dem Ergebnis einer Vermessung mehr als geringfügig abweicht. Ansprüche nach §§ 459 und 468 des Bürgerlichen Gesetzbuchs sind ausgeschlossen, es sei denn, daß eine Gewährleistung wegen abweichender Grundstücksgröße im Vertrag ausdrücklich vereinbart wird.

(2) Größenunterschiede sind als geringfügig anzusehen, wenn sie bei einem Bodenwert je Quadratmeter

1. unter 100 Deutsche Mark fünf vom Hundert,
2. unter 200 Deutsche Mark vier vom Hundert oder
3. ab 200 Deutsche Mark drei vom Hundert

nicht überschreiten.

(3) Ansprüche nach Absatz 1 verjähren in einem Jahr nach der Vermessung.

§ 73 Preisbemessung im Wohnungsbau

(1) Für die im staatlichen oder genossenschaftlichen Wohnungsbau verwendeten Grundstücke ist der Kaufpreis unter Zugrundelegung des sich aus § 20 Abs. 1 und 2 ergebenden Bodenwerts zu bestimmen. Der Grundstückseigentümer kann vom Nutzer eines im staatlichen oder genossenschaftlichen Wohnungsbau verwendeten Grundstücks verlangen, daß der Nutzer sich im Vertrag ihm gegenüber zu einer Nachzahlung verpflichtet, wenn

1. das Grundstück innerhalb von 20 Jahren nach dem Vertragsschluß nicht mehr zu Wohnzwecken genutzt wird (Absatz 2) oder
2. das Grundstück innerhalb von zehn Jahren nach dem Vertragsschluß weiterveräußert wird (Absatz 3).

Der Nutzer kann die Vereinbarung von Nachzahlungspflichten verweigern und verlangen, daß im Grundstückskaufvertrag der Kaufpreis nach dem sich aus § 19 Abs. 2 ergebenden Bodenwert bestimmt wird.

(2) Eine Nutzungsänderung nach Absatz 1 Satz 2 Nr. 1 tritt ein, wenn das Gebäude nicht mehr zu Wohnzwecken genutzt oder abgebrochen wird. Satz 1 ist nicht anzuwenden, wenn nur einzelne Räume des Gebäudes zu anderen Zwecken, aber mehr als 50 vom Hundert der gesamten Nutzfläche zu Wohnzwecken genutzt werden. Die Höhe des Nachzahlungsanspruchs bestimmt sich nach

1. der Differenz zwischen dem gezahlten und dem regelmäßigen Kaufpreis auf der Basis des Werts eines unbebauten Grundstücks nach § 19 Abs. 2, wenn die Veränderung innerhalb von zehn Jahren nach Vertragsschluß eintritt,
2. der Hälfte dieses Betrags in den folgenden zehn Jahren.

Der Bodenwert ist auf den Zeitpunkt festzustellen, in dem der Nachzahlungsanspruch entstanden ist.

(3) Veräußerungen nach Absatz 1 Satz 2 Nr. 2 sind auch die Begründung und Veräußerung von Wohnungseigentum oder Wohnungserbbaurechten sowie ähnliche Rechtsgeschäfte, durch die einem Dritten eigentümerähnliche Rechte über-

tragen werden. Die Nachzahlungspflicht bemißt sich nach dem bei der Veräußerung erzielten Mehrerlös für den Bodenanteil. Der Mehrerlös ist die Differenz
zwischen dem auf den Boden entfallenden Teil des bei der Weiterveräußerung
erzielten Kaufpreises und dem bei der Veräußerung zwischen dem Grundstückseigentümer und dem Nutzer vereinbarten Kaufpreis. Der Nutzer ist verpflichtet,
in dem Vertrag mit dem Dritten den auf Grund und Boden entfallenden Teil des
Kaufpreises gesondert auszuweisen und die Weiterveräußerung dem früheren
Grundstückseigentümer anzuzeigen. Die Höhe des Nachzahlungsanspruchs bestimmt sich nach

1.   der Hälfte des Mehrerlöses, wenn die Veräußerung in den ersten fünf Jahren
     nach dem Erwerb des Grundstücks nach diesem Gesetz erfolgt,

2.   einem Viertel des Mehrerlöses im Falle einer Veräußerung in den folgenden
     fünf Jahren.

(4) Der vom Nutzer an den Grundstückseigentümer nach Absatz 1 zu zahlende
Kaufpreis sowie eine nach den Absätzen 2 und 3 zu leistende Nachzahlung sind
von dem Erlös abzuziehen, der nach § 5 Abs. 2 des Altschuldenhilfe-Gesetzes der
Ermittlung der an den Erblastentilgungsfonds abzuführenden Erlösanteile zugrunde zu legen ist.

(5) Der Grundstückseigentümer kann eine Sicherung des Anspruches nach
Absatz 1 Satz 2 Nr. 1 durch ein Grundpfandrecht innerhalb des in § 11 des
Hypothekenbankgesetzes bezeichneten Finanzierungsraums nicht beanspru-
chen.

(6) Der Anspruch aus § 71 bleibt unberührt.

§ 74 Preisbemessung bei Überlassungsverträgen

(1) Der Grundstückseigentümer kann eine Anhebung des Kaufpreises durch
Anrechnung des Restwerts des überlassenen Gebäudes und der Grundstückseinrichtungen verlangen. Die Erhöhung des Preises ist pauschal nach dem Sachwert
des Gebäudes und der Grundstückseinrichtungen zum Zeitpunkt der Überlassung abzüglich der Wertminderungen, die bis zum Zeitpunkt der Abgabe eines
Angebots zum Vertragsschluß eingetreten wären, zu bestimmen. Die Wertminderung ist nach der Nutzungsdauer von Gebäuden und Einrichtungen der entsprechenden Art und den üblichen Wertminderungen wegen Alters und Abnutzung zu berechnen. Eine andere Berechnung kann verlangt werden, wenn dies
wegen besonderer Umstände, insbesondere erheblicher Bauschäden zum Zeitpunkt der Überlassung, geboten ist.

(2) Zahlungen des Überlassungsnehmers, die zur Ablösung von Verbindlichkeiten des Grundstückseigentümers und von Grundpfandrechten verwandt wurden, sind auf Verlangen des Nutzers auf den Kaufpreis anzurechnen. § 38 Abs. 2
und 3 gilt entsprechend.

(3) Die vom Überlassungsnehmer gezahlten und hinterlegten Geldbeträge sind
auf den Kaufpreis anzurechnen, wenn sie bereits an den Grundstückseigentümer
ausgezahlt wurden oder zur Zahlung an ihn verfügbar sind. Eine Verfügbarkeit
der Beträge liegt vor, wenn diese binnen eines Monats nach Vertragsschluß an
den verkaufenden Grundstückseigentümer gezahlt werden oder auf einem Treu-
handkonto des beurkundenden Notars zur Verfügung bereitstehen.

(4) Ist eine Anrechnung nach Absatz 3 nicht möglich, so ist der Grundstückseigentümer verpflichtet, insoweit seine Ersatzansprüche gegen den staatlichen Verwalter auf den Nutzer zu übertragen und dies dem Verwalter anzuzeigen.

Unterabschnitt 4: Folgen des Ankaufs

§ 75 Gefahr, Lasten

(1) Der Nutzer trägt die Gefahr für ein von ihm errichtetes Gebäude. Er hat vom Kaufvertragsschluß an die auf dem Grundstück ruhenden Lasten zu tragen.

(2) Gesetzliche oder vertragliche Regelungen, nach denen der Nutzer die Lasten schon vorher zu tragen hatte, bleiben bis zum Vertragsschluß unberührt. Ansprüche des Nutzers auf Aufwendungsersatz bestehen nicht.

§ 76 Gewährleistung

Der Verkäufer haftet nicht für Sachmängel des Grundstücks.

§ 77 Kosten

Die Kosten des Vertrages und seiner Durchführung sind zwischen den Vertragsparteien zu teilen.

§ 78 Rechtsfolgen des Erwerbs des Grundstückseigentums durch den Nutzer

(1) Vereinigen sich Grundstücks- und Gebäudeeigentum in einer Person, so ist eine Veräußerung oder Belastung allein des Gebäudes oder des Grundstücks ohne das Gebäude nicht mehr zulässig. Die Befugnis zur Veräußerung im Wege der Zwangsversteigerung oder zu deren Abwendung bleibt unberührt. Der Eigentümer ist verpflichtet, das Eigentum am Gebäude nach § 875 des Bürgerlichen Gesetzbuchs aufzugeben, sobald dieses unbelastet ist oder sich die dinglichen Rechte am Gebäude mit dem Eigentum am Gebäude in seiner Person vereinigt haben. Der Eigentümer des Gebäudes und der Inhaber einer Grundschuld sind verpflichtet, das Recht aufzugeben, wenn die Forderung, zu deren Sicherung die Grundschuld bestellt worden ist, nicht entstanden oder erloschen ist. Das Grundbuchamt hat den Eigentümer zur Erfüllung der in den Sätzen 3 und 4 bestimmten Pflichten anzuhalten. Die Vorschriften über den Grundbuchberichtigungszwang im Fünften Abschnitt der Grundbuchordnung finden entsprechende Anwendung.

(2) Der Eigentümer kann von den Inhabern dinglicher Rechte am Gebäude verlangen, die nach § 876 des Bürgerlichen Gesetzbuchs erforderliche Zustimmung zur Aufhebung zu erteilen, wenn sie Rechte am Grundstück an der gleichen Rangstelle und im gleichen Wert erhalten und das Gebäude Bestandteil des Grundstücks wird.

(3) Im Falle einer Veräußerung nach Absatz 1 Satz 2 kann der Erwerber vom Eigentümer auch den Ankauf des Grundstücks oder des Gebäudes oder der baulichen Anlage nach diesem Abschnitt verlangen. Der Preis ist nach dem vollen Verkehrswert (§ 70) zu bestimmen. Im Falle der Veräußerung des Grundstücks ist § 71 anzuwenden. Eine Preisermäßigung nach § 73 kann der Erwerber vom Eigentümer nur verlangen, wenn

1. die in § 73 Abs. 1 bezeichneten Voraussetzungen vorliegen und
2. er sich gegenüber dem Eigentümer wie in § 74 Abs. 1 Satz 2 verpflichtet.

Der frühere Grundstückseigentümer erwirbt mit dem Entstehen einer Nachzahlungsverpflichtung des Eigentümers aus § 73 Abs. 2 ein vorrangiges Pfandrecht an den Ansprüchen des Eigentümers gegen den Erwerber aus einer Nutzungsänderung.

Unterabschnitt 5: Leistungsstörungen

§ 79 Durchsetzung des Erfüllungsanspruchs

(1) Der Grundstückseigentümer kann wegen seiner Ansprüche aus dem Kaufvertrag die Zwangsversteigerung des Gebäudes oder der baulichen Anlage des Nutzers nur unter gleichzeitiger Versteigerung des nach dem Vertrag zu veräußernden Grundstücks betreiben. Der Grundstückseigentümer darf einen Antrag auf Versteigerung des Gebäudes und des Grundstücks erst stellen, wenn er dem Nutzer die Versteigerung des verkauften Grundstücks zuvor angedroht, dem Nutzer eine Nachfrist zur Zahlung von mindestens zwei Wochen gesetzt hat und diese Frist fruchtlos verstrichen ist.

(2) Für die Vollstreckung in das Grundstück ist ein vollstreckbarer Titel gegen den Nutzer ausreichend. Die Zwangsversteigerung darf nur angeordnet werden, wenn

1. der Antragsteller als Eigentümer des Grundstücks im Grundbuch eingetragen oder als Rechtsvorgänger des Nutzers eingetragen gewesen ist oder Erbe des eingetragenen Grundstückseigentümers ist, und
2. das Grundstück frei von Rechten ist, die Ansprüche auf Zahlung oder Befriedigung aus dem Grundstück gewähren.

(3) Der Zuschlag für das Gebäude und das Grundstück muß an dieselbe Person erteilt werden. Mit dem Zuschlag erlöschen die Rechte des Nutzers zum Besitz aus dem Moratorium nach Artikel 233 § 2a des Einführungsgesetzes zum Bürgerlichen Gesetzbuche, aus diesem Gesetz und aus dem Grundstückskaufvertrag.

(4) An die Stelle des Anspruchs des Nutzers auf Übereignung tritt der Anspruch auf Auskehr des nach Berichtigung der Kosten und Befriedigung des Grundstückseigentümers verbleibenden Resterlöses.

§ 80 Rechte aus § 326 des Bürgerlichen Gesetzbuchs

Dem Grundstückseigentümer stehen nach fruchtlosem Ablauf einer nach § 326 Abs. 1 Satz 1 des Bürgerlichen Gesetzbuchs bestimmten Nachfrist statt der in § 326 Abs. 1 Satz 2 bezeichneten Ansprüche folgende Rechte zu. Der Grundstückseigentümer kann

1. vom Nutzer den Abschluß eines Erbbaurechtsvertrages nach Maßgabe des Abschnitts 2 verlangen oder
2. das Gebäude oder die bauliche Anlage nach Maßgabe des nachfolgenden Unterabschnitts ankaufen.

Der Grundstückseigentümer kann über die in Satz 1 bezeichneten Ansprüche hinaus vom Nutzer Ersatz der ihm durch den Vertragsschluß entstandenen Vermögensnachteile sowie vom Ablauf der Nachfrist an ein Nutzungsentgelt in Höhe des nach dem Abschnitt 2 zu zahlenden Erbbauzinses verlangen. Die Regelungen über eine Zinsermäßigung in § 51 sind nicht anzuwenden, auch wenn nach Satz 1 Nr. 1 auf Verlangen des Grundstückseigentümers ein Erbbaurechtsvertrag geschlossen wird.

Unterabschnitt 6: Besondere Bestimmungen für den Hinzuerwerb des Gebäudes durch den Grundstückseigentümer

§ 81 Voraussetzungen, Kaufgegenstand, Preisbestimmung

(1) Der Grundstückseigentümer ist berechtigt, ein vom Nutzer errichtetes oder erworbenes Wirtschaftsgebäude oder dessen bauliche Anlage anzukaufen oder, wenn kein selbständiges Gebäudeeigentum entstanden ist, die aus der baulichen Investition begründeten Rechte abzulösen, wenn

1. die Rechtsverhältnisse an land- und forstwirtschaftlich genutzten Grundstücken, Gebäuden oder baulichen Anlagen neu geregelt werden sollen und der Erwerb des Gebäudes oder der baulichen Anlage in einer vom Grundstückseigentümer von der Flurneuordnungsbehörde einzuholenden Stellungnahme befürwortet wird,

2. der Grundstückseigentümer die Bestellung eines Erbbaurechts oder den Ankauf des Grundstücks nach § 29 verweigert hat,

3. der Anspruch des Nutzers auf Bestellung eines Erbbaurechts oder auf Ankauf des Grundstücks nach § 31 wegen geringer Restnutzungsdauer des Gebäudes oder der baulichen Anlage ausgeschlossen ist und der Grundstückseigentümer für Wohn- oder betriebliche Zwecke auf eine eigene Nutzung des Grundstücks angewiesen ist oder

4. der Grundstückseigentümer Inhaber eines Unternehmens ist und

   a) das Gebäude oder die bauliche Anlage auf dem Betriebsgrundstück steht und die betriebliche Nutzung des Grundstücks erheblich beeinträchtigt oder

   b) das Gebäude, die bauliche Anlage oder die Funktionsfläche für betriebliche Erweiterungen in Anspruch genommen werden soll und der Grundstückseigentümer die in § 3 Abs. 1 Nr. 1 des Investitionsvorranggesetzes bezeichneten Zwecke verfolgt oder der Nutzer keine Gewähr für eine Fortsetzung der betrieblichen Nutzung des Wirtschaftsgebäudes bietet.

Satz 1 Nr. 4 Buchstabe b ist nicht anzuwenden, wenn den betrieblichen Belangen des Nutzers eine höhere Bedeutung zukommt als den investiven Interessen des Grundstückseigentümers.

(2) Der vom Grundstückseigentümer zu zahlende Kaufpreis ist nach dem Wert des Gebäudes oder der baulichen Anlage zu dem Zeitpunkt zu bemessen, in dem ein Beteiligter ein Angebot zum Ankauf macht. In den Fällen des Absatzes 1 Nr. 1 und 4 hat der Grundstückseigentümer auch den durch Nutzungsrecht oder

bauliche Investition begründeten Bodenwertanteil abzulösen. Der Bodenwertanteil des Nutzers wird dadurch bestimmt, daß vom Verkehrswert der Betrag abgezogen wird, den der Nutzer im Falle des Hinzuerwerbs des Grundstücks zu zahlen hätte. In den Fällen des Absatzes 1 Nr. 3 kann der Nutzer eine Entschädigung verlangen, soweit ihm dadurch ein Vermögensnachteil entsteht, daß ein Mietvertrag mit einer nach der Restnutzungsdauer des Gebäudes bemessenen Laufzeit (§ 31 Abs. 2) nicht abgeschlossen wird.

(3) Ist das vom Nutzer errichtete oder erworbene Gebäude oder die bauliche Anlage nicht mehr nutzbar oder das Grundstück nicht bebaut, so kann der Nutzer vom Grundstückseigentümer eine Zahlung nach Absatz 2 Satz 2 nur verlangen, wenn ein Nutzungsrecht bestellt wurde. Der Anspruch entfällt, wenn die in § 29 Abs. 2 bestimmten Voraussetzungen vorliegen. In diesem Fall kann der Grundstückseigentümer vom Nutzer die Aufhebung des Nutzungsrechts verlangen.

(4) Ist das Gebäude noch nutzbar, mit einem Gebrauch durch den Nutzer aber nicht mehr zu rechnen (§ 29 Abs. 1), ist der Kaufpreis auch dann nur nach dem Wert des Gebäudes zu bemessen, wenn dem Nutzer ein Nutzungsrecht bestellt wurde.

(5) Erwirbt der Grundstückseigentümer selbständiges Gebäudeeigentum, ist § 78 entsprechend anzuwenden.

§ 82 Übernahmeverlangen des Grundstückseigentümers

(1) Ist das vom Nutzer errichtete oder erworbene Gebäude oder die bauliche Anlage nicht mehr nutzbar und beruht die Erforderlichkeit alsbaldigen Abbruchs auf unterlassener Instandhaltung durch den Nutzer, kann der Grundstückseigentümer vom Nutzer

1. Ersatz seiner Aufwendungen für die Beseitigung der vorhandenen Bausubstanz oder

2. den Erwerb der Fläche, auf der das Gebäude oder die bauliche Anlage errichtet wurde,

verlangen.

(2) Ist die Nutzung des vom Nutzer errichteten oder erworbenen Gebäudes oder der baulichen Anlage aus anderen als den in Absatz 1 genannten Gründen, insbesondere infolge der durch den Beitritt nach dem Einigungsvertrag eingetretenen Veränderungen, aufgegeben worden und der alsbaldige Abbruch des Gebäudes oder der baulichen Anlage zur ordnungsgemäßen Bewirtschaftung des Grundstücks erforderlich, kann der Grundstückseigentümer vom Nutzer

1. den hälftigen Ausgleich des Betrages verlangen, um den die Kosten des Abbruchs der vorhandenen Bausubstanz den Bodenwert des unbebauten Grundstücks im Zeitpunkt des Inkrafttretens dieses Gesetzes übersteigen, oder

2. den Erwerb der Fläche gegen Zahlung des nach Absatz 5 zu berechnenden Entschädigungswerts verlangen, auf der das Gebäude oder die bauliche Anlage errichtet wurde.

(3) Der Grundstückseigentümer kann die in den Absätzen 1 und 2 bestimmten Ansprüche erst geltend machen, nachdem er dem Nutzer Gelegenheit gegeben hat, das Gebäude oder die bauliche Anlage zu beseitigen. Der Grundstückseigentümer hat dem Nutzer hierzu eine angemessene Frist zu setzen. Die Ansprüche verjähren in drei Jahren.

(4) Der Nutzer kann den Anspruch des Grundstückseigentümers aus Absatz 2 Nr. 1 durch Erwerb der Fläche, auf der das abzureißende Gebäude steht, gegen Zahlung des nach Absatz 5 zu berechnenden Entschädigungswerts abwenden.

(5) Der Entschädigungswert bestimmt sich nach der Höhe der Entschädigung für Grundvermögen in dem nach § 9 Abs. 3 des Vermögensgesetzes zu erlassenden Gesetz.

(6) Abweichende vertragliche Vereinbarungen bleiben unberührt.

§ 83 Ende des Besitzrechts, Härteklausel

(1) Der Nutzer gilt gegenüber dem Grundstückseigentümer bis zum Ablauf eines Jahres nach dem Abschluß des Kaufvertrages als zum Besitz berechtigt. Der Grundstückseigentümer kann für die Nutzung des Gebäudes ein Entgelt in Höhe des ortsüblichen Mietzinses verlangen.

(2) Ist das Gebäude für den Betrieb des Nutzers unentbehrlich und ein anderes Gebäude zu angemessenen Bedingungen nicht zu beschaffen, ist der Nutzer berechtigt, vom Grundstückseigentümer den Abschluß eines Mietvertrages für längstens fünf Jahre nach dem Kauf des Gebäudes durch den Grundstückseigentümer zu verlangen.

§ 84 Rechte des Nutzers bei Zahlungsverzug

(1) Der Nutzer darf wegen seiner Ansprüche aus dem Kaufvertrag die Zwangsversteigerung in das Grundstück nur unter gleichzeitiger Versteigerung seines Gebäudes oder seiner baulichen Anlage, sofern daran selbständiges Eigentum besteht, sowie mit der Bedingung des Erlöschens seines Rechts zum Besitz aus Artikel 233 § 2a des Einführungsgesetzes zum Bürgerlichen Gesetzbuche betreiben. § 79 Abs. 2 und 3 ist entsprechend anzuwenden.

(2) Nach fruchtlosem Ablauf einer nach § 326 Abs. 1 Satz 1 des Bürgerlichen Gesetzbuchs gesetzten Nachfrist kann der Nutzer vom Grundstückseigentümer

1. den Abschluß eines Erbbaurechtsvertrages nach Abschnitt 2 oder, wenn ein Nutzungsrecht nicht bestellt wurde und die Restnutzungsdauer des Gebäudes weniger als 25 Jahre beträgt, den Abschluß eines Mietvertrages nach § 31 oder

2. den Abschluß eines Grundstückskaufvertrages nach Abschnitt 3

verlangen. Dem Nutzer stehen weiter die in § 80 Satz 2 bezeichneten Ansprüche zu.

Abschnitt 4: Verfahrensvorschriften

Unterabschnitt 1: Feststellung von Nutzungs- und Grundstücksgrenzen

§ 85 Unvermessene Flächen

(1) Sind die Grenzen der Flächen, auf die sich das Nutzungsrecht erstreckt, nicht im Liegenschaftskataster nachgewiesen (unvermessene Flächen) oder wurde eine Bebauung nach den §§ 4 bis 7, 12 ohne Bestellung eines Nutzungsrechts vorgenommen, erfolgt die Bestimmung des Teils des Grundstücks, auf den sich die Nutzungsbefugnis des Erbbauberechtigten erstreckt oder der vom Stammgrundstück abgeschrieben werden soll, nach den Vorschriften des Bodensonderungsgesetzes.

(2) Einigungen der Beteiligten über den Verlauf der Nutzungsrechtsgrenzen und des Grundstücks sind zulässig.

§ 86 Bodenordnungsverfahren

Die Neuregelung der Grundstücksgrenzen in Verfahren zur Flurbereinigung nach dem Flurbereinigungsgesetz, zur Feststellung und Neuordnung der Eigentumsverhältnisse nach den §§ 53 bis 64b des Landwirtschaftsanpassungsgesetzes, zur Umlegung und Grenzregelung nach den §§ 45 bis 84 des Baugesetzbuchs sowie der Bodenneuordnung nach § 5 des Bodensonderungsgesetzes bleibt unberührt.

Unterabschnitt 2: Notarielles Vermittlungsverfahren

§ 87 Antragsgrundsatz

(1) Auf Antrag ist der Abschluß von Verträgen zur Bestellung von Erbbaurechten oder zum Kauf des Grundstücks oder des Gebäudes oder, wenn kein selbständiges Gebäudeeigentum entstanden ist, zur Ablösung der aus der baulichen Investition begründeten Rechte, nach diesem Gesetz durch den Notar zu vermitteln.

(2) Antragsberechtigt ist der Nutzer oder der Grundstückseigentümer, der den Abschluß eines in Absatz 1 bezeichneten Vertrages geltend machen kann.

§ 88 Sachliche und örtliche Zuständigkeit

(1) Für die Vermittlung ist jeder Notar zuständig, dessen Amtsbezirk sich in dem Land befindet, in dem das zu belastende oder zu veräußernde Grundstück oder Gebäude ganz oder zum größten Teil belegen ist. Die Beteiligten können auch die Zuständigkeit eines nach Satz 1 nicht zuständigen Notars für das Vermittlungsverfahren vereinbaren.

(2) Können sich Grundstückseigentümer und Nutzer nicht auf einen Notar verständigen, so wird der zuständige Notar durch das Landgericht bestimmt, in dessen Bezirk das Grundstück oder Gebäude ganz oder zum größten Teil belegen ist. Die Entscheidung ist unanfechtbar.

(3) Bei den nach den Vorschriften der Zivilprozeßordnung erfolgenden Zustellungen obliegen dem Notar auch die Aufgaben des Urkundsbeamten der Geschäftsstelle.

§ 89 Verfahrensart

(1) Soweit dieses Gesetz nichts anderes bestimmt, sind auf das notarielle Vermittlungsverfahren die Vorschriften des Gesetzes über die Angelegenheiten der freiwilligen Gerichtsbarkeit sinngemäß anzuwenden.

(2) Über Beschwerden gegen die Amtstätigkeit des Notars entscheidet das Landgericht, in dessen Bezirk das Grundstück oder das Gebäude ganz oder zum größten Teil belegen ist.

§ 90 Inhalt des Antrags

(1) In dem Antrag sind anzugeben
1. der Nutzer und der Grundstückseigentümer,
2. das betroffene Grundstück unter Angabe seiner Bezeichnung im Grundbuch und das Gebäude, soweit selbständiges Eigentum besteht,
3. die Inhaber dinglicher Rechte am Grundstück und am Gebäude und
4. die Bezeichnung des gewünschten Vertrages.

(2) Wird die Bestellung eines Erbbaurechts begehrt, soll der Antrag auch Angaben über
1. den Erbbauzins,
2. die Dauer des Erbbaurechts,
3. die Art der nach dem Erbbaurechtsvertrag zulässigen baulichen Nutzung,
4. die Konditionen des Ankaufsrechts sowie
5. die Fläche, auf die sich die Nutzungsbefugnis des Erbbauberechtigten erstrecken soll,

enthalten.

Wird der Ankauf des Grundstücks oder des Gebäudes begehrt, soll der Antrag auch Angaben über
1. das Grundstück oder die davon abzutrennende Teilfläche oder das Gebäude und
2. den Kaufpreis

enthalten. Satz 2 ist entsprechend anzuwenden, wenn der Antragsteller nach § 81 Abs. 1 Satz 1 die Ablösung der aus der baulichen Investition des Nutzers begründeten Rechte begehrt.

(3) Der Antragsteller soll außerdem erklären, ob
1. ein Anspruch auf Rückübertragung des Grundstücks nach den Vorschriften des Vermögensgesetzes angemeldet,
2. die Aufhebung eines Nutzungsrechts nach § 16 Abs. 3 des Vermögensgesetzes beantragt oder eine Klage auf Aufhebung des Nutzungsrechts erhoben,
3. die Durchführung eines Bodensonderungsverfahrens beantragt oder ein Bodenneuordnungsverfahren eingeleitet oder

4. die Zusammenführung von Grundstücks- und Gebäudeeigentum nach § 64 des Landwirtschaftsanpassungsgesetzes beantragt

worden ist. Der Antrag soll weiter Angaben darüber enthalten, wie das Grundstück, das Gebäude oder die bauliche Anlage am Ablauf des 2. Oktober 1990 genutzt wurde und zum Zeitpunkt der Antragstellung genutzt wird.

(4) Beantragt der Nutzer die Durchführung eines Vermittlungsverfahrens, so soll er in dem Antrag auch erklären, wie das Grundstück in den in § 8 genannten Zeitpunkten genutzt worden ist.

(5) Fehlt es an den in Absatz 1 bezeichneten Erklärungen, hat der Notar dem Antragsteller eine angemessene Frist zur Ergänzung des Antrags zu bestimmen. Verstreicht die Frist fruchtlos, so weist der Notar den Antrag auf Kosten des Antragstellers als unzulässig zurück. Der Antragsteller kann ein neues Verfahren beantragen, wenn er seinen Antrag vervollständigt hat.

§ 91 Akteneinsicht und Anforderung von Abschriften durch den Notar

Der Notar ist berechtigt, die Akten der betroffenen Grundstücke und Gebäude bei allen Gerichten und Behörden einzusehen und Abschriften hieraus anzufordern. Er hat beim Amt zur Regelung offener Vermögensfragen, oder, falls das Grundstück zu einem Unternehmen gehört, auch beim Landesamt zur Regelung offener Vermögensfragen, in deren Bezirk das Grundstück belegen ist, nachzufragen, ob ein Anspruch auf Rückübertragung des Grundstücks oder des Gebäudes angemeldet oder ein Antrag auf Aufhebung des Nutzungsrechts gestellt worden ist. Für Auskünfte und Abschriften werden keine Gebühren erhoben.

§ 92 Ladung zum Termin

(1) Der Notar hat den Nutzer und den Grundstückseigentümer unter Mitteilung des Antrages für den anderen Teil zu einem Verhandlungstermin zu laden. Die Ladung durch öffentliche Zustellung ist unzulässig. Die Frist zwischen der Ladung und dem ersten Termin muß mindestens zwei Wochen betragen. Anträge nach § 88 Abs. 2 sind von den Beteiligten vor dem Verhandlungstermin bei dem zuständigen Landgericht zu stellen und dem Notar mitzuteilen.

(2) Ist die Bestellung eines Erbbaurechts oder der Verkauf des Grundstücks oder einer abzuschreibenden Teilfläche beantragt, so sind die Inhaber dinglicher Rechte am Grundstück und am Gebäude von dem Termin zu unterrichten. Die Inhaber dinglicher Rechte am Grundstück sind zu laden, wenn

1. die für die erstrangige Bestellung des Erbbaurechts erforderlichen Zustimmungen zu einem Rangrücktritt nicht in der in § 29 der Grundbuchordnung vorgesehenen Form vorgelegt worden sind oder dies einer der in § 90 Abs. 1 bezeichneten Beteiligten beantragt,

2. von dem Nutzer oder dem Grundstückseigentümer Ansprüche nach § 33 oder § 63 geltend gemacht werden.

Einer Ladung der Inhaber dinglicher Rechte bedarf es nicht, wenn das Verfahren aus den in den §§ 94, 95 genannten Gründen auszusetzen oder einzustellen ist.

(3) Sind für das Grundstück oder das vom Nutzer errichtete oder erworbene Gebäude Rückübertragungsansprüche nach dem Vermögensgesetz angemeldet worden, hat der Notar auch den Anmelder von dem Termin zu unterrichten.

(4) Ladung und Unterrichtung vom Termin sind mit dem Hinweis zu versehen, daß, falls der Termin vertagt oder ein weiterer Termin anberaumt werden sollte, eine Ladung und Unterrichtung zu dem neuen Termin unterbleiben kann. Sind vom Antragsteller Unterlagen zu den Akten gereicht worden, ist in der Ladung zu bemerken, daß die Unterlagen nach Anmeldung am Amtssitz oder der Geschäftsstelle des Notars eingesehen werden können.

(5) Der Notar hat das Grundbuchamt um Eintragung eines Vermerks über die Eröffnung eines Vermittlungsverfahrens nach dem Sachenrechtsbereinigungsgesetz in das Grundbuch des Grundstücks zu ersuchen, das mit einem Erbbaurecht belastet oder vom Nutzer gekauft werden soll. Das Grundbuchamt hat dem Ersuchen zu entsprechen. Ist ein Gebäudegrundbuch angelegt, sind die Sätze 1 und 2 entsprechend anzuwenden. Für die Eintragung des Vermerks werden Gebühren nicht erhoben.

(6) Der Vermerk hat die Wirkung einer Vormerkung zur Sicherung der nach diesem Gesetz begründeten Ansprüche auf Erbbaurechtsbestellung und Ankauf des Grundstücks oder des Gebäudes oder der baulichen Anlage und des Vollzugs. Artikel 233 § 2c Abs. 2 des Einführungsgesetzes zum Bürgerlichen Gesetzbuche ist entsprechend anzuwenden. Ist bereits eine Eintragung nach jener Bestimmung erfolgt, ist bei dieser die Eröffnung des notariellen Vermittlungsverfahrens zu vermerken.

§ 93 Erörterung

(1) Der Notar erörtert mit den Beteiligten den Sachverhalt in tatsächlicher und rechtlicher Hinsicht. Er hat vor einer Verhandlung über den Inhalt des abzuschließenden Vertrages mit den Beteiligten zu erörtern, ob Gründe für eine Aussetzung oder Einstellung des Vermittlungsverfahrens vorliegen oder geltend gemacht werden und auf welchen rechtlichen oder tatsächlichen Gründen die bauliche Nutzung beruht.

(2) Liegt ein Grund für eine Aussetzung oder Einstellung des Verfahrens nicht vor, fertigt der Notar ein Protokoll an, in dem er alle für die Bestellung des Erbbaurechts oder den Ankauf eines Grundstücks oder Gebäudes unstreitigen und streitigen Punkte feststellt (Eingangsprotokoll).

(3) Der Notar soll dem Grundstückseigentümer und dem Nutzer Vorschläge unterbreiten. Er ist dabei an die von diesen Beteiligten geäußerten Vorstellungen über den Inhalt des abzuschließenden Vertrages nicht gebunden. Ermittlungen nach § 97 darf der Notar jedoch nur innerhalb der gestellten Anträge erheben.

(4) Mit den Inhabern dinglicher Rechte ist zu erörtern

1. im Falle der Bestellung von Erbbaurechten,
    a) welche Hindernisse einem Rangrücktritt entgegenstehen,
    b) ob und welche anderweitige Sicherheit für eine vom Nutzer nach § 36 Abs. 1 Satz 1 zu übernehmende Sicherheit in Betracht kommt,
2. im Falle des Ankaufs des Grundstücks,
    a) welche Hindernisse einer lastenfreien Abschreibung entgegenstehen,
    b) ob und welche andere Sicherheit für eine vom Nutzer nach § 63 übernommene Sicherheit gestellt werden kann.

§ 94 Aussetzung des Verfahrens
(1) Der Notar hat die Vermittlung auszusetzen, wenn

1. eine Anmeldung auf Rückübertragung des Grundstücks oder des Gebäudes oder der baulichen Anlage nach § 3 Abs. 1 des Vermögensgesetzes vorliegt oder

2. ein Antrag auf Aufhebung des Nutzungsrechts nach § 16 Abs. 3 des Vermögensgesetzes gestellt worden ist

und noch keine bestandskräftige Entscheidung des Amtes zur Regelung offener Vermögensfragen vorliegt.

(2) Der Notar soll die Vermittlung aussetzen, wenn

1. ein Antrag auf Feststellung der Eigentums- oder Nutzungsrechtsgrenzen in einem Bodensonderungsverfahren gestellt und das Verfahren noch nicht abgeschlossen worden ist,

2. der Grundstückseigentümer oder der Nutzer die Anspruchsberechtigung bestreitet oder

3. ein Inhaber eines dinglichen Rechts am Grundstück dem Anspruch auf Rangrücktritt für ein an erster Rangstelle einzutragendes Erbbaurecht oder einer lastenfreien Um- oder Abschreibung des Grundstücks auf den Nutzer widerspricht.

In den Fällen des Satzes 1 Nr. 2 und 3 sind die Beteiligten auf den Klageweg zu verweisen, wenn in der Erörterung mit den Beteiligten keine Einigung erzielt werden kann.

(3) Der Notar kann die in § 100 Abs. 1 Satz 2 Nr. 2 bestimmte Gebühr bei einer Aussetzung in Ansatz bringen. Die Gebühr ist nach Aufnahme des ausgesetzten Vermittlungsverfahrens auf die danach entstehenden Gebühren anzurechnen.

§ 95 Einstellung des Verfahrens
(1) Der Notar hat die Vermittlung einzustellen, wenn

1. ein Bodenneuordnungsverfahren eingeleitet worden ist, in das das Grundstück einbezogen ist, oder

2. ein Antrag auf Zusammenführung von Grundstücks- und Gebäudeeigentum nach § 64 des Landwirtschaftsanpassungsgesetzes vor Einleitung des Vermittlungsverfahrens gestellt worden ist.

(2) Wird ein Antrag nach Absatz 1 Nr. 2 während des notariellen Vermittlungsverfahrens gestellt, so hat der Notar die Beteiligten aufzufordern, mitzuteilen, ob sie das Bodenordnungsverfahren fortsetzen wollen. Wird das von einem Beteiligten erklärt, so ist nach Absatz 1 zu verfahren.

§ 96 Verfahren bei Säumnis eines Beteiligten
(1) Erscheint ein Beteiligter (Grundstückseigentümer oder Nutzer) nicht, hat der Notar auf Antrag des anderen Beteiligten einen Vermittlungsvorschlag nach § 98 anzufertigen.

(2) Der Vermittlungsvorschlag ist beiden Beteiligten mit einer Ladung zu einem neuen Termin zuzustellen. Die Ladung hat den Hinweis zu enthalten, daß das Einverständnis eines Beteiligten mit dem Vermittlungsvorschlag angenommen

wird, wenn dieser zu dem neuen Termin nicht erscheint, und auf Antrag des anderen Beteiligten ein dem Vermittlungsvorschlag entsprechende Vertrag beurkundet wird.

(3) Ist in diesem Termin nur ein Beteiligter erschienen, so hat der Notar, wenn der erschienene Beteiligte es beantragt, den Vorschlag als vertragliche Vereinbarung zu beurkunden. In der Urkunde ist anzugeben, daß das Einverständnis des anderen Beteiligten wegen Nichterscheinens angenommen worden ist. Stellt der erschienene Beteiligte keinen Antrag, ist das Vermittlungsverfahren beendet. Die Beteiligten sind unter Zusendung des Abschlußprotokolls und des Vermittlungsvorschlags auf den Klageweg zu verweisen.

(4) Eine Ausfertigung des Vertrages ist dem nicht erschienenen Beteiligten mit dem Hinweis zuzustellen, daß der Notar den Vertrag bestätigen werde, wenn der Beteiligte nicht in einer Notfrist von zwei Wochen nach Zustellung der Ausfertigung einen neuen Termin beantragt oder in dem Termin nicht erscheint.

(5) Beantragt der nicht erschienene Beteiligte rechtzeitig einen neuen Termin und erscheint er in diesem Termin, so ist das Vermittlungsverfahren fortzusetzen. Andernfalls hat der Notar den Vertrag zu bestätigen. War der Beteiligte ohne sein Verschulden verhindert, die Anberaumung eines neuen Termins zu beantragen oder im neuen Termin zu erscheinen, so ist ihm auf Antrag durch den Notar Wiedereinsetzung in den vorigen Stand zu erteilen. § 92 des Gesetzes über die Angelegenheiten der freiwilligen Gerichtsbarkeit ist entsprechend anzuwenden. Die Wirkungen eines bestätigten Vertrages bestimmen sich nach § 97 Abs. 1 des Gesetzes über die Angelegenheiten der freiwilligen Gerichtsbarkeit.

(6) Gegen den Bestätigungsbeschluß und den Beschluß über den Antrag auf Wiedereinsetzung ist die sofortige Beschwerde zulässig. Zuständig ist das Landgericht, in dessen Bezirk das Grundstück ganz oder zum größten Teil belegen ist. § 96 des Gesetzes über die Angelegenheiten der freiwilligen Gerichtsbarkeit ist entsprechend anzuwenden.

§ 97 Ermittlungen des Notars

(1) Der Notar kann auf Antrag eines Beteiligten Ermittlungen durchführen. Er kann insbesondere

1. Auskünfte aus der Kaufpreissammlung und über Bodenrichtwerte (§ 195 Abs. 3 und § 196 Abs. 3 des Baugesetzbuchs) einholen,

2. ein Verfahren zur Bodensonderung beantragen,

3. die das Liegenschaftskataster führende Stelle oder eine Person, die nach Landesrecht zu Katastervermessungen befugt ist, mit der Vermessung der zu belastenden oder abzuschreibenden Flächen beauftragen und den Antrag auf Erteilung einer Teilungsgenehmigung nach § 120 stellen.

(2) Der Notar kann nach Erörterung auf Antrag eines Beteiligten auch schriftliche Gutachten eines Sachverständigen oder des zuständigen Gutachterausschusses für die Grundstückswerte nach § 192 des Baugesetzbuchs über

1. den Verkehrswert des zu belastenden Grundstücks,

2. das in § 36 Abs. 1 und § 63 Abs. 3 bestimmte Verhältnis des Werts der mit dem Erbbaurecht belasteten oder zu veräußernden Fläche zu dem des Gesamtgrundstücks und

3. den Umfang und den Wert baulicher Maßnahmen im Sinne des § 12 einholen und diese seinem Vorschlag nach § 98 zugrunde legen.

(3) Eine Beweiserhebung im Vermittlungsverfahren nach Absatz 2 steht in einem anschließenden Rechtsstreit einer Beweisaufnahme vor dem Prozeßgericht gleich. § 493 der Zivilprozeßordnung ist entsprechend anzuwenden.

(4) Werden Zeugen und Sachverständige von dem Notar nach Absatz 2 zu Beweiszwecken herangezogen, so werden sie in entsprechender Anwendung des Gesetzes über die Entschädigung von Zeugen und Sachverständigen entschädigt.

§ 98 Vermittlungsvorschlag des Notars

(1) Nach Durchführung der Erhebungen macht der Notar einen Vorschlag in Form eines Vertragsentwurfs, der den gesetzlichen Bestimmungen zu entsprechen und alle für einen Vertragsschluß erforderlichen Punkte und, wenn dies von einem Beteiligten beantragt worden ist, auch die für dessen Erfüllung notwendigen Erklärungen zu umfassen hat.

(2) Sobald sich eine Einigung im Sinne des Absatzes 1 zwischen den Beteiligten ergibt, hat der Notar den Inhalt dieser Vereinbarung zu beurkunden. Der Notar hat mit dem Antrag auf Eintragung des Erbbaurechts oder des Nutzers als Erwerber, spätestens jedoch sechs Monate nach der Beurkundung, die Löschung des Vermerks nach § 92 Abs. 5 zu beantragen. Der Ablauf der in Satz 2 bestimmten Frist ist gehemmt, solange ein für den Vollzug der Vereinbarung erforderliches behördliches oder gerichtliches Verfahren beantragt worden, aber noch keine Entscheidung ergangen ist.

§ 99 Abschlußprotokoll über Streitpunkte

Kommt es nicht zu einer Einigung, so hält der Notar das Ergebnis des Verfahrens unter Protokollierung der unstreitigen und der streitig gebliebenen Punkte fest (Abschlußprotokoll). Sind wesentliche Teile des abzuschließenden Vertrages unstreitig, so können die Beteiligten verlangen, daß diese Punkte im Protokoll als vereinbart festgehalten werden. Die Verständigung über diese Punkte ist in einem nachfolgenden Rechtsstreit bindend.

§ 100 Kosten

(1) Für das notarielle Vermittlungsverfahren erhält der Notar das Vierfache der vollen Gebühr nach § 32 der Kostenordnung. Die Gebühr ermäßigt sich auf

1. das Doppelte der vollen Gebühr, wenn das Verfahren vor Ausarbeitung eines Vermittlungsvorschlags beendet wird,

2. die Hälfte einer vollen Gebühr, wenn sich das Verfahren vor dem Erörterungstermin erledigt.

Als Auslagen des Verfahrens erhebt der Notar auch die durch Ermittlungen nach § 97 Abs. 1 entstandenen Kosten.

(2) Die Gebühren nach Absatz 1 bestimmen sich nach dem Geschäftswert, der sich aus den folgenden Vorschriften ergibt. Maßgebend ist das Fünfundzwanzigfache des Jahreswertes des Erbbauzinses ohne Rücksicht auf die Zinsermäßigung in der Eingangsphase oder der Kaufpreis, in jedem Fall jedoch mindestens die

Hälfte des nach den §§ 19 und 20 Abs. 1 und 6 ermittelten Wertes. Endet das Verfahren ohne eine Vermittlung, bestimmt sich die Gebühr nach dem in Satz 2 genannten Mindestwert.

(3) Wird mit einem Dritten eine Vereinbarung über die Bestellung oder den Verzicht auf dingliche Rechte geschlossen, erhält der Notar für deren Vermittlung die Hälfte der vollen Gebühr. Der Wert richtet sich nach den Bestimmungen über den Geschäftswert in der Kostenordnung; in den Fällen der §§ 36 und 63 jedoch nicht über den Anteil hinaus, für den der Nutzer nach Maßgabe dieser Vorschriften mithaftet.

§ 101 Kostenpflicht

(1) Für die Kosten des Vermittlungsverfahrens haften Grundstückseigentümer und Nutzer als Gesamtschuldner. Sie haben die Kosten zu teilen. Eine Erstattung der den Beteiligten entstandenen Auslagen findet nicht statt.

(2) Die für das notarielle Vermittlungsverfahren im Falle einer Einstellung nach § 95 entstandenen Kosten sind

1. in den Fällen des § 95 Abs. 1 Nr. 1 zwischen Eigentümer und Nutzer zu teilen,

2. in den Fällen des § 95 Abs. 1 Nr. 2 von dem Antragsteller zu tragen,

3. in den Fällen des § 95 Abs. 2 von dem Beteiligten zu tragen, der das Verfahren nach § 64 des Landwirtschaftsanpassungsgesetzes beantragt hat.

§ 102 Prozeßkostenhilfe

(1) Für das notarielle Vermittlungsverfahren finden die Vorschriften der Zivilprozeßordnung über die Prozeßkostenhilfe mit Ausnahme des § 121 Abs. 1 bis 3 entsprechende Anwendung. Einem Beteiligten ist auf Antrag ein Rechtsanwalt beizuordnen, wenn der andere Beteiligte durch einen Rechtsanwalt vertreten ist und die Beiordnung zur zweckentsprechenden Rechtsverfolgung erforderlich ist.

(2) Für die Entscheidung nach Absatz 1 ist das Gericht zuständig, das nach § 103 Abs. 1 über eine Klage auf Feststellung des Erbbaurechts oder des Ankaufsrechts zu entscheiden hat.

(3) Der Notar hat dem Gericht die Antragsunterlagen zu übermitteln.

Unterabschnitt 3: Gerichtliches Verfahren

§ 103 Allgemeine Vorschriften

(1) Die gerichtlichen Verfahren, die die Bestellung von Erbbaurechten oder den Ankauf des Grundstücks oder des Gebäudes oder der baulichen Anlage betreffen, sind nach den Vorschriften der Zivilprozeßordnung zu erledigen. Ausschließlich zuständig ist das Gericht, in dessen Bezirk das Grundstück ganz oder zum größten Teil belegen ist.

(2) Bei den Landgerichten können Kammern für die Verfahren zur Sachenrechtsbereinigung gebildet werden.

§ 104 Verfahrensvoraussetzungen

Der Kläger hat für eine Klage auf Feststellung über den Inhalt eines Erbbaurechts oder eines Ankaufsrechts nach Maßgabe der §§ 32, 61, 81 und 82 den notariellen Vermittlungsvorschlag und das notarielle Abschlußprotokoll oder das Abschlußprotokoll des anwaltlichen Vertragshilfeverfahrens vorzulegen. Fehlt es an dem in Satz 1 bezeichneten Erfordernis, hat das Gericht den Kläger unter Fristsetzung zur Vorlage aufzufordern. Verstreicht die Frist fruchtlos, ist die Klage als unzulässig abzuweisen. Die Entscheidung kann ohne mündliche Verhandlung durch Beschluß ergehen.

§ 105 Inhalt der Klageschrift

In der Klageschrift hat sich der Kläger auf den notariellen Vermittlungsvorschlag zu beziehen und darzulegen, ob und in welchen Punkten er eine hiervon abweichende Feststellung begehrt.

§ 106 Entscheidung

(1) Das Gericht kann bei einer Entscheidung über eine Klage nach § 104 im Urteil auch vom Klageantrag abweichende Rechte und Pflichten der Parteien feststellen. Vor dem Ausspruch sind die Parteien zu hören. Das Gericht darf ohne Zustimmung der Parteien keine Feststellung treffen, die

1. einem von beiden Parteien beantragten Grundstücksgeschäft,
2. einer Verständigung der Parteien über einzelne Punkte oder
3. einer im Vermittlungsvorschlag vorgeschlagenen Regelung, die von den Parteien nicht in den Rechtsstreit einbezogen worden ist,

widerspricht.

(2) Im Urteil sind die Rechte und Pflichten der Parteien festzustellen. Die rechtskräftige Feststellung ist für die Parteien in gleicher Weise verbindlich wie eine vertragsmäßige Vereinbarung.

(3) Das Gericht kann auf Antrag einer Partei im Urteil einen Notar und eine andere geeignete Person im Namen der Parteien beauftragen, die zur Erfüllung notwendigen Rechtshandlungen vorzunehmen, sobald die hierfür erforderlichen Voraussetzungen vorliegen. Die Beauftragten sind für beide Parteien vertretungsberechtigt.

(4) Der Urkundsbeamte der Geschäftsstelle teilt dem Notar, der das Vermittlungsverfahren durchgeführt hat, nach Eintritt der Rechtskraft den Inhalt der Entscheidung mit. Der Notar hat entsprechend § 98 Abs. 2 Satz 2 zu verfahren.

§ 107 Kosten

Über die Kosten entscheidet das Gericht unter Berücksichtigung des Sach- und Streitstands nach billigem Ermessen. Es kann hierbei berücksichtigen, inwieweit der Inhalt der richterlichen Feststellung von den im Rechtsstreit gestellten Anträgen abweicht und eine Partei zur Erhebung im Rechtsstreit zusätzlich entstandener Kosten Veranlassung gegeben hat.

§ 108 Feststellung der Anspruchsberechtigung

(1) Nutzer und Grundstückseigentümer können Klage auf Feststellung des Bestehens oder Nichtbestehens der Anspruchsberechtigung nach diesem Gesetz erheben, wenn der Kläger ein rechtliches Interesse an alsbaldiger Feststellung hat.

(2) Ein Interesse an alsbaldiger Feststellung besteht nicht, wenn wegen der Anmeldung eines Rückübertragungsanspruchs aus § 3 des Vermögensgesetzes über das Grundstück, das Gebäude oder die bauliche Anlage noch nicht verfügt werden kann.

(3) Nehmen mehrere Personen die Rechte als Nutzer für sich in Anspruch und ist in einem Rechtsstreit zwischen ihnen die Anspruchsberechtigung festzustellen, können beide Parteien dem Grundstückseigentümer den Streit verkünden.

(4) § 106 Abs. 4 ist entsprechend anzuwenden.

Abschnitt 5: Nutzungstausch

§ 109 Tauschvertrag über Grundstücke

(1) Jeder Grundstückseigentümer, dessen Grundstück von einem nach § 20 des LPG-Gesetzes vom 2. Juli 1982 sowie nach § 12 des LPG-Gesetzes vom 3. Juni 1959 durchgeführten Nutzungstausch betroffen ist, kann von dem anderen Grundstückseigentümer verlangen, daß das Eigentum an den Grundstücken entsprechend dem Nutzungstausch übertragen wird, wenn

1. eine oder beide der getauschten Flächen bebaut worden sind und

2. der Tausch in einer von der Flurneuordnungsbehörde einzuholenden Stellungnahme befürwortet wird.

(2) Der andere Grundstückseigentümer kann die Erfüllung des Anspruchs aus Absatz 1 verweigern, wenn das an ihn zu übereignende Grundstück von einem Dritten bebaut worden ist.

(3) Soweit sich die Werte von Grund und Boden der getauschten Grundstücke unterscheiden, kann der Eigentümer des Grundstücks mit dem höheren Wert von dem anderen einen Ausgleich in Höhe der Hälfte des Wertunterschieds verlangen.

(4) Im übrigen finden auf den Tauschvertrag die Vorschriften über den Ankauf in den §§ 65 bis 74 entsprechende Anwendung.

Abschnitt 6: Nutzungsrechte für ausländische Staaten

§ 110 Vorrang völkerrechtlicher Abreden

Die von der Deutschen Demokratischen Republik an andere Staaten verliehenen Nutzungsrechte sind nach den Regelungen in diesem Kapitel anzupassen, soweit dem nicht völkerrechtliche Vereinbarungen entgegenstehen. Artikel 12 des Einigungsvertrages bleibt unberührt.

Abschnitt 7: Rechtsfolgen nach Wiederherstellung des öffentlichen Glaubens des Grundbuchs

§ 111 Gutgläubiger lastenfreier Erwerb

(1) Ansprüche nach Maßgabe dieses Kapitels können gegenüber demjenigen, der durch ein nach Ablauf des 31. Dezember 1996 abgeschlossenes Rechtsgeschäft das Eigentum am Grundstück, ein Recht am Grundstück oder ein Recht an einem solchen Recht erworben hat, nicht geltend gemacht werden, es sei denn, daß im Zeitpunkt des Antrags auf Eintragung des Erwerbs in das Grundbuch

1. selbständiges Eigentum am Gebäude oder ein Nutzungsrecht nach Artikel 233 § 4 des Einführungsgesetzes zum Bürgerlichen Gesetzbuche, ein Vermerk nach Artikel 233 § 2c Abs. 2 des Einführungsgesetzes zum Bürgerlichen Gesetzbuche oder ein Vermerk nach § 92 Abs. 5 im Grundbuch des Grundstücks eingetragen oder deren Eintragung beantragt worden ist,

2. ein Zustimmungsvorbehalt zu Verfügungen über das Grundstück in einem Verfahren zur Bodensonderung oder zur Neuordnung der Eigentumsverhältnisse nach dem Achten Abschnitt des Landwirtschaftsanpassungsgesetzes eingetragen oder dessen Eintragung beantragt worden ist oder

3. dem Erwerber bekannt war, daß
   a) ein im Grundbuch nicht eingetragenes selbständiges Eigentum am Gebäude oder dingliches Nutzungsrecht besteht oder
   b) ein anderer als der Eigentümer des Grundstücks mit Billigung staatlicher Stellen ein Gebäude oder eine bauliche Anlage errichtet hatte und Ansprüche auf Erbbaurechtsbestellung oder Ankauf des Grundstücks nach diesem Kapitel bestanden.

(2) Mit dem Erwerb des Eigentums am Grundstück erlöschen die in diesem Kapitel begründeten Ansprüche. Der Nutzer kann vom Veräußerer Wertersatz für den Rechtsverlust verlangen. Artikel 231 § 5 Abs. 3 Satz 2 des Einführungsgesetzes zum Bürgerlichen Gesetzbuche ist entsprechend anzuwenden.

Kapitel 3: Alte Erbbaurechte

§ 112 Umwandlung alter Erbbaurechte

(1) War das Grundstück am 1. Januar 1976 mit einem Erbbaurecht belastet, so endet das Erbbaurecht zu dem im Erbbaurechtsvertrag bestimmten Zeitpunkt, frühestens jedoch am 31. Dezember 1995, wenn sich nicht aus dem folgenden etwas anderes ergibt. Das Erbbaurecht verlängert sich bis zum 31. Dezember 2005, wenn ein Wohngebäude aufgrund des Erbbaurechts errichtet worden ist, es sei denn, daß der Grundstückseigentümer ein berechtigtes Interesse an der Beendigung des Erbbaurechts entsprechend § 564b Abs. 2 Nr. 2 und 3 des Bürgerlichen Gesetzbuchs geltend machen kann.

(2) Hat der Erbbauberechtigte nach dem 31. Dezember 1975 das Grundstück bebaut oder bauliche Maßnahmen nach § 12 Abs. 1 vorgenommen, so endet das Erbbaurecht mit dem Ablauf von

1. 90 Jahren, wenn
   a) ein Ein- oder Zweifamilienhaus errichtet wurde oder
   b) ein sozialen Zwecken dienendes Gebäude gebaut wurde,
2. 80 Jahren, wenn das Grundstück im staatlichen oder genossenschaftlichen Wohnungsbau bebaut wurde, oder
3. 50 Jahren in allen übrigen Fällen

nach dem Inkrafttreten dieses Gesetzes. Ein Heimfallanspruch kann nur aus den in § 56 genannten Gründen ausgeübt werden. Die Verlängerung der Laufzeit des Erbbaurechts ist in das Grundbuch einzutragen. Der Grundstückseigentümer ist berechtigt, eine Anpassung des Erbbauzinses bis zu der sich aus den §§ 43, 45 bis 48, 51 ergebenden Höhe zu verlangen.

(3) Vorstehende Bestimmungen finden keine Anwendung, wenn das Erbbaurecht auf einem vormals volkseigenen Grundstück bestellt worden ist und bei Ablauf des 2. Oktober 1990 noch bestand. Auf diese Erbbaurechte finden die Bestimmungen dieses Gesetzes für verliehene Nutzungsrechte entsprechende Anwendung.

(4) § 5 Abs. 2 des Einführungsgesetzes zum Zivilgesetzbuch der Deutschen Demokratischen Republik ist vom Inkrafttreten dieses Gesetzes an nicht mehr anzuwenden.

Kapitel 4: Rechte aus Miteigentum nach § 459 des Zivilgesetzbuchs der Deutschen Demokratischen Republik

§ 113 Berichtigungsanspruch

(1) Haben vormals volkseigene Betriebe, staatliche Organe und Einrichtungen oder Genossenschaften auf vertraglich genutzten, vormals nichtvolkseigenen Grundstücken nach dem 31. Dezember 1975 und bis zum Ablauf des 30. Juni 1990 bedeutende Werterhöhungen durch Erweiterungs- und Erhaltungsmaßnahmen am Grundstück vorgenommen, so können beide Vertragsteile verlangen, daß der kraft Gesetzes nach § 459 Abs. 1 Satz 2 und Abs. 4 Satz 1 des Zivilgesetzbuchs der Deutschen Demokratischen Republik entstandene Miteigentumsanteil in das Grundbuch eingetragen wird.

(2) Eine bedeutende Werterhöhung liegt in der Regel vor, wenn der Wert des Grundstücks durch Aufwendungen des Besitzers um mindestens 30 000 Mark der Deutschen Demokratischen Republik erhöht wurde. Im Streitfall ist die durch Erweiterungs- und Erhaltungsmaßnahmen eingetretene Werterhöhung durch ein Gutachten zu ermitteln. Die Kosten des Gutachtens hat der zu tragen, zu dessen Gunsten der Miteigentumsanteil in das Grundbuch eingetragen werden soll.

(3) Der Anspruch aus Absatz 1 kann gegenüber denjenigen nicht geltend gemacht werden, die durch ein nach Ablauf des 31. Dezember 1996 abgeschlossenes Rechtsgeschäft das Eigentum am Grundstück, ein Recht am Grundstück oder ein Recht an einem solchen Recht erworben haben, es sei denn, daß im Zeitpunkt des Antrags auf Eintragung des Erwerbs in das Grundbuch

1. die Berichtigung des Grundbuchs nach Absatz 1 beantragt worden ist,
2. ein Widerspruch zugunsten des aus Absatz 1 berechtigten Miteigentümers eingetragen oder dessen Eintragung beantragt worden ist oder
3. dem Erwerber bekannt war, daß das Grundbuch in Ansehung eines nach § 459 Abs. 1 Satz 2 oder Abs. 4 Satz 1 des Zivilgesetzbuchs der Deutschen Demokratischen Republik entstandenen Miteigentumsanteils unrichtig gewesen ist.

Ist ein Rechtsstreit um die Eintragung des Miteigentumsanteils anhängig, so hat das Prozeßgericht auf Antrag einer Partei das Grundbuchamt über die Eröffnung und das Ende des Rechtsstreits zu unterrichten und das Grundbuchamt auf Ersuchen des Prozeßgerichts einen Vermerk über den anhängigen Berichtigungsanspruch einzutragen. Der Vermerk hat die Wirkung eines Widerspruchs.

(4) § 111 Abs. 2 ist entsprechend anzuwenden.

§ 114 Aufgebotsverfahren

(1) Der Eigentümer eines nach § 459 des Zivilgesetzbuchs der Deutschen Demokratischen Republik entstandenen Miteigentumsanteils kann von den anderen Miteigentümern im Wege eines Aufgebotsverfahrens mit seinem Recht ausgeschlossen werden, wenn der Miteigentumsanteil weder im Grundbuch eingetragen noch in einer Frist von fünf Jahren nach dem Inkrafttreten dieses Gesetzes die Berichtigung des Grundbuchs nach § 113 beantragt worden ist.

(2) Für das Verfahren gelten, soweit nicht im folgenden etwas anderes bestimmt ist, die §§ 977 bis 981 der Zivilprozeßordnung entsprechend. Meldet der Miteigentümer sein Recht im Aufgebotstermin an, so tritt die Ausschließung nur dann nicht ein, wenn der Berichtigungsanspruch bis zum Termin rechtshängig gemacht oder anerkannt worden ist. Im Aufgebot ist auf diese Rechtsfolge hinzuweisen.

(3) Mit einem Ausschlußurteil erwirbt der andere Miteigentümer den nach § 459 des Zivilgesetzbuchs der Deutschen Demokratischen Republik entstandenen Anteil. Der ausgeschlossene Miteigentümer kann entsprechend der Regelung in § 818 des Bürgerlichen Gesetzbuchs Ausgleich für den Eigentumsverlust verlangen.

§ 115 Ankaufsrecht bei Auflösung der Gemeinschaft

Das Rechtsverhältnis der Miteigentümer bestimmt sich nach den Vorschriften über das Miteigentum und über die Gemeinschaft im Bürgerlichen Gesetzbuch. Im Falle der Auflösung der Gemeinschaft kann der bisher durch Vertrag zum Besitz berechtigte Miteigentümer den Ankauf des Miteigentumsanteils des anderen zum Verkehrswert verlangen, wenn hierfür ein dringendes öffentliches oder betriebliches Bedürfnis besteht.

Kapitel 5: Ansprüche auf Bestellung von Dienstbarkeiten

§ 116 Bestellung einer Dienstbarkeit

(1) Derjenige, der ein Grundstück in einzelnen Beziehungen nutzt oder auf diesem Grundstück eine Anlage unterhält (Mitbenutzer), kann von dem Eigentümer die Bestellung einer Grunddienstbarkeit oder einer beschränkten persönlichen Dienstbarkeit verlangen, wenn

1. die Nutzung vor Ablauf des 2. Oktober 1990 begründet wurde,
2. die Nutzung des Grundstücks für die Erschließung oder Entsorgung eines eigenen Grundstücks oder Bauwerks erforderlich ist und
3. ein Mitbenutzungsrecht nach den §§ 321 und 322 des Zivilgesetzbuchs der Deutschen Demokratischen Republik nicht begründet wurde.

(2) Zugunsten derjenigen, die durch ein nach Ablauf des 31. Dezember 1996 abgeschlossenes Rechtsgeschäft gutgläubig Rechte an Grundstücken erwerben, ist § 122 entsprechend anzuwenden. Die Eintragung eines Vermerks über die Klageerhebung erfolgt entsprechend § 113 Abs. 3.

§ 117 Einwendungen des Grundstückseigentümers

(1) Der Grundstückseigentümer kann die Bestellung einer Dienstbarkeit verweigern, wenn

1. die weitere Mitbenutzung oder der weitere Fortbestand der Anlage die Nutzung des belasteten Grundstücks erheblich beeinträchtigen würde, der Mitbenutzer der Inanspruchnahme des Grundstücks nicht bedarf oder eine Verlegung der Ausübung möglich ist und keinen unverhältnismäßigen Aufwand verursachen würde oder
2. die Nachteile für das zu belastende Grundstück die Vorteile für das herrschende Grundstück überwiegen und eine anderweitige Erschließung oder Entsorgung mit einem im Verhältnis zu den Nachteilen geringen Aufwand hergestellt werden kann.

Die Kosten einer Verlegung haben die Beteiligten zu teilen.

(2) Sind Erschließungs- oder Entsorgungsanlagen zu verlegen, so besteht ein Recht zur Mitbenutzung des Grundstücks im bisherigen Umfange für die Zeit, die für eine solche Verlegung erforderlich ist. Der Grundstückseigentümer hat dem Nutzer eine angemessene Frist einzuräumen. Können sich die Parteien über die Dauer, für die das Recht nach Satz 1 fortbesteht, nicht einigen, so kann die Frist durch gerichtliche Entscheidung bestimmt werden. Eine richterliche Fristbestimmung wirkt auch gegenüber den Rechtsnachfolgern der Parteien.

§ 118 Entgelt

(1) Der Eigentümer des belasteten Grundstücks kann die Zustimmung zur Bestellung einer Dienstbarkeit von der Zahlung eines einmaligen oder eines in wiederkehrenden Leistungen zu zahlenden Entgelts (Rente) abhängig machen. Es kann ein Entgelt gefordert werden

1. bis zur Hälfte der Höhe, wie sie für die Begründung solcher Belastungen üblich ist, wenn die Inanspruchnahme des Grundstücks auf den von landwirtschaftlichen Produktionsgenossenschaften bewirtschafteten Flächen bis zum Ablauf des 30. Juni 1990, in allen anderen Fällen bis zum Ablauf des 2. Oktober 1990 begründet wurde und das Mitbenutzungsrecht in der bisherigen Weise ausgeübt wird, oder
2. in Höhe des üblichen Entgelts, wenn die Nutzung des herrschenden Grundstücks und die Mitbenutzung des belasteten Grundstücks nach den in Nummer 1 genannten Zeitpunkten geändert wurde.

(2) Das in Absatz 1 bestimmte Entgelt steht dem Eigentümer nicht zu, wenn

1. nach dem 2. Oktober 1990 ein Mitbenutzungsrecht bestand und dieses nicht erloschen ist, oder

2. der Eigentümer sich mit der Mitbenutzung einverstanden erklärt hat.

§ 119 Fortbestehende Rechte, andere Ansprüche
Die Vorschriften dieses Kapitels finden keine Anwendung, wenn die Mitbenutzung des Grundstücks

1. aufgrund nach dem Einigungsvertrag fortgeltender Rechtsvorschriften der Deutschen Demokratischen Republik oder

2. durch andere Rechtsvorschriften

gestattet ist.

Kapitel 6: Schlußvorschriften

Abschnitt 1: Behördliche Prüfung der Teilung

§ 120 Genehmigungen nach dem Baugesetzbuch
(1) Die Teilung eines Grundstücks nach diesem Gesetz bedarf der Teilungsgenehmigung nach den Vorschriften des Baugesetzbuchs. Dabei ist § 20 des Baugesetzbuchs mit folgenden Maßgaben anzuwenden:

1. die Teilungsgenehmigung ist zu erteilen, wenn die beabsichtigte Grundstücksteilung den Nutzungsgrenzen in der ehemaligen Liegenschaftsdokumentation oder dem Inhalt einer Nutzungsurkunde entspricht, in der die Grenzen des Nutzungsrechts in einer grafischen Darstellung (Karte) ausgewiesen sind,

2. für die Teilungsgenehmigung ist ein Vermögenszuordnungsbescheid zugrunde zu legen, soweit dieser über die Grenzen der betroffenen Grundstücke Aufschluß gibt,

3. in anderen als den in den Nummern 1 und 2 bezeichneten Fällen ist die Teilungsgenehmigung nach dem Bestand zu erteilen,

4. ist eine Teilung zum Zwecke der Vorbereitung einer Nutzungsänderung oder baulichen Erweiterung beantragt, die nach § 20 des Baugesetzbuchs nicht genehmigungsfähig wäre, kann eine Teilungsgenehmigung nach dem Bestand erteilt werden.

Wird die Teilungsgenehmigung nach Satz 2 erteilt, findet § 21 des Baugesetzbuchs keine Anwendung. Die Maßgaben nach Satz 2 gelten entsprechend für die Erteilung einer Teilungsgenehmigung nach § 144 Abs. 1 Nr. 2 und § 145 des Baugesetzbuchs im förmlich festgelegten Sanierungsgebiet sowie nach § 169 Abs. 1 Nr. 1 in Verbindung mit § 144 Abs. 1 Nr. 2 und § 145 des Baugesetzbuchs im städtebaulichen Entwicklungsbereich.

(2) Die Bestellung eines Erbbaurechts nach diesem Gesetz bedarf einer Genehmigung entsprechend Absatz 1, wenn nach dem Erbbaurechtsvertrag die Nutzungsbefugnis des Erbbauberechtigten sich nicht auf das Grundstück insgesamt erstreckt.

(3) Ist die Genehmigung für die Bestellung eines Erbbaurechts nach Absatz 2 erteilt worden, gilt § 21 des Baugesetzbuchs entsprechend für den Antrag auf Erteilung einer Teilungsgenehmigung, der innerhalb von sieben Jahren seit der Erteilung der Genehmigung nach Absatz 2 gestellt wurde.

(4) Der Ankauf von Grundstücken sowie die Bestellung eines Erbbaurechts nach diesem Gesetz bedürfen innerhalb eines förmlich festgelegten Sanierungsgebiets nicht der Genehmigung nach § 144 Abs. 2 Nr. 1 und 2 des Baugesetzbuchs und innerhalb eines förmlich festgelegten Entwicklungsbereichs nicht der Genehmigung nach § 169 Abs. 1 Nr. 1 des Baugesetzbuchs.

(5) Im übrigen bleiben die Vorschriften des Baugesetzbuchs unberührt.

Abschnitt 2: Rückübertragung von Grundstücken und dinglichen Rechten

§ 121 Ansprüche nach Abschluß eines Kaufvertrags

(1) Dem Nutzer, der bis zum Ablauf des 18. Oktober 1989 mit einer staatlichen Stelle der Deutschen Demokratischen Republik einen wirksamen, beurkundeten Kaufvertrag über ein Grundstück, ein Gebäude oder eine bauliche Anlage abgeschlossen und aufgrund dieses Vertrages oder eines Miet- oder sonstigen Nutzungsvertrages Besitz erlangt oder den Besitz ausgeübt hat, stehen die Ansprüche nach Kapitel 2 gegenüber dem jeweiligen Grundstückseigentümer auch dann zu, wenn das Grundstück, das Gebäude oder die bauliche Anlage nach dem Vermögensgesetz zurückübertragen worden ist. Satz 1 findet keine Anwendung, wenn der Vertrag aus den in § 3 Abs. 3 Satz 2 Nr. 1 und 2 genannten Gründen nicht erfüllt worden ist. Die Ansprüche aus Satz 1 stehen dem Nutzer auch dann zu, wenn der Kaufvertrag nach dem 18. Oktober 1989 abgeschlossen worden ist und

a) der Kaufvertrag vor dem 19. Oktober 1989 schriftlich beantragt oder sonst aktenkundig angebahnt worden ist,

b) der Vertragsschluß auf der Grundlage des § 1 des Gesetzes über den Verkauf volkseigener Gebäude vom 7. März 1990 (GBl. I Nr. 18 S. 157) erfolgte oder

c) der Nutzer vor dem 19. Oktober 1989 in einem wesentlichen Umfang werterhöhende oder substanzerhaltende Investitionen vorgenommen hat.

(2) Die in Absatz 1 bezeichneten Ansprüche stehen auch dem Nutzer zu,

a) der aufgrund eines bis zum Ablauf des 18. Oktober 1989 abgeschlossenen Miet-, Pacht- oder sonstigen Nutzungsvertrages ein Eigenheim am 18. Oktober 1989 genutzt hat,

b) bis zum Ablauf des 14. Juni 1990 einen wirksamen, beurkundeten Kaufvertrag mit einer staatlichen Stelle der Deutschen Demokratischen Republik über dieses Eigenheim geschlossen hat und

c) dieses Eigenheim am 1. Oktober 1994 zu eigenen Wohnzwecken nutzt.

(3) Entgegenstehende rechtskräftige Entscheidungen und abweichende rechtsgeschäftliche Vereinbarungen zwischen dem Grundstückseigentümer und dem Nutzer bleiben unberührt.

(4) Bei der Bemessung von Erbbauzins und Ankaufspreis ist auch der Restwert eines vom Grundstückseigentümer errichteten oder erworbenen Gebäudes, einer baulichen Anlage und der Grundstückseinrichtungen in Ansatz zu bringen. Für die Bestimmung des Restwerts ist § 74 Abs. 1 Satz 2 bis 4 entsprechend anzuwenden.

(5) Der Nutzer hat auf Verlangen des Grundstückseigentümers innerhalb der in § 16 Abs. 2 bestimmten Frist zu erklären, ob er von den Ansprüchen auf Erbbaurechtsbestellung oder Ankauf des Grundstücks Gebrauch machen will, und die Wahl auszuüben. Erklärt der Nutzer, daß er die in Satz 1 bestimmten Ansprüche nicht geltend machen will, ist § 17 Satz 5 des Vermögensgesetzes entsprechend anzuwenden.

(6) Der Nutzer kann von der Gemeinde oder der Gebietskörperschaft, die den Kaufpreis erhalten hat, nach § 323 Abs. 3 und § 818 des Bürgerlichen Gesetzbuchs die Herausgabe des Geleisteten verlangen, soweit diese durch seine Zahlung bereichert ist. Ansprüche auf Schadensersatz wegen Nichterfüllung sind ausgeschlossen.

§ 122 Entsprechende Anwendung des Sachenrechtsbereinigungsgesetzes

Hat das Amt zur Regelung offener Vermögensfragen nach dem 2. Oktober 1990 für ein entzogenes Nutzungsrecht nach § 287 Abs. 1 und § 291 des Zivilgesetzbuchs der Deutschen Demokratischen Republik ein Erbbaurecht oder ein anderes beschränktes dingliches Recht begründet, so' sind die Bestimmungen in Kapitel 2 entsprechend anzuwenden.

Abschnitt 3: Übergangsregelung

§ 123 Härteklausel bei niedrigen Grundstückswerten

(1) Der Nutzer eines Grundstücks, dessen Verkehrswert die in § 15 Abs. 2 bezeichneten Beträge nicht übersteigt, kann einem Ankaufsverlangen des Grundstückseigentümers widersprechen und den Abschluß eines längstens auf sechs Jahre nach dem Inkrafttreten dieses Gesetzes befristeten Nutzungsvertrages verlangen, wenn er die für den Ankauf erforderlichen Mittel zum gegenwärtigen Zeitpunkt aus besonderen persönlichen oder wirtschaftlichen Gründen nicht aufzubringen vermag.

(2) Das Entgelt für die Nutzung bestimmt sich nach dem Betrag, der nach diesem Gesetz als Erbbauzins zu zahlen wäre. Im übrigen bleiben die Rechte und Pflichten der Beteiligten für die Vertragsdauer unberührt.

Artikel 2

Änderung anderer Vorschriften, Schlußbestimmungen

§ 1 Änderung der Verordnung über das Erbbaurecht

Die Verordnung über das Erbbaurecht in der im Bundesgesetzblatt Teil III, Gliederungsnummer 403-6, veröffentlichten bereinigten Fassung, zuletzt geändert durch das Gesetz vom 8. Juni 1988 (BGBl. I S. 710), wird wie folgt geändert:

1. § 9 wird wie folgt geändert:

   a) Absatz 2 wird wie folgt geändert:

   aa) Satz 1 wird wie folgt gefaßt:

   „Der Erbbauzins **kann** nach Zeit und Höhe für die **gesamte** Erbbauzeit im voraus bestimmt **werden.**"

   bb) Nach Satz 1 werden folgende Sätze 2 und 3 eingefügt:

   „**Inhalt des Erbbauzinses kann auch eine Verpflichtung zu seiner Anpassung an veränderte Verhältnisse sein, wenn die Anpassung nach Zeit und Wertmaßstab bestimmbar ist. Für die Vereinbarung über die Anpassung des Erbbauzinses ist die Zustimmung der Inhaber dinglicher Rechte am Erbbaurecht erforderlich; § 880 Abs. 2 Satz 3 des Bürgerlichen Gesetzbuchs ist entsprechend anzuwenden.**"

   b) Nach Absatz 2 wird folgender Absatz 3 eingefügt:

   „**(3) Als Inhalt des Erbbauzinses kann vereinbart werden, daß**

   1. **die Reallast abweichend von § 52 Abs. 1 des Gesetzes über die Zwangsversteigerung und die Zwangsverwaltung mit ihrem Hauptanspruch bestehenbleibt, wenn der Grundstückseigentümer aus der Reallast oder der Inhaber eines im Range vorgehenden oder gleichstehenden dinglichen Rechts die Zwangsversteigerung des Erbbaurechts betreibt und**

   2. **der jeweilige Erbbauberechtigte dem jeweiligen Inhaber der Reallast gegenüber berechtigt ist, das Erbbaurecht in einem bestimmten Umfang mit einer der Reallast im Rang vorgehenden Grundschuld, Hypothek oder Rentenschuld im Erbbaugrundbuch zu belasten.**

   Ist das Erbbaurecht mit dinglichen Rechten belastet, ist für die Wirksamkeit der Vereinbarung die Zustimmung der Inhaber der der Erbbauzinsreallast im Rang vorgehenden oder gleichstehenden dinglichen Rechte erforderlich."

   c) Der bisherige Absatz 3 wird Absatz 4.

2. Dem § 19 Abs. 2 wird folgender Satz angefügt:

   „**Dies gilt nicht, wenn eine Vereinbarung nach § 9 Abs. 3 Satz 1 getroffen worden ist.**"

§ 2 Änderung des Gesetzes über die Zwangsversteigerung und die Zwangsverwaltung

Dem § 52 Abs. 2 des Gesetzes über die Zwangsversteigerung und die Zwangsverwaltung in der im Bundesgesetzblatt Teil III, Gliederungsnummer 310-14, veröffentlichten bereinigten Fassung, das zuletzt durch Artikel 12 des Registerverfahrenbeschleunigungsgesetzes vom 20. Dezember 1993 (BGBl. I S. 2182, 2210) geändert worden ist, wird folgender Satz angefügt:

„**Satz 1 ist entsprechend auf den Erbbauzins anzuwenden, wenn nach § 9 Abs. 3 der Verordnung über das Erbbaurecht das Bestehenbleiben des Erbbauzinses als Inhalt der Reallast vereinbart worden ist.**"

§ 3 Änderung des Vermögensgesetzes

Dem § 2 Abs. 1 des Vermögensgesetzes in der Fassung der Bekanntmachung vom 3. August 1992 (BGBl. I S. 1446), das zuletzt durch Artikel 19 des Gesetzes zur Bekämpfung des Mißbrauchs und zur Bereinigung des Steuerrechts vom 21. Dezember 1993 (BGBl. I S. 2310) geändert worden ist, wird folgender Satz angefügt:

„Im übrigen gelten in den Fällen des § 1 Abs. 6 als Rechtsnachfolger von aufgelösten oder zur Selbstauflösung gezwungenen Vereinigungen die Nachfolgeorganisationen, die diesen Vereinigungen nach ihren Organisationsstatuten entsprechen und deren Funktionen oder Aufgaben wahrnehmen oder deren satzungsmäßige Zwecke verfolgen; als Rechtsnachfolger gelten insbesondere die Organisationen, die aufgrund des Rückerstattungsrecht als Nachfolgeorganisationen anerkannt worden sind."

§ 4 Änderung des Bürgerlichen Gesetzbuchs

Dem § 906 Abs. 1 des Bürgerlichen Gesetzbuchs in der im Bundesgesetzblatt Teil III, Gliederungsnummer 400-2, veröffentlichten bereinigten Fassung, das zuletzt durch Artikel 4 des Gesetzes vom 18. März 1994 (BGBl. I S. 560) geändert worden ist, werden die folgenden Sätze angefügt:

„Eine unwesentliche Beeinträchtigung liegt in der Regel vor, wenn die in Gesetzen oder Rechtsverordnungen festgelegten Grenz- oder Richtwerte von den nach diesen Vorschriften ermittelten und bewerteten Einwirkungen nicht überschritten werden. Gleiches gilt für Werte in allgemeinen Verwaltungsvorschriften, die nach § 48 des Bundes-Immissionsschutzgesetzes erlassen worden sind und den Stand der Technik wiedergeben."

§ 5 Änderung des Einführungsgesetzes zum Bürgerlichen Gesetzbuche

Das Einführungsgesetz zum Bürgerlichen Gesetzbuche in der im Bundesgesetzblatt Teil III, Gliederungsnummer 400-1, veröffentlichten bereinigten Fassung, zuletzt geändert durch Artikel 13 des Registerverfahrenbeschleunigungsgesetzes vom 20. Dezember 1993 (BGBl. I S. 2182, 2211), wird wie folgt geändert:

1. In Artikel 231 wird nach § 7 folgender § 8 angefügt:

§ 8 Vollmachtsurkunden staatlicher Organe

Eine von den in den §§ 2 und 3 der Siegelordnung der Deutschen Demokratischen Republik vom 29. November 1966 (GBl. 1967 II Nr. 9 S. 49) und in § 1 der Siegelordnung der Deutschen Demokratischen Republik vom 16. Juli 1981 (GBl. I Nr. 25 S. 309) bezeichneten staatlichen Organen erteilte Vollmachtsurkunde ist wirksam, wenn die Urkunde vom vertretungsberechtigten Leiter des Organs oder einer von diesem nach den genannten Bestimmungen ermächtigten Person unterzeichnet und mit einem ordnungsgemäßen Dienstsiegel versehen worden ist. Die Beglaubigung der Vollmacht nach § 57 Abs. 2 Satz 2 des Zivilgesetzbuchs der Deutschen Demokratischen Republik wird durch die Unterzeichnung und Siegelung der Urkunde ersetzt."

2. Artikel 233 wird wie folgt geändert:

    a) § 2a wird wie folgt geändert:

aa) In Absatz 1 werden nach Satz 2 folgende Sätze eingefügt:

„In den in § 3 Abs. 3, §§ 4 und 121 des Sachenrechtsbereinigungsgesetzes bezeichneten Fällen besteht das in Satz 1 bezeichnete Recht zum Besitz bis zur Bereinigung dieser Rechtsverhältnisse nach jenem Gesetz fort. Erfolgte die Nutzung bisher unentgeltlich, kann der Grundstückseigentümer vom 1. Januar 1995 an vom Nutzer ein Entgelt bis zur Höhe des nach dem Sachenrechtsbereinigungsgesetz zu zahlenden Erbbauzinses verlangen, wenn ein Verfahren zur Bodenneuordnung nach dem Bodensonderungsgesetz eingeleitet wird, er ein notarielles Vermittlungsverfahren nach den §§ 87 bis 102 des Sachenrechtsbereinigungsgesetzes oder ein Bodenordnungsverfahren nach dem 8. Abschnitt des Landwirtschaftsanpassungsgesetzes beantragt oder sich in den Verfahren auf eine Verhandlung zur Begründung dinglicher Rechte oder eine Übereignung eingelassen hat. Vertragliche oder gesetzliche Regelungen, die ein abweichendes Nutzungsentgelt oder einen früheren Beginn der Zahlungspflicht begründen, bleiben unberührt."

bb) Absatz 8 wird wie folgt neu gefaßt:

„(8) Für die Zeit bis zum Ablauf des 31. Dezember 1994 ist der nach Absatz 1 Berechtigte gegenüber dem Grundstückseigentümer sowie sonstigen dinglichen Berechtigten zur Herausgabe von Nutzungen nicht verpflichtet, es sei denn, daß die Beteiligten andere Abreden getroffen haben. Ist ein in Absatz 1 Satz 1 Buchstabe d bezeichneter Kaufvertrag unwirksam oder sind die Verhandlungen auf Abschluß des beantragten Kaufvertrages gescheitert, so ist der Nutzer von der Erlangung der Kenntnis der Unwirksamkeit des Vertrages oder der Ablehnung des Vertragsschlusses an nach § 987 des Bürgerlichen Gesetzbuchs zur Herausgabe von Nutzungen verpflichtet."

cc) Es wird folgender Absatz 9 angefügt:

„(9) Für die Zeit vom 1. Januar 1995 bis zum 31. Dezember 1998 kann der Grundstückseigentümer von der öffentlichen Körperschaft, die das Grundstück zur Erfüllung ihrer öffentlichen Aufgaben nutzt oder im Falle der Widmung zum Gemeingebrauch für das Gebäude oder die Anlage unterhaltungspflichtig ist, nur ein Entgelt in Höhe von jährlich 0,8 vom Hundert des Bodenwerts eines in gleicher Lage belegenen unbebauten Grundstücks sowie die Freistellung von den Lasten des Grundstücks verlangen. Der Bodenwert ist nach den Bodenrichtwerten zu bestimmen; § 19 Abs. 5 des Sachenrechtsbereinigungsgesetzes gilt entsprechend. Der Anspruch aus Satz 1 entsteht von dem Zeitpunkt an, in dem der Grundstückseigentümer ihn gegenüber der Körperschaft schriftlich geltend macht. Abweichende vertragliche Vereinbarungen bleiben unberührt."

b) § 2b wird wie folgt geändert:

aa) Die Absätze 3 und 4 werden wie folgt gefaßt:

„(3) Ob Gebäudeeigentum entstanden ist und wem es zusteht, wird durch Bescheid des Präsidenten der Oberfinanzdirektion festgestellt, in dessen Bezirk das Gebäude liegt. Das Vermögenszuordnungsgesetz ist anzuwenden. Den Grundbuchämtern bleibt es unbenommen, Gebäudeeigentum

und seinen Inhaber nach Maßgabe der Bestimmungen des Grund-
buchrechts festzustellen; ein Antrag nach den Sätzen 1 und 2 darf nicht
von der vorherigen Befassung der Grundbuchämter abhängig gemacht
werden. Im Antrag an den Präsidenten der Oberfinanzdirektion oder an
das Grundbuchamt hat der Antragsteller zu versichern, daß bei keiner
anderen Stelle ein vergleichbarer Antrag anhängig oder ein Antrag nach
Satz 1 abschlägig beschieden worden ist.

(4) § 4 Abs. 1 und 3 Satz 1 bis 3 sowie 6 ist entsprechend anzuwenden."

bb) Absatz 5 wird gestrichen. Der bisherige Absatz 6 wird Absatz 5.

cc) Es wird folgender Absatz 6 angefügt:

„(6) Eine bis zum Ablauf des 21. Juli 1992 vorgenommene Übereignung
des nach § 27 des Gesetzes über die landwirtschaftlichen Produktionsgenossenschaften oder nach § 459 Abs. 1 Satz 1 des Zivilgesetzbuchs der
Deutschen Demokratischen Republik entstandenen selbständigen Gebäudeeigentums ist nicht deshalb unwirksam, weil sie nicht nach den für die
Übereignung von Grundstücken geltenden Vorschriften des Bürgerlichen
Gesetzbuchs vorgenommen worden ist. Gleiches gilt für das Rechtsgeschäft, mit dem die Verpflichtung zur Übertragung und zum Erwerb begründet worden ist. Die Sätze 1 und 2 sind nicht anzuwenden, soweit eine
rechtskräftige Entscheidung entgegensteht."

c) In § 2c Abs. 2 wird wie folgt geändert:

aa) In Satz 1 werden die Wörter „in § 3 Abs. 2 genannten Gesetz" durch
das Wort „Sachenrechtsbereinigungsgesetz" ersetzt.

bb) Nach Satz 1 wird folgender Satz eingefügt:

„In den in § 121 Abs. 1 und 2 des Sachenrechtsbereinigungsgesetzes
genannten Fällen kann die Eintragung des Vermerks auch gegenüber dem
Verfügungsberechtigten mit Wirkung gegenüber dem Berechtigten erfolgen, solange das Rückübertragungsverfahren nach dem Vermögensgesetz
nicht unanfechtbar abgeschlossen ist."

d) § 3 wird wie folgt geändert:

aa) In Absatz 1 wird Satz 3 wie folgt gefaßt:

„Satz 2 gilt entsprechend für die Bestimmungen des Nutzungsrechtsgesetzes und des Zivilgesetzbuchs über den Entzug eines Nutzungsrechts."

bb) Absatz 2 wird gestrichen. Der bisherige Absatz 3 wird Absatz 2.
Dem Absatz 2 werden folgende Absätze 3 und 4 angefügt:

„(3) Die Anpassung des vom Grundstückseigentum unabhängigen
Eigentums am Gebäude und des in § 4 Abs. 2 bezeichneten Nutzungsrechts an das Bürgerliche Gesetzbuch und seine Nebengesetze und
an die veränderten Verhältnisse sowie die Begründung von Rechten
zur Absicherung der in § 2a bezeichneten Bebauungen erfolgen nach
Maßgabe des Sachenrechtsbereinigungsgesetzes. Eine Anpassung im
übrigen bleibt vorbehalten.

(4) Auf Vorkaufsrechte, die nach den Vorschriften des Zivilgesetzbuchs der Deutschen Demokratischen Republik bestellt wurden,
sind vom 1. Oktober 1994 an die Bestimmungen des Bürgerlichen
Gesetzbuchs nach den §§ 1094 bis 1104 anzuwenden."

e) § 4 wird wie folgt geändert:

aa) Nach Absatz 4 wird folgender Absatz 5 eingefügt:

„(5) War der Nutzer beim Erwerb des Nutzungsrechts unredlich im
Sinne des § 4 des Vermögensgesetzes, kann der Grundstückseigentümer die Aufhebung des Nutzungsrechts durch gerichtliche Entscheidung verlangen. Der Anspruch nach Satz 1 ist ausgeschlossen,
wenn er nicht bis zum 31. Dezember 1996 rechtshängig geworden
ist. Ein Klageantrag auf Aufhebung ist unzulässig, wenn der Grundstückseigentümer zu einem Antrag auf Aufhebung des Nutzungsrechts durch Bescheid des Amtes zur Regelung offener Vermögensfragen berechtigt oder berechtigt gewesen ist. **Mit der Aufhebung des
Nutzungsrechts erlischt das Eigentum am Gebäude nach § 288 Abs. 4
und § 292 Abs. 3 des Zivilgesetzbuchs der Deutschen Demokratischen Republik. Das Gebäude wird Bestandteil des Grundstücks. Der
Nutzer kann für Gebäude, Anlagen und Anpflanzungen, mit denen er
das Grundstück ausgestattet hat, Ersatz verlangen, soweit der Wert
des Grundstücks hierdurch noch zu dem Zeitpunkt der Aufhebung
des Nutzungsrechts erhöht ist.** Grundpfandrechte an einem aufgrund des Nutzungsrechts errichteten Gebäude setzen sich am Wert-
ersatzanspruch des Nutzers gegen den Grundstückseigentümer fort.
§ 16 Abs. 3 Satz 5 des Vermögensgesetzes ist entsprechend anzuwenden."

bb) Die Absätze 5 und 6 werden Absätze 6 und 7.

f) § 8 Satz 1 wird wie folgt gefaßt:

„Soweit Rechtsverhältnisse und Ansprüche aufgrund des § 459 des Zivilgesetzbuchs der Deutschen Demokratischen Republik und der dazu ergange-
nen Ausführungsvorschriften am Ende des Tages vor dem Wirksamwerden
des Beitritts bestehen, bleiben sie vorbehaltlich des § 2 und der im Sachenrechtsbereinigungsgesetz getroffenen Bestimmungen unberührt."

3. In Artikel 234 wird § 4a Absatz 1 wie folgt geändert:

In Satz 5 werden hinter dem Wort „angeordnet" die Worte **„oder wenn bei
dem Grundbuchamt die Eintragung einer Zwangshypothek beantragt"** eingefügt.

§ 6 Änderung des Grundbuchbereinigungsgesetzes

Das Grundbuchbereinigungsgesetz vom 20. Dezember 1993 (BGBl. I S. 2192)
wird wie folgt geändert:

1. § 5 Abs. 2 wird wie folgt geändert:

   a) In Satz 1 werden hinter dem Wort „Dienstbarkeiten" ein Komma und
   das Wort **„Vormerkungen"** eingefügt.

   b) In Satz 2 werden hinter dem Wort „Dienstbarkeit" ein Komma und die
   Worte **„der Vormerkung"** eingefügt.

2. In § 6 wird folgender Absatz 1a eingefügt:

„**(1a) Soweit auf § 1170 des Bürgerlichen Gesetzbuchs verwiesen wird, ist diese Bestimmung auf die vor dem 3. Oktober 1990 begründeten Rechte auch dann anzuwenden, wenn der Aufenthalt des Gläubigers unbekannt ist. § 1104 Abs. 2 des Bürgerlichen Gesetzbuchs findet auf die vor dem 3. Oktober 1990 begründeten Vorkaufsrechte und Reallasten keine Anwendung.**"

3. Dem § 8 wird folgender Absatz 4 angefügt:

„**(4) Wird eine Klage nach Absatz 1 rechtshängig, so ersucht das Gericht auf Antrag des Klägers das Grundbuchamt um Eintragung eines Rechtshängigkeitsvermerks zugunsten des Klägers. Der Vermerk hat die Wirkungen eines Widerspruchs. Er wird mit rechtskräftiger Abweisung der Klage gegenstandslos.**"

4. Dem § 13 wird folgender Satz 2 angefügt:

„**Die Bestimmung über die Eintragung eines Zustimmungsvorbehalts für Veräußerungen in § 6 Abs. 4 des Bodensonderungsgesetzes ist entsprechend anzuwenden.**"

5. § 14 wird wie folgt geändert:

   a) Satz 2 wird gestrichen.

   b) In dem bisherigen Satz 3 wird das Wort „auch" durch die Worte „**durch Berufung auf die Vermutung nach Artikel 234 § 4a Abs. 3 des Einführungsgesetzes zum Bürgerlichen Gesetzbuche oder**" ersetzt.

   c) Nach dem bisherigen Satz 3 wird folgender Satz angefügt:

   „**Die Berichtigung ist in allen Fällen des Artikels 234 § 4a des Einführungsgesetzes zum Bürgerlichen Gesetzbuche gebührenfrei.**"

§ 7 Änderung der Bundesnotarordnung

Die Bundesnotarordnung in der im Bundesgesetzblatt Teil III, Gliederungs-Nr. 303-1, veröffentlichten bereinigten Fassung, zuletzt geändert durch das Gesetz vom 29. Januar 1991 (BGBl. I S. 150), wird wie folgt geändert:

1. In § 14 Abs. 4 Satz 1 werden nach den Wörtern „Darlehen sowie," die Wörter „abgesehen von den ihm durch Gesetz zugewiesenen Vermittlungstätigkeiten" und ein Komma eingefügt.

2. § 20 wird wie folgt geändert:

   a) Nach Absatz 3 wird folgender Absatz 4 eingefügt:

   „**(4) Die Notare sind auch zur Vermittlung nach den Bestimmungen des Sachenrechtsbereinigungsgesetzes zuständig.**"

   b) Der bisherige Absatz 4 wird Absatz 5.

§ 8 Änderung der Verordnung über die Tätigkeit von Notaren in eigener Praxis

Die Verordnung über die Tätigkeit von Notaren in eigener Praxis vom 20. Juni 1990 (GBl. I Nr. 37 S. 475), die nach den Maßgaben der Anlage II Kapitel III Sachgebiet A Abschnitt III Nr. 2 des Einigungsvertrages vom 31. August 1990 in Verbindung mit Artikel 1 des Gesetzes vom 23. September 1990 (BGBl. II

S. 885, 1156) fortgilt, zuletzt geändert **durch § 12 des Gesetzes zur Prüfung von Rechtsanwaltszulassungen, Notarbestellungen und Berufungen ehrenamtlicher Richter vom 24. Juli 1992 (BGBl. I S. 1386),** wird wie folgt geändert:

1. **§ 2 wird wie folgt geändert:**

    a) Nach Absatz 4 wird folgender Absatz 5 eingefügt:

    „(5) Die Notare sind auch zur Vermittlung nach den Bestimmungen des Sachenrechtsbereinigungsgesetzes zuständig."

    b) Die bisherigen Absätze 5 und 6 werden Absätze 6 und 7.

2. In § 8 Abs. 4 Satz 1 werden nach den Worten „ist es" die Worte „abgesehen von den ihm durch Gesetz zugewiesenen Vermittlungstätigkeiten" eingefügt.

§ 9 Änderung des Landwirtschaftsanpassungsgesetzes

Nach § 64a des Landwirtschaftsanpassungsgesetzes in der Fassung der Bekanntmachung vom 3. Juli 1991 (BGBl. I S. 1418), das zuletzt durch das Gesetz vom 31. März 1994 (BGBl. I S. 736) geändert worden ist, wird folgender § 64b eingefügt:

„§ 64b Eingebrachte Gebäude

(1) Der Anteilsinhaber eines aus einer LPG durch Formwechsel hervorgegangenen Unternehmens neuer Rechtsform oder eines durch Teilung einer LPG entstandenen Unternehmens kann von diesem die Rückübereignung der nach § 13 Abs. 1 des Gesetzes über die landwirtschaftlichen Produktionsgenossenschaften vom 3. Juni 1959 (GBl. I S. 577) eingebrachten Wirtschaftsgebäude zum Zwecke der Zusammenführung mit dem Eigentum am Grundstück verlangen. Der in Satz 1 bestimmte Anspruch steht auch einem Rechtsnachfolger des Grundstückseigentümers zu, der nicht Anteilsinhaber ist.

(2) Wird der Anspruch nach Absatz 1 geltend gemacht, hat der Grundstückseigentümer dem Unternehmen einen Ausgleich in Höhe des Verkehrswerts des Gebäudes zum Zeitpunkt des Rückübereignungsverlangens zu leisten.

(3) § 83 des Sachenrechtsbereinigungsgesetzes ist entsprechend anzuwenden.

(4) Das Unternehmen kann dem Grundstückseigentümer eine Frist von mindestens drei Monaten zur Ausübung seines in Absatz 1 bezeichneten Anspruchs setzen, wenn dieser nicht innerhalb eines Jahres nach dem 1. Oktober 1994 die Rückübereignung des eingebrachten Wirtschaftsgebäudes verlangt hat. Nach fruchtlosem Ablauf der in Satz 1 bezeichneten Frist kann das Unternehmen von dem Grundstückseigentümer den Ankauf der für die Bewirtschaftung des Gebäudes erforderlichen Funktionsfläche zum Verkehrswert verlangen. Macht das Unternehmen den Anspruch geltend, erlischt der Rückübereignungsanspruch.

(5) Die Ansprüche nach den Absätzen 1 bis 4 können in einem Verfahren nach den Vorschriften dieses Abschnitts geltend gemacht werden."

§ 10 Schlußbestimmung

(1) Das jeweils zuständige Bundesministerium kann den Wortlaut der durch diesen Artikel geänderten Gesetze sowie der Grundbuchordnung in ihrer von dem 1. Oktober 1994 an geltenden Fassung neu bekanntmachen.

(2) Soweit vor dem Inkrafttreten dieses Gesetzes Gebühren für die Berichtigung des Grundbuchs in den Fällen des Artikels 234 § 4a des Einführungsgesetzes zum Bürgerlichen Gesetzbuche erhoben und gezahlt worden sind, bleibt es dabei. Erhobene, aber noch nicht gezahlte Gebühren werden niedergeschlagen. Noch nicht erhobene Gebühren werden auch dann nicht erhoben, wenn der Antrag vor Inkrafttreten dieses Gesetzes gestellt worden ist.

Artikel 3

Inkrafttreten

Dieses Gesetz tritt am 1. Oktober 1994 in Kraft.

Stichwortverzeichnis

Die Zahlen verweisen auf die Randnummern.